高等教育国家级教学成果一等奖

·“十二五”普通高等教育本科国家级规划教材·

·面向21世纪课程教材·

Textbook Series for 21st Century

北京市高等教育精品教材立项项目

21世纪市场营销系列教材

MARKETING

市场营销学教程

（第6版）

主　编　纪宝成

副主编　吕一林　李东贤

中国人民大学出版社

·北　京·

前言

PREFACE

自 1989 年至今，《市场营销学教程》已经问世近 30 年了，感谢陪伴这本教材一路走过来的各位学子和老师。

近 30 年来，随着中国改革开放的持续深入与经济的发展，企业所处的外部环境发生了根本性的改变——人们的消费观念、消费行为在变，国家的宏观经济政策及行业政策在不断完善，以互联网尤其是移动互联网等为代表的新技术不断涌现。市场环境日新月异，意味着企业的营销活动必须随之改变，在变化中谋生存、求发展。理论源于实践，并指导实践。企业在变，市场营销的相关理论研究也在不断推陈出新，而这也正是我们推出本教材第 6 版的原因所在。本版主要做了以下修订。

第 1 章增加了市场营销体系的构成，希望在本教材的开始就让读者建立起完整的营销体系，由此将原第 8 章有关市场营销组合决策的相关内容改编并调整至该章；同时在该章增加了顾客让渡价值与顾客满意的相关概念，以强化对相关营销基础概念的理解与掌握。

考虑到品牌运营与管理对企业的作用日益凸显，本版将原第 9 章第 3 节品牌决策独立作为一章，对品牌决策进行了系统阐述。

本教材在章节安排和内容改编方面变化较大的是上一版的第 17 章、第 18 章和第 19 章不再独立成章，主要原因在于，在营销的产品概念中包括了服务这一特殊的产品形式，因此将原第 17 章的内容改编并调整至本版第 8 章产品决策中，以保证产品决策体系的完整。同时，鉴于国内与国际市场的日益融合，以及互联网对企业营销全面和深入的影响，本版将原第 18 章、第 19 章的相关内容改编并调整至全书的不同章节之中，在不同的章节中体现国际市场营销和互联网营销的相关内容。也正因为如此，本次改编中各章的内容变化较大，尤其是第 1 章、第 5 章、第 9 章、第 11 章等。

此外，本版更新了所有的章后案例，各章增加了“延伸阅读”和“营销实践”专栏，在丰富教材内容的同时，既对市场营销的理论前沿进行了探索，也对企业的最新营销实务进行了跟踪与研究。

参与此次改编的既有本教材的老作者，也有新作者，他们都是中国人民大学商学院营销系常年坚守在市场营销教学一线的教师。其中，李东贤负责第 1、2 章；张恩忠负责第 3、4、12 章；王霞负责第 5、6 章；宋林负责第 7 章；牛海鹏负责第 8、9、10 章；李先国负责第 11、13、14 章；刘晓梅负责第 15 章。纪宝成、吕一林教授负责本版的整体改编策划和审定。

再次感谢伊志宏教授、马龙龙教授、王晓东教授、王洪耘教授、吴冠之教授等在之前几版编写中的付出，感谢对本版编写给予大力支持的中国人民大学出版社工商管理分社编辑。

三十而立，愿本书能够帮助各位读者建立起更加科学与完善的营销体系，提供更多贴近营销理论前沿与实务前沿的新内容。同时，也殷切希望能够得到各位读者的宝贵意见反馈，以便于我们不断改进。

营销是创新者的舞台，梦想者的天堂！让我们以此共勉。

目录

CONTENTS

第Ⅰ篇　市场分析

第Ⅱ篇 市场选择

第Ⅲ篇 市场营销组合

第 I 篇

市场分析

第1章

市场与市场营销

本章要点

- 理解市场营销学中市场的含义
- 理解市场营销的含义和功能
- 比较五种主要的市场经营观念
- 理解市场营销体系的构成
- 理解顾客让渡价值与顾客满意之间的关系

任何企业都与市场存在千丝万缕的联系。企业作为市场系统中的一个单位，只有同市场系统保持输入输出关系，进行物质的、劳务的、信息的交换或置换，才能求得生存与发展。市场不仅是企业生产经营活动的起点和终点，是企业与外界建立协作关系、竞争关系的传导和媒介，也是企业生产经营活动成功与失败的评判者。认识市场，适应市场，驾驭市场，使企业活动与社会需要协调起来，是企业市场营销活动的核心与关键。

第1节　企业与市场

一、市场的概念

市场是一种以商品交换为内容的经济联系形式。它是社会分工和商品生产的产物，是商品经济中社会分工的表现。在社会产品存在不同所有者的情况下，生产劳动的社会分工使它们各自的产品互相变成商品，亦即出现了商品的供与求，从而产生了相互交换商品的劳动产品市场。可见，市场是一个商品经济范畴，哪里有社会分工和商品生产，哪里就有市场；市场必然会随着社会分工的发展而扩大，社会分工的精细程度决定了它的发展水平，它也像分工一样能够无止境地发展。市场的基本关系是商品供求关系，基本活动则是商品交换（商品买卖）活动。

由于市场的基本经济内容是商品供求和商品买卖，市场的形成就必须具备下列基本条件：存在着可供交换的商品（包括有形的货物和无形的服务，下同）；存在着提供商品的卖方和具有购买欲望与购买能力的买方；商品的价格符合买卖双方的利益要求（表现为双方都能接受）等。只有在这样的条件下，才能实现商品的让渡，形成有意义的现实的市场。而这样一些形成市场的现实条件，就成为市场营销活动最基本的制约因素。

那么，究竟什么是市场呢？市场是一个具有多重含义的概念。以下便是几种从不同角度来认识的含义不同的市场。

1. 市场是商品交换的场所，亦即买主和卖主发生作用的地点或地区

在这里，市场是一个地理的概念，是“作为场所的市场”。很明显，任何一个企业都要考虑本企业的产品销往哪些地区，在何种场所销售。

2. 市场是某一产品的所有现实和潜在买主的总和

当人们说“北京的水果市场很大”时，显然不是指水果交易场所的大小，而是指北京的消费者对水果的需求量很大，现实的、潜在的买主很多。将顾客作为市场，是从商品供给者（销售者）的角度提出来的。明确自己产品的市场有多大，由哪些消费者或用户构成，是企业营销战略和各项具体决策的基本出发点，对正确组织企业营销活动具有极其重要的意义。所谓企业要面向市场，就是指要面向消费需求，亦即面向自己的顾客。

3. 市场是买主、卖主力量的结合，是商品供求双方的力量相互作用的总和

这一含义是从商品供求关系的角度提出来的，反映的是“作为供求机制的市场”。“买方市场”“卖方市场”这些名词反映了供求力量的相对强度，反映了交易力量的不同状况。在买方市场中，商品供给量大于需求量，需求力量占据有利地位，商品价格趋于下降，直至很低，顾客支配着销售关系；在卖方市场中，商品的需求量大于供给量，卖方也就成了支配交易关系的主导方面，商品价格往往高于正常水平。显然，判断市场供求力量的相对强度和变化趋势对于企业进行营销决策是十分重要的。

延伸阅读

尼尔森：中国成全球公认的最大电子商务市场

2017年4月，全球领先的绩效管理公司尼尔森发布的全球互联商业研究报告显示，中国是当今全球公认的最大电子商务市场。

尼尔森报告显示，72%的中国受访者曾网购时尚产品，68%有过网上订票出行的经历，超过50%的受访者曾网购食品杂货，这些数据都领先于本次调查的其他63个国家和地区的消费者。

首先，在某些消费类产品的网购规模上，中国居于全球高位。

尼尔森报告显示，有40%的中国受访者表示他们曾网购新鲜果蔬食材。而在欧洲、北美、非洲、中东以及拉丁美洲等地区只有不到10%的受访者表示会在网上购买新鲜果蔬等产品。同时，中国也是包装食品网购量增长最快的国家之一。有47%的中国受访者表示曾网购包装类食品，而在其他大多数国家这一占比低于30%。此外，中国消费者网购美容和个人护理类产品的占47%，网购室内清洁类产品的占38%，比例均位居全球前三。

其次，非食用类产品占中国快消品网购平台比例最大。

尼尔森报告显示，从2015年9月到2016年8月，中国快消品网购总额高达232亿美元，同比增长25.4%。网上销售量最大的15类快消品中，大多为非食用类产品，包括个人护理类产品、家庭日用产品、婴幼护理类产品。在销售额方面，护肤保湿类产品在快消品销售中占比最大，销售额达34亿美元，同比增长24%。面膜是中国第三大网上快消品，销售额为20亿美元，同比增长1%。同时，中国的网上婴幼护理类产品市场规模可观。婴儿奶粉网上销售总额达28亿美元，而尿布的网上销售总额为18亿美元，同比增长高达22.8%。除奶粉之外，食用类产品的网购增长速度也不容小觑。其中，宠物食品在食用类产品中居于第二位，网上销售总额为6.97亿美元，同比增长45.5%。牛奶和饼干的网上销售额同比增长分别为80.2%和50%。

尼尔森报告显示，中国网络普及率为52%，是亚洲互联网覆盖率较低的国家之一。这一覆盖率在全球范围内也是较低的，说明中国在提升网购方面还有巨大潜力。

4. 市场是指商品流通领域，反映的是商品流通的全局，是交换关系的总和

这是一个“社会整体市场”的概念。商品流通是以货币为媒介的商品交换过程，是商品交换过程连续进行的整体。以货币为媒介的商品交换包含着两个互相对立、互为补充的商品形态变化：商品—货币（卖）是第一形态变化，货币—商品（买）是第二形态变化。在商品流通中，一切商品都会经历由这两个相反的形态变化所组成的循环：首先是商品形式，然后由商品形式转化为货币形式，最后又复归为商品形式。而一种商品的形态变化，又和其他商品形态变化交织在一起：每一种商品的第一形态变化或者第二形态变化，都是另一种商品相反方向的形态变化。这在现实经济生活中的表现，就是一个人的买（或卖）是和另一个人的卖（或买）联系在一起的。这样，许许多多商品的形态变化组成的循环不可分割地交错联结在一起，就形成了许多并行发生和彼此联结的商品交换过程，形成了商品流通全局。由此，各种商品的市场也就不可分割地联结在一起，形成了有机的整体市场。这就告诉我们，任何一个商品生产经营者的买卖活动必然会与其他商品生产经营者的买卖活动发生联系，因而，任何一个企业都只能在整体市场上开展营销活动，企业的运转时时刻刻都与市场保持着输入输出的交换关系。正因为如此，市场才成为企业赖以生存、发展的空间和环境。

市场的上述诸种含义对企业营销都有实际意义。如果说前三种含义对于企业营销具有微观意义，那么，第四种含义对于企业营销则具有宏观意义。就是说，企业不仅要研究本企业每一种产品的销售地区（地点）、目标顾客、供求态势，而且必须面对整体市场，通观流通全局，理清本企业的营销活动与整体市场的内在联系。只有这样，才能高瞻远瞩、审时度势地开展好本企业的市场营销活动。

不过，从企业营销的角度来研究市场，中心问题是研究买主的需要、欲望及其购买行为等，以利于有的放矢地开展市场营销活动，因而，市场营销学所研究的“市场”是上述第二种含义的市场，即企业一切现实的和潜在的顾客组成的群体。

二、市场的功能

市场作为一切商品生产的共同基础——社会分工的产物，作为实现商品价值的场所，是商品生产顺利进行的必要条件，是商品生产发展的推动力量。这是因为，市场在商品经济中具有下列重要功能。

1. 市场具有经济结合的功能，即实现不同商品生产者之间的经济联系和经济结合。这是市场的基本功能

生产的社会分工必须以分工后又能紧密结合在一起为条件，否则，分工就不能进行。而市场，既是社会分工的产物，同时又成为社会分工得以存在和发展的保证条件。马克思在分析历史上商品生产者的社会分工时指出："分工使他们成为独立的私人生产者，同时又使……人与人的互相独立为物与物的全面依赖的体系所补充。"[①] 所谓"物与物的全面依赖的体系"就是市场商品交换体系。这就是说，分工使生产者相互分开，市场则使生产者相互结合。不同的商品生产者（个人或企业）通过市场实现自己商品的价值、取得他人商品的使用价值并相互结合在一起。正是由于这种结合，商品经济条件下的社会经济才得以正常运转。所以，生产的社会分工越细，市场在经济生活中的地位就越重要；商品经济越是向前发展，市场也就愈益成为社会经济生活的枢纽。

2. 市场具有引导商品生产面向消费需求的功能，即指每一个商品生产者生产什么产品，以多大规模生产，都要以反映社会消费需要的市场需求为导向

生产是为了满足消费的需要，因而就生产的物质内容和数量界限来说，消费的需要决定着生产。这在商品经济中，首先反映为市场需求结构制约着产品的生产结构。一切产品都必须符合反映在市场上的消费需要，才能作为商品销售出去而实现自身的价值，否则，生产中所耗费的劳动就会因为产品卖不出去而成为无效劳动，造成人力、物力、财力的浪费，再生产过程就会难以为继。因此，市场总是迫使商品生产者在生产活动开始之前就必须考虑自己将要生产的产品是否适销对路。

对于大多数产品来说，通常并不是销路有与无的问题，而是销路大与小的问题。因此，市场引导生产面向消费需求，更经常、更普遍、更大量地表现在：市场容量规定着生产的发展规模。所谓市场容量，就是在一定时期内、一定价格水平上商品可能的销售量。一种产品的市场容量越大，它的生产就越有可能在扩大的规模上进行；反之，生产规模就要相应缩小，否则，超出市场容量的部分就不能实现，生产者就会因此而遭受损失。而市场价格的变动，往往又会影响多数产品的市场容量朝相反的方向变动。所以，对任何一种产品的生产规模，商品生产者都只能根据其市场容量的变化趋势审时度势地加以确定（当然还要考虑技术、经济规模等因素）。

由于市场制导着商品生产必须面向消费需求，市场就成为商品经济条件下国民经济的一面镜子，成为商品生产能否适应社会消费需求的检测器和指示器，成为商品供求比例关系的调节器。

3. 市场具有劳动比较的功能，即比较同种产品的商品生产经营者各自消耗在产品中的劳动量

由于每个商品生产经营者在生产技术、劳动熟练程度、生产资料的规模和效能、经营管理水平等方面不同，生产、经营同一种商品所耗费的劳动时间就会不同，因而商品的个别价值也就不同。但是，同一种商品一旦进入市场就只能有一种价值，就是说，不同的个别价值会在市场上通过竞争平均化为一个社会价值即市场价值。商品就是根据这

---

① 马克思，恩格斯．马克思恩格斯全集：第23卷．北京：人民出版社，1972：126.

个社会价值进行交换的。如果商品的个别价值能够低于市场价值，这部分商品的生产者就可以获得额外收益，并能提高其产品的市场占有率；反之，就有一部分价值不能实现，生产者的收益水平就会因此而低于社会平均水平，甚至发生亏损。可见，唯有通过市场，才能比较个别生产经营者的劳动耗费。市场所起的这种劳动比较的作用，督促商品生产经营者必须采用新技术、新材料、新方法，并大力加强经营管理，以提高劳动生产率，降低生产成本，取得少投入、多产出的良好经济效益。这样，市场也就成了发展社会生产力、提高社会经济效益的推动力量。

认识市场的上述功能，对于企业的市场营销活动具有重要意义。上述分析表明，任何企业都应当按照变化着的市场需求、市场容量开展营销活动，都会不可避免地在市场上与其他企业发生协作或竞争的关系；市场，是企业的动力之所在、目标之所在、生机之所在，是企业生存的空间、发展的条件、竞争的阵地，也是企业与社会经济发展保持协调的调节器。

三、市场的基本模式

上述市场概念、市场功能，对于认识企业与市场的关系无疑十分必要。但这还不够，企业还必须认识、把握住竞争环境中市场的基本模式及其特点，这对于企业经营有着重要意义。从竞争态势看，市场可归纳为四种基本模式。

1. 独家垄断市场

这种市场主要表现为一个行业只有一家企业，或者说一种产品只有一个销售者或生产者，没有或基本没有替代者。独家垄断市场又可分为完全政府垄断和完全私人垄断。完全政府垄断在现实经济生活中的例子有公用事业企业，如烟草业务、电力公司、铁路运输业务。完全私人垄断，是根据政府授予的专营权或专利权对某种商品的独家经营。当一家企业独自拥有制造某种产品的全部或绝大部分原料或材料时，该企业的市场也是独家垄断市场；至于通过专利取得垄断地位，通过确立极高的声誉而占据垄断地位，则是独家垄断市场的另外两种情况。

很明显，在独家垄断市场上，不存在竞争或基本不存在竞争。因此，企业的营销活动相对说来比较简单，企业主要考虑的是如何在合理的价格水平上尽可能保质保量地满足市场消费需求。在这种市场上，为了保护消费者和用户的利益，法律限制和政府干预通常会多一些，企业应当严格遵守。

2. 寡头垄断市场

这是指一种产品在拥有大量消费者或用户的情况下，由少数几家大企业控制了绝大部分的产量和销量，它们供应的商品占了这个市场最大最主要的份额。剩下的一小部分则由众多小企业去分享。产生这种市场的主要原因，乃是资源的有限性、技术的先进性、资本规模的集聚以及规模经济效益所形成的排他性。汽车、飞机、电视机、电冰箱、计算机与芯片等产品的市场往往属于这种市场。寡头市场可以分为纯粹寡头行业和差别寡头行业两类。在纯粹寡头行业中，厂商生产的是无差别产品；在差别寡头行业中，厂商生产有差别产品。

这种市场有三个特点：(1) 控制市场的几家大企业是相互依存、相互制约的，其中任何一家营销策略的变化对其他几家都会产生重大影响，并会引起相关的反应。因此，每家企业在制定或改变营销策略时，都要仔细考虑对竞争对手的影响以及竞争对手可能做出的反应。(2) 几家大企业之间的竞争激烈，并主要表现为非价格竞争，尤其注重于树立企业形象。(3) 由于存在着少数大企业的垄断，新企业加入这个行业十分困难。谁想加入，往往投资大、风险大，收回投资的时间也会比较长。但也不排除新技术或全新商业模式引发的对整个行业的颠覆，如芯片技术的发展导致柯达倒闭，互联网及智能技术导致诺基亚破产。

3. 垄断性竞争市场

这是指一个行业中有许多企业生产和销售同一种产品，每一个企业的产量或销量只占总需求的一小部分。这种市场大量存在，食品、服装、百货、化妆品、日用杂品、餐馆、理发店等市场均属这一类。

垄断竞争产生的条件包括：(1) 市场中具有众多的生产者和消费者。(2) 消费者具有明确的偏好，产品和服务是非同质的。(3) 可自由进入。

在这种市场上，由于同行业企业很多，产品替代性很大，因而竞争激烈；由于对价格谁也没有多大的控制能力，企业进出这些行业也很容易，竞争也就主要表现为非价格竞争。各个企业为了提高市场占有率，都十分重视产品特色，力图使自己的产品与竞争者的产品区别开来；许多企业也都相当重视广告宣传、人员推销等促销工作。

4. 完全竞争市场

这是指一个行业中有众多的独立生产者，它们都以相同的方式向市场提供同类的、标准化的产品。这种市场的例子不多，最接近的例子是粮食、棉花、水果、蔬菜等农产品的市场。

延伸阅读

农业市场与完全竞争市场

在现实经济生活中，只有农业生产等极少数行业比较接近完全竞争市场。因为在农业生产中农户的数量多而且每个农户的生产规模一般都不大，同时，每个农户生产的农产品产量及其在整个农产品总产量中所占的比例都极小，因而，每个农户的生产和销售行为都无法影响农产品的市场价格，只能接受农产品的市场价格。如果有的农户要提高其农产品的出售价格，农产品的市场价格不会因此而提高，其最终结果只能是自己的产品卖不出去。如果农户要降低自己农产品的出售价格，农产品的市场价格也不会因此而下降，虽然该农户的农产品能以比市场价格更低的价格较快地销售出去，但是，不可避免地要遭受很大的经济损失。这样，农户降低其农产品价格的行为就显得毫无实际意义了。

资料来源：完全竞争市场．(2012-01-03)．http://wiki.mbalib.com/wiki/完全竞争市场．

完全竞争市场具有如下特点：不同生产者生产的产品几乎完全相同，买主买谁的产品都无所谓；每个生产者只供应市场需求量的很小一部分，因而任何生产者都不可能控制市场；生产者、销售者可以毫无障碍地自由进入或退出；竞争主要表现为价格竞争，一般不采用非价格竞争，广告宣传并不重要。形成完全竞争市场需具备的条件：（1）市场上有众多的生产者和消费者，任何一个生产者和消费者都不能影响市场价格。（2）企业生产的产品同质性较大。（3）生产者不受社会力量制约进出市场。（4）市场交易活动自由公开。

企业面对的市场不外乎上述四种基本模式。每一个企业都应当具体而不是抽象地认识自己的市场属于何种模式，亦即自己的产品处于何种市场竞争态势之中，以利于正确决策，制定并实施适应市场环境的营销方案。

第2节　市场营销及其作用

一、市场营销的含义

在西方国家，不仅认为企业存在着市场营销活动，而且认为社会、政治、法律、文化等领域中的组织和团体的活动也与营销活动有共同之处，市场营销学的应用事实上已经超出了经济活动的范围。这样，“市场营销”就有了一个最一般的定义：任何以营利或不以营利为目的的企业或组织适应不断变化的环境，以及对变化的环境做出反应的动态过程。根据这一定义来认识企业的市场营销似无不可，但未免过于抽象，流于一般。

对于什么是企业的市场营销，曾经有过多种宽窄不一、重点有别的表述。一种有代表性的认识是，把营销等同于销售或推销，认为市场营销就是把货物推销出去，就是销售和销售促进。这种认识显得相当褊狭。简单的事实是，如果企业不能生产出适销对路的产品，无论怎样推销，即使能够得益于一时，也绝不可能收效于长久。

现代市场营销学认为，推销是市场营销活动的一个组成部分，但不是最重要的部分；推销是企业营销人员的职能之一，但不是最重要的职能；如果企业搞好市场营销研究，了解购买者的需要，按照购买者的需要来设计和生产适销对路的产品，同时合理定价，做好渠道选择、促销等市场营销工作，那么这些产品就能顺利地销售出去。

美国市场营销协会（AMA）定义委员会1960年给市场营销下过这样一个定义：“市场营销是引导货物和劳务从生产者流向消费者或用户的企业商务活动过程。”这一解释尽管较之“营销＝销售（推销）”的认识进了一步，但仍然失之于褊狭，仍不能全面概括和准确表述现代企业营销活动的全过程。事实上，为了占领市场，扩大销售，实现企业的预期目标，企业不只是要进行引导产品流向消费者或用户这一段的经济活动，还要进行“产前活动”（如市场调研、产品开发）和“售后活动”（如售后服务、收集反馈）。这就是说，市场营销活动既包括企业在流通领域内进行的活动，还包括生产过程的产前活动和流通过程结束后的售后活动（见图1-1），不仅要以顾客为全过程的终点，更重要的是以顾客为全过程的起点。

之后，美国市场营销协会（AMA）定义委员会分别于1985年、2004年、2007年对营销进行了再定义。1985年的定义为：“市场营销是对思想、货物和服务进行构思、定价、促销和分销的计划和实施的过程，从而产生能满足个人和组织目标的交换。”这

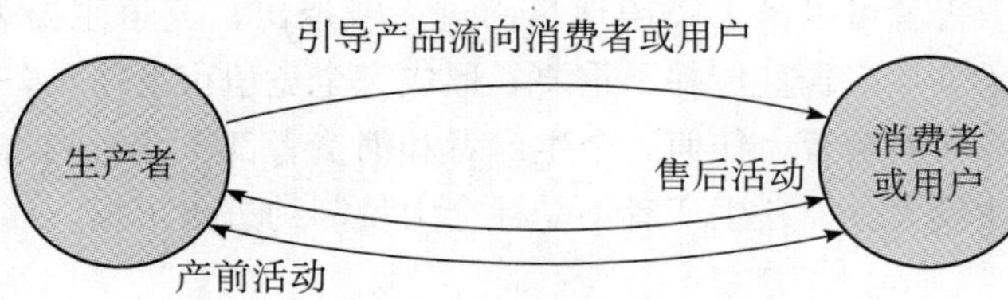

图1-1 现代市场营销活动示意图

一定义虽然明确了营销是对各个要素的计划与实施，强调了营销是交易双方为实现各自目标进行的交换，但局限性在于营销的主体只考虑了交易双方。

2004年的定义为："市场营销既是一种组织职能，也是为了组织自身及利益相关者的利益而创造、传播、传递客户价值，管理客户关系的一系列过程。"该定义明确了顾客地位，承认了顾客价值，强调了与顾客的互动，强调了对与利益相关者关系的维护。

2007年的定义为："市场营销既是一种行为、一套制度，也是创造、传播、传递和交换对消费者、代理商、合作伙伴和全社会有价值的物品的过程。"该定义进一步明确了利益相关者的内容，最大的变化是强调了对全社会的价值。

上述三个定义说明了营销的发展趋势：由早期的交易驱动，发展到客户关系驱动、价值驱动和全社会价值网驱动。

由此看来，所谓市场营销，就是在变化的市场环境中，旨在满足消费需要、实现企业目标的商务活动过程，需要相关利益者共同努力，创造对全社会有价值的产品和服务，具体包括市场调研、目标市场选择、定位、产品开发、产品定价、渠道选择、产品促销、产品储存和运输、产品销售、服务提供等一系列与市场有关的企业业务经营活动。市场营销全过程的质的规定性，则是商品交换过程。近年来随着互联网，尤其是移动互联网技术的快速发展与普及，新的营销概念也在不断涌现。

延伸阅读

网络营销与病毒营销

网络营销是指在互联网基础之上借助互联网特性来实现一定营销目标的营销手段。互联网为企业开展营销活动提供了有效的平台，企业可以借助互联网平台开展市场调查，分析和把握客户需求；可以通过客户的意见反馈，快速调整自己的目标市场战略和营销策略，如产品的迭代与升级，及时纠正营销计划实施的偏差，确保企业营销目标的实现。

病毒营销是利用用户的口碑传播原理，使信息像病毒一样通过快速复制的方式向数以千计或百万计的受众传播和扩散。随着互联网与移动互联网的快速普及，人人都是自媒体，要求企业既要充分利用互联网平台与工具做好企业的信息传播，同时又要做好对企业不利信息的管理。

企业的市场营销是一种微观市场营销。如果把市场营销看做"与市场有关的人类活动"，看做"使各种不同的供给能力与各种不同的需求相适应的社会经济过程"，以实现社会的短期和长期目标，那就是宏观市场营销。西方一些著名学者提出宏观市场营销的概念是值得称道的，问题在于：谁是宏观市场营销的营销者呢？又怎样进行这种宏观营销活动呢？在我们看来，市场营销活动只能由企业进行；能否实现社会经济的发展目标，则要取决于国家如何对这种营销活动进行调节、控制与管理。

二、市场营销的作用

市场营销在社会经济生活中的基本作用，就是解决生产与消费的矛盾，满足生活消费或生产消费的需要。

社会的生产与消费之间存在着多方面的矛盾，概括起来有：(1) 空间上的分离。(2) 时间上的分离。(3) 产品品种、花色、规格、型号方面的矛盾。(4) 产品价格上的矛盾，即生产者按成本和竞争价格来估价，消费者按经济效用和支付能力来估价。(5) 产品数量上的矛盾，表现为供大于求或供不应求。(6) 信息上的分离，即生产者不了解谁需要什么产品，在何地、何时需要，在什么价格水平上愿意购买，而消费者则不知道谁能提供自己需要的产品，在何地、何时、何种价格水平上提供。(7) 产品占有权的分离与对立等。

随着科学技术的进步、社会化大生产和商品经济的发展，随着人民生活水平的提高和消费需求由低层次向高层次递进，由简单稳定向复杂多变转化，这些矛盾的广度和深度也在发展，趋于更加复杂。所有这些矛盾，对企业来说，都是非解决不可的，但又不是直接生产过程所能解决的。在社会主义市场经济条件下，国家计划、国家政策在解决这些矛盾方面应当而且能够发挥不可替代的积极作用。这种作用主要表现在营造有利于解决这些矛盾的宏观环境，而具体产品的生产与消费的矛盾，除某些特殊品外，一般都是通过上述市场营销活动来解决。可以认为，市场营销的根本任务，就是通过努力解决生产与消费的各种分离、差异和矛盾，使得生产者方面各种不同的供给与消费者或用户方面各种不同的需要与欲望相适应，具体地实现生产与消费的统一。因而，市场营销在求得社会生产与社会需要之间的平衡方面发挥着重要作用。

市场营销是通过执行其功能，创造出经济效用，来发挥其解决种种产销矛盾的作用的。

三、市场营销的功能

市场营销的功能分为四类：交换功能、物流功能、便利功能、示向功能。

1. 交换功能

交换功能包括购买和销售两个方面。除了两者都要实现产品所有权的转移，购买的功能还包括购买什么、向谁购买、购买多少、何时购买等决策；销售的功能还包括寻找市场、促销、售后服务等决策。购买和销售都离不开价格，定价也就成了交换功能的应有之义。

2. 物流功能

物流功能又称实体分配功能，包括货物的运输与储存等。运输是为了实现产品在空间位置上的转移，储存是为了保存产品的使用价值，并调节产品的供求矛盾。物流功能的发挥是实现交换功能的必要条件。

3. 便利功能

便利功能系指便利交换、便利物流的功能，包括资金融通、风险承担、信息沟通、产品标准化和分级等。借助资金融通和商业信用，可以控制或改变产品的流向和流量，在一定条件下能够给买卖双方带来交易上的方便和利益。风险承担，是指在产品交易和产品储运中，必然要承担的某些财务损失，如因产品积压而不得不削价出售；产品损坏、短少、腐烂而造成经济损失等。市场信息的收集、加工与传递，对于生产者、中间商、消费者或用户都是重要的，没有信息的沟通，交换功能、物流功能都难以实现。产品的标准化和分等分级，可以大大简化和加快交换过程，不但方便储存与运输，也方便顾客购买。

4. 示向功能

示向功能是指通过对市场的调查、研究、分析，描绘出消费需求对产品的预期，以及市场上的供求态势、竞争状况等，从而对企业因时因地制宜地推出适销对路的产品发挥示向作用。相对于市场营销的前述几种功能来说，示向功能对企业往往更具有战略意义。

执行上述市场营销功能，可以创造出产品的时间效用、地点效用和占有效用，并有助于创造产品的形态效用。这里所讨论的各种效用都属客观效用、实际效用，而非主观效用。当代西方经济学中的"效用"，是指存在于消费者心目中的、产品满足人的欲望或需要的能力，因而是一个主观范畴而非客观范畴。

形态效用是指产品的可供满足人们某种需要的使用价值，这是由直接生产过程来创造的。但直接生产过程结束时创造出的产品形态效用还只是潜在效用，并不能现实地满足消费的需要而发挥出实际效用。只有当广大消费者或用户在适当的时间、适当的地点，以适当的价格购买到适当的产品，亦即只有通过市场营销活动创造出时间效用、地点效用和占有效用，产品的形态效用才会由潜在效用转化为实际效用。具体说来，常年生产、季节消费的产品（如呢绒、凉鞋），季节生产、常年消费的产品（如粮食、棉花）等，都要通过储存活动才能供应市场，这就创造出了时间效用；社会的生产与消费之间总是存在着空间的分离，而运输活动使产品由产地向销地运动，这就创造出了地点效用；产品还要经过一次以上的销售活动，发生产品所有权的转移与让渡，由生产者手里转入消费者或用户手中，也就是创造出占有效用，才能最终进入消费。

此外，市场营销的信息沟通功能把市场需求具体地反馈给生产者，有助于生产出适销对路的产品，从而对产品形态效用的创造也发挥着不可或缺的重要作用。

第3节 市场经营观

一、五种经营观

市场经营观，又称营销管理观，是贯彻于企业市场营销活动的指导思想，也就是企业决策人员、营销人员的经营思想或商业观，它概括了一个企业的经营态度和思维方式。它的核心问题是：以什么为中心来开展企业的生产经营活动？

企业的市场营销活动可以在不同的指导思想下进行，就是说，存在着不同的市场经营观念。一般认为，生产观念、产品观念、推销观念、市场营销观念、社会营销观念是五种具有代表性的市场经营观。

1. 生产观念

这是一种古老的经营思想，产生于19世纪末20世纪初。这种观念的基本内容是：企业以改进、增加生产为中心，其典型表现是“我们生产什么，就卖什么”。当消费者或用户期求能够购得有用的产品，而并不计较该产品的具体特色或特性时，就会产生这种经营思想。在此观念指导下，企业的中心任务是组织所有资源、集中一切力量增加产量，降低成本，提高销售效率，而很少考虑或者不如说是没有必要去考虑是否存在不同的具体需求，因而也就谈不上开展市场调研活动。不过，这种观念绝不意味着生产可以不问销路的有与无，因为任何自负盈亏的企业都不会这样做；而只是意味着：只要有生产，必定有销路。

显然，这种经营观念是在卖方市场这种市场态势下产生的，它的存在以产品供不应求、不愁销路为条件，以大批量、少品种、低成本的生产更能适应消费需求为前提。西方资本主义国家在工业化初期和在第二次世界大战后一段时期内，由于物资短缺，需求旺盛，许多产品供不应求，因而生产观念在企业界颇为流行。例如20世纪初，美国福特公司制造的汽车供不应求，亨利·福特曾说“不管顾客需要什么颜色的汽车，我只有一种黑色的”。在我国，生产观念也曾是许多企业长期奉行的经营观念，根本原因也在于它们生产的是长期供不应求的产品。

2. 产品观念

这也是一种古老的经营思想，是与生产观念并存的一种市场营销观念。这种经营思想认为：消费者或用户总是欢迎那些质量高、性能好、有特色、价格合理的产品，生产者只要注意提高产品质量，做到物美价廉，就一定会产生良好的市场反应，顾客就会自动找上门来，因而无须花大力气开展推销活动。如果说生产观念强调的是“以量取胜”，产品观念则是强调“以质取胜”“以廉取胜”。这种观念本质上还是生产什么就销售什么，但它比生产观念多了一层竞争的色彩，并且考虑到了消费者或用户对产品质量、性能、特色和价格方面的愿望。在产品供给不太紧缺或稍有宽裕的情况下，这种观念常常成为一些企业的经营指导思想。杜邦公司曾在1972年发明了一种具有钢的硬度，但重量比钢轻很多的新型纤维，杜邦公司的经理们设想其有大量用途并且有很大的市场，但是结果出人预料，由于只致力于大量生产或精工制造而忽视市场的需求，最终是产品被市场冷落，经营不畅。

奉行产品观念应当防止只是迷恋自己的产品。如果只是看到自己的产品质量优良、价格合理，以为这样就可以永远吸引顾客，而看不到市场需求的动态变化，就会导致在产品开发方面趋于保守，最终使自己陷入困境。大量事实证明，经久耐用、货真价实的产品并不会永远畅销。

3. 推销观念

当企业家不是担心能不能大量生产，而是担心生产出来的产品能不能全部销售出去时，推销观念便应运而生，该观念盛行于20世纪30—40年代。这一观念强调：如果不经过销售努力，消费者就不会大量购买。换句话说，只要企业努力推销什么产品，消费者或用户就会更多地购买什么产品。在这一观念指导下，企业十分注意运用推销术和广告术，向现实买主和潜在买主大肆兜售产品，以期压倒竞争者，提高市场占有率，取得较为丰厚的利润。由于这种强调推销的经营观念是从既有产品出发，因而本质上依然是生产什么销售什么。企业奉行"我卖什么，就设法让人们买什么"。企业相信产品是"卖出去的"，而不是"被买去的"。在产品供给稍有宽裕并向买方市场转化的过程中，企业往往奉行推销观念。

在产品不为消费者或用户所了解、所熟悉的情况下，例如某种新产品上市时，企业通常都会加强推销工作。但这不一定意味着是在奉行推销观念。推销观念与推销活动显然不是同义语，不应混为一谈。

4. 市场营销观念

这是一种全然不同于上述经营观念的现代经营思想。以消费者需求和欲望为导向的经营哲学，是消费者主权论的体现。其基本内容是：消费者或用户需要什么产品，企业就应当生产、销售什么产品。企业考虑问题的逻辑顺序不是从既有的生产出发，不是以现有的产品去吸引或寻找顾客，而是反过来：从反映在市场上的消费需求出发，按照目标顾客的需要与欲望，比竞争者更有成效地去组织生产和销售。企业的主要目标不是单纯追求销售量的短期增长，而是着眼于长久占领市场阵地。流行的口号是："顾客至上"；"哪里有消费者的需要，哪里就有我们的机会"。在这种观念指导下，企业十分重视市场调研，在消费需求的动态变化中不断发现那些尚未得到满足的市场需求（包括潜在的或潜意识的需求）①，并集中企业一切资源和力量，千方百计地去适应和满足这种需求，从而在顾客的满意之中不断扩大市场销售，长久地获取丰厚的利润。

第二次世界大战后，尤其是20世纪50年代以来，西方先进企业的经营思想由推销观念发展成为市场营销观念。这种革命性的演变，一方面是由于买方市场态势的出现：许多产品供过于求的态势进一步发展，需求变化频率进一步加快，市场竞争更加激烈，迫使企业不得不改弦易辙；另一方面，也是资本主义企业经营管理的实践经验不断总结和积累的结果。由于这种经营观念符合生产是为了消费的基本原理，有助于缓解资本主义经济固有的基本矛盾，因而一旦提出就引起了广泛的注意，并成为当代市场营销学研究中的主线。

5. 社会营销观念

这种经营思想是对市场营销观念的重要补充和完善。它的基本内容是：企业提供产品，不仅要满足消费者的需要与欲望，而且要符合消费者和社会的长远利益，企业要关心与增进社会福利，营销要有利于并促进持续发展。它强调，要将企业利润、消费需要、社会利益三个方面统一起来。

---

① 我们认为，市场需求不仅包括消费者或用户已经提出来的需求，而且应当包括具有货币支付能力的潜在的或潜意识的需求。许多营销学著作忽略了后者，而忽略了后者则有可能导致忽视生产引导消费，抑制产品创新。参见后面"比较与分析"部分。

社会营销观念出现于 20 世纪 70 年代。在西方，它的提出一方面是基于“在一个环境恶化、爆炸性人口增长、全球性通货膨胀和忽视社会服务的时代，单纯的市场营销观念是否合适”这样的认识；另一方面也是基于对广泛兴起的以保护消费者利益为宗旨的消费者主义运动的反思。有人认为，单纯的市场营销观念提高了人们对需求满足的期望和敏感，加剧了满足眼前消费需要与长远的社会福利之间的矛盾，导致产品快速过时，环境污染更加严重，也损害或浪费了一部分物质资源；有人则指出，“消费者主权”“顾客至上”之类的口号对许多企业来说不过是骗人的漂亮话，它们在“为消费者谋利益”的堂皇旗号下干着种种蒙骗顾客的勾当，诸如以次充好、以假乱真、广告欺骗等。正是在这样一种背景下，人们提出了社会营销观念。应当说，这种经营思想的正确性毋庸置疑，但在资本主义条件下或在唯利是图的环境中很难得到真正彻底的落实。

二、比较与分析

上述五种市场经营观可以归并为两大类：一类是传统经营观念，包括生产观念、产品观念和推销观念；一类是新型经营观念，包括市场营销观念、社会营销观念。这两类经营观念在内容上存在着质的区别：前一类观念的出发点是产品，以卖方（企业）的要求为中心，其目的是将产品销售出去以获取利润，这可以认为是一种“以生产者为导向”的经营观念；后一类观念的出发点是消费需求，以买方（顾客群）的要求为中心，其目的是从顾客的满足之中获取利润，这可以认为是一种“以消费者（用户）为导向”或称“市场导向”的经营观念。

正因为如此，两者实现目的的方法或途径也是有区别的：前者主要依靠增加生产或加强推销，企业重点考虑的是“我擅长生产什么”；后者则是组织以产品适销对路为轴心的整体市场营销活动，企业首先考虑的是“消费者（用户）需要什么”。二者的比较见表 1－1。

表 1－1　　**两类经营观念比较**

观念	出发点	方法	终点（目的）
传统经营观念	产品	增加生产或加强推销	通过扩大销售获利
新型经营观念	顾客需求	整体市场营销	通过满足需求获利

应当说，上述两类五种经营观念的产生与存在，各有其必然性和合理性，都是与一定的生产力发展水平、一定的商品供求状况和企业规模等相联系、相适应的。尽管它们在历史上是依次出现的，但并不能认为它们是此生彼亡的关系。由于社会生产各个行业的生产力发展水平不同，千门万类的社会产品的供求状况不同，企业的规模大小不同，企业高层管理人员的价值取向和经验判断也有区别，在同一时期，不同的企业往往会有不同的经营观念。不过，自从市场营销观念出现以来，由于其内涵先进而极富魅力，即使实际上奉行传统经营观念的企业，也不可能不受到市场营销观念的启迪和影响。

值得注意的是，对于市场营销观念，不宜孤立地、绝对化地加以倡导。从理论上讲，为了更好地满足社会消费的需要，一方面要求生产紧随消费，按照市场上反映出来的尚未得到满足的消费需求去组织生产，去开发新产品；另一方面也要求生产走在需求的前面，以科学技术进步为契机去挖掘潜意识的消费需求，并开发出符合这种“潜意识需求”的新产品去引导消费、丰富消费、提高消费。因此，作为企业，既要强调“我跟市场走”，也要力求同时实现“市场跟我走”，而不能只是强调前一方面，忽略后一方面。近些年来，西方也有一种观点认为：完全按照购买者的需要与欲望去组织生产，可能会抑制产品创新。批评家们举例说，发明家、科学家、工程师、大学教师给世界带来了电话、电灯、激光、静电印刷术、晶体管等，靠的是对科学知识的追求，而不是来自于市场营销观念的启迪，并不是根据市场上的消费需求而发明创造出来的。还有人指出：对于一些企业来说，取得成功的关键可能是依靠技术或者生产；而仅以市场营销为导向，则有可能在决定它的未来方向时忽略这样一些十分重要的方面。例如，在计算机领域，技术是关键性的；在造纸、钢铁业中，较低的生产成本比可能施展的任何市场营销技巧更具影响力。因此，尽管市场营销观念极有价值，但在某些情况下，其他导向（而不是营销导向）也许更为适宜。① 事实上，在美国这类市场经济发达的国家，在实践市场营销观念的企业中，生产经营消费资料的企业多于生产经营产业用品的企业，大企业多于小企业，就是说，并非所有企业都在一律化地奉行这种经营观念。日本著名企业家盛田昭夫在其所著的《索尼与我》一书中说：“我们的政策是，以新产品去引导消费，而不是先调查消费者喜欢什么商品，然后再投其所好。”结果，索尼取得了巨大成功。所有这些都说明，盲目崇拜单纯强调“我跟市场走”的市场营销观念，孤立地、唯一地加以倡导，既不符合实际情况，也有可能导致忽视科技进步、抑制产品创新、放松生产管理等严重后果。

与此相联系，不能把属于“生产者导向”的上述前三种经营观念简单地说成是不以市场为导向，或者与我国旧经济体制下存在的“以产定销”相混同。事实上，这三种经营观念仍然是以消费者或用户需要某种产品、产品能够销售出去为大前提的。否则，企业怎么能生存下去？从这种意义上讲，它们也是以市场为导向的。只是由于产品供不应求、消费需求相对简单或者生产成本过高影响销售等原因，生产经营者不必要或者不可能更多地考虑不同消费者或用户对同一种产品的不同需求。在这里，确实存在着花色、品种等方面的“以产定销”，但这与我国旧经济体制下国家实行产品统购包销、财政统收统支，导致生产企业出现“皇帝女儿不愁嫁”“以产定销”的企业行为，是完全不同的两回事。鉴于以上分析，我们一方面应当大力倡导具有现代意识的市场营销观念、社会营销观念（应当记住，这并不意味着可以忽视科技进步和放松生产管理），另一方面也要看到，在商品经济不够发达，一些产品长期供不应求的情况下，生产观念、产品观念、推销观念还会在某些行业、某些企业普遍存在。问题在于，这类企业不能固守这些传统观念，而应努力体现营销观念的要求，并随着生产力的发展、供求态势的变化，及时调整自己的经营思想。总之，无论奉行哪一种经营观念，都应当兼顾卖者、买者、公

① Kotler P，McDougall G H G. *Marketing Essentials*. Canadian Edition. Prentice-Hall Canadian Inc. 1985，pp. 12－13.

众这三种力量对营销活动的关注和要求，既要考虑到如何去满足买者的需要与欲望，考虑到卖者扩大销售、增加利润的目标，也须务求产品安全可靠，价格公道合理，促销诚实有信，不滥用资源，不污染环境。这样一种高水平的市场营销，不仅有助于保证企业的长远利益，也有助于实现社会主义生产的目的，创造良好的社会环境，提高现代文明水平。

第 4 节　市场营销体系的构成

市场营销始于对客户需求的把握，终于客户需求满足所带来的企业目标实现。简单地说，完整的市场营销体系包括四项主要内容：市场与需求分析、目标市场战略的制定、营销组合策略的策划，以及战略与策略的组织与实施（见图 1－2)。

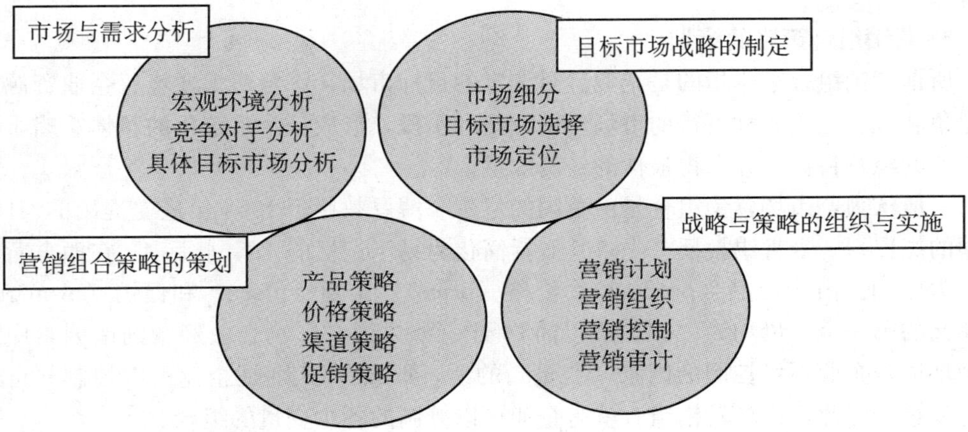

图 1－2　市场营销体系的构成

1. 市场与需求分析

市场与需求分析是营销战略与策略制定与实施的基础和依据，需要企业借助营销信息系统或市场调研获取有关企业所处宏微观环境、竞争对手以及具体目标市场的相关数据和信息。

首先，企业应以数据为基础对所处宏微观环境进行分析，发现有助于企业实现营销目标的机会，及时预见影响企业营销目标实现的各种威胁。

其次，在日趋激烈的市场竞争中，企业要建立自己的核心竞争优势，比竞争对手更好地满足客户的需求，超越对手，就需要对竞争对手的相关数据和信息进行搜集和分析，以清楚地认识和理解所处行业的竞争态势，从而制定有针对性的竞争战略与策略。

最后，也是最为关键的，企业要对所服务客户的需求有精准的把握，需要搜集与分析客户数据，对客户的需求特点、市场容量大小、发展趋势等做出精准的分析和预测，即对具体目标市场进行精准的画像。

2. 目标市场战略的制定

目标市场战略是为企业选择理想客户群体，运用有价值的差异性抢占客户心智，吸引客户购买的过程。目标市场战略的制定包括三项基本内容，即市场细分、目标市场选择和市场定位。

面对消费者多样化、个性化、多变的需求，受企业资源和营销目标的限制，企业不可能满足所有客户的所有需求，因此需要根据影响消费者需求的因素，对具有不同需求的消费者进行分类，将具有相同或相似需求的消费者划分为一个子市场，这就是市场细分的过程。然后，企业借助营销信息系统或调研获取的相关数据和信息，对各个子市场的需求特点、购买力大小、发展趋势、竞争态势等做出分析和描述，结合企业自身的营销目标以及资源状况，选择自己的理想客户群体，为之提供有针对性的产品和服务，这就是企业的目标市场选择。而市场定位指的是企业如何确定更好满足客户需求、超越竞争对手的差异性，并把这种与众不同的、有价值的差异性通过宣传推广在消费者心智中抢占一个有利的位置，让消费者在有需求时把本企业所提供的产品或服务作为首选。

3. 营销组合策略的策划

所谓营销组合策略指的是企业针对选定的目标市场，综合考虑环境、企业资源能力和竞争状况，运用各种可行的市场营销策略和手段，形成一个系统化的整体策略，以实现企业的经营目标，并取得最佳的经济效益。

一般认为，市场营销组合是由美国的尼尔·博登教授于1964年最先提出的。同年，美国的杰罗姆·麦肯锡教授首先将其概括简化为易于记忆的4P，此后4P在西方营销学中广为应用。由于产品（product）、价格（price）、渠道（place）和促销（promotion）的英文的第一个字母均为“p”，所以简称4P。如果说在影响企业经营的诸因素中市场营销环境是企业不可控制的因素（变量）的话，那么，4P则是企业可以控制并可以优化的变量。因此，市场营销组合就是企业可以控制的各个变量的组合。

图1－3着重说明了四个基本变量或基本策略的相互关系，特别指出了所有的策略调整都是以目标市场的顾客需求为核心的。图1－4则强调了四个基本变量或基本策略与企业能力和外部环境的关系。

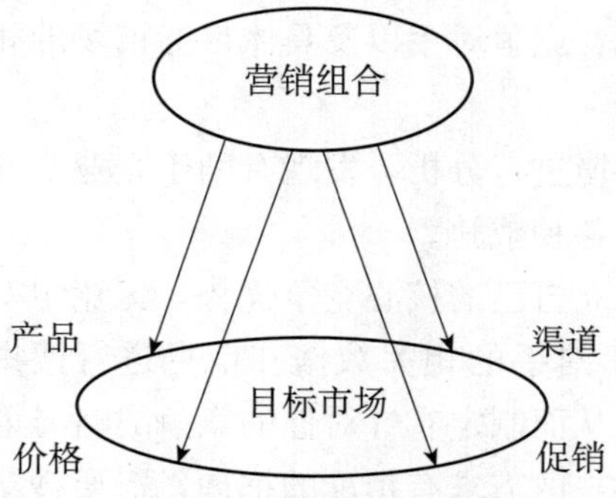

图1－3　市场营销组合及四个基本策略

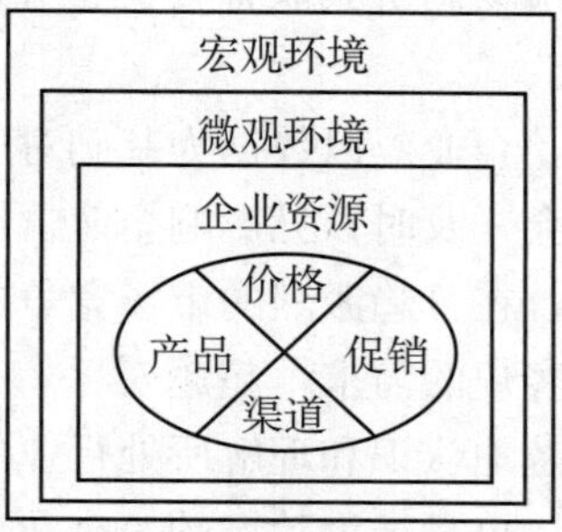

图1－4　四个基本策略与企业能力和环境的关系

如表1－2所示，市场营销组合的四个基本策略虽独立构成四个子系统，但又各由若干可变因素构成。每一可变因素都可确定为一个完整的市场营销战略或战术的组成部分，每一可变因素的变动都可能波及其他因素，从而产生新的组合关系。

表 1-2　四个基本策略及内部变量

产品策略	价格策略	渠道策略	促销策略
特性	定价策略	渠道模式	广告
质量	定价方法	区域分布	广告媒体
外观	产品组合价格	中间商类型	广告内容
附件	折扣	物流策略	人员推销
品牌名称	折让	储存	公共关系
包装	支付期限	运输	销售促进
产品线	信用条件	服务标准	直复营销
服务		服务考评和激励	

对企业而言，在对客户需求有了精准把握，明确了吸引客户的差异之处之后，需要做的就是如何通过产品策略的策划与设计、价格策略的制定与调整、渠道模式的选择与管理、促销与客户沟通的策划与实施等，更好地、更有针对性地满足客户需求。例如，如何进行产品创意与设计才能使产品与服务具有吸引客户、与竞争对手不同的差异性，更好地满足客户需求；如何制定产品与服务的价格才能更好地适应客户的购买能力，同时又具有一定的价格竞争优势；如何进行渠道模式的选择才能更好地方便客户的购买，同时在市场的客户争夺中占据优势；如何采用目标受众喜闻乐见的形式，宣传企业、宣传产品，在消费者心智当中抢占有利的位置，成为消费者购买的首选，等等。

也就是说，营销组合策略的策划与设计应以满足客户需求为中心，通过确定与竞争对手不同的、有价值的差异吸引客户的选择和购买。因此，市场营销组合与市场营销观念、市场细分、目标市场和市场定位等概念相辅相成，具有内在的联系。

关于市场营销组合的四个基本策略，以下将分章做具体的介绍，这里只对整体事物中各组成部分的相互关系作一扼要说明。

4. 战略与策略的组织与实施

三分战略，七分执行。在企业明确了自己的目标市场战略和营销组合策略之后，接下来需要做的就是按战略与策略规定的具体目标和要求，有效组织和充分调动企业内外部的各种资源，有计划、有控制地将战略与策略的具体内容付诸实施，以确保企业营销目标的最终实现。具体可分为营销计划、营销组织、营销控制和营销审计等。

营销计划是指企业及各个职能部门对营销目标，以及为实现这一目标所应采取的各种策略、措施和步骤的明确规定和详细说明。营销计划首先需要为企业以及各个职能部门和业务单位制定明确且合理的预期目标，其次需要对实现预期目标的各种策略、措施、预算等进行详细的策划和设计，最后需要对计划实施的时间节点、阶段性目标、执行部门与责任人等作出明确的规定。营销计划既可分为长期计划、中期计划和短期计划，又可分为战略计划、策略计划和作业计划，也可分为总体营销计划和专项营销计划。

战略与策略的组织与实施，离不开企业内外部各种资源的支持，需要企业通过高效合理的组织形式，按全员营销的要求，明确职能部门之间的分工与协作，充分调动企业内外部的人财物等各种资源。通过合理的营销组织结构设计，一方面使营销战略和策略实施所需要的各种资源得到保证，另一方面可以最大限度地避免因不同部门对企业有限资源的争夺而引发的矛盾冲突。具体来说，营销组织是指企业内部与市场营销活动相关的各个机构与职位协作配合形成的有机系统，是企业实现营销目标、发挥营销职能以及使营销战略与策略落地的具体执行者，是企业对外连接市场与消费者，对内连接其他职能部门和业务单位，使整个企业经营一体化的核心所在。

计划的核心在于执行，控制的目的在于确保企业的营销活动能够按照计划规定的预期目标运行，因此，营销控制需要通过一套工作程序或工作制度跟踪企业营销活动过程每一环节，以确保其按计划目标运行，帮助企业及早发现问题，并对计划或计划的实施方式做出必要的调整，防患于未然。

第5节　顾客让渡价值与顾客满意

市场营销的最终目标是在追求客户满意的同时实现企业的经营目标，满意的顾客会将他们的消费感受通过口碑传播给其他顾客，扩大产品的知名度，提高企业的形象，为企业的长远发展不断注入新的动力。因此，顾客对企业所提供产品与服务满意与否是决定企业经营目标能否实现的前提。为此，企业需要研究是什么决定了顾客的满意度高低，企业可以通过哪些途径实现顾客满意。

1. 顾客满意

菲利普·科特勒认为，顾客满意是指“一个人通过对一个产品的可感知效果与他的期望值相比较后，所形成的愉悦或失望的感觉状态”。也就是说，当企业所提产品与服务的实际消费效果达到消费者的预期时，就导致满意，否则，就会导致不满意。

早在20世纪50年代，顾客满意的思想和观念就受到世人的认识和关注。顾客满意通常包括产品满意、服务满意和社会满意三个层次。

产品满意是指企业产品包括产品的内在质量、价格、设计、包装、时效等方面带给顾客的满足状态，是构成顾客满意的基础因素。

服务满意是指企业在售前、售中、售后每一个环节的服务措施给顾客带来的满足状态。

社会满意是指顾客在产品和服务的消费过程中所体验到的企业对社会利益的维护，是企业在经营活动过程中，遵循诚信原则，促进社会和谐给顾客带来的满意体验。

顾客满意通常用顾客满意度来衡量。顾客满意度指顾客在消费相应的产品或服务之后，所产生的满足状态等级。顾客满意度是一种心理状态，是一种自我体验。通常按梯级理论将顾客满意度分成七个等级或五个等级。

在不同的满意状态，顾客会有不同的心理和行为表现，如很不满意的顾客会表现为恼怒和愤慨，他们不仅会对企业的产品和服务提出投诉，还会利用一切机会对自己感到不满的企业进行负面宣传。而感到很满意的顾客则会因为企业的产品或服务而激动、满足，这类顾客不仅会为自己的选择而自豪，还会利用一切机会向亲朋宣传、介绍推荐。在互联网尤其是移动互联网高度发达的今天，人人都是自媒体，这要求企业一定要维护好客户关系，关注客户满意度的管理。

目前，学者们对顾客满意的认识大都围绕着“期望—差异”这一范式，那么什么是顾客的期望呢？

2. 顾客期望

期望是心理学术语。按照行为科学理论的观点，期望是指一个人根据以往的经验，在一定时间内，希望达到某一目标或满足某种需要的心理活动，是对人或事物未来的等待和希望；对企业而言，顾客期望是指顾客希望企业提供的产品或服务能满足其需要的水平，顾客期望在顾客对产品或服务的认知中起着关键作用，达到了这一期望，顾客会感到满意，否则，顾客就会不满。企业应对顾客期望进行有效的管理，坚持与顾客沟通，重视产品与服务的品质和可靠性，确保实现对顾客的承诺，使顾客对产品和服务的体验达到和超越顾客的期望，保证顾客的最终满意。

3. 顾客需要与需求

需要是产生行为的原动力，研究顾客的行为，必须从研究人的需要出发。简单来讲，需要就是人感受到的生理和心理上对某种客观事物的渴求或欲望，也就是说，人既有衣食住行等生理需要，也有社会交往、爱与被爱、实现自身理想等心理需要，马斯洛的需要层次理论较好地解释了人的各种需要；而欲望则是人的需要尚未得到满足的一种表现形式。当人们产生对某种事物的需要或欲望时，就会产生不安和紧张的情绪，成为人们采取行动的一种内在驱动力，这种驱动力在心理学上称为动机。有了动机，人们就会寻找目标，进行满足需要的活动，当需要得到满足，人的心理紧张感就会消除，然后又会有新的需要产生，周而复始。

从心理学角度看，需求是指人们在欲望驱动下所采取的一种有条件的、可行的选择，这种选择可以使欲望达到有限的最大满足。而从经济学角度出发，需求则是在一定的时期，在既定价格水平下，顾客愿意并且能够购买的商品数量。

需求可以分为单个需求和市场需求。单个需求是指单个消费者对某种商品的需求；市场需求则是指全体消费者对某种商品需求的总和。

需求与需要不同，需要只是人们对能够满足生理或心理要求的产品与服务的偏好，没有考虑自身的支付能力等因素，而形成需求则需要具备三个要素：对产品与服务的偏好，产品与服务的价格，收入状况与支付能力。一个没有支付能力的购买意愿并不构成需求。

在某一价格下，消费者愿意并且能够购买的某一产品与服务的总数量称为需求量。当影响商品需求量的其他因素不变时，商品的需求量随着商品价格的上升而减少，随着商品价格下降而增加，这就是人们常说的需求规律。影响需求量的因素既包括商品本身的价格、相关商品的价格，也包括消费者的偏好，以及消费者对未来商品的价格预期等。

4. 顾客让渡价值

顾客满意是企业营销追求的目标，而要让顾客满意，企业就要使为顾客提供的价值最大化。企业为顾客提供的价值在营销上称为顾客让渡价值或顾客转移价值，具体而言，顾客让渡价值是指顾客总价值与顾客总成本之间的差额（见图 1-5），这一概念是 1994 年菲利普·科特勒在《营销管理》一书中提出来的。

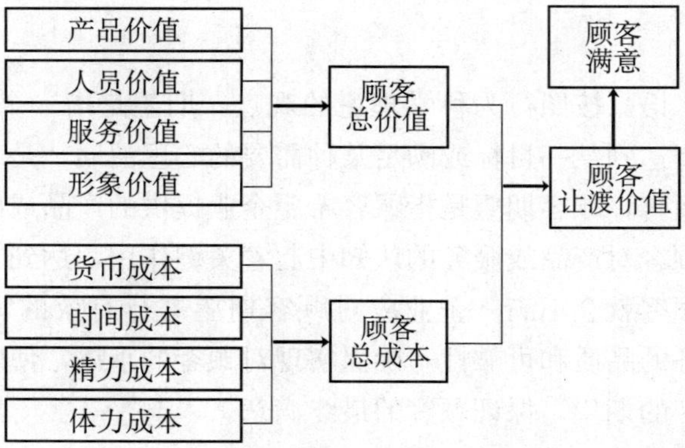

图 1-5　顾客让渡价值模型

顾客总价值指的是顾客购买某一产品与服务所期望获得的一组利益，包括产品价值、服务价值、人员价值和形象价值等。其中产品价值是由产品的质量、功能、规格、式样等因素所产生的价值，产品价值是顾客需求的核心内容之一。服务价值是指伴随产品的出售，企业向顾客提供的各种附加服务，如产品介绍、产品保证等所产生的价值，即企业向顾客提供满意所产生的价值。服务价值是构成顾客总价值的重要因素之一。人员价值是指企业员工的知识水平、业务能力、服务技巧、工作效率与质量、工作作风以及应变能力等所产生的价值。人员综合素质的高低决定着企业为顾客提供的产品与服务的质量，从而决定顾客总价值的大小。形象价值是指企业及其产品在社会公众中形成的总体形象所产生的价值，形象价值是企业各种内在要素质量的反映。企业产品、商标、工作场所、员工着装等有形形象，员工的职业道德、经营行为、服务态度、工作作风等行为形象，以及企业价值观念、管理哲学等理论形象都可以产生价值，给顾客带来心理上的满足感和信任感，使顾客的需要获得更高层次和更大限度的满足。形象价值与产品价值、服务价值、人员价值密切相关，在很大程度上是后三者综合作用的反映和结果。

顾客总成本是指顾客为购买某一产品所耗费的时间、精力、体力以及所支付的货币资金等，因此，顾客总成本包括货币成本、时间成本、精力成本和体力成本等。货币成本是指顾客购买产品或服务所支付的货币的多少，它是构成顾客总成本的主要因素。时间成本是顾客为得到所期望的产品或服务所付出的时间代价。精力成本是指顾客购买产品或服务时，在精力、精神方面的耗费与支出。体力成本则是指顾客在购买产品或服务时而体力付出。

顾客让渡价值理论为企业营销提供了一种全面的分析思路。企业要提高顾客的满意度，就需要创造最大的让渡价值。要使让渡价值最大化，就需要尽量增加在产品、服务、人员、形象等方面为顾客提供的价值，让顾客在货币、时间、精力和体力等方面尽量减少投入和付出。

◎ 基本概念

市场	市场营销	独家垄断市场	寡头垄断市场
垄断性竞争市场	完全竞争市场	市场营销观念	社会营销观念
市场细分	目标市场	市场定位	营销组合策略
顾客需要	顾客期望	顾客需求	顾客让渡价值
顾客满意			

◎ 思考题

1. 市场营销学中所讲的“市场”的含义是什么?
2. 什么是市场营销?
3. 市场营销最基本的功能有哪些?
4. 试比较几种主要的市场经营观念。
5. 市场营销体系包括哪些内容?
6. 试述营销组合策略的构成。
7. 什么是顾客让渡价值?
8. 试述顾客让渡价值与顾客满意之间的关系。

◎ 案　例

小米手机的营销之路

小米科技公司成立于2010年4月，是一家专注于高端智能手机自主研发的移动互联网公司，由雷军等互联网知名人士投资创办。2014年10月，小米已经超过联想和LG，一跃成为全球第三大智能手机制造商，仅次于三星和苹果。小米用不到5年时间实现了超100亿美元的销售奇迹。但从2015年开始，小米不断走下坡路，2016年全年出货量同比下跌达36%，市场份额也从2015年的15.1%下跌到8.9%。雷军也发出“用户要的真多，太难了……”的感慨。这中间到底发生了什么？我们来回顾一下小米这些年走过的营销之路。

小米决定进入手机市场之后，基于对企业所处市场环境与竞争格局进行的综合分析，将小米手机的目标市场定位于发烧友手机（18～30岁），即习惯网络购物和从网络获取信息、对价格敏感的中等收入年轻人群。

1. 产品策略

自2011年8月发布小米手机第一代以来，小米陆续推出了小米M1、小米青春版、小米1S、小米1S青春版、小米2、小米2S、小米2青春版2A、小米3、小米4、小米5、小米5S、小米Note、小米Note2；红米1、红米1s、红米2和红米Note、红米Pro。

现在小米已经把所有资源集中在三个产品上：米聊、MIUI和小米手机。米聊是跨手机平台、跨运营商的手机端免费即时通信工具，而MIUI作为一款基于安卓系统做深度二次开发的手机操作系统，针对原生安卓系统做了超过100项改进，尤其是针对国人的习惯，做了很多人性化的改进。

小米的管理者强调重视用户体验。小米的产品研发采用了“发烧”用户参与的模式。小米通过米聊和MIUI社区发烧友的反馈意见对手机和系统进行改进，每周更新迭代、发布新版本，同时加强了与发烧友之间的黏性，争取了更多移动互联网用户。

小米的标志是一个“MI”形，是Mobile Internet的缩写。正如其标志所代表的，小米的目光从来没有离开移动互联网，未来小米所有的盈利模式几乎都会押宝在米聊上。但在日趋白热化的竞争中，米聊要想生存，就必须有自己的操作系统，而要保证MIUI的装机量，最好的办法就是有自己的手机。事实上，在小米公司的产品谱系中，也是先有米聊，才有了MIUI，在MIUI开发好之后，才有了以小米手机为代表的硬件产品系列。

近年来，小米加大了产品的研发力度，并于2017年发布了松果芯片，实现了手机核心元器件的技术突破。

2. 价格策略

（1）在价格策略方面，小米使用高端规格设计手机，却以中等价格销售。自小米手机第一代以1 999元面世以来，小米2、小米3、小米4、小米5S都坚持了这一价位，小米的硬件配置和1 999元的定价很有吸引力。

小米还陆续推出了1 499元的小米青春版、小米1S，1 299元的小米手机2S、小米手机2青春版2A，以及799元的红米手机1S。定位在千元以下的红米承担了小米多机型出击的策略转型，特别是针对出货量占60%以上的千元以下智能机市场。

小米4、小米3S、小米3、多款红米系列（如999元红米Note 4X），将分别坐实2 000元、1 500元、1 200元、900元、700元等不同主流价位。

小米5价格区间覆盖1 599～2 499元，红米Pro价格包括1 499元、1 699元、1 999元等，小米5S的价格也有1 999元和2 299元，小米5S Plus不同版本的价格包括2 299元和2 599元。小米此举的目的在于用更为细分的价格覆盖更广泛的人群，以此获得最大化的销量。

利用Note进军2 000元价位的市场，这是小米史上真正意义上的第一款高端产品，共推出了两个版本：标准版和高配版，其价格也上探到了3 000元以上，但这款高端产品在市场上并没有达到预期的目标。可以说2015—2016年，2 000～3 000元价位的产品成为增速最快市场，但在2 000～3 000元这一市场，小米产品目前尚未取得真正意义上的成功。

（2）在价格调整方面，随着新一代产品的面世，小米会适当将之前的产品价格下调，如2012年8月为迎接小米2发布，将小米1标配版直降700～1 299元；2014年2月重新上架的小米手机2S 16G版再度降价400～1 299元。

从现状看，小米从手机本身几乎得不到什么利润。相反，小米通过压低价格来增加智能手机的用户，然后利用这些用户基础进行应用软件、音乐、书籍等内容产品的销售，并将此培育成新的盈利增长点。同时，小米通过手机销售带动了其他硬件的销售，包括路由器、手环、空气净化器等。

3. 分销策略

(1) 网上直销：小米手机采用网上直销，以网络为载体进行B2C（企业对消费者）电子商务。小米手机采用线上销售策略，减少了中间环节和店铺租赁对利润的削减，直接降低了产品价格，保持低成本。在线销售在为小米提供销售渠道的同时具有调查、服务、咨询一体化的特点。

2015年5月28日，小米与京东商城联合宣布，小米京东官方旗舰店正式上线运营，进一步扩大了网上销售的力度。

(2) 渠道合作与小米之家：在水平渠道方面，小米先后与中国联通、中国电信、中国移动合作推出定制机。2016年，小米就已经在线下渠道建设上开始补课、努力。通过小米之家自营渠道、苏宁及国美等公开渠道以及与电信运营商合作的三线并行策略，弥补线下渠道的不足。从2016年2月起，小米开设线下专卖店，每家店年零售额目标要达到1亿元。小米之家目前已经开通54家，其中上海大悦城店、北京五彩城店、郑州大卫城店年销售额破亿元。2017年计划开200家店，未来三年计划开通1 000家。

除了小米之家为代表的线下渠道，小米2017年2月还上线了类似于加盟的直供模式，允许个人和企业直接参与相关计划拿货，变相补充了线下渠道。

目前，随着小米通过门店包括自己的零售店销售更多的手机，在线销售或许正在改变。

(3) 海外拓展：2013年8月，小米招募了谷歌公司前副总裁雨果·巴拉，意味着其海外市场扩张的开始。小米在2016年7月和8月连续两个月成为印度电商中第一大智能手机品牌。目前，小米正在向新加坡、马来西亚、俄罗斯、墨西哥、波兰、美国等20多个国家的市场拓展。

4. 促销策略

在促销方面，小米通过前期预热宣传、中期限时抢购、后期公关造势等方式，借力新浪微博等社交媒体，在“米粉”中形成链式传播，引流至小米官网，为官网带来高销量。具体形式上，社区营销、粉丝营销、借势营销、事件营销、体验营销、知识营销、情感营销、教育营销、病毒营销、差异营销、饥饿营销、精准营销、互动营销等几乎用了个遍。

(1) 微博与口碑营销：小米不断通过微博发布迎合年轻人的促销活动与打折信息，最大限度地发挥社交网络评论及转载的效应，在短时间内提升了品牌实力。

(2) 事件营销：利用工程机做文章，在前期做足了手机硬件优势的宣传后，小米以低于正式发售机300元的价格售卖工程机。一时间吸引了各大媒体的眼球，这些媒体免费为小米做足了宣传；同时小米获得了“米粉”的许多改进建议和意见。

上市不到20天的小米手机曾身陷“质量门”，被曝出现按键不灵、掉漆等质量问题，与此同时，其售后也遭到用户质疑。但是由于前期所打下的舆论基础，这一事件并没有减弱用户对小米手机的信心，反而扩大了小米的知名度。

(3) 社区及论坛：通过小米社区和论坛将“米粉”进行整合，交流小米手机使用心得，发布各类小米手机的信息，举办各类活动，从而提升用户的黏性，培养了大批小米手机忠实用户。

(4) “雷布斯”效应：雷军过去每天发微博的数量控制在两三条，但在小米手机发布前后，他不仅利用自己的微博高密度宣传小米手机，还频繁参与新浪微访谈，出席腾讯微论坛、极客公园等活动。雷军的朋友们，包括过去雷军投资过的公司高管，如凡客CEO（首席执行官）陈年、多玩网CEO李学凌、优视科技CEO俞永福、拉卡拉CEO孙陶然、乐淘网CEO毕胜等，纷纷出面捧场。

（5）饥饿营销：小米手机从发售开始，就一直采用限量的形式在网上发售，按批次限量10万～50万部手机不等，每次发售都引起众多网友的抢购。但自2016年起，小米热销主流机型在市场上的持续缺货和产品质量频发，不仅使小米错过了销售的黄金期，更导致大量消费者对小米饥饿营销的不满，也让许多粉丝失去了耐心，暴露了小米供应链管理方面的问题与弊端。可以说，在供应链方面，小米做得还远远不够，产能不足、部分产品质量问题频发以及成本控制差等仍然未能得到彻底的解决，小米仍然是一家对供应链极度依赖的公司。

（6）传统媒体：小米以春晚为契机大做广告，不少小米用户曾在2013年2月7日收到了来自小米的短信提醒："小米手机《嘿嘿》广告将在除夕央视春晚前3分钟首映。"同时，小米手机官方微博还展开了"看广告，送小米手机"的微博互动活动。近两年，小米还请了吴秀波、梁朝伟做代言人，开始在楼梯间和公交站台投放广告。

5. 小米面临的危机与挑战

小米凭借五年的积累实现了华丽转身，其独创的互联网手机直销、粉丝经济至今仍在被竞争对手模仿，但近年来的小米负面新闻不断，"抄袭门""隐私门""禁售门"等相继出现，"米粉们"对小米饥饿营销的不满情绪日益高涨。而前几年一直高速增长的小米，则在2016年经历了最困难的一年，由中国市场的第一位跌落至第五位，是下滑幅度最大的手机品牌，而之前位列小米之后的华为、OPPO和vivo，实现了后来居上。

小米手机发家的根本——MIUI，如今已经成为小米盈利的产品之一，毕竟小米手机的用户量已经到达上亿规模，随随便便推送个推广软件让用户下载就能取得不菲的收益，但若有不妥对于用户体验的伤害更大。很多"米粉"表示，以前用MIUI是天天盼着每周五的更新，现在已经懒得理了，因为升级后不仅功能没啥变化，反而使用起来更卡、广告更多。此外，关于小米的其他一些负面新闻更是层出不穷。

2014年5月13日晚小米论坛用户数据库疑似泄露，涉及800万小米论坛注册用户的个人隐私。

2014年11月，有媒体传出小米、OPPO、步步高等国产手机厂商同时接到华为、中兴等公司的律师函，称其侵犯了华为、中兴拥有的WCDMA专利。到2017年2月，小米全球累计授权专利总量已达3 612项，而据中国知识产权网的数据，华为发明授权专利27 272项，中兴发明授权专利19 253项，即使不与苹果、三星等专利大户相比，与国内的企业相比小米也不占任何优势。

2014年12月，印度最高法院受理爱立信诉小米专利侵权一案，并判决禁止小米在印度销售和进口手机。而按计划，小米手机也将在美国上市，可是面对强大的对手及一触即发的专利之战，小米真的准备好了吗？

尽管对于一款质优价廉的智能手机来说世界每个地方都会有市场，但小米面临一些根本性的障碍。例如，在美国，手机公司必须与威瑞森通信公司这样的运营商谈判，这有可能阻挡像小米一样的后起之秀。即使小米公司进入了外国市场，它也会失去其在中国作为一家炫酷、时髦的中国公司的形象。最后，该公司的名字对许多不会说汉语的人来说很难发音。

根据内部数据，小米手机此前在电信、联通渠道的销量远远不如电商和社会渠道，原因在于其定价策略给渠道留下的盈利空间极小。中国电信和中国联通旗下的终端公司均没有承销小米手机。

实际上，从2014年开始，从中国市场整体来说，小米、华为、酷派、中兴、联想、TCL、LG、OPPO和vivo等众多品牌都在发动全区间价格战。不只是中小手机厂商，上述品牌厂商也有出局风险。

【案例思考】

1. 根据小米手机的案例，总结营销应该包括哪些工作。

2. 如何评价小米手机的营销策略?

3. 针对目前日益激烈的市场竞争，你认为小米手机该如何进一步完善自己的营销策略?

第2章

市场营销环境

本章要点

- 了解企业营销环境的含义
- 理解营销环境对于企业的重要性
- 了解宏观环境与微观环境的不同
- 熟悉各种具体营销环境的特点

任何企业都是在不断变化的社会经济环境中运行的，都是在与其他企业、目标顾客和社会公众的相互关联（合作、竞争、服务、监督等）中开展市场营销活动的。企业的各种外部力量构成了深刻影响着企业营销活动的市场营销环境。环境力量的变化，既可以给企业营销带来市场机会，也可以形成某种环境威胁。全面、正确地认识市场营销环境，监测、把握各种环境力量的变化，对于企业审时度势、趋利避害地开展营销活动具有重要意义。

第1节　企业营销与营销环境

企业的营销过程像其他事物一样，会受到周围环境的影响和制约。只有与环境的变化相适应、相协调，企业才能顺利地开展营销活动，并实现其预期的各项目标。在当代，随着人口爆炸性的持续增长、科学技术的日新月异、环境污染的日益严重和政治经济关系的日趋复杂等，企业受营销环境变化的影响更为深刻。同时，21世纪是世界经济一体化的时代。随着国家之间在经济方面突破国界限制，朝全球化方向发展，越来越多的企业已成为高度竞争的全球市场的一部分。企业需要在更广阔的国际市场上寻求新的生存空间和发展机会，同时也面临更为复杂的营销环境和更趋激烈的市场竞争。

一、微观营销环境与宏观营销环境

企业的营销环境由微观环境和宏观环境构成。

微观营销环境由企业的供应商（为本企业提供生产经营要素的其他企业、机构和个人）、营销中介（中间商、物流企业、融资企业、会计师事务所、律师事务所及其他营销服务机构）、顾客、竞争者、社会公众，以及企业内部影响营销管理决策的各个部门（计划、人力资源、财务、生产、营销等部门）所构成（见图2-1）。微观营销环境影响企业服务于目标顾客的能力。

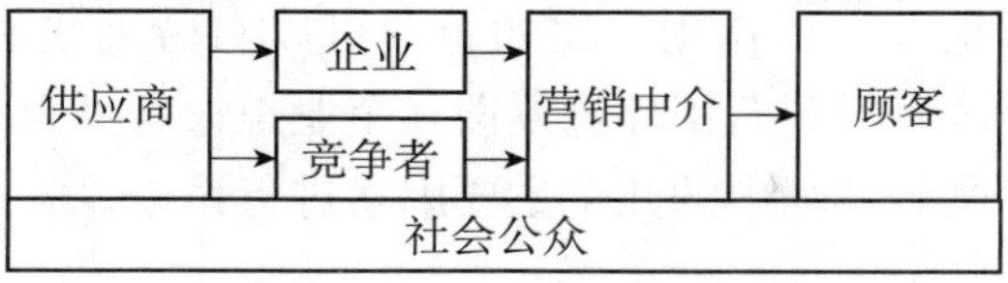

图 2-1　企业微观环境中的主要影响力量

企业与其供应商、营销中介、顾客、竞争者、社会公众都在一个充满各种社会约束力量的宏观环境中运行，这些力量既创造机会，也带来威胁。它们影响着微观营销环境因素，同时又是不可控的，企业在营销过程中必须对其进行监测和做出反应。这些影响企业活动的社会约束力量构成了企业的宏观营销环境。宏观营销环境由一些大范围的社会约束力量所构成，主要包括人口环境（人口规模及其构成、受教育程度、地区间移动等），经济环境（购买力水平、消费支出模式、供求状况等），自然环境（自然资源、能源、污染等），技术环境（科技进步等），政治与法律环境（政治体制、法令法规等）和文化环境（见图 2-2）。

营销实践　小米手机饥饿营销的背后

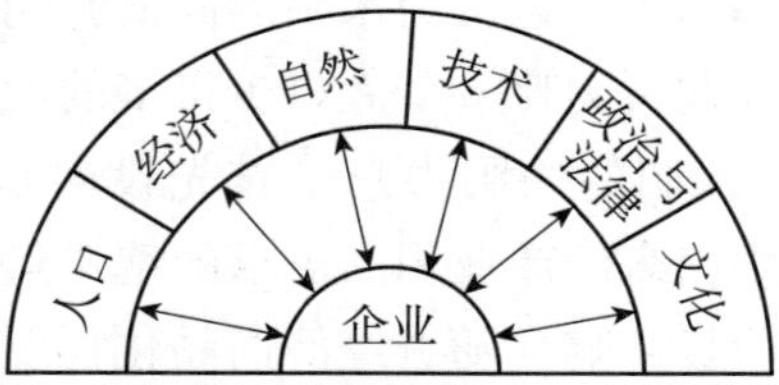

图 2-2　企业宏观环境中的主要影响力量

二、企业与营销环境的关系

企业受到上述诸多环境力量的影响，其行为受制于或依存于环境力量的约束。这些力量或者给企业带来可以利用的市场机会，或者给企业带来一定的外部威胁。因此，企业的营销活动要适应环境。当然，企业面对的诸种环境力量并不是固定不变的，而是经常处于变动之中。而且许多变动往往由于其所具有的突然性而引发环境急剧的变化，给企业带来巨大的冲击。因此，监测、把握环境力量的变化，善于从中发现并抓住有利于企业发展的机会，避开或减轻不利于企业发展的威胁，是企业营销管理的核心问题。企业营销管理的实质就是企业与变化的营销环境不断对话的过程。

虽然从一般意义上讲，企业不能从根本上去控制环境的变化，但企业可以积极主动地去洞察、预测、发现和分析环境变化的趋势及其变化特点（究竟会发生什么性质的环境变化？变化的程度如何？发生的时间及其概率如何？等等），进而迅速地做出反应。

营销实践　中兴事件背后的中国“芯片”之痛

企业的营销活动一方面要适应环境的变化，另一方面也影响着环境的形成及其变化。企业有时对环境有很大的反作用，比如企业可以对劳动法和对外贸易政策施加影响，尤其是在影响以至改善微观营销环境方面，企业是大有可为的。

以下就宏观环境、微观环境中的几个主要因素进行讨论。

第2节　人口环境

市场是由具有购买欲望与购买能力的人所构成的，因而，人口规模和增长率、人口的地理分布和构成、受教育程度以及家庭状况等人口统计因素，就形成企业市场营销活动的人口环境。人口环境及其变动对市场需求有整体性、长远性的深刻影响，制约着企业营销机会的形成和目标市场的选择。多角度、多侧面地正确认识人口环境与企业营销之间存在的深刻联系，把握住人口环境的发展变化，是企业根据自己的行业特点和资源条件正确选择目标市场、有效开展市场营销活动的重要决策依据之一。

一、人口规模及增长速度

人口规模即总人口的多少，是影响基本生活消费品需求、基础教育需求的一个决定性因素。虽然人口规模的大小与市场购买力水平的高低并无必然联系（一个有着大量人口的发展中国家，其市场总体购买力比一个人口少得多的发达国家的市场总体购买力可能还要低得多），但是，由于人们的购买力总是首先投向基本生活消费品，人口越多，这部分基本消费需求及其派生出来的产业用品需求的绝对量就会越大，因而，人口规模首先会对市场需求结构产生明显影响。随着经济商品化程度的提高，人口规模对市场的影响也会越来越大。这对许多企业，尤其是那些与生产基本生活消费品相关的企业，是一种发展的机遇。然而，过多的人口必然会对市场形成强大的压力，给资源的供给和环境造成很大影响，从而使企业的营销活动受到一定的制约甚或威胁。

目前，世界人口数量在增加，人口倍增时间也在不断缩短，即世界人口每增加1倍的年限越来越短。表2-1显示了世界人口每增长10亿人所需要的时间。

表2-1　世界人口每增长10亿人所用时间

人口（亿人）	年份	所用时间
10	1800	＞300万年
20	1930	100年
30	1960	30年
40	1974	14年
50	1987	13年
60	1999	12年
70	2011	12年
预计		
80	2025	14年
90	2028	13年

资料来源：联合国社会经济司人口处.

人口多，人口数量增长快，是我国人口环境的两个重要特点。1930年，我国总人口4.44亿人，约占当时世界总人口20亿的22.2%；1993年，我国总人口已达11.85亿人（未含台、港、澳地区），比1949年的5.42亿人翻了一番多，约占世界总人口55.7亿人的21.3%。1999年底，我国总人口为12.6亿人，占世界总人口的21%。根据2010年全国人口普查数据，全国总人口为13.78亿人，与2000年第五次全国人口普查相比，十年增加7 390万人，增长5.84%，年平均增长0.57%，比1990年到2000年的年平均增长率1.07%下降0.5个百分点。20世纪70年代中期以来，我国实行计划生育政策，人口自然增长率由1969年的26.08‰下降到1985年的14.26‰，又下降到1996年的8.77‰，已接近许多发达国家的生育水平。到2010年我国人口自然增长率已经降为5‰。但由于人口基数大和人口增长惯性的作用，未来十几年平均每年净增人口仍在1 000万以上，预期到21世纪中叶，我国人口将接近16亿人，之后才有可能缓慢下降。

30多年来，针对过大的人口压力，中国实施了严格的计划生育政策，生育率快速下降。在经历了迅速从高生育率到低生育率的转变之后，我国人口的主要矛盾已经不再是增长过快，而是人口红利消失、临近超低生育率水平、人口老龄化、出生性别比失调等问题。2010年，国家人口计生委下发的《国家人口发展“十二五”规划思路（征求意见稿）》提到要稳妥开展实行“夫妻一方为独生子女的家庭可以生育第二个孩子”的政策试点工作。随后，2011年，中国各地全面实施双独二孩政策；2013年，中国实施单独二孩政策；2015年，中国共产党第十八届中央委员会第五次全体会议审议通过了《中共中央关于制定国民经济和社会发展第十三个五年规划的建议》，提出，坚持计划生育的基本国策，完善人口发展战略，积极开展应对人口老龄化行动，全面实施一对夫妇可生育两个孩子政策。

这表明，作为世界上人口最多的国家，我国市场发展的潜力极大，人口老龄化以及二孩政策引发的婴儿潮，将给企业带来更多的营销机会；但同时也表明，今后半个世纪，我国的企业仍将在人口总量高位的人口环境中运行。

二、人口的地理分布

市场消费需求与人口的地理分布密切相关。一方面，人口密度的不同与人口流动量的多少，影响着不同国家和地区市场需求量的大小；另一方面，人们的消费需要、购买习惯和购买行为，在不同的国家和地区也会存在差异。

在我国，城乡居民对商品的需求差别很大，不仅表现在数量上，更反映在需求构成上。此外，不同城市之间流动人口的数量不等，反映在吃、住、行等方面的基本生活消费品的市场需求量就会有很大差别。因此，研究人口的地域差别和变化，对企业的市场营销有着更为直接的意义。

改革开放以来，在我国人口地理分布的问题上出现了两个值得企业营销者高度重视的趋向：(1) 人口迁移、人口流动（人口从农村流向城市，从内地流向沿海，从不发达地区流向相对发达地区）呈现不断扩大的趋势。(2) 城市人口增长的速度明显加快。在现代化进程中，这些趋势都是正常的，而且具有中国特色，因而还会有所发展，而这些变化，都会深刻地影响企业的营销活动。

三、人口构成

人口构成包括人口的自然构成和社会构成，前者如性别结构、年龄结构；后者如民族构成、职业构成、受教育程度等。以性别、年龄、民族、职业、受教育程度相区别的不同消费者，由于在收入、阅历、生理需要、生活方式、价值观念、风俗习惯、社会活动等方面存在差异，必然会产生不同的消费需求和消费方式，形成具有差异性的消费者群。例如，不同年龄的消费者由于其需求不尽一致而会集结为老年市场（60岁及以上）、中年市场（40～59岁）、青年市场（25～39岁）和儿童市场等。再如，我国有56个民族，少数民族有其独特的消费需求、消费方式和购买行为。显然，注意人口环境方面的这些因素对企业的营销活动极具重要性。

据联合国统计，目前世界60岁以上人口超过6.3亿人，其中80岁以上占12%，有21个国家是人口老龄化最严重的国家（见表2-2），人类社会已经进入老龄社会。人口老龄化的迅速发展，引起了联合国及世界各国政府的重视和关注。

表2-2　　人口老龄化最严重的21个国家

65岁以上人口超过22%的国家（1个）：日本
65岁以上人口超过17%的国家（8个）：保加利亚、奥地利、拉脱维亚、葡萄牙、意大利、瑞典、德国、希腊
65岁以上人口超过16%的国家（9个）：英国、比利时、法国、西班牙、匈牙利、瑞士、爱沙尼亚、克罗地亚、芬兰
65岁以上人口超过15%的国家（3个）：立陶宛、斯洛文尼亚、丹麦

资料来源：中国人口信息研究中心.

与世界各国一样，我国在人口构成方面值得重视的一个显著趋势，就是人口的平均年龄在增长。根据国家统计局公布的数据，1999年，我国已进入老龄社会，是较早进入老龄社会的发展中国家之一。2010年，我国60岁及以上老年人口已达1.78亿人，占总人口的比重达13.26%。当前，我国老年人口正以年均约3%的速度增长。表2-3显示了我国人口老龄化的发展趋势。人口老龄化给我国经济、社会、政治、文化等方面的发展带来了深刻影响。从营销环境的角度看，人口老龄化产生的直观影响是老年人口的增加，使得市场需求结构有所变化，老年人用品的需求将会不断扩大，例如保健用品、营养食品、医疗服务等的市场会日渐扩大。当然，这种动向也会给某些行业带来威胁，例如有些人口老龄化较明显的国家，对于摩托车等剧烈体育运动用品的需求开始减少。同时，老年人在延缓自身衰老的过程中，退休年龄也在延迟，因此，老年人口将持续创造收入和消费。人口老龄化对营销环境的影响还体现在以下方面：首先，适龄劳动力人口数量减少，劳动力缺乏，劳动力成本上升；其次，老龄人口增多必将动用更多的储蓄，导致储蓄水平下降，投资减少，消费增加，从而一定程度上影响经济增长的潜力；最后，社会保障负担加重，政府财政压力增大，企业和就业者的税收负担增加。

表 2-3　　我国人口老龄化趋势

年份	总人口（亿人）	60 岁及以上		65 岁及以上		80 岁及以上	
		人口（亿人）	占总人口比例（%）	人口（亿人）	占总人口比例（%）	人口（亿人）	占总人口比例（%）
2000	12.7	1.31	10.34	0.91	7.13	0.14	1.05
2010	13.39	1.78	13.26	1.19	8.88	0.19	1.42
2020	14.72	2.45	16.61	1.74	11.83	0.30	2.48
2030	15.24	3.55	23.30	2.44	15.98	0.43	2.82
2040	15.43	4.09	26.52	3.24	20.98	0.64	4.15
2050	15.21	4.38	28.76	3.32	21.81	1.00	6.57

资料来源：中国人口信息研究中心.

我国在人口构成方面还有另一个值得重视的特殊趋势，那就是独生子女的比重越来越大，一个庞大的特殊的独生子女市场正在形成。此外，中国自 2015 年全面实施的一对夫妇可生育两个孩子政策，也将引发妇幼市场的明显增长，满足和引导这种市场需求，无疑也会为许多企业提供发展的机遇。玩具营销者就注意到了这个趋势，一些世界知名的玩具公司，比如日本的万代（Bandai）、丹麦的乐高（Lego Group）以及美国的孩之宝（Hasbro）和美泰（Mattel）等公司都已进入中国市场。

四、家庭状况

现代家庭是社会的细胞，也是商品的主要购买单位。一个国家或地区家庭单位的多少，直接影响着许多消费品的市场需求量。例如，新的家庭单位的出现，势必会增加对住房、家具、炊具、家用电器等家庭用品的需求量。家庭人口的多少则会影响家庭消费形态。例如，单身家庭不一定需要门类齐全的家庭用品，但却可能增加娱乐、旅游、保健方面的消费开支。

随着经济的发展和家庭观念的更新，家庭规模趋于小型化，即家庭单位增加，家庭人口减少，是必然趋势。美国 1986 年每个家庭平均 2.67 人，比 19 世纪中期缩小了一半；20 世纪 50 年代，日本的 6 口之家占全国家庭总户数的 1/3，到 80 年代后期则下降到只占 8.2%，家庭平均人数因此而降为 3.25 人。我国的家庭也有这种趋势。比如北京，居民家庭平均人口 1962 年为 5.51 人，1978 年为 4.32 人，1998 年为 3.63 人，2004 年为 2.74 人，2010 年则降至 2.45 人。图 2-3 显示了 1998—2010 年我国居民家庭平均规模的变化。这种变化趋势显然会给不少行业带来新的营销机会。

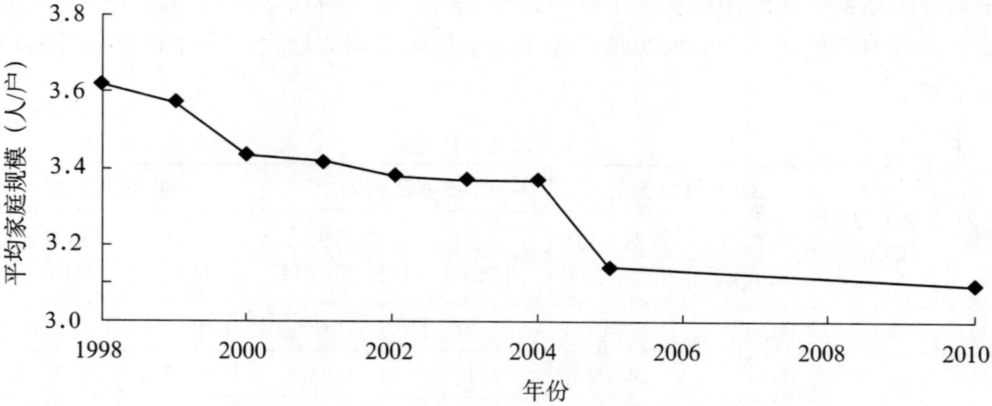

图2-3 1998—2010年我国居民家庭平均规模

第3节 经济环境

一、社会购买力

从企业营销的角度看，经济环境中最主要的因素是社会购买力。同人口一样，一定时期内社会各方面用于购买产品和服务的货币支付能力，即社会购买力，是构成市场的要素之一，甚至是更重要的因素。因为市场规模（指现实商品需求与潜在商品需求的规模）的大小，归根到底取决于购买力的大小。因而，企业营销活动必然会受到社会购买力发展变化的影响和制约。企业应当密切关注由于社会购买力的增减变动所带来的机会或威胁。

社会购买力是一系列经济因素的函数。

1. 人均收入水平

总的来讲，社会购买力的大小取决于国民经济的发展水平以及由此决定的人均国民收入水平。经济发展快，人均收入高，社会购买力大，企业的潜在市场和营销机会就会随之扩大；反之，经济衰退，市场规模缩小，则会给企业营销带来威胁，迫使企业不得不缩小经营规模。改革开放以来，我国国民经济发展迅速，1979—1997年国内生产总值（GDP）年均增长近10%，增长速度处于世界前列，2002—2006年依然保持近10%的增长速度，2010年中国国内生产总值为397 983亿元，居世界第二，全年的数据超越日本。2010—2016年，我国国内生产总值（GDP）年均增长8.32%。虽然增长率由2010年的10.3%降至2016年的6.7%，但从世界范围看，仍保持较高的增速。由于国民经济的持续高速增长，社会购买力成倍增加，我国的市场规模也以前所未有的规模迅速扩大，1978年社会消费品零售总额为1 559亿元，1989年社会消费品零售总额增长至8 101亿元，1997年进一步增长至31 253亿元，2005年则达到67 177亿元，2010年已经增长到154 554亿元。1979—2005年我国社会消费品零售额年均增长15.5%，2006—2010年间，社会消费品零售总额保持年均10%左右的速度稳步增长。2011—2016年，虽然社会消费品零售总额增速由 2011 年的 18.3%降至 2016 年的 10.4%，但从总体来看，仍保持着持续稳定的增长。可见，我国经济的快速发展为企业的增长创造了大量的机会。

2. 市场供求状况

社会购买力的实现与市场供求状况密切相关。市场商品供求状况包含着总量比例和结构比例，两者对企业均产生明显的影响。通常情况下，企业在营销活动中较直接感受到的是市场商品供求结构比例的影响。也就是说，对于生产或经营某类产品或提供某类服务的企业，该产品或服务市场中的供求平衡程度会给企业带来显而易见的影响。当企业的产品或服务在市场上处于供不应求的状况时，企业生产量的扩大和销售量的增加就相对容易；而在市场处于供过于求的状况时，企业所承受的外部压力则大得多。

3. 通货膨胀和通货紧缩

社会购买力的实现还与是否存在通货膨胀和通货紧缩密切相关。通货膨胀意味着货币贬值，物价上涨，货币的购买能力下降。这就会恶化企业的营销环境，一方面，它会引发消费者心理预期的变化，导致市场上出现以保值为目的的抢购风潮，从而给企业输入大量混乱、虚假的需求信息，增加企业未来发展的风险；另一方面，各种生产要素涨价，不仅会提高产品的成本，而且会对企业的资金周转、投资组合、营销组合等形成冲击，增加了以后营销活动的难度和营销成本。当然，从更广泛的意义上讲，持续的货币贬值、物价上涨会引起价格体系、市场机制和经济秩序的错乱，破坏整个国民经济的正常运行，在整体的经济环境中给企业运行带来严重困难。因此，企业开展营销活动必须关注通货膨胀及其影响。

通货紧缩是与通货膨胀相反的一种经济现象。通货膨胀是产品和服务价格普遍持续上升；通货紧缩则是产品和服务价格普遍持续下跌。通货紧缩对经济发展具有负面影响。通货紧缩使产品和服务的价格变得便宜，但由于这种价格下降并非源于生产效率的提高和成本的降低，因此，必然减少企业收入并相应减少就业者收入；企业被迫缩减经营规模和解雇员工，导致失业增加；收入增长缓慢，必然影响社会消费，而消费低迷，又会加剧通货紧缩；同时，由于通货紧缩，人们看淡经济前景，这种心理预期又将影响投资特别是非政府部门的投资。因此，尽管通货紧缩会使名义收入水平不变的人们从物价下降中获得某些实惠，但通货紧缩预期使人们不愿进行当前消费和投资，并由此引起就业困难、收入减少、投资不振、消费低迷，最终会在全社会范围内抵消物价下降带来的好处，使经济陷入困境。因此，通货紧缩也将从整体经济环境上给企业运行带来困难，甚至是严重困难，企业开展营销活动当然也需要关注通货紧缩及其影响。

4. 储蓄、消费者信贷和投资

社会购买力在量上与储蓄的增减变动密切相关。居民储蓄来源于消费者的货币收入，最终还会用于消费。但一定时期内储蓄增加会减少近期的货币支付能力；反之，则会增加近期的货币支付能力。所以，储蓄的增减变动会引起市场需求规模和结构的变动，对企业的营销活动也就会产生或近或远的影响。

消费者信贷规模的变化也会影响购买力的增减变动。消费信贷的实质是把未来的收入提前用于消费。由于消费信贷的刺激，与无消费信贷相比，消费者的消费支出将增加。

此外，消费者个人投资如购买债券、股票的规模变化，也会影响购买力的增减变动。

二、消费者收入与支出

消费者收入，是指消费者个人从各种来源所得到的货币收入，通常包括个人的工资、奖金、其他劳动收入、退休金、助学金、红利、赠与、租金收入等。消费者收入主要形成最终消费品购买力，这是社会购买力的重要组成部分。而且由于产业用品的需求是由最终消费品需求引发、派生出来的，因而，消费者收入对消费品市场营销和产业用品市场营销都会产生影响。消费者收入的多少还影响着消费者的支出行为模式。因此，营销者必须密切关注与企业业务紧密关联的消费者收入与支出模式的变动趋势。

消费者收入并不全部用于购买产品。对企业营销来说，有必要将消费者个人收入区别为个人可支配收入和可任意支配收入。

个人可支配收入，是指个人收入减去直接交纳的各项税款（如所得税等）和非税性负担（如工会会费、交通罚款等）之后的余额。作了这种扣除，消费者收入才成为消费者个人可以支配的收入，或用于消费支出，或用于储蓄。

可任意支配收入，是指个人可支配收入减去维持生活所必需的支出（如食品、衣服、住房）和其他固定支出（如分期付款、学费）所剩下的那部分个人收入。这部分收入是消费者可以任意投向的，因而是影响消费需求构成最活跃的因素。这部分收入越多，人们的消费水平就越高，企业营销的机会也就越多。

由于消费者收入往往要受到产品价格变化的影响，因而对消费者收入还要区别为货币收入和实际收入。在消费者的货币收入不变时，如果物价下跌，表明实际收入上升；反之，则表明实际收入下降。还有一种情况是货币收入虽然增加，但通货膨胀率超过货币收入增长率，实际收入也会减少。分析实际收入变动的意义在于，这种变动直接影响着消费者的支出行为和货币投向。

由于经济发展阶段时有变化，而且在同一时期的不同国家、地区、不同阶层，消费者收入是有差异的，因而除应进行上述分析，还要研究不同时期、不同国家、不同地区、不同阶层消费者收入水平的变化。显然，这种研究对于企业选择目标市场、有针对性地开展营销活动，具有重要意义。例如，在进入20世纪70年代后的30年中，在美国，富人变得更富，穷人变得更穷，而中产阶级出现萎缩。1973—1999年间，在美国家庭中，最富的5%的家庭收入增长了65%，中等收入家庭同期收入仅上升了11%，穷人收入增长更少。这种情况导致美国市场发生分化：富裕家庭购买昂贵的物品，中等收入家庭消费有所减少，而低收入家庭则花费谨慎，在打折商店里购物，选择的是便宜的品牌。在这种情况下，那些提供中档商品的传统零售商受到冲击，而能够根据这种趋势选择和及时调整其产品定位的企业却获利颇丰。

消费者收入的变化直接影响到消费者支出模式的变化。对此，德国统计学家恩斯特·恩格尔提出的“恩格尔定律”作过描述，即用食品支出占消费总支出的比例来说明经济发展、收入增加对生活消费的影响程度。根据恩格尔的观点以及后人的修正，这个定律的主要内容是：一个家庭收入越少，其总支出中用来购买食物的比例就越大；随着家庭收入增加，用于购买食物的支出占总支出的比例下降，而用于其他方面的开支（如交通、娱乐、教育、保健等）和储蓄所占的比重将上升。联合国根据恩格尔系数的大小，对世界各国的生活水平制定了一个划分标准，即一个国家平均家庭恩格尔系数大于 60%为贫穷；恩格尔系数位于 50%～60%为温饱；恩格尔系数位于 40%～50%为小康；恩格尔系数位于 30%～40%属于相对富裕；恩格尔系数位于 20%～30%为富裕；恩格尔系数在 20%以下为极其富裕。许多国家的调查表明，恩格尔定律基本是正确的。例如，美国的恩格尔系数，1935 年为 35%，1960 年为 22%，1970 年为 19%，现在则下降为 11%左右。日本的恩格尔系数，1950 年为 57.3%，1963 年为 39.7%，1980 年为 29.3%，1996 年为 16.3%。我国城镇居民家庭的恩格尔系数，1978 年为 56.66%，1991 年为 53.8%，2000 年下降为 39.4%，2005 年进一步下降为 36.7%，2010 年回升到 37.5%。近年来，我国恩格尔系数持续下降，从 2013 年的 31.2%降到 2014 年的 31%，2015 年、2016 年分别进一步下降到 30.6%和 30.1%。但与发达国家相比，由于城乡之间、区域之间经济发展不平衡，我国大部分城市居民的食物支出所占比例已低于 40%，而部分比较落后的农村居民家庭食物支出所占比例仍高达 60%。这些统计分析表明，一般说来，消费者收入的多少对于消费者支出模式具有决定性的影响。应当指出，由于各国人民的生活习惯、价值观念、近期追求目标等方面的诸多不同，以及各国政府在价格政策、免税、补贴等方面的诸多不同，国家之间的恩格尔系数并无可比性。

消费者支出模式除主要受消费者收入的影响，还会受家庭生命周期、家庭所在地点以及价值观念等多种因素的影响。下一章将提供这方面的讨论。

第 4 节　政治与法律环境

企业总是在一定的政治与法律环境下运行的，企业的营销活动必定受到所处政治与法律环境的规范、强制和约束。政治与法律环境是由那些强制和影响社会上各种组织和个人行为的法律、政府机构、公众团体所组成的。

1. 政治与经济体制

政治与法律环境的一个方面就是政治体制、经济管理体制及政府与企业的关系。

从国际社会来看，并不存在统一的政治制度和法律条约，不同国家和地区具有不同的政治体制以及具有不同法律效力的公约、协定，而这就成为营销环境的重要方面，企业的市场营销活动必须把这方面的环境力量考虑进去。既要考虑到双边与多边关系给企业营销带来的机会，也要考虑到可能的阻力和威胁；不同国家和地区的权力结构、政治稳定性直接影响着企业营销活动的顺利开展，没有一家企业愿意在政局动荡、战争频发的国家和地区开展营销活动。

就我国当前的情况而言，与企业密切相关的突出问题在于精简政府机构，规范政府行为，克服官僚主义，实行政企分开，建立现代企业制度。随着我国经济体制、政治体制改革的逐步深入，我国企业将在一个更为开放、民主、法制化的经济管理体制和政治环境中运行。

2. 商业立法

政治与法律环境的第二个方面，是企业营销中大量遇到的法律法规，尤其是其中的商业立法。商业立法主要有三个目的：保护公司免受不公平的竞争，保护消费者利益免受不正当商业行为的损害，保护社会利益免受失去约束的商业行为的损害。每一项新的法律法规的颁布，或者原有法律法规的修改，都会影响企业的营销活动。近年来，立法对商业活动的影响一直在不断增加。

不同国家和地区的法律法规有很大的不同，而这些会对企业营销活动的开展产生影响。比如对工业产权的保护，英美法国家按照使用在先的原则来判断工业产权的所有权，而大陆法国家按照注册在先的原则确定所有权。

营销者应该熟悉关于保护竞争、消费者和社会利益的主要法律知识。企业应当设立一套法律审查程序，并制定、颁布企业伦理道德标准，用以指导营销经理的决策。

3. 政府政策

政治与法律环境的第三个方面是政府的政策。如果说法律法规是相对稳定的，那么政策则有较大的可变性，它随着政治、经济形势的变化而变化。政府的相应政策显然会对企业的营销活动产生直接或间接的影响。

4. 公众利益集团

政治与法律环境的第四个方面是公众利益集团，即为了维护一部分社会成员的利益而组织起来的，旨在影响立法、政策和舆论的各种特殊利益集团。这些社会利益集团，为保护特定社会群体的利益——消费者的权利、女性的权利、老年人的权利和少数群体的权利等，游说政府官员，对企业施加压力，从而给企业的营销活动增加了更多的限制。营销者必须意识到这种限制和压力，协同企业法律顾问、公共关系部门、公共事务部门和消费者权益部门制定有效的措施和计划。

上述分析表明，政治和经济体制的变化、商业立法的不断完善和各种社会利益集团的增加，都会对企业的营销活动产生明显影响。企业必须密切关注政治与法律环境的变化，并根据这些变化及时调整自己的营销目标和营销战略。

第5节　文化、自然和技术环境

一、文化环境

在企业面临的诸方面环境中，文化环境是较为特殊的：它不像其他环境因素那样显而易见和易于理解，却又无时无刻不在深刻影响着企业的市场营销活动。无数事例说明，无视文化环境的企业营销活动必然会陷于被动或归于失败。文化作为一个社会历史范畴，涵盖面很广，一般是指人类在社会发展过程中所创造的物质财富和精神财富的总和，是人类创造社会历史的发展水平、程度和质量的状态。我们这里所说的文化，主要是指在一定文明的基础上，在一个社会、一个群体的不同成员中一再重复的情感模式、思维模式和行为模式，包括人们的价值观、信仰、态度、道德规范和生活准则等。正是这些无形的文化因素影响着人们的欲望、行动和态度，构成了影响企业营销的文化环境。

1. 价值观念

作为文化核心内容的价值观念，是影响消费者行为选择的重要因素。不同国家和地区都有自己独特的价值观念，而这些不同的价值观念决定了人们对事物重要性看法的不同，从而在一定程度上影响到人们的最终行为选择。价值观念不同，人们的购买动机和购买行为会有很大的不同。如德国人的严谨使其产品赢得了世界范围认可的“高质量”，日本人的节俭为日本产品贴上了“节能环保”的标签。

如今随着世界经济的融合，尤其是互联网在全球范围的日益普及与互联互通，不同国家与地区的文化交流日益广泛，这也在一定程度上影响和改变了人们的价值观念。以日本为例，一直以来，日本人在购物时首选的是本国产品，而且把这种选择作为爱国的一种体现，而如今的日本年轻人则与他们的前辈不同，开始追捧欧美的时尚品牌并以此为荣。

任何一个社会，人们所持有的核心价值观和信仰，由于不断地被社会的各种主要组织（学校、教会、工作单位和政府等）强化而具有高度的持久性。尽管核心价值观相当持久，但是社会的次信仰与价值观则易于随着时间的推移而变化。这也在一定程度上使消费需求纷繁复杂。比如，20 世纪 60 年代西方国家出现的嬉皮士文化曾对青年人的发型、服饰、性观念及生活目标产生重大影响。而今天的年轻人则受新的偶像人物和时尚活动（U2 乐队、NBA 篮球明星等）的影响。企业营销者有较多的机会去改变人们的次价值观，但很少有机会和可能去改变人们的核心价值观。

2. 宗教信仰

每一个社会或每一种文化都可以按某种标准分为若干不同的亚文化群，如种族亚文化群、民族亚文化群、宗教亚文化群、地理亚文化群、职业亚文化群、年龄亚文化群等。不同的亚文化群代表各种不同的亚文化，它们各有共同的信仰、爱好和行为。宗教信仰属于一种特殊的社会意识形态和文化现象，与人的生产、生活、工作和学习等各个方面有着千丝万缕的联系，指导和规范着人们在社会中的行为。营销工作人员既要尊重不同宗教信仰人群的禁忌与习惯，规避营销风险，又要善于从中发现和创造市场机会。

在阿拉伯国家，穆斯林每天都要向着沙特阿拉伯的麦加虔诚地礼拜，这种仪式是神圣而庄严的，不仅时间上不能有差错，而且礼拜的方向也不能有误。然而各地的房屋建筑并非划一，礼拜时如何准确地朝向麦加，使人大伤脑筋。针对这一问题，比利时有个名叫范德维格的地毯商设计了一种专供人们礼拜使用的地毯。这种地毯巧妙地将一只扁平形的指南针缝制在地毯上，指针会准确地指示麦加的方向，这种地毯使做礼拜者在任何地点，都能准确无误地完成他们的仪式。这种地毯一上市就成为抢手货，很快就卖出了 25 000 条。从营销的角度看，企业更应侧重研究亚文化群的消费者行为特点，选择亚文化群作为企业的目标市场。

3. 语言文字

语言作为文化的一面镜子，不同的文字不仅划分出不同的文化群体，还使这些群体泾渭分明。语言的多样与复杂往往成为国际市场交易双方沟通的障碍，从品牌的创建、商标的设计乃至广告促销中的信息传递，都要求语言表达严谨、准确，一旦造成歧义，就会发生令人啼笑皆非的误解，这方面的事例不胜枚举。百事公司的著名广告语“Come Alive with Pepsi”在美国得到普遍好评，在我国台湾却被译为“百事使你的祖先复活”，在德国则被译为“百事和你一起从坟墓中出来”。美国的克莱斯勒汽车公司用

“Dart is Power”的广告语表示本公司生产的汽车功率强、载重大且速度快，而此语在西班牙却被理解为是对买主精力不足的嘲弄。又比如我国以“金鸡”为品牌的产品，品牌名出口包装翻译为“Golden Cock”，而“Cock”是现代英语俚语中的粗俗用语，用作商品的品牌极不合适。又比如我国出口的“紫罗兰”牌男衬衫，译成英语成了“无丈夫气的男子”；“白象”牌电池译成英语是“累赘”之意；“芳芳”牌化妆品的汉语拼音在英语中意为“毒牙”，如此等等。这些品牌的译名使消费者望而生畏，导致物美价廉的产品长期无人问津。

4. 商业习惯

不同国家和地区有着各自不同的商业习惯，在国际市场营销中，由于商业习惯而使交易双方同陷窘境，导致交易失败的事例并不鲜见。如果面对德国人严肃认真的商业作风，采用迂回、诱人、随意的英国式做法，就可能适得其反。如果和中东商人做生意，在正式谈判之前要花大量时间闲谈聊天，赢得他们的友谊和信赖，这在西方人眼里是浪费时间，但在中东人看来是绝对必要的。可见，了解东道国的商业习惯，适应当地的商业文化环境，是保证国际市场营销活动获得成功的重要基础。值得注意的是，近年来西方文化的影响日趋扩大，发展中国家普遍产生了一种仰慕西方文化的心理，并在消费方式及消费习惯等方面加以模仿，从而使许多国家的社会文化环境渗入了西方文化特色。这一变化为西方国家产品提供了更多的市场，其影响正在被越来越多的市场营销人员所重视。

延伸阅读　颜色和数字的文化偏好

二、自然环境

影响企业营销活动的自然环境，主要是指自然物质环境。自然环境一直处于发展变化之中。在今天，自然环境变化最主要的趋势是：自然资源日益短缺，能源成本趋于提高，环境污染日益严重，政府对自然资源与环境的管理和干预不断加强。所有这些，都会直接或间接地给企业带来威胁或机会。

不同的国家和地区存在一定的资源禀赋差异，在国际经济发展大循环当中各种资源所发挥的不同作用又是各国之间比较优势转换的动因，因此，资源配置在很大程度上已成为影响世界贸易格局、改变国际市场营销机会的重要因素。

我国幅员辽阔，但由于人口众多，大片国土自然条件恶劣，因而就自然资源来说，无论是不可再生的矿产资源，还是可再生的动植物资源，抑或水资源，总的说来都是短缺的，绝大多数资源的人均占有量很低。自然资源短缺，特别是不可再生资源总是越开采储量越少，这对许多企业的发展当然是一种威胁，但反过来又迫使人们研究如何合理开发利用和寻找替代品，从而又给许多企业带来了发展的机会。当然，我国还有不少资源尚未开发或尚未充分利用，资源在地区之间的分布也很不平衡，这两种情况也都意味着企业存在发展的机会。

自然环境的恶化是全球面临的一个共同问题。随着工业化、城镇化进程的加快，我国的环境污染也日趋严重，在许多地区已经严重影响到人们的身体健康、自然生态的平衡和经济的可持续发展，日益引起政府和公众的关注。治理环境污染的社会呼声此起彼伏，法律和政府的干预措施也在逐步加强。可以断言，企业所面对的治理污染的挑战将会越来越严峻。这对企业的发展当然是一种压力和约束，企业要付出一定的代价，但同时也蕴涵着若干开发新产品（如环境工程、环保型生产方式和无污染或低污染的产品）的发展机会。

自然环境与企业营销之间的相关性近十年来提高了许多。1990 年 4 月，伴随着著名的地球日活动，一种新的营销理念——"绿色营销"在美国诞生。奉行绿色营销理念的企业，在承担起企业社会责任的同时，在消费者中形成了良好的企业声誉和形象，影响和改变了顾客的偏好和选择，从而也为自身带来了价值和利益。近年来，有一些值得注意的绿色营销的成功案例。雪佛龙公司（Chevron）的"人们做"（People Do）广告改变了顾客对石油公司的负面印象，使顾客认识到雪佛龙公司实施了很多改善环境的计划，比如拯救野生动物、保护海滨计划等。麦当劳公司采取了很多宣传得当的环境保护行动，比如使用未漂白纸和再生纸做的盒子作外卖包装；用单层纸包裹三明治，节约了 3 200 吨纸张和硬板纸；使用重量轻的杯子，减少了 1 100 吨用于运输的硬纸板。麦当劳公司因为对减少废弃物做出的贡献而获得美国环保署（EPA）颁发的年度奖。

三、技术环境

科学技术是一种激动人心的决定人类命运的力量。科学技术推出了诸如青霉素、人工心脏、节育术等奇迹，推出了诸如发电机、计算机、互联网、人工智能（AI）、虚拟现实（VR）、增强现实（AR），以及汽车、电视、方便食品之类的造福于人类的大量物品，也推出了诸如氢弹、毒气、冲锋枪之类的令人恐怖的武器。科学技术的发展，尤其是近年来互联网技术和移动互联网技术的发展与普及深刻影响着人类的社会历史进程和社会经济生活的各个方面，改变了人们的行为方式，当然也影响着企业的市场营销活动。

延伸阅读

增强现实技术

增强现实（AR）技术是一种将真实世界信息和虚拟世界信息无缝集成的新技术，能够实时地计算摄影机影像的位置及角度并加上相应图像、视频、3D 模型，把原本在现实世界的一定时间空间范围内很难体验到的实体信息（视觉信息、声音、味道、触觉等），通过电脑等科学技术，模拟仿真后再叠加，将虚拟的信息应用到真实世界，被人类感官所感知，从而达到超越现实的感官体验。这种技术的目标是在屏幕上把虚拟世界套在现实世界并进行互动，把真实的环境和虚拟的物体实时叠加到同一个画面或空间同时存在。

当今世界的科学技术迅猛发展，其特点为：（1）以微电子为标志的 IT（信息技术）发展迅速。（2）互联网的快速普及，尤其是移动互联网技术的应用在很大程度上改变了人们的思维方式和行为方式，改变了企业的经营管理方式和生态。(3) 生物工程技术广泛应用于种植业、养殖业和制药业。(4) 重视在新产品研发上采用最新科技成果。(5) 新技术、新产品研发在企业受到普遍的重视，一些在技术上领先的大公司用于研发的资金投入占到了销售收入的10%或更多。人类已经在能源、制造、交通、通信、生物工程等方面取得了巨大的成功，甚至开始期待进行星际旅行。显然，科学技术的进步给人们的需求带来了更新、更广阔的天地，营销者有责任加速和引导这个过程。

科学技术进步给市场营销带来的影响还表现为：(1) 技术变革步伐加快，新产品不断涌现，产品的生命周期明显缩短。(2) 技术贸易的比重增大。(3) 劳动密集型产业面临的压力将加大。(4) 发展中国家劳动力成本低廉的优势在国际经济联系中将削弱。(5) 交易方式、流通方式将向更加现代化发展。(6) 对企业的组织结构及管理者素质提出更高的要求，甚至要求全新的理念等。

总的说来，企业应当从上述诸方面把握住科学技术的发展给企业营销带来的深刻影响。具体来看，企业应密切关注所在领域和相关领域的技术环境的发展变化，分析其对企业营销所产生的具体影响，以利于及时调整营销战略和方案，并以技术进步为契机不断开发出新的产品，使企业持续地获得竞争优势。

企业关注技术环境，最重要的是应当看到：任何一种新技术的出现都可能会产生新的行业和产品，为企业带来发展的机会；也可能使采用旧技术的行业和业务衰落，给企业的生存带来威胁。例如，集成电路的出现，使晶体管工业被淘汰；电视的出现，则给广播和电影业带来很大威胁；现在，互联网的发展又在威胁只能单向传播信息、观众被动接受的电视，等等。所以，每一种新技术都是一种"创造性的破坏"因素，一种新技术的出现，并非对所有企业都是福音，反而会使许多企业受到冲击。

营销实践　Apollo Box 的 AR 应用

企业关注技术环境还要认识到，一种新技术引起的长期后果并不是都能预见的。例如，节育药具的研制成功在世界范围内造成了更小的家庭、更多的已婚妇女就业以及家庭更大量的可任意支配收入等，所有这些，又引起了消费需求的变化，给许多行业，如耐用消费品制造业、旅游业、食品业、托儿业等创造出了大量始料未及的新的营销机会；而互联网的出现改变了人们的生活和工作方式，创造了新的消费方式和交易方式，并极大地提高了经济活动效率，对人类社会经济活动产生了目前仍难以估量的影响。有人认为，完全有理由相信，随着网络发展和全球化趋势，数字经济会逐渐成为主宰人类经济活动的重要角色。因此，评估新技术的后果，并从中敏感地发现市场机会，是企业适应技术环境变化的一个重要方面。

延伸阅读

PEST 分析模型

PEST 分析模型是企业对所处宏观环境分析时常用的模型，即通过对企业外部宏观政治环境 (political environment)、经济环境 (economic environment)、社会与文化环境（social environment）、科技环境（technological environment）的洞察与分析，发现外部环境中对企业经营与发展产生影响的机会与威胁，帮助企业提高战略预见性，以便及时把握机会，对可能出现的威胁提前做好应对预案。

STEEPLE分析是PEST分析的扩展变形形式，STEEPLE是社会/人口（social/demographic）、技术（technological）、经济（economic）、环境/自然（environmental/natural）、政治（political）、法律（legal）、道德（ethical）等因素英文单词的首字母缩写。

其他扩展形式包括：

PESTEL分析。PESTEL是政治（political）、经济（economic）、社会（sociological）、技术（technological）、法律（legal）、环境（environmental）等的首字母缩写。

PESTLIED分析。PESTLIED是政治（political）、经济（economic）、社会（social）、技术（technological）、法律（legal）、国际（international）、环境（environmental）、人口（demographic）等的首字母缩写。

SLEPT分析。SLEPT是社会（social）、法律（legal）、经济（economic）、政治（political）、技术（technological）等的首字母缩写。

第6节 企业营销的微观环境

正如前述，企业营销的微观环境因素影响着企业为目标市场服务的能力和企业营销战略的选择。构成企业营销微观环境的各种制约力量，与企业形成了合作、竞争、服务和监督的关系。一个企业能否成功地开展营销活动，不仅取决于能否适应宏观环境的变化，适应和影响微观环境的变化也是至关重要的。

一、企业内部的力量

微观营销环境中的第一种力量是企业内部的环境力量。近十年来，随着宏观环境的变化，企业面对迅速变化的环境也做出相应的反应。由于以增加顾客价值为核心，导致企业的组织架构发生变化，各职能间的部门界限被打破，组织层级减少；寻求建立有效率的管理程序和管理系统，以提高企业对环境变化的反应速度；鼓励员工提出更多的创意和采取更加积极主动的行动，并授予他们一定的权力；动态的竞争环境使得收购或兼并成为企业获取规模经济的重要手段，促使企业跳出原有的竞争思维，寻求与供应商和顾客更为紧密的合作关系；经济的全球化、一体化浪潮促使企业努力实现全球化的思考和本土化的运作。在这种背景下，营销活动在组织中的角色正在发生变化。传统意义上，营销人员充当的是中间人的角色，其任务是理解顾客的需要并把顾客的愿望传达给组织机构中各个不同的职能部门；现在企业的每一个职能部门都可以直接与顾客取得联系，营销部门不再是唯一与顾客打交道的部门。因此，营销部门的一个主要职责是整合所有针对顾客的工作，使这些工作成为一个整体，这样，当顾客与企业打交道时，他们所见到的是同一张面孔，听到的是同一种声音。

企业营销活动在组织中角色的变化，要求组织内部的每一个人都了解营销的目标和概念，认识和了解顾客价值，因此，企业内部的组织架构、决策权限的配置、管理流程和例行制度成为影响营销管理决策和营销方案实施的重要因素。

二、各类资源的供应者和各类营销中介

微观营销环境的第二种、第三种力量分别是各类资源的供应者和各类营销中介，它们与企业之间既有冲突，也有基于价值链的合作关系。资源供应者向企业提供为目标顾客服务所必需的原材料、零部件、能源、劳动力等；营销中介则为企业融通资金，销售产品，以及提供运输、储存、咨询、保险、广告、评估等种种便利营销活动的服务。如何在动态变化中与这些力量建立起稳定、有效的合作关系，对于企业服务于目标顾客能力的最终形成，具有重要影响。

三、顾客

微观营销环境中的第四种力量是顾客，也就是目标客户，包括个人消费者、生产者、转卖者、政府和国际市场购买者。营销是旨在满足顾客需要的活动，营销的关键在于正确确定目标市场的需要，并且比竞争者更有效、更有力地提供满足目标市场需要的产品或服务。显然，在这个过程中，有效率的营销要受到目标市场，即顾客的约束和影响。

四、竞争者

企业微观营销环境中的第五种力量是企业面对的一系列竞争者。从消费需求的角度划分，企业的竞争者包括愿望竞争者、普通竞争者、产品形式竞争者和品牌竞争者。愿望竞争者是指提供不同产品以满足顾客不同需求的竞争者。比如，对于电视机制造商而言，生产冰箱、洗衣机、个人电脑等耐用消费品的厂商就是其愿望竞争者，如何刺激更多的消费者和家庭率先购买电视机，而不是首先购买其他产品，这就构成一种竞争关系。普通竞争者是指提供能够满足同一种需求的不同产品的竞争者。例如，自行车、摩托车和汽车都可用做个人交通工具满足人们的出行需要，相互之间具有一定的可替代性，这使得生产这三种产品的厂商之间形成一种竞争关系，成为彼此的普通竞争者。产品形式竞争者是指生产同种产品但是产品在规格、型号、式样或者包装上具有一定差异性的竞争者。品牌竞争者是指产品相同，规格、型号等也相同，但品牌不同的竞争者。显然，后两类竞争者属于处于同一市场（行业）中的竞争者。上述不同的竞争者与企业形成了不同的竞争关系。这些不同且不断变化的竞争关系是企业开展营销活动必须考虑的制约力量。

在同行业竞争中，市场集中度、产品差异性、进入壁垒是三个值得关注的方面，因为它们是影响市场结构和竞争程度的主要因素。市场集中度指一个市场（行业）中企业的数目与规模分布状况。在市场需求量相对稳定时，市场集中度水平直接影响竞

争强度和企业业绩。一个市场中企业数量越多、企业规模分布越不均匀，市场竞争强度越大。产品差异性，指产品存在的足以引起购买者偏好，使购买者将它与其他企业提供的同类产品相区别的特殊性。这种特殊性可能出现在产品的物理性能（如质量、性能、式样等）上，也可能存在于销售服务上，还可能产生于购买者的主观印象。产品差异性造成同类产品之间的区别，使一种产品与同类的其他产品区别开来，从而降低了产品之间的相互替代性，进而改变了原有的竞争关系和竞争结构。进入壁垒指新企业试图进入市场的难易程度。不同的市场或行业，由于在规模经济性、必要资本量、产品差异化程度、绝对进入壁垒和政府规制上的不同，进入壁垒的高低程度即新企业进入市场的难易程度是有差异的。例如，汽车制造业是进入壁垒比较高的行业，因为汽车生产的规模经济性是比较明显的，并且新企业的进入需要高额的资本投入，技术复杂程度高，其绝对进入壁垒也是比较高的；而诸如服装行业、餐饮业和零售业等行业就是进入壁垒相对较低的行业，因为进入的资本投入不是很高，技术不复杂，规模经济性不是很显著，产品差异化程度也不大。进入壁垒的高低影响新企业的进入和进入速度，从而影响市场中的既有企业与准备进入企业间的竞争关系，以及市场的潜在竞争强度。

五、公众

企业微观营销环境中的第六种力量是指能够对企业实现其营销目标的能力产生实际或潜在影响的所有社会公众组织和群体。由于企业的营销活动必然会影响到公众的利益，因而，政府机构、融资机构、新闻媒体、群众团体、社区居民等公众组织和群体，乃至国际公众，必然会关注、监督、影响、制约企业的营销活动。这种制约力量的存在，决定了企业必须处理好与相关社会公众的关系，承担起企业的社会责任，善于预见并采取有效措施满足各方面公众的合理要求（如及时归还贷款、降低环境污染等），开展一些力所能及的慈善行为和社会公益活动，努力塑造并保持企业良好的信誉和公众形象，这是企业适应和改善微观营销环境的一个重要方面。

延伸阅读

五力模型

波特五力模型，也称为行业竞争模型，是企业进行行业竞争分析，制定竞争战略时常用的战略分析工具，由迈克尔·波特（Michael Porter）于 20 世纪 80 年代初提出。

五种力量分别为同行业内现有竞争者的竞争能力、潜在竞争者进入的能力、替代品的替代能力、供应商的讨价还价能力、购买者的讨价还价能力。通过对五种力量的分析，企业可以了解所处行业的竞争态势，明确各种力量对企业营销活动的影响。任何一家企业，无论是在国内市场还是在国际市场上开展营销活动，都必须在综合考虑五种力量对自身影响的基础上，制定有针对性的营销战略与策略。

◆ 延伸阅读

大数据营销

大数据营销是基于多平台的大数据采集，帮助企业快速收集用户的海量行为数据，借助大数据技术的分析与预测能力，洞察和预测消费者的需求与偏好，并据此为消费者提供最能满足他们需求的产品、信息和服务，从而使企业的营销更加精准有效，给企业带来更高的投资回报率。

以网络广告为例，大数据营销可以通过互联网采集大量的消费者行为数据，帮助广告主准确地找出目标受众，并以此为基础对广告投放的内容、时间、形式等进行预判与调配，最终完成广告投放的营销过程。在广告领域，大数据营销的核心就在于让网络广告在恰当的时间，通过恰当的载体，以恰当的方式，将准确的广告信息投给恰当的人。

◎ 基本概念

微观营销环境　　　宏观营销环境

◎ 思考题

1. 哪些因素驱动宏观营销环境发生变化？

2. 企业微观营销环境由哪些因素构成？竞争者、消费者对企业的营销活动有怎样的影响？

3. 有一种观点认为人口环境的变化趋势，比如世界性的人口增长、年龄构成的变化、教育水平和非传统家庭的发展、大量人口迁移等，将导致大众化营销的衰退。试针对这个结论阐述你的观点。

4. 自然与技术环境的变化对企业的营销活动构成怎样的机遇与挑战？

5. 企业监测、适应营销环境变化的重要性是什么？请用实例进一步阐述你的观点。

◎ 案　例

传音手机凭什么在非洲市场称王

在当今的手机市场上，iPhone、三星、华为、小米、OPPO、vivo 等品牌可谓家喻户晓；然而有一个国产手机品牌虽然在国内默默无名，却以全球出货总量达到亿部的数量级，占领了非洲 40%的市场，成为中国出口手机销量之王，它就是“传音（Tecno）”！

传音成立于 2006 年，创始团队来自 TCL。2015 年，南非的商业杂志 *African Business* 发布年度“非洲消费者最喜爱品牌 100 强”，传音力压谷歌、微软等国际科技巨头，成为非洲中高端机的代表。

传音凭什么在非洲卖得这么好？非洲消费者为什么这么喜欢传音手机？

其实，最根本的原因在于传音手机解决了非洲人民自拍的难题。对于肤色较深的人种，大部分手机拍摄很难做到面部准确识别，尤其是在光线不佳的情况下，更难以取得理想的效果，而传音手机恰恰抓住了这一手机拍照的痛点。

为了更好地了解非洲消费者的需求，传音分别在非洲人口大国尼日利亚和肯尼亚的首都设立了研发中心，大量搜集当地黑人照片，通过眼睛和牙齿来定位，加强面部其他区域曝光，帮助非洲消费者拍出更加满意的照片，提升了用户体验。

非洲有 50 多个国家和地区，超过 11 亿人口。早在 2012 年，非洲就已成为全球第二大移动通信市场，仅次于亚太地区。传音为了避开国内和发达国家与地区市场的激烈竞争，曾专门对非洲手机市场做了调查，发现当时非洲只有三星、诺基亚等少数手机品牌，竞品相比其他市场少得多，于是将国内外手机厂商关注较少的非洲市场作为自己的主攻目标市场。

2007 年 11 月，传音首度试水非洲市场，推出第一款 Tecno 品牌的双卡双待手机，当时手机在当地的普及率并不高。在非洲市场，传音充分借鉴了国产手机厂商多年市场运作积累下来的经验与教训，在多数国产手机还在比拼硬件时，传音手机已把焦点放在用户体验上。传音根据非洲消费者在肤色、排汗等方面的特征，开发出了特种美颜、防汗、防摔等符合非洲消费者特定需求的产品功能，深受非洲消费者喜爱。2012 年，在非洲人普遍使用功能机时，推出高端智能手机品牌 Infinix 并以出色的质量征服了广大的非洲消费者，很多非洲人把传音手机误认为是德国制造。2017 年 3 月，传音正式推出采用最新的“四像合成”成像技术的 Camon CX，该机定位于年轻人，主打黑皮肤用户的自拍功能，在非洲、中东与拉丁美洲的 41 个国家发售。目前，传音以 Tecno，itel，Infinix 等自主组合品牌策略占据了手机市场约 40%的份额，2015 年手机出货量超过 5 000 万部，2016 年出货量超过 8 000 万部。

除了贴近非洲消费者生活特点之外，传音还能够真正了解非洲人民的特殊需求，提供有针对性的满足。比如非洲人民能歌善舞，一听到音乐就停不下来。为了迎合非洲市场的特殊需求，传音推出了主打音乐功能，音效奇佳的音乐手机 Boom J8，而且买手机送大耳麦！

非洲用户大多有两张以上的 SIM 卡，大部分人因为经济问题只能买一部手机。双卡手机在非洲成为刚需，传音在非洲不仅推出了双卡手机，甚至推出四卡手机，大受欢迎。

在非洲市场的营销渠道开发与拓展方面，传音采取了中国企业擅长的“农村包围城市”战略，从三星和诺基亚这些大品牌较少关注的贫困落后的地区入手，迅速奠定了自己的市场地位和影响力，赢得了良好的口碑。目前，传音的全球销售网络已覆盖尼日利亚、肯尼亚、坦桑尼亚、埃塞俄比亚、埃及、阿拉伯联合酋长国、沙特阿拉伯、印度、巴基斯坦、印度尼西亚、越南、孟加拉国等 58 个国家。

在非洲，传音是第一个在本地建设售后服务网络的外国手机企业。几年来，传音耗资数亿元人民币，在非洲建立了 86 个世界级售后服务中心和超过 1 000 个售后维修点，拥有超过 1 100 名专业的高级技术人员，是非洲最大的用户服务网络。

在促销宣传方面，传音采用了大面

积、广覆盖的策略。传音遍布各条街道的店面海报、公告牌等铺天盖地，给人留下了深刻的印象。传音的售后服务中心在内罗毕开张时，曾邀请当时的内罗毕市长剪彩，盛况空前，甚至导致封路。

可以说，传音的成功并不是偶然的，对市场需求的精准把握，以及精准而务实的产品策略、渠道策略、品牌策略使传音在非洲市场取得了骄人的成绩。

【案例思考】

1. 企业进行营销环境分析的理论依据是什么？

2. 思考企业在国际市场开展商业活动时环境分析的重要性。

第3章

消费者市场

本章要点

- 了解市场的分类及消费者市场的购买行为特点
- 理解消费者市场的购买对象
- 理解影响消费者购买行为的主要因素
- 把握消费者的购买决策过程

前面我们分析了营销环境，本章和下一章将具体研究市场。从商品卖方的角度看，市场就是未满足需求的现实的和潜在的购买者的集合，市场营销的核心即是如何最好地满足购买者的需求。因此，市场营销学对市场进行研究的核心是研究买主及买主的购买行为特点，这是企业制定营销计划、确定营销组合策略的出发点。

第1节　市场分类

为进一步研究市场，我们有必要对市场进行分类。既然市场的本质是有某种未满足需求的购买者，因此，市场营销学主要是根据谁在市场上购买，而不是根据他们在市场上购买产品或服务的种类来对市场进行划分。

遵循这一原则，营销学将市场分为两大基本类型：个人消费者市场和组织市场。个人消费者市场由那些为满足自身及其家庭成员的生活需要而购买产品和服务的人组成。在社会再生产的循环中，个人消费者的购买是通向最终消费的购买，这一市场庞大而分散，同时又是所有社会生产的终极目标。

组织市场则由所有非个人消费者的团体组织构成，包括生产企业、服务企业、商业企业、政府机构、民间团体及各种非营利组织。这些企业或组织购买产品或服务，是为了从事企业经营活动，加工制造产品、转售产品或向社会提供服务。从社会再生产的角度看，它们购买后的消费属于中间消费，或生产性消费，构成社会再生产的一个新起点。

个人消费者市场和组织市场由不同的购买者组成，有不同的购买目的，在社会再生产中所处地位不同，因此，在需求及购买行为方面亦有很大差异。本章及下一章将主要围绕两类市场的需求及购买行为差异展开深入的分析讨论。

第2节　消费者市场的购买行为特点

消费者市场的购买是最终市场的购买，意味着商品价值和使用价值的最终实现。消费者市场也是组织市场乃至整个经济活动为之服务的最终市场，因此，对消费者市场的研究，是对整个市场进行研究的基础。中国有世界上最庞大的消费者市场——13亿人口；中国的消费者市场是当今世界上成长速度最快的市场之一，因此，中国的消费者市场又是世界上最有吸引力的市场。

市场营销学研究消费者市场，核心是研究消费者的购买行为，即消费者购买商品的活动和与这种活动有关的决策过程。购买行为是与购买商品有关的各种可见的活动，如收集信息、比较、购买和购买后的反应等。而这些活动必然受消费者心理活动的支配，并受消费者个人特性和社会文化因素的影响，是这些复杂因素相互制约和作用的结果。因此，研究消费者的购买行为，除了要考察消费者在购买决策过程中的各种活动，还要分析支配和影响这些活动的各种因素，以便说明谁是购买者（occupants），他们买什么（objects），他们为何购买（objectives），谁参与购买（organizations），他们怎样购买（operations），什么时间购买（occasions）和在何处购买（outlets），即所谓“市场7O”问题。

与组织市场的购买行为相比较，消费者市场的购买具有以下主要特点：

（1）消费者市场的购买具有多样性。消费者人数众多，差异性大。由于在年龄、性别、职业、收入、受教育程度、居住区域、民族、宗教等方面不同，消费者有各式各样的需要、欲望、兴趣、爱好和习惯，对不同的商品和同种商品的不同规格、质量、外观、款式、服务、价格等会产生多种多样的要求。而且，随着生产力的发展和消费水平的提高，消费者的需求在总量、结构和层次上也在不断变化。

（2）从交易的规模和方式看，消费者市场的购买人数多，市场分散，交易频繁，但每次交易量不大。

（3）消费者的购买具有较大的可诱导性，受企业产品及广告宣传影响较大。与组织市场的理性购买居主导地位不同，消费者市场的购买更多地掺杂情感性的、冲动性的购买；消费品花色、品种繁多，质量、性能各异，消费者很难掌握各种商品知识，属于非专家型购买；他们在购买许多商品，特别是复杂的耐用消费品或新产品时，更需要卖方的宣传、介绍和帮助；不少消费品替代性强，需求弹性较大，消费者对商品规格、品质的要求也不如生产者那样严格，因此更容易受卖方促销活动或社会潮流的影响而改变主意。

研究消费者的购买行为，是在市场营销观念指导下的企业营销管理的基本任务之一。经济学家、心理学家和社会学家早已开始研究人类的行为，但从市场营销人员的角度来研究消费者的购买行为，则是在20世纪50年代市场营销观念在经济发达国家被广泛采用以后，如今已成为市场调研的有机组成部分。如果企业不注意研究消费者的购买心理和行为，只片面地依靠商品销售方面的统计数字，市场调研的结果就难以符合实际，在此基础上制定的营销计划也很难获得成功。

另外，企业并非只能被动地适应消费者的购买行为，而是能够通过适当的营销活动主动地影响消费者的购买行为，为此，需要认真分析研究消费者购买行为的特点及其影响因素。

第 3 节　消费者市场的购买对象

消费者市场购买的商品品种、规格十分广泛，一家现代大零售商店里可能经营数十万品种、规格的商品。但消费者在购买不同商品时其购买行为并不都遵循同一个模式，因此我们有必要根据消费者购买行为上的差异，将消费者购买的商品（包括服务）分为日用品、选购品和特殊品三类。

一、日用品

日用品有时又称作易耗品或便利品，是消费者经常消耗，需要随时购买，价格低廉，购买时不需做太多选择的商品。如肥皂、牙膏、报刊、糖果、冷饮等。人们经常购买这类商品，对它们相当熟悉，故购买前不需做多少计划、比较和选择，而以能方便地买到作为首选条件。这类商品往往因在货架上被看到，能够就近方便地买到，或以优惠价出售，被消费者毫不犹豫地买下。

日用商品大多数也有品牌差别，但由于产品的标准化或质量相似，不同品牌的产品通常可以相互替代。有些消费者也会对具有不同风格、特色的品牌进行比较，而一旦确定了喜欢哪种，以后的购买过程即可简化，且轻易不会改变已形成的购买习惯。

营销实践　日用品的领导者——宝洁和联合利华

二、选购品

选购品是消费者在购买前要经过充分的挑选、比较才决定购买的商品。选购品一般较经久耐用，购买频率较低，人们在购买前大多对它们并不十分熟悉，加之这类商品单价也较高，若购买不当，经济损失较大，故消费者情愿多花一些时间、精力，多跑几家商店，多收集一些有关信息，对商品在质量、性能、价格、款式、花色、品种等方面进行充分比较之后才做出购买决策。典型的选购品有服装、家具、手机及空调、冰箱等耐用消费品。

选购品的情况不尽相同。有些选购品从外观上易于比较，且不同品牌的产品品质、性能相近，此时，价格就成了消费者选购时主要考虑的因素；也有些选购品，消费者靠感官很难直接对其质量、性能进行鉴别，如电视、冰箱等家用电器，消费者就倾向于比较品牌的知名度和可信度，即购买大品牌；还有些选购品，商品的品牌形象很重要，如套装、皮鞋、领带、手表等，消费者也有依据品牌做选择的倾向。

三、特殊品

特殊品指消费者对其有特殊偏好的商品。在购买时不计较其价格和购买地点的方便与否，如高级轿车、钢琴、高级相机、住房或到著名餐馆就餐等。这类商品大多价格昂贵，但消费者认为它们能为自己提供特别的利益，且没有其他商品可以替代，因此，他们不在乎价格昂贵或购买的地点方便与否。

也有一些商品，其价格并不十分昂贵，但在某些消费者心目中却也享有特殊品的地位，这突出表现在年轻人对一些时尚商品和名牌商品的追求上。换言之，特殊品的本质特点不在其价格是否昂贵（虽说多数特殊品确实价格昂贵），而在消费者是否认为该种商品对自己具有独特意义，从而不惜代价，不加选择，购之为快。

还有一些商品由于资源有限而成为特殊品。如著名旅游胜地，稀有的宝石、字画或古董等。

第4节　影响消费者购买行为的主要因素

经济学家在对消费者购买行为进行分析时，往往把消费者看做“经济人”，把他们的购买看做完全理性的购买：根据充分的市场情报，购买对自己最有价值的商品，并追求“最大效用”。但随着商品经济的发展，居民收入大幅度增长，市场上供应的商品品种、规格、款式也日益繁多，此时，再仅仅用经济因素已很难解释消费者需求选择的多样化了。

为研究消费者的购买行为，专家们建立了一个刺激—反应模式来说明外界营销环境刺激与消费者反应之间的关系，如图3－1所示。这里，消费者被看做一个“黑箱”。左边的外部刺激因素包括主要的宏观环境因素和市场营销因素。这些刺激进入购买者“黑箱”，然后产生购买者反应，即购买者决策，包括产品选择、品牌选择、卖主选择等。购买者“黑箱”也由两部分组成：一部分为购买者特性，主要影响购买者对外界刺激如何反应；另一部分是购买者决策过程，影响购买者的最终决定。本节将重点讨论第一部分购买者特性；下节则重点讨论第二部分购买者决策过程。

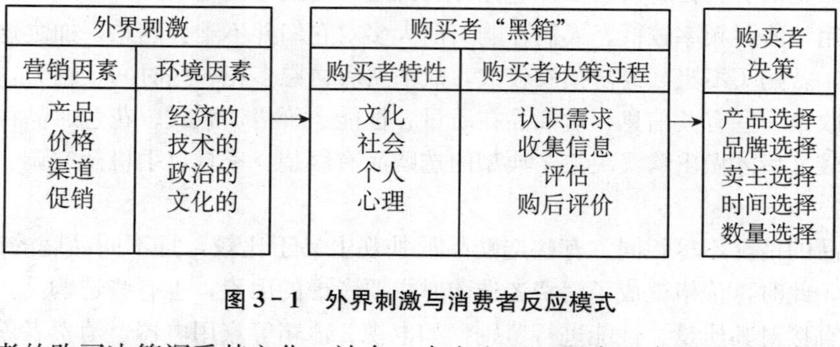

图3－1　外界刺激与消费者反应模式

消费者的购买决策深受其文化、社会、个人和心理因素组合的影响。下面分别阐述这四方面因素的具体内容及其对购买者行为的影响。

一、文化因素

文化因素主要包括文化和亚文化群以及社会阶层等。

1. 文化和亚文化群

文化，指人类在社会发展过程中所创造的物质财富和精神财富的总和，是在一定的物质、社会、历史传统基础上形成的特定价值观念、信仰、思维方式、宗教、习俗的综合体。作为一种观念，“文化”看不见、摸不着，但人们能感受到它的存在，如东西方文化的巨大差异，同属东方文明的中日文化之间的差异，等等。作为其有形的一面，“文化”又反映在一国的建筑、城市风貌、文学艺术、衣着，甚至饮食上。

文化是影响人们欲望和行为的基本因素。大部分人尊重他们的文化，接受他们文化中共同的价值观，遵循他们文化的道德规范和风俗习惯。所以，文化对消费者的购买行为具有强烈且广泛的影响。例如，宣传适于老年人使用的商品在美国等西方国家并不受欢迎，因为这种宣传违背了这些国家中人们忌讳衰老的价值观。而在中国，专为老年人生产的食品、用品、服装、服饰等却因东方文化中的尊老而大受欢迎。

在每一种文化中，往往还存在许多在一定范围内具有文化同一性的群体，它们被称为亚文化群。在我国，主要有以下三种亚文化群：

（1）民族亚文化群。我国是个多民族的国家，各民族经过长期发展形成了各自的语言、风俗、习惯和爱好，他们在饮食、服饰、居住、婚丧、节日、礼仪等物质和文化生活方面各有特点，这都会影响他们的消费欲望和购买行为。

（2）宗教亚文化群。宗教是人类社会发展到一定阶段的历史现象，有它发生、发展和消亡的过程。在现阶段，我国居民有宗教信仰的自由，客观上存在着信奉佛教、道教、伊斯兰教或天主教等宗教的群体。这些宗教的文化偏好和禁忌，会影响信仰不同宗教的人们的购买行为和消费方式。

（3）地理区域亚文化群。我国幅员辽阔，南方和北方、城市和乡村、沿海和内地、山区和平原等不同地区，由于地理环境、风俗习惯和经济发展水平的差异，人们具有不同的生活方式、口味和爱好，这也会影响他们的购买行为。

2. 社会阶层

人们在社会中所处地位不同，社会阶层是社会中按某种层次排列，较同质且具有持久性的群体。同一阶层中的人有相似的社会经济地位、利益、价值观取向和地位。

在不同社会形态下，社会阶层划分的依据不同。在现代社会，一般根据职业的社会威望、收入水平、财产、受教育程度、居住区域等因素，将人们归入不同的社会阶层。同一阶层中的人，因经济状况、价值取向、生活背景和受教育程度相近，其生活习惯、消费水准、消费内容、兴趣和行为也相近，甚至对某些商品、品牌、商店、闲暇活动、传播媒体等都有共同的偏好。

营销实践　雅高——欧洲酒店业的霸主

3. 国际市场营销中的社会文化因素

社会文化环境代表了国际市场营销中的人文因素。人虽具有共同的生物学特征，但人与人之间却有着很大的社会和文化方面的差异。进入国际市场的营销人员必须了解对象国的社会文化环境，自觉采取与对象国社会文化环境协调一致的营销策略。为此，以下几方面值得重视。

（1）语言和文字。不同国家和地区有着不同的语言和文字。语言与文字的巨大差异，如语言禁忌、语言歧义、习惯用法及俚语等构成了国际市场营销的一大障碍。从事国际营销活动，不仅要求懂得和运用别国的语言，更要理解语言背后的文化含义。如美国通用公司曾经使用的品牌“NOVA”，英文本意是“神枪手”，而在拉美国家的语言中却成了“跑不动”的意思。

营销实践　迥异的语言习惯

（2）社会组织。每个国家的社会组织，如家庭、部族、社会阶层等都有其独特性，只有对其加以研究，才能使国际营销活动有的放矢。发达国家的核心家庭模式不仅使购买单位增多，而且市场潜力也随之增大；而欠发达国家的几代同堂的扩展家庭模式则会形成较大的集合购买力。从营销角度看，既要看到部族间的共性消费行为，也要顾及它们各自不同的消费需求，有必要把每一种族群体作为特定的目标市场来考虑。比如在美国，有五类主要的亚裔美国人，各自具有不同的市场需求特点，说不同的语言，吃不同的食物，信仰也不同，且有着非常明显的文化特征。社会阶层是按照职业、收入、受教育程度等因素划分的非伦理性社会群体，处在不同阶层的人群，其消费倾向是不同的，从上层消费者对珠宝、古玩、豪宅的需求直至下层消费者对一般食品、旧货的购买，呈现出结构上的消费分类倾向，因而需要拟定不同的国际市场营销对策。

（3）价值观念。价值观念是文化的核心内容，是人们选择行为目的、行为方式的精神标准。如西方人注重现实生活的感官享受，不喜欢延期消费，而东方人更偏爱储蓄；日本重视集体的作用，美国则强调个人的力量；美国偏好革新，亚洲国家则注重传统；在西方国家，因人们吝惜时间快餐和方便食品十分盛行，而在许多发展中国家，消费者享用快餐只是为了变换花样。凡此种种，导致各国消费需求纷繁复杂，营销者唯有对此加以区分，方能营销成功。

（4）宗教信仰。从市场营销角度看，宗教更突出地反映了消费者的某些理想、愿望和追求，极大地影响着国际消费者的行为。宗教方面的规范和禁忌对国际市场营销形成了一定的制约，国际市场营销人员应对目标市场国消费者的宗教信仰有较深入的了解，目的是发现和创造市场机会，减少营销风险。如日本精工（SEIKO）推出一种手表，能将世界各地140座城市的当地时间自动转换成伊斯兰教圣地麦加的时间，每天鸣叫5次，提醒使用者按时礼拜。此表一问世即受到世界各地数亿伊斯兰教信仰者的普遍欢迎。而如果对宗教方面的禁忌掉以轻心，则会给营销活动带来不必要的损失。

（5）商业习惯。不同国家和地区有各自不同的商业习惯，营销人员要注意了解所在国家和地区的商业习惯，适应当地的商业文化环境，关注不同的消费方式及消费习惯，以更好地接近消费者，拉近与消费者之间的心理距离，满足消费者的不同需求。

营销实践　跨文化营销中的失误

二、社会因素

社会因素主要包括参照群体和社交网络、家庭。

1. 参照群体和社交网络

参照群体指对个人的态度、意见偏好和行为有直接或间接影响的群体。参照群体有两种基本类型：一种是个人具有成员资格并因而受到直接影响的群体。其中又分为主要群体和次要群体：主要群体是给个人以最大影响的群体，如家庭、朋友、邻居、同事；次要群体则给个人以较次要的影响，如职业协会、学生会。另一种是个人并不具有正式成员资格，而是期望成为其中一员的群体。典型的如青少年对明星的崇拜，故也称为崇拜性群体。

营销实践　梦露与香奈儿5号

参照群体促使人们在消费上作出相近的选择，因为人们从参照群体中获得大量经验和知识，受群体成员观点和行为准则的影响和制约；或者因为个人相信在群体影响下作出购买决策可以减少失误，而不遵守群体准则的行为会受到谴责；或者因为个人希望通过与群体交往来提高自我形象。群体的结合越紧密，交往过程越有效，个人对群体越尊重，参照群体对个人购买选择的影响就越大。

营销实践　女排精神带来的营销奇迹

参照群体对消费者购买不同商品的影响有所区别。它对使用时不易为他人所觉察的洗衣粉、纸制品等商品的购买影响较小，而对使用时十分显眼的服饰、手表、耐用消费品等商品的购买影响较大。参照群体不仅影响消费者对产品的选择，而且影响消费者对商品品牌的选择。在产品生命周期的不同阶段，参照群体对产品选择和品牌选择的影响也不尽相同。一般来说，参照群体在引入期只对产品选择有强烈影响，在成长期对产品选择和品牌选择都有很强的影响，在成熟期只对品牌选择有强烈影响，在衰退期对产品选择和品牌选择的影响都很小。

在参照群体对购买行为影响较大的情况下，企业应设法影响参照群体中的意见领导者。意见领导者既可以是首要群体中在某方面有专长的人，也可以是次要群体的领导人，还可以是期望群体中人们仿效的对象。意见领导者的建议和行为往往被追随者接受和模仿，因此，他们一旦使用了某种产品，就会起有效的宣传和推广作用。企业应首先针对他们做广告，或干脆就请他们做代言，以对追随者起到示范或号召作用。

在线社交网络是人们在线进行社交互动、交流信息和观点的地方，包括博客、微博、微信这样的社交媒体或手机应用软件，以及整个网络世界。营销人员必须利用互联网和社交网络与消费者互动，并使之成为他们日常谈话和生活的一部分，从而建立更进一步的消费者关系。但是当涉足在线社交网络时，营销人员也需要多加小心，因为社交网络往往是用户控制内容，所以有时社交网络营销的结果会出人意料。

2. 家庭

家庭是最重要的参照群体之一，应受到特殊的重视。家庭由居住在一起的彼此有血缘、婚姻或抚养关系的人组成。家庭的重要性在于从一个人年幼时就开始给他以种种倾向性的影响，这种影响可能持续其一生。

家庭也是一个消费单位和购买决策单位。在不同家庭中，夫妻参与购买决策的程度不同；在同一家庭中，夫妻参与购买决策的程度又因产品的不同而有很大差异。传统上，食物、日用杂品、日常衣着的购买主要由妻子承担。不过，当今女性普遍参加工作和丈夫在家庭中分担家务，丈夫也经常参与消费品的日常购买。在购买价格昂贵的耐用消费品或高档商品时，家庭决策模式也变得较为复杂。企业营销者应了解哪些商品的购买是夫妻双方甚至子女都参与购买决策的，谁有较大的影响力，或谁在哪些方面更具影响力。一般认为，主要在丈夫影响下决定购买的产品和服务包括电视、汽车等，主要在妻子影响下决定购买的产品和服务包括洗衣机、地毯、厨房用具等，双方影响均等的产品和服务包括家具、住房等。丈夫一般在决定是否购买和在何时、何处购买等方面有较大的影响，妻子则一般在决定所购商品的颜色等外观特征方面有较大的影响。

三、个人因素

个人因素包括年龄和家庭生命周期，性别、职业和受教育程度，经济状况，生活方式，以及个性和自我形象。

1. 年龄和家庭生命周期

不同年龄消费者的欲望、兴趣和爱好不同，他们购买或消费商品的种类和式样也有区别。例如，儿童是糖果和玩具的主要消费者，青少年是文体用品和电子产品的主要消费者，成年人是家具、住房、汽车的主要购买者和使用者，老年人是保健用品的主要购买者和消费者。不同年龄消费者的购买方式也各有特点。青年人缺少经验，容易在各种信息的影响下冲动购买；中老年人经验比较丰富，常根据习惯和经验购买，一般不太重视广告等商业性信息。

营销实践　老年人手机的新进展

家庭生命周期是指消费者从年轻时离开父母独立生活到年老时的家庭生活的全过程。根据消费者的年龄、婚姻和子女等状况，可以把家庭生命周期分为以下几个阶段：(1) 独立生活的单身青年，追求流行时尚，参与文体娱乐活动。(2) 没有孩子的年轻夫妇，需要购买汽车、家具、冰箱等耐用消费品，时常支出一定的旅游费用。(3) 有6岁以下婴幼儿的年轻夫妇，需要购买婴儿食品、玩具及支付保育费等。(4) 子女大于6岁，已入学，需购买大量食品、清洁用品及教育和娱乐支出。(5) 子女已长大，但尚未独立，夫妇已不很年轻，经济状况尚好，不易受广告影响，在孩子用品和教育等方面花钱较多，更新耐用消费品。(6) 与孩子分居的年纪较大的夫妇，会购买较多的非生活必需品、礼品和保健用品，支出一定的旅游费用。(7) 单身老人，多数已退休，收入下降，购买特殊食品和保健用品、医疗服务。

由于消费者在家庭生命周期不同阶段的欲望和购买行为有一定的差别，企业可以制定专门的市场营销计划来满足处于某一或某些阶段的消费者的需要。

2. 性别、职业和受教育程度

由于生理和心理上的差异，不同性别消费者的欲望、消费构成和购买习惯也有不同。多数男性顾客购买商品时果断迅速，而女性顾客则往往仔细挑选。他们订阅的杂志和观看的电视节目亦有不同，如足球、拳击等体育节目常吸引大量男性观众，连续剧则女性观众较多。受教育程度较高的消费者对书籍、报刊等文化用品的需求量较大，购买商品的理性程度较高，审美能力较强，购买决策过程较全面，更善于利用非商业性来源的信息。职业不同的消费者由于生活、工作条件不同，消费构成和购买习惯也有区别。

3. 经济状况

一个人的经济状况，取决于其可支配收入水平、储蓄和资产、借贷能力以及他对开支与储蓄的态度。由此决定的个人的购买能力在很大程度上制约着个人的购买行为。中国的消费者一般都在可支配收入的范围内考虑以最合理的方式安排支出，以便更有效地满足自己的需要。收入较低的顾客往往比收入较高的顾客更关心价格的高低。如果企业经营与居民购买力密切相关的产品，就应特别注意居民个人收入、储蓄率的变化及消费者对未来经济形势、收入和商品价格变化的预期。

4. 生活方式

生活方式是人们根据自己的价值观念等安排生活的模式，并通过其活动、兴趣和意见表现出来。例如，某人以成为艺术家为目标，必然采取艺术家所特有的生活方式，具有同艺术家相似的兴趣和见解，从事各种与艺术有关的活动。生活方式是影响个人行为的心理、社会、文化、经济等各种因素的综合反映，勾画了人与环境相互作用后形成的更完整的人，往往比社会阶层、文化、个性等反映的人的特性完整深邃得多。

市场营销向消费者提供实现其不同生活方式的手段，同时，营销人员亦有必要运用价值观分类法或活动、兴趣、意见分类法划分出各种类型的生活方式，如把大量时间和精力投入工作和学习的“进取型”生活方式和重视家庭生活、依惯例行事的“归属型”生活方式等。具有不同生活方式的消费者对一些商品或品牌有各自不同的偏好，营销者需深入了解产品与各种生活方式消费者群体的关系，从而加强产品对特定消费者生活方式的影响。

5. 个性和自我形象

营销实践　耐克和阿迪达斯树立女性运动新风尚

个性是一个人的比较固定的特性，如自信或自卑、冒险或谨慎、倔强或顺从、独立或依赖、合群或孤傲、主动或被动、急躁或冷静、勇敢或怯懦，等等。个性使人对环境作出比较一致和持续的反应，可以直接或间接地影响其购买行为。例如，喜欢冒险的消费者容易受广告的影响，成为新产品的早期使用者；自信的或急躁的人购买决策过程较短；缺乏自信的人购买决策过程较长。直接与消费者个性相联系的六种购买风格是：几乎不改变产品的种类和品牌的习惯型；经冷静、慎重的思考后购买的理智型；特别重视价格的经济型；易受外来刺激而购买的冲动型；感情和联想丰富的想象型；缺乏主见或没有固定偏好的不定型。

自我形象是与个性相关的一种观念，即人们怎样看待自己。但自我形象又是一个十分复杂的图像：一个是实际的自我形象；一个是理想的自我形象，即希望怎样看自己；再有一个是社会的自我形象，即认为别人如何看待自己。一般认为，人们总希望保持或增强自我形象，并把购买行为作为表现自我形象的重要方式，因此，消费者一般倾向选择符合或能改善其自我形象的产品或服务。

四、心理因素

消费者的购买行为会受其心理的支配，正如恩格斯所指出的："推动人去从事活动的一切，都要通过人的头脑，甚至吃喝也是由于通过头脑感觉到的饥渴而开始，并且同样由于通过头脑感觉到饱足而停止。"① 影响消费者购买行为的心理因素包括动机、感觉和知觉、学习、信念和态度等心理过程。

1. 动机

心理学认为：人类行为是由动机支配的，而动机由需要引起。购买行为也不例外。需要是指人感到缺少些什么从而想获得它们的状态。一种尚未满足的需要，会产生内心的紧张或不适，当它达到迫切的程度，便成为一种驱使人行动的强烈的内在刺激，称为驱策力。这种驱策力被引向一种可以减弱或消除它的刺激物，如某种产品或服务时，便成为一种动机。因此，动机是一种推动人们为达到特定目的而采取行动的迫切需要，是行为的直接原因。在一定时期，人们有许多需要，只有其中一些比较迫切的需要发展成为动机；同样，人们的动机中，往往也是那些最强烈的"优势动机"才能引发行为。

心理学家曾提出许多关于人类行为动机的理论，最著名的如弗洛伊德、马斯洛、赫茨伯格等的理论。这里我们重点介绍一下马斯洛的需要层次理论，如图3-2所示。

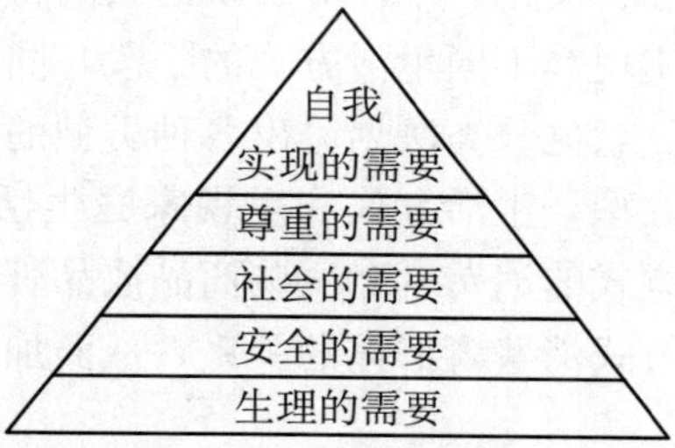

图3-2 马斯洛的需要层次理论

这一理论认为，人的需要依重要性不同分为五个层次：（1）生理的需要，即吃饭、喝水、睡眠、取暖等基本的生存需要。（2）安全的需要，即保护人身、财产安全和防备失业、患病医疗的需要。（3）社会的需要，即希望被群体接受从而有所归属和获得爱情的需要。（4）尊重的需要，即实现自尊，赢得好评、赏识，获得承认、地位等的需要。（5）自我实现的需要，即充分发挥个人能力，实现理想和抱负，取得成就的需要。这些需要的层次越低，越不可缺少，因而越重要。人们一般按照重要性的顺序，分别轻重缓急，待低层次的需要基本满足后，才去追求高一层次的需要的满足。

不过，马斯洛的这种需要层次结构不是刚性的，在不同人、不同社会、不同时代，也许需要层次的顺序不同，或没有某一层次的需要。

恩格斯也曾在《雇佣劳动与资本》一书的序言中把消费资料分为生存资料、享受资料和发展资料。人们首先要为生存需要购买那些用于满足基本生活需要的消费资料；然后为满足享受需要而购买用于提高物质文化生活水平的消费资料；最后是为发展需要购

① 马克思恩格斯选集：第4卷．北京：人民出版社，1995：232.

买能满足人们体力和智力发展需要的消费资料。恩格斯的这一论点也说明，人类的需要是有层次的，在购买力一定的条件下，先追求什么，后追求什么，总要有一定的轻重缓急顺序。当然，生活资料层次的划分并非一成不变，随着社会经济水平的提高，有些原属于享受资料的商品，现在可能已经变成了生存资料。

需要层次理论可以帮助企业营销者了解各种产品和服务怎样才能适合潜在消费者的生活水准、目标和计划。如直到 20 世纪 90 年代中期，个人电脑尚处在开始走进中国家庭的阶段，因在绝大多数家庭还不富裕的情况下，中国消费者大多尚处在追求生存和享受资料的阶段，因此，他们热衷于购买各种家用电器，却不能激起对电脑的兴趣。到了 21 世纪，东部沿海大城市相当部分的家庭已经基本达到了西方中产阶层的收入水准，他们因此对出国旅行、网络博客和各种探险产生了兴趣。

2. 感觉和知觉

消费者有了购买动机后，就要采取行动。至于怎样采取行动，则受到认识过程的影响。消费者的认识过程，是对商品等刺激物和店容店貌等情境的反映过程，它由感性认识和理性认识两个阶段组成。感觉和知觉属于感性认识，是指消费者的感官直接接触刺激物和情境所获得的直观、形象的反映。这种认识由感觉开始。刺激物或情境的信息，如某种商品的形状、大小、颜色、声响、气味等，刺激了人的视、听、触、嗅、味等感官，使消费者感觉到它的个别特性。随着感觉的深入，各种感觉到的信息在头脑中被联系起来进行初步的分析综合，使人形成对刺激物或情境的整体反映，就是知觉。

由于每个人都以各自的方式注意、整理、解释感觉到的信息，因此不同消费者对同种刺激物或情境的知觉很可能是不同的，这就是知觉的三个特性：注意的选择性、理解的选择性和记忆的选择性。

人们每天面对大量的刺激物，如广告，但其中大部分都不会引起注意，留不下什么印象。一般来说，人们倾向于注意那些与其当时需要有关的、与众不同的或反复出现的刺激物，这就是注意的选择性。

人们接受了外界信息的刺激，但却并不一定会像信息发布者预期的那样去理解或客观地解释这些信息，而是按照自己的想法、偏见或先入之见来曲解这些信息。这就是理解的选择性。

记忆的选择性，指消费者常常不能记住所获悉的所有信息，仅记住某些信息，特别是证实了他的态度和信念的信息。例如，人们可能很容易记住自己所喜欢品牌的优点，而记不住其他竞争厂家产品的优点。

上述感觉和知觉的过程告诉企业营销者，必须精心设计他们的促销活动，这样才能突破消费者知觉选择性的壁垒。

3. 学习

人类的一些行为是与生俱来的，但大多数行为是从后天经验中得来的，这种通过实践，由后天经验引起的行为变化的过程，就是学习。

营销实践　隐藏的说客——阈下知觉广告

学习过程是驱策力、刺激物、提示物、反应和强化诸因素相互影响和相互作用的过程。假设某消费者具有提高外语听说能力的驱策力，当这种驱策力被引向一种可以减弱它的刺激物，如外语培训时，就成为一种动机。在这种动机的支配下，他将作出报名参加培训班的反应。但是，他何时、何处和怎样作出反应，常常取决于周围的一些较小的或较次要的刺激，即提示物，如亲属的鼓励，参加过培训的同学和朋友的介绍，看到了有关的广告、文章和特惠价格等信息。他参加了一个培训班，如果感到满意，就会经常强化对它的反应。以后若遇到同样的情况，他会作出相同的反应，甚至在相似的刺激物上推广他的反应：报名该机构开办的其他培训班。反之，如果他参加培训后感到失望，以后就不会作出相同的反应。因此，企业为了扩大对某种商品的需求，可以反复提供诱发购买该商品的提示物，尽量使消费者购买后感到满意从而强化积极的反应。

4. 信念和态度

消费者在购买和使用商品的过程中形成了信念和态度，这些信念和态度又反过来影响人们的购买行为。

信念是人们对某种事物所持的看法，如相信某种品牌空调省电，制冷快，静音，售价合理。又如，某些消费者以精打细算、节约开支为信念。一些信念建立在科学的基础上，能够验证其真实性，如认为省电的信念可以通过测试证实；另一些信念却可能建立在偏见的基础上。企业应关心消费者对其商品的信念，因为信念会形成产品和品牌形象，会影响消费者的购买选择。如果因误解限制了购买，企业应开展宣传活动，设法纠正消费者的信念。

消费者在长期的学习和社会交往的过程中形成了态度。所谓态度，是人们长期保持的关于某种事物或观念的是非观、好恶观。消费者一旦形成对某种产品或品牌的态度，以后就倾向于根据态度做出重复的购买决策，不愿费心去进行比较、分析、判断。因此，态度往往很难改变。对某种商品的肯定态度可以使它长期畅销，而否定态度则可以使它一蹶不振。企业在一般情况下应使产品迎合人们现存的态度，而不是设法改变这种态度，因为改变产品设计和推销方法要比改变消费者的态度容易得多。

以上文化、社会、个人、心理这四方面的因素，是影响消费者购买行为的主要因素。其中一些因素，如消费者的年龄、性别、职业、个性、经济状况、社会阶层、态度等，对企业来说是不可控制或难以施加影响的。但了解这些因素，可以使企业更好地识别可能对其产品或服务最感兴趣的购买者，为市场细分和选择目标市场提供必要的线索，也为制定营销组合策略提供依据。另一些因素，如消费者的购买动机、感觉、知觉、学习、信念、生活方式等，容易受到企业营销的影响，在了解这些因素的基础上，企业可以制定相应的营销策略，在一定程度上诱导消费者的购买需求。所以，现代企业应重视研究产品开发、价格确定、广告设计、商品陈列、营销网点设置和品牌、包装等营销刺激因素与消费者反应的关系，深入探讨影响消费者需求和购买行为的诸种因素。

第 5 节　消费者的购买决策过程

分析了支配和影响消费者购买行为的各种因素以后，下一步要研究消费者的购买决策过程，包括购买行为的类型和购买决策过程的阶段。

一、购买行为的类型

在购买不同商品时，消费者决策过程的复杂程度有很大区别。一些商品的购买过程很简单，一些则比较复杂，需要深入研究的是比较复杂的购买决策过程。因此，在考察购买决策过程的步骤之前，先要对购买行为进行分类。划分消费者的购买行为，主要根据以下两个标准。

1. 消费者卷入购买的程度

具体包括两层含义：

（1）消费者购买的谨慎程度以及在购买过程中花费的时间和精力的多少。如消费者购买耐用消费品时比购买日用品时更谨慎，花费的时间和精力更多，因为前者一般售价高，购后要使用多年，风险较大；再如，消费者对以前具有购买经验的产品或服务，参与水平低，决策过程快，反之，则卷入程度高；最后，社会可见度高的产品，如服装、汽车、家具、珠宝首饰等通常反映一个人的社会地位、经济状况、品位偏好等，因此，人们购买时也会格外谨慎。

（2）参与购买过程的人数多少。一些商品的购买过程通常由一人完成，而另一些商品的购买过程则是由充当发起者、影响者、决定者、购买者和使用者的各种不同角色的家庭成员、朋友等多人组成的决策单元完成。某一购买过程的发起者是最先提出要购买某种商品的人；影响者是对最后的购买决定具有某种影响的人；决定者是最后决定部分或整个购买决策的人；购买者是进行实际购买的人；使用者是消费或使用这种商品的人。根据消费者卷入购买的程度，可以把消费者的购买行为分为高卷入的行为和低卷入的行为。

2. 所购商品不同品牌之间的差别程度

品牌差别小的商品大多是同质或相似的商品，而品牌差别大的商品大多是在花色、品种、款式、型号等方面差异较大的异质商品。根据品牌差别的程度，无论是高卷入的购买行为，还是低卷入的购买行为，都可以再细分为两种购买行为。因此，我们将消费者购买行为分为四种类型（见图 3－3）。

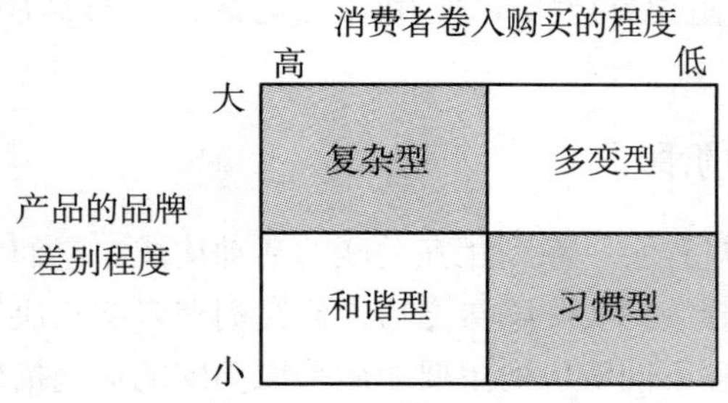

图 3－3　消费者购买行为分类

复杂型购买发生在消费者初次购买汽车、珠宝等单价高、品牌差别大的耐用消费品的场合。由于多数消费者不太了解这些商品的品种、规格、性能等技术细节，因此，购买时需要经历一个认识学习的过程。他们往往广泛收集各种有关信息，对供选择品牌的重要特性进行评价，先建立对每种品牌的各种特性水平的信念，然后形成对品牌的态度，再慎重地做出购买选择。这种复杂的购买行为，是一种广泛地解决问题的行为。当然，这样复杂的行为经常因工作繁忙、驱策力很强、购买便利或者某种名牌商品即将脱销等而简化，促使消费者产生购买动机后立即决定购买。而且，消费者第二次购买这类商品的行为远不如初次购买那么复杂，他们经过初次购买和使用，已对商品有了比较深入的了解，需要进一步寻找的信息是专门的和有限的，这种购买行为已转化为有限地解决问题。

和谐型购买发生在卷入程度虽高但所购商品品牌差别不大的场合，比复杂型购买要简单。由于品牌差别不明显，如冰箱、空调等家电产品，消费者一般不必花很多时间收集不同品牌商品的信息并进行评价，而主要关心价格是否优惠和购买时间与地点是否便利，因此，从引起需要和动机到决定购买所用的时间是比较短的。但同复杂的购买行为相比，消费者购买后最容易出现因发现产品缺陷或其他品牌更优而心理不平衡的现象。为追求心理平衡，消费者这时才注意寻找有关已购品牌的有利信息，争取他人支持，设法获得新的信心，以证明自己的购买选择是正确的。鉴于这种心理特点，企业一方面要通过调整价格，选择适当的售货地点和精通业务的售货员，影响消费者的品牌选择；另一方面，还应以各种方式与购买者取得联系，及时提供信息，使他们对自己的购买选择感到满意。

消费者卷入购买程度较低的多是价值低、需频繁购买的商品。低卷入的购买行为一般是经过多次购买以后形成的常规反应行为，它又可以具体地分为习惯型购买和多变型购买两类。习惯型购买是消费者购买洗衣粉等品牌差别较小的商品时的低卷入行为，消费者大多根据习惯或经验购买这类商品。多变型购买是消费者购买小包装食品等品牌差别较大商品的低卷入行为。在这类购买中，消费者为使消费品种多样化，经常变换所购商品的品牌。在这两类购买行为中，消费者一般不主动寻找信息，只是在看电视或报刊广告时被动地接收信息，购买前也不认真评价不同的品牌，一般不会真正形成对品牌的态度。基于这些特点，经营这两类商品的企业通过运用适当的促销策略和价格策略，可以有效地吸引人们购买这些商品。例如，企业可多采用电视广告，广告中突出少数要点，每次持续时间短，重复次数多，使用容易记忆、能与品牌相联系的视觉象征和比喻。

二、购买决策过程的阶段

消费者的购买决策过程由一系列相互关联的活动构成，它们早在实际购买发生以前就已经开始，而且一直延续到实际购买之后。研究消费者购买决策过程的阶段，目的在于使营销者针对决策过程不同阶段的主要矛盾采取不同的促销措施。

购买决策过程可划分为以下五个前后相继的阶段。实际上，只有复杂型购买才经过这样完整的五个阶段，在其他购买类型中，消费者往往省去其中的某些阶段，有时还会颠倒它们的顺序。

1. 确认需要

当消费者感觉到了一种需要而且准备购买某种商品去满足需要时，对这种商品的购买决策过程就开始了。来自内部的和外部的刺激都可能引起需要和诱发购买动机。企业应了解消费者产生了哪些需要，它们是由什么引起的，程度如何，比较迫切的需要怎样被引导到特定的商品上从而成为购买动机。然后，企业可以制定适当的市场营销策略，引起消费者的某些需要并诱发购买动机。

2. 收集信息

营销实践　天猫"双 11"
——创造需求，创造奇迹

消费者形成了购买某种商品的动机后，如果不熟悉这种商品的情况，往往要先收集信息。这时，他增加了对有关广告、谈话等的关注，比以往更容易接受这种商品的信息，也许还会通过查阅资料、向亲友和熟人询问情况等方式，更积极地收集信息。消费者收集多少信息，取决于他的驱策力的强度、已知信息的数量和质量以及进一步收集信息的难易程度。

为了向目标市场有效地传递信息，企业需要了解消费者获得信息的主要来源及其作用。消费者一般从以下四种来源获得信息。

(1) 个人来源，即从家庭、朋友、邻居和其他熟人处得到信息。

(2) 商业性来源，即从广告、售货员介绍、商品展览与陈列、商品包装、商品说明书等得到信息。

(3) 公众来源，即从报刊、电视等大众宣传媒介的客观报道和消费者团体的评论得到信息。

(4) 经验来源，即通过触摸、试验和使用商品得到信息。从消费者的角度看，由企业控制的商业性来源信息起通知的作用，其他非商业性来源信息起验证和评价的作用。

经过信息收集阶段，消费者逐步缩小了对将要购买的商品进行品牌选择的范围。余下的供选择的品牌，就是消费者在下个阶段评价的对象。

3. 评估供选择的品牌

在这个阶段，消费者根据所掌握的信息，对几种备选的品牌进行评价和比较，从中确定他所偏爱的品牌。并没有一个对所有消费者都适用的统一的评估模式或评估过程。不过，以下几点在了解消费者怎样评估备选产品方面值得注意。

(1) 产品有哪些为消费者感兴趣的属性。

(2) 消费者对各种感兴趣属性的关心程度不同，哪个属性在消费者心目中占有最重要的地位。

(3) 消费者对每种品牌的信念（这种信念可能与该品牌的实际性能相符，但也可能是因消费者有偏见而不相符）。

(4) 消费者心目中对产品的每一属性都有一个效用函数，即希望能从产品获得的满足随着每一属性差异程度而变化的关系。

总的来说，消费者评估品牌的决策方式可分为两大类：补偿性与非补偿性。下面通过例 3-1 来说明这两类决策方式的内容。

例 3-1

假设某位消费者想购买打印机，且已将选择对象缩小到四种品牌（A，B，C，D）；又假定他对打印机的下列四种属性感兴趣：打印速度、清晰度、对纸的要求、价格；然后他列出表格（见表3-1），并在表格中填上他考察每一品牌后得出的信念（通过打分的形式），如他对A品牌产品的评分是：打印速度10分，清晰度8分，对纸的要求7分，价格5分，而满分是10分。

表3-1 某消费者对打印机品牌的评估

打印机	属性			
	打印速度	清晰度	对纸的要求	价格
A	10	8	7	5
B	8	9	8	4
C	6	8	10	6
D	4	4	7	9

补偿性法则又称期望价值法，其决策原则是通盘考虑每个属性的重要性与表现，因此某属性的优点可以弥补其他属性的缺点，故称为补偿性法则。消费者依次赋予打印机四种属性以不同的重要性权数，如打印速度为40%，清晰度为20%，对纸的要求为30%，价格为10%，然后将权数与每种品牌的每种特性的信念值相乘并求和，就得出对每种品牌的评分，如A品牌＝0.4×10＋0.2×8＋0.3×7＋0.1×5＝8.2。用同样方法计算出其他品牌的总分，得分最高的即是该消费者最中意的品牌。按此法，本例中得分最高的是A品牌。

非补偿性法则意指消费者对每个属性都有个别的要求，亦即某个属性的优点再好，并不能因此而消除其他属性的不足。具体来说，运用非补偿性法则的方法可分为三种。

（1）理想品牌法。消费者根据自己的需要设想出一种理想的品牌，其每一属性的理想水平不一定是最高水平。假定他给四种属性规定的理想水平分别是6分、10分、10分、5分，然后将四种实际品牌与这种理想品牌相对比，同这种理想品牌最接近的实际品牌，就是他所偏爱的品牌。按照这种方法，他将选择品牌C。

（2）结合法。消费者规定出可接受品牌的最低限度的属性水平，比如要求四种属性必须分别高于7分、6分、8分、4分，他只考虑结合了这些最低限度要求的品牌B。

（3）辞典法。消费者根据属性重要性，认定所有属性中某一种属性最重要（在本例中为打印速度），他就会选择此项属性得分最高的品牌，而不管其他。按照这种方法，他将选择品牌A。

其他还有分离法、顺序法等。当然，现实中的消费者不会进行这样规范或复杂的数量模型分析，但他们一般都表现出类似的决策方法。如购买一般商品时采用分离法，购买昂贵商品时先采用结合法，排除一些供选择的品牌，然后采用理想品牌法作最后的选择。

企业可以通过抽样调查，了解消费者采用什么方法评价其产品。如果发现大多数消费者采用同一评价方法，如期望价值法，企业就可以采取一些措施来影响买者的选择。例如，生产和经营品牌C的企业为争取消费者，可运用如下策略：（1）“现实换位”，即改进产品，使其具有采用这种评价法的消费者所重视的清晰度和其他属性。（2）“心理换位”，即在消费者低估了本品牌属性水平的情况下，设法改变他们对本品牌主要属性的信念。（3）“竞争换位”，即在消费者过高估计了竞争者品牌属性水平的情况下，通过比较广告宣传或其他方式，设法改变他们对竞争者品牌的某些属性的信念。（4）设法改变消费者规定的重要性权数，如在此例中，使他们更看重价格属性。（5）设法吸引消费者对本品牌中尚未被他们纳入评价范围的其他属性的注意，如在此例中加入耐用性。

4. 决定购买

经过对供选择品牌的评价，消费者形成了对某种品牌的偏好和购买意向。但是，受以下三个因素的影响，消费者不一定能实现或立即实现其购买意向。

（1）其他人的态度。如果与消费者关系很密切的人坚决反对购买，消费者就很可能改变购买意向。

（2）一些不可预料的情况。如果出现家庭收入减少、某方面急需用钱或得知准备购买的品牌令人失望等意外情况，消费者也可能改变购买意向。

（3）预期风险的大小。在所购商品比较复杂、价格昂贵因而预期风险较大的情况下，消费者可能采取一些避免或减少风险的习惯做法，包括暂不实现甚至改变购买意向。

因此，根据消费者对品牌的偏好和购买意向来推测购买决定并不十分可靠。

确定了购买意向的消费者往往还要作出以下一些具体的购买决策：购买哪种品牌，在哪家商店购买，购买数量，购买时间，在某些情况下还要决定支付方式。

营销实践　移动支付更火了

5. 购买后行为

消费者购买商品后，往往会通过使用和他人的评判对其购买选择进行检验，把他所觉察的产品实际性能与对产品的期望进行比较。消费者若发现产品性能与期望大体相符，就会感到基本满意；若发现产品性能超出了期望，就会感到非常满意；若发现产品性能达不到期望，不能给他以预期的满足，就会感到失望和不满。消费者是否满意，会直接影响他购买后的行为。如果感到满意，他下次就很可能购买同一牌子的产品，并常对其他人称赞这种产品，而这种称赞往往比广告宣传更有效。如果感到不满，他除了可能要求退货或寻找能证实产品优点的信息来减少心理不平衡以外，还常常采取公开投诉或私下的行动发泄不满，如向生产或经营企业、新闻单位和消费者团体反映意见，向家人、亲友和熟人抱怨，劝说他们不要购买该种产品，甚至不要购买该企业生产的其他产品。这势必会抵消企业为使顾客满意所做的许多工作，并影响企业的整体形象和市场销售。

企业应采取各种措施，尽可能使顾客购买后感到满意。产品宣传实事求是并适当留有余地是途径之一。另外，企业还应经常征求顾客意见，加强售后服务，同购买者保持联系，为他们发泄不满提供适当的渠道，以便迅速采取补救措施。

◎ 基本概念

消费者市场	选购品	参照群体	家庭生命周期
复杂型购买	和谐型购买	习惯型购买	多变型购买

◎ 思考题

1. 消费者购买的产品和服务可以分成哪几类?
2. 哪些因素在影响消费者的购买行为?
3. 消费者是如何进行购买决策的?

◎ 案　例

消费升级：中国消费者的蜕变

根据全球管理咨询公司麦肯锡2016年发布的《2016年度中国消费者调查报告》，中国消费者的消费形态与方式正在发生根本性的变化，除了消费信心强劲之外，他们也变得越来越挑剔，更加重视健康与生活，同时对线上购物的满意度持续升高。

一、消费信心强劲

消费信心与收入增长有明显关联。一半以上的受访者相信未来五年自己的收入将显著增长，这个比例尽管较2012年下降两个百分点，但仍比美国和英国持有相同观点消费者的比例高出约20%。然而消费信心较稳定并不代表消费者对经济环境毫不担忧，数据显示选择储蓄与投资的人越来越多。尽管如此，持续不减的消费信心说明消费者的消费意愿仍然强烈。

二、消费品类的升级与转变

虽然消费者持续增加消费支出，但消费形态已经悄然改变，中国消费者对于把钱花在何处变得更为挑剔，市场快速增长、遍地开花的时代已经一去不复返。消费者越来越重视那些能提升生活品质及体验的产品或服务，如SPA、旅游和休闲娱乐等。一方面，超过25%的消费者表示愿意在休闲娱乐上花更多的钱，另一方面，他们在居家食品和饮料等品类的消费量停滞不前。

中国消费者的消费升级体现在从大众商品转向高端产品的趋势。接近一半的消费者表示自己追求的目标是最优质最昂贵的产品，这一比例跟前几年相比有了明显的增加。高端产品的品类成长率也已经超过大众产品和价值型产品的品类成长率。

值得注意的是，当前国际品牌在高端产品市场依然占据主导地位，本土品牌商对高端市场的渗透依然有限。比如，在护肤品、高级轿车、运动和时尚相关产品的高端市场，本土品牌并没有得到中国消费者的青睐，这与大众产品市场形成鲜明对比。在大众产品市场，本土品牌凭借更优的产品定位赢得市场份额。本土品牌在大众产品市场的强势增长是推动本土品牌发展的主要力量，估计这一趋势在未来几年将持续。

中国消费者对消费品类的改变源于四大消费意识的兴起。

1. 品牌忠诚度提高

过去中国消费者购物时主要关注的是价格以及性价比。如今，越来越多的中国消费者开始关注品牌，而且只关注少数几个品牌，其中的部分消费者则只关注某个品牌。近几年的数据表明，中国消费者越来越不愿意关注自己所喜爱的品牌之外的产品。例如在服饰品类，愿意选择非关注品牌的消费者比例，四年来已经下降了 10 个百分点，目前已不足 30%。由此可知，消费者尝试新品牌或不熟悉品牌的意愿变弱了，推广、促销活动的效果没有以前那么好。

2. 对健康生活的追求

越来越多的中国消费者发现，收入的增长和生活水平的提高反而可能会影响生活品质。超过四成消费者表示越来越难以享受生活，他们普遍认为未来压力将更大。这种感知使得消费者日益重视健康饮食、定期体检和保健，以及运动健身。

过去 5～10 年发生的多起食品安全事件使得中国消费者对食品安全的重视日益增加。一个新的现象是，超过一半的消费者偏爱健康和营养食品，这样的想法反映在果汁普及率提升了 2%，而非健康类食品的普及率有所下降：碳酸饮料下降了 21%，口香糖下降了 15%，西式快餐则下降了 16%。

“有机/绿色食品”成为中国消费者判断食品是否安全、是否健康的首要标准。尽管目前中国尚没有可靠的有机认证，但仍有接近四成的消费者将其列入首要的三项标准之一。许多公司已开始借助此潮流以抢占先机。例如，2009 年 Ole' 成为中国第一批主打有机和进口食品的超市。

中国消费者对医疗保健的态度也同样受到追求健康生活方式的影响。为病患未雨绸缪是选择储蓄的首要原因，有超过一半的消费者表示担心家庭成员生病是储蓄的主要理由。类似心态也促进了保健产品的需求增长，如个人医疗保险、定期体检、生活方式应用软件等，中国市场对这些产品或服务的需求程度已接近日本。此外，运动市场的前景也不容小觑，中国消费者参加运动的比例仍在以每年 3～4 个百分点的速度上升。

3. 以家庭为重

近年来，人们在追求社会地位和财富的同时，对家庭也越来越重视。这一趋势为消费品行业带来了深远的影响，尽管中国近 10 年来电子商务发展蓬勃、成长快速，但这并不代表线下购物在逐渐消失。相反，购物休闲体验越来越吸引人，将近七成的消费者表示逛街、吃饭、购物是与家人共度时光的最好方式。购物中心是这一趋势的最大受益者。消费者光顾的地点从大型零售商场（百货商店、大卖场）转向购物中心，原因是后者集购物、餐饮和娱乐等多种体验于一体，可以满足全家人的各种休闲需求。

此外，旅游是巩固家庭纽带的一个途径，接近八成的消费者表示与家人出游增强了家庭凝聚力。2015 年，将近 50%的出境旅游是以家庭为单位的，这个数字在 2012 年仅为 39%。

4. 出境旅游的增长

2015 年中国出境旅游超过 7 000 万人，平均每人 1.5 次。购物是中国消费者境外游的必备行程：有八成消费者会在出境旅游时购物，将近三成的消费者表示，决定旅游目的地的标准是当地是否有合适的购物机会。7 000 万出境游的中国人中，海外旅游占其个人年度开支的 1/4。从境外消费构成看，旅行相关开销占到一半，另一半都用在了购物支出上，他们的手表和箱包有一半是在出境旅游时购买的，而服装和化妆品是最热门的购物品类。

三、线上线下消费各有侧重

中国作为全球最大的电商市场，2015年创造了近4万亿元人民币的收入。但是，由于消费者同时使用线上和线下渠道，实体店对消费者与品牌的互动依然很重要。尽管中国消费者对实体店的满意度仍然高于在线渠道，但随着网络购物越来越受欢迎以及网络购物体验的逐年改善，线上和线下渠道的满意度差距正在缩小。

日渐成熟的中国消费者正在加速消费升级。不加选择、有买的就好的消费初级阶段已经走远，消费者迈进了往高端产品消费升级的新阶段，并且越来越重视均衡、健康和以家庭为中心的生活方式。对中国厂商来说，过去15～20年，拼规模、争速度和单一化一度是竞争优势。如今消费格局正在快速改变，昔日的优势不再，唯有时刻掌握当前消费趋势的脉动，方能成为消费升级时代的领军者。

资料来源：Daniel Zipser，陈有钢，龚方．2016年中国消费者调查报告．http：//www. mckinsey. com. cn/%e4%b8%ad%e5%9b%bd%e6%b6%88%e8%b4%b9%e8%80%85%e7%9a%84%e7%8e%b0%e4%bb%a3%e5%8c%96%e4%b9%8b%e8%b7%af-2.

【案例思考】

1. 如何解读当前我国消费者出现的诸多新特征？

2. 这些未来的消费趋势给哪些行业孕育了机遇，又给哪些行业带来挑战？

第 4 章

组织市场

本章要点

- 了解组织市场的范围
- 了解产业市场的产品分类
- 理解产业市场的用户购买行为

在流通领域，不仅存在着消费资料的交换活动，而且存在着生产资料的交换活动；企业不仅把产品和劳务出售给广大个人消费者，而且把大量的原材料、机器设备、办公用品及相应的服务提供给诸如企业、社会团体、政府机关等组织用户。这些用户构成了整个市场体系中一个庞大的子市场，即组织市场。与消费者市场相比，组织市场的需求和购买行为有显著的不同。本章将在上一章所述的购买者行为理论的框架基础上，分析组织市场的需求与购买行为特点。

第 1 节　组织市场的范围

在市场营销中，我们通常将组织市场进一步划分为产业市场（或生产者市场）、中间商市场、政府市场与机构市场。这种划分也是基于对购买者的分析，即根据谁在市场上购买。其中，最重要的部分是生产者市场，主要由各种营利性的制造业、建筑业、运输业、房地产业、金融业、农业及服务业买主构成。它们购买产品和服务用于制造其他产品或向社会提供其他服务。中间商市场由各种批发商和零售商组成，它们购买产品是为了将产品转卖出去。政府市场与机构市场包括各级政府及所属机构、事业团体（医院、学校）以及各种非营利性的社团、学会组织等，它们购买的商品品种同样繁多，从军用物资、文具用品到制服、公园长凳、保险等。

总体上看，组织市场是个庞大的市场。该市场上的消费者不仅购买与消费者市场相同的大量产品，如家具、文具、服装、汽车，而且购买许多消费者市场不需要的产品，如钢材、制造设备、大型计算机、发电机组、办公楼等。

组织市场的购买目标要比消费者市场复杂。后者的购买是为满足个人及其家庭消费需要，而前者的购买往往有多重目标：制造产品，降低成本，创造利润，满足员工需要，或履行社会和法律责任与义务。其中产业市场和中间商市场的购买还有特别明确的盈利目标。因此，其购买更符合经济学家描述的那种“经济人”式的理性购买。

与消费者市场相比，组织市场上参与购买决策的人更多，尤其是一些重要项目的购买。而且，这些参与者多是在某方面受过专门训练的专家，他们担负着自己所在部门的责任，受组织制定的各种政策、制度的限制和指导。

第2节 产业市场的特点

产业市场是由各种营利性的制造业和服务业买主构成的组织市场。这些买主分布在各个行业，包括农业、林业、渔业、牧业、采矿业、制造业、建筑业、运输业、通信业、银行业、保险业和其他服务业。

产业市场有如下特点。

1. 购买者数量少

如根据《中国统计年鉴2016》的资料，目前我国企业单位数1 200多万个，这与数以亿计的个人消费者相比显然很少。举例来看，一位种植葡萄的农民把他的葡萄卖给酿酒厂，那么很可能在当地只有一家酒厂客户，实际上，也只要有一家就足够了；如果这位农民把产品拿到集市上去卖给个人消费者，则需要数量多得多的顾客。

2. 购买量大

在商品经济条件下，消费者的购买只是社会再生产过程中一连串购买活动的最后一个环节，经过这个环节，产品离开生产领域进入消费领域。但在这之前，从原料到制成品之间，还有许多次的购进销出。以简单的面包购买为例，可将一连串的购买活动表示如图4-1。

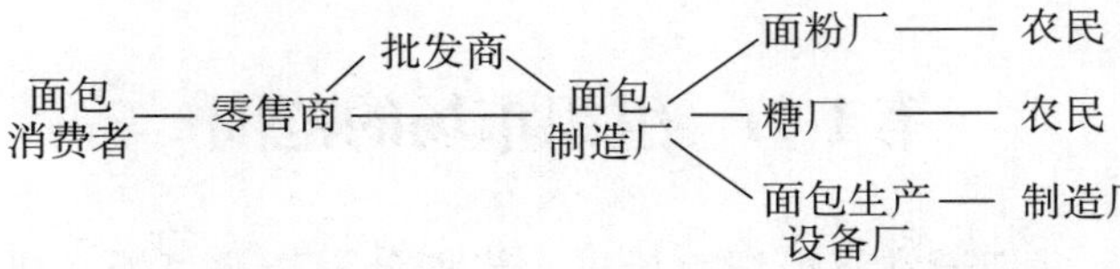

图4-1 与面包有关的产业市场交易活动

这是一个大大简化了的过程。如果最后制成品是一辆由数千个零部件组成的汽车或一架由数万个零部件组成的飞机，这中间需要经过多少次产业市场的购买就可想而知了。所以，商品经济越发达，加工制成品结构越复杂，产业市场的购买额将越大。

从单个产业用户的购买量来看，许多产业都有用户高度集中的特点，也就是说，几家用户占有了大部分的购买量。如即便是大国，在汽车制造、计算机、大型发电机组、电信等产业，往往前几名的制造商就占了整个行业产量的70%以上，这些超大型公司的购买量自然非同小可。

3. 用户地理位置集中

产业用户并不均匀地分布于整个国家。如我国的家用电器企业曾主要分布在珠江三角洲地区，其中，仅在广东顺德就有科龙、美的、万家乐等多家。由于各地资源、交通和历史沿革情况不同，竞争将促使某些产业在地域分布上趋于集中，即便是那些规模分散的产业也比消费者市场在地域分布上更为集中。

4. 派生需求

产业市场是“非最终用户”市场，即这个市场上的客户对产品和服务的需求是从消费者对最终产品和服务的需求中派生出来的。如果最终用户对某企业产品的需求下降，那么随着该企业削减生产计划，其作为用户在市场上的购买量也将减少。因此，当消费者的收入大幅度增加或预期将相对减少时，受影响的不仅是消费者市场的需求，而且也包括为消费品制造厂家提供原料、设备、辅料、动力、零配件的产业市场的需求，最后的连锁反应将可能导致整个经济的繁荣或衰退。

产业市场派生需求的特点要求卖方既要了解自己的直接顾客——产业用户的需求水平、特点及竞争情况，还要了解自己的客户所服务的顾客的需求、特点及竞争状况，直至自己的客户到最终消费者之间所有环节的市场需求。例如，一家化纤厂，不仅要了解纺织厂的购买需求，棉纺、毛纺、化纤之间的竞争，还应了解服装业的需求，以及消费者对不同纺织面料的需求倾向。

产业市场的这一特点使生产厂家可通过刺激消费者对最终产品的需求来促进自己产品的销售。例如，飞机制造公司做广告宣传乘坐飞机旅行的种种益处，结果是航空公司多开航班，飞机制造公司多卖飞机。

5. 需求缺乏弹性

产业市场对许多产品和服务的需求受价格变动的影响较小，短期需求尤其如此。形成这一特点的最主要原因是：

（1）产业市场需求的派生性。例如，假定预期某年的汽车需求量为 300 万辆，按照一辆车需 5 只轮胎（其中一只备用）计算，则轮胎制造厂预计可销售 1 500 万只轮胎。很明显，这里的轮胎需求是派生需求，只要汽车需求量不变，轮胎价格的变动不会对其总销量产生大的影响；即使削价出售，也不可能在这一年销到 1 500 万只以上；如果轮胎成本猛增，价格上涨，其需求也不会降到 1 200 万只以下（假定可省一只备用胎）。当然，采购者会因供应价的不同改选更有利的供应商。

（2）生产者不可能像消费者改变他们的需求偏好那样经常变动它们的生产工艺，因此，即使近年铜价上涨，大多数制造商也很难马上转向用其他材料来代替。

（3）一件产品通常是由若干零部件组成的，在总成本中占比重很小的零部件，即使价格上涨，对最终制成品的价格也不会有太大影响，因此，最终产品的需求也不会受到影响。如以汽车为例，雨刷的成本在汽车总成本中所占比重不大，火花塞所占的比重就更小，这些零部件的价格需求弹性自然不充分。

（4）在产业用户购买中，往往对产品规格、质量、性能、交货期、服务及技术指导方面有较高要求，相比之下，单位价格往往不是决定购买与否的主要因素，因此其价格需求弹性也不充分。

6. 需求波动性大

这也是源于需求的派生性。如消费者对某种消费品的需求增加某一百分比，为满足这一增加的需求，生产厂家的投资会以更大的百分比增长。经济学家将这种现象称为加速原理或乘数效应。我们可以从我国 20 世纪 80 年代中期以来彩电、冰箱、空调等耐用家电产品市场上看到这种明显的波动。有时需求仅上升 20％，就可导致生产企业投资规模扩大 200％；而消费需求有 10％的下落，制造企业的生产就可能全面收缩，其对设备和原材料的需求更是全面暴跌。产业市场的这种波动性增加了经营生产设备、原材料、能源、办公楼等投资品的企业市场营销活动的难度。另外，宏观经济形势的周期性变化，重大技术创新的推出，亦会导致产业市场需求较大的波动。

第3节　产业市场的产品分类

产业市场上的需求因产品类别的不同而存在很大差异，如对原材料的需求就明显地不同于对生产设备的需求，因此，我们有必要分门别类地了解产业市场上的各种产品。分类方法很多，我们这里按一般做法将其分为生产装备、轻型（或附属）设备、零部件、加工过的材料、原材料、消耗品和服务几类。

1. 生产装备

生产装备包括重型机械、设备、厂房建筑等。生产装备大多价格昂贵，体积庞大，结构复杂，技术性能要求高，对企业生产效率及产品质量至关重要。购买此类产品所需资金量往往很大，需分期折旧收回。对用户来说，生产装备的购置是一项重大决策。对销售者来说，向用户提供直接、专门的推销（如介绍产品性能）和服务（如安装、调试、培训人员、保修、交货等），甚至专门的设计和制造，较之定价重要得多。

2. 轻型（或附属）设备

轻型（或附属）设备的特点是价格较低，对生产经营的重要性相对较小，通常有统一规格，属标准化产品，使用寿命也较短，例如电动和手工工具、叉车、微型电机等。其购买可从一般经营资金中支付，通常由少数几个人即可做出决策，也很容易从几家相互竞争的厂家选择购买，价格竞争起一定作用。

3. 零部件

零部件是已完工的产品，并构成用户产品的一个组成部分，如小型电机、集成电路块、紧固件、仪器、仪表等。有的制成品可能需要成千上万个零部件，一些零部件作为维修配件出售比在装配市场上出售更有利。

在零部件市场上，重要的是按规定要求生产并及时交货，因为延迟交货可能造成买家停产，引起很大损失。买家通常会鼓励两家以上的供应商竞争，以便从中选择更好的供应来源并获得有利价格。当然，建立了品牌声誉的零部件供应商将占据优势地位。

4. 加工过的材料

加工过的材料包括经过加工而又并非零部件的材料，如钢板、玻璃、焦炭、皮革、三合板等。加工过的材料市场在两方面与零部件市场有不同：一是零部件市场通常设有备件（即维修件）市场；二是客户使用加工过的材料的方式通常不同于零部件，客户一般将加工过的材料切割或压制成所需的形状，这样，对产品的品牌就没有太多要求，而主要要求规格相符，质量一致，交货及时。由于加工过的材料一般有多个供应来源，而这类产品本身又无多大差异，因此供应商主要靠提供服务来竞争，价格折扣也起一定作用。

5. 原材料

原材料是指那些处于生产过程起点的海产品、农产品、森林产品和矿产品。原木、铁矿石、谷物、原油等均是突出的例子。这类产品大多有规定的标准和等级，质量上没有什么差别，供货方有多次供货能力，价格折扣及向不同供货方采购产品的运费和成本在竞争中起较大作用。

6. 消耗品

消耗品（维护、修理用品和办公用品）是维持企业日常经营所需要的，但又不参与构成制成品的实体，如清洁用品、办公用品、润滑油等。一般来说，消耗品多是标准品，可卖给不同类型的客户，客户也可以从不同厂家购买同种商品，即一种品牌的产品很容易为另一种品牌的同类产品所替代，因此卖方之间的竞争更为激烈。这类产品的单价较低，购买批量也小，通常按年需要量签订合同，根据规定期限依次进货，可通过计算机实现自动订货。在销售上，价格优惠、数量折扣、按期交货均起作用，其分销特点是多渠道供应，有广泛的可获性。

7. 服务

服务是产业市场购买的所有无形产品的总称。在很多情况下，服务与实体产品一同被购买，如某项服务合同是某项设备购买合同的一部分。不过，产业市场购买的"纯"服务项目也很多，如金融服务、财产保险、建筑设计、维修服务、广告、运输、人员培训、市场调研、审计及各种咨询服务等。对不少企业来说，服务购买金额也是一个很可观的数字，因此，经营者对服务的经营与有形产品的经营应同样重视。

服务的无形特点增加了服务销售与购买的复杂性。服务的规格和质量很难确定，特别是服务质量，不仅取决于服务人员的技术熟练程度，还取决于他们的服务态度和个性特点。因此，满足服务需求最重要的是健全管理制度，包括培训、激励、监督和控制制度。

综上所述，用户购买不同类型产品时的购买需求、购买方式、注重的条件，甚至购买程序都不同，如果卖方营销人员对此没有准确的判断，将很难进行卓有成效的推销。

第 4 节　产业市场的用户购买行为

产业市场的用户购买行为在一定程度上比消费者市场的购买更为复杂，因为产业市场的购买更理性，更专业，参与人员更多。

一、购买决策的类型

产业用户购买决策过程的复杂程度和决策项目的多少取决于其决策类型。有三种主要决策类型，即直接重购、修正重购和新购买。

1. 直接重购

直接重购指用户按过去的订货目录重新订购。通常是需要重复购买的产品，买方选择熟悉并满意的供应方，持续购买，且对购买方式及其他订货条款都不做任何修正，甚至建立自动订购系统。供应方努力的重点在于保持产品和服务的质量，竞争对手要想夺取这个市场很困难，但仍可从提供新产品或消除买方的不满入手，设法先获得少量订单，逐渐扩大战果。

2. 修正重购

购买方虽打算重复购买同种产品，但想变更产品的规格、数量、价格或其他条款，或重新选择供应商。这类购买要复杂些，需要做一些新的调查和决策，通常也需要更多的人参与决策。在这种情况下，原供应方不得不采取有力行动，以保住客户，而竞争对手则把这视作增加自己生意的机会。

3. 新购买

新购买即第一次购买某种产品或服务。如购置新设备或新式办公楼。由于买方对新购买的产品心中无数，往往要求获得大量有关信息，且购买成本越高，风险越大，参加制定购买决策的人也越多。显然，这种购买为市场营销者提供了最好的机会，同时也是最有力的挑战。许多企业派出最优秀的推销小组，尽可能广泛地接触买方有关人员，为买方提供各种有用的信息和帮助，以消除其顾虑，促成交易。

二、谁参与购买决策

产业用户内参与购买决策过程的所有成员形成一个采购中心。这就涉及产业用户购买的两个特点：（1）参与购买的决策者众多，有技术专家、高级管理人员、采购专家、财务主管，有时还有最高管理者或产品的实际操作使用者。（2）采购人员多经过专业训练，对所购产品的技术细节有充分了解。因此，产业用户的购买更容易做到理智、科学、经济。

不同企业采购中心的规模大小差异很大。小企业购买中心的成员可能只有一两个人，大企业则可能由一位高级主管率领一批人组成采购部门。另外，根据所购产品的不同，采购中心的组成也有不同。如购买消耗品，即便是一家大企业，也只要一个人就够了；如果购买的是生产装备，涉及技术问题和大笔投资，那么，除了专业的采购人员，采购中心的成员还须包括工程师、生产主管甚至最高管理者，以做出投资上的重大决策。

参加采购中心的所有人员具有同一采购目标，并分担决策的风险。若具体分析，其中每种角色又有不同，这些角色可概括为以下几种。

（1）实际使用者，通常首先由他们提出购买建议。

（2）影响者，企业内外一切对最后购买决策有影响的人，如使用者、技术人员均可能是影响者。

（3）决策者，拥有决定权的人。一般情况下，决策者就是采购者，但在交易大而复杂的情况下，决策者可能是企业主管，由他批准采购人员的采购方案。

（4）采购者，被企业正式授权具体执行采购任务的人。

（5）控制者，能阻止卖方推销人员与企业采购中心成员接触，或控制外界与采购有关的信息流入企业的人，如采购代理人、接待员、电话员、秘书等。

针对上述情况，产业市场的营销人员应具体了解在用户企业中，谁是购买决策的主要参与者，他们各自的影响程度如何，他们的评价标准是什么，等等，然后才能制定出有效的推销对策。

三、影响产业市场购买决策的因素

影响产业用户购买活动的因素很多，如前述的购买类型、购买对象特点、购买中心人员的构成等。西方学者进一步提出了各种“组织购买行为模型”。对这些模型，我们的看法是，由于管理体制、外界环境、文化背景及个人特性等方面的差异，中外组织购买行为的影响因素也不同。虽然这些模型在不同程度上具有借鉴作用，但如果模型做得过于复杂，头绪过多，反而会使人无所适从。所以，我们这里仅以韦伯斯特-温特模型为基本框架进行分析。

韦伯斯特-温特模型主要研究四组影响因素：环境、组织、人际关系及个人。各因素间的关系及所包含内容如图 4－2 所示。

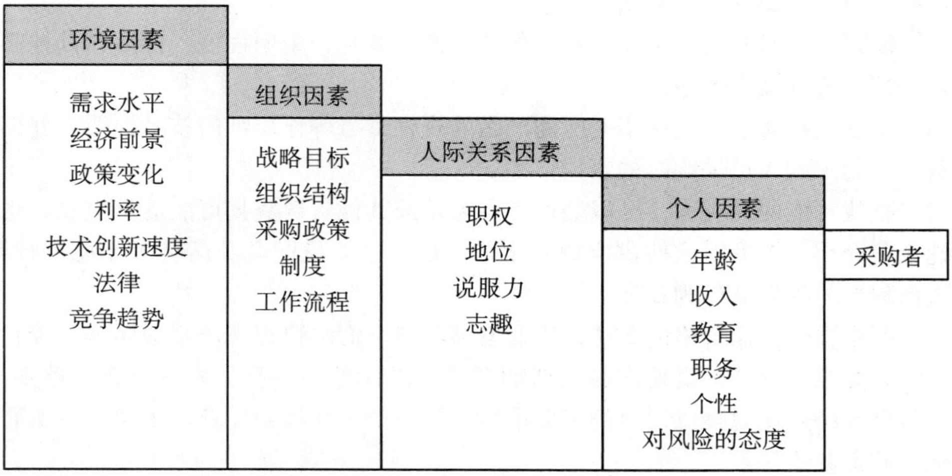

图 4－2　影响产业用户购买的主要因素

在这个模型中，组织因素具有特殊地位。组织因素中最重要的是购买决策权限的集中或分散程度。这又受几方面因素影响：(1) 采购部门在组织中的地位，即它是专业职能部门还是参谋部门。显然，如果采购部门是参谋部门，就只能向生产、设计等部门提出咨询建议。(2) 采购部门在组织内的级别如何。如果采购部门是与生产、财务、技术等部门同级，直接向最高主管负责，那么权力就很大。(3) 采购责任是在总公司和分公司之间进行分工的，还是完全由公司总部决定，集中采购。(4) 具体的管理职权制度如何规定采购中心各成员在购买过程中的职权范围。

客户企业的购买政策对其购买行为影响也很大，这些政策往往是客户在长期经营中逐渐形成的成文或不成文规定。常见的典型政策有：(1) 尽可能地向当地供货者购买。(2) 只买本国产品，或倾向购买某一外国产品。(3) 当购买金额超过一定范围时，要由上级部门决定。(4) 需与客户公司达成互惠协议，或照顾老供应关系。(5) 每种货物至少向两个供货方采购，等等。一般来说，企业内只要存在这些政策，采购人员大多会无条件地遵循。

最后，购买者的个人特点不应因产业市场购买是有组织的购买而被忽视。实际上，所有组织的购买行为最终都是在有组织的相互影响的基础上产生的一种个人行为，即组织购买归根结底要由个人做决定和采取行动，而参与决策过程的每个人都有自己的动机、态度和偏好，这些又因个人年龄、教育水平、收入、职务及对风险态度的不同而异。营销工作的对象是具体的决策参与者，而非抽象的企业，故对个人因素的影响也须认真对待。

四、购买决策过程

产业市场购买过程与消费者购买过程有相似之处，但也有许多不同。可以说没有一个统一的格式支配各产业客户的实际购买过程，而仅能归纳出大多数情况下遵循的典型过程。这个过程可分为以下阶段。

（1）提出需要。当企业在经营中发现某个问题，有人提出可以通过增购某些产品和服务来解决时，采购过程便开始了。

（2）确定所需产品特性及需要量。如产品的可靠性、耐用程度、价格和其他必备的属性，并按重要性加以排序。

（3）拟定规格要求。进一步对所需产品的规格型号等作详细的技术说明，并形成书面材料，作为采购人员采购时的依据。

（4）查找可能的供应商。可以通过工商名录或其他资料查找可能的供应商，也可通过其他企业介绍。然后对这些供应商的生产、供货、人员配备及信誉等方面进行调查，从中选出理想的供应商作为备选。

（5）征求报价。向合格的备选供应商发函，请它们尽快寄来产品说明书、价目表等有关资料，如果是复杂、贵重产品的新购买，更需详尽的材料。卖方企业为得到订单，在这一阶段要特别注意提供详尽的书面申请，除对产品详加介绍外，还须强调本企业的生产能力和资源条件等。

（6）选择供应商。买方企业采购中心的成员将对各供应商提供的报价材料一一评价，经过比较，作出选择。他们通常特别重视以下因素：

- 交货能力。
- 产品质量、规格。
- 价格。
- 企业信誉及历来履行合同的情况。
- 维修服务能力。
- 技术和生产能力。
- 财务状况。
- 对顾客态度。
- 地理位置。

采购中心成员可以通过对每位供应商在上述诸方面的表现评分，从中选出最具吸引力的供应商。

此外，多数企业不愿仅依靠单一的供应商，而是选取若干供货方，然后将其中较大的份额给它们中间的一个，这样，买方企业不会仅依赖一个供应源，卖方企业为争得较大份额，则不得不竞相提供优惠条件。

（7）正式发出订单。选定供应商后，买方即正式发出订单，订单上写明所需产品规格、数量、交货时间、退货条款、保修条件等。双方签订合同后，合同或订单副本被送到进货部门、财务部门及企业内其他有关部门。

（8）实际购进，验收入库。

（9）购后评价。产品购进使用后，采购部门将与使用部门保持联系，了解该产品使用情况，满意与否，并考察比较各供应商的履约情况，以决定今后对各供应商的态度。

总之，产业市场的购买过程比消费者市场复杂得多，卖方企业营销人员应对买方企业内采购工作流程有详细的了解，营销工作才能有的放矢。

五、购买形式特点

消费者市场上的购买方式较简单，大多是一手交钱，一手取货，通过零售商购买。相比之下，产业市场的购买有以下不同之处。

1. 直接购买

由于产业用户的购买专业性强，购买量大，用户数量少，故常常由供应商直接派人员上门推销，并签订购买合同。那些单价高、技术要求复杂的设备以及大批量、连续供货的零部件尤其如此，有些甚至需要供方按照特殊要求定制。

2. 互惠购买

只要有可能，产业购买者往往选择那些购买自己产品的企业作为供应商，即相互购买对方的产品并相互给予优惠。这样有助于双方建立更为稳固的产销关系。例如，一家汽车制造企业从一家钢铁企业大量购买钢板，反过来，该钢铁企业则从这家汽车制造企业购买各种车辆。在今天众多大企业实行多元化经营的背景下，这种做法很常见。但一些国家的法律对此有所限制。

3. 租赁

在设备的购买上，产业购买者日益转向租赁，以代替完全购买。租赁的好处是购买者可节省一次性投入的资金量，及时租到最新产品。对出租者来说也有好处：可获得较高的纯收入，可抓住向没有能力完全购买的客户出租设备的市场机会。这种交易方式如今在大型计算机、飞机、轮船等价值较高的大型设备市场上极为普遍。第二次世界大战后，生产领域内技术更新速度加快，这种交易方式实际上也是由买卖双方共同承担技术进步风险的一种安排。

4. 招投标采购

采用招投标方式采购的主要是政府机构和学校、医院等非营利组织。在大多数国家，它们都是企业不能忽视的大客户。政府和非营利组织的资金主要来自税收、财政拨款和捐赠，因此公开性和公平性非常重要。在招投标采购中，采购合同以招标的形式发出，感兴趣的卖方均可在规定的期限内提交产品的报价（通常是密封的）。由此可见，招投标方式给所有潜在的供应者赢得订货合同的公平机会，并有助于资金的合理支出。近年，我国政府也以法规的形式规定了政府机构及其他由财政支付的项目采购要采用招投标方式。

六、电子采购

电子采购意指企业利用互联网来完成商业购买的流程，也称在线采购。近十年来由于互联网技术的兴起与普及，电子采购的发展非常迅速。公司进行电子采购的方式一般有两种：一是建立企业自己的采购网站；二是通过B2B在线交易平台。不论是哪一种，企业都能在线上开展发布采购需求、邀请投标、协商条款以及下订单等活动。

商业市场的电子采购有很多好处。第一，电子采购可以省去传统流程中的申请与订购所产生的文书工作，大幅降低交易成本。第二，电子采购提高了采购企业对新的供应商渠道的可接近性，增加买方与卖方的接触效率。第三，电子采购有效减少了订购和交付之间的时间。第四，由于免去了往来奔波与烦琐的文书工作，商业采购人员有更多的时间思考战略性问题，例如存货的管理以及如何更好地与供应商合作。

营销实践　阿里巴巴的成功之道

然而，随着电子采购的普及与发展，相关的问题也接踵而至。首先，网际网络的便利可能伤害花费多年才形成的稳定的买卖关系。采购方能够在很短的时间内接触很多公司，寻找最好的供应商，而不是仅仅从原来的供应商那里获得方案。电子采购也存在安全隐患。尽管通过电子邮件与银行交易可以用简单的加密技术保障安全，但目前仍然缺乏一个可信赖的安全环境来涵盖所有的电子采购流程。

第5节　产业市场营销组合策略的特点及发展动向

了解了产业市场的购买行为特征之后，我们会意识到产业市场营销与消费者市场营销之间有很大差别，这些差别在本书有关章节会有深入的说明。不过，在此仍有必要先对这些差别做扼要解释，从中我们可以看到产业市场的特点与针对这些特点进行的市场营销活动之间的一致性。这些差别可按照产品、定价、分销渠道、促销几方面分类。

在产品方面，产业市场上的产品结构一般更复杂，有较高的技术要求，而技术性能好、质量高、功能强的产品常常可赢得绝对的竞争优势，因此，在这类市场上，特别要求生产企业的市场营销部门要与研发、技术部门密切合作。

由于产业市场的特殊性，以产品为导向，以设计制造和工艺技术为重点，通常是这一领域中企业经营战略的一般模式。企业的上层领导人多是从工程或研发部门成长起来的，企业的经营战略习惯于突出高技术开发，高风险经营，投入高额研究开发费用，以高水准的产品获取竞争优势。但过分强调这种经营战略容易导致忽视市场分析，对用户需要考虑不够。在这种情况下，不是自己设法满足顾客需要，而是力图使用户接受产品的错误就不知不觉发生了。

在产业市场上，用户有时也可以用自己的设备生产它们所需要的产品，而不一定非得购买；产品包装一般更具保护性质，而非促销性质；产品通常按规格要求购买等，这些特点使企业更应强调售前和售后服务，特别是产品性能规格介绍、包装承运、安装调试、操作培训甚至维修等技术方面的服务。

在定价方面，产业市场上的产品价格比较稳定，价格需求弹性不充分，因此，定价策略较少成为决定性因素，价格优惠往往远不如产品质量、规格统一性、交货及时性、技术服务等重要。不过，在大批量购买的原材料、零部件营销中，数量折扣和商业折扣也是必要的。

在分销渠道方面，产业市场的分销渠道一般为直接渠道或短渠道，销售渠道选择余地较少。为保持渠道稳定，企业更强调交货及时、准确及与分销商建立长期合作关系，开展关系营销，让分销商成为公司的一部分，利益共享，风险共担。

近年产业市场分销的发展趋势之一是利用国际互联网。如著名的网络设备制造商思科系统公司每年通过它的网站销售数十亿美元的产品；通用电气公司每年通过它的交易软件从网上采购的产品和服务也有数十亿美元之多。由于网上购买的要约报价很容易，采购方可以接触更多的潜在卖主，从而降低采购成本。

在促销方面，产业市场比消费品市场更强调人员推销，且推销员需要更多的专业技术知识。不少推销人员本身就是工程师，能够为用户解决技术问题，或提供技术方面的售后服务。产业市场上的广告与消费者市场上的广告相比有以下特点：(1) 主要强调技术性的数据，较少带感情色彩。(2) 广告媒介多选择专业出版物。

由于用户规模、地理分布、购买量和行业差异很大，产业市场上一个重点用户的购买量可能相当于数十个其他用户。在产业市场上，买卖双方相互依赖性较强，买方趋向长期、稳定的购买，故掌握重点用户对卖方稳定市场和产品开发等十分重要。产业市场上的促销活动特别注重选择、抓住重点用户，开展关系营销，甚至与重点客户建立战略联盟。

战略联盟也称战略伙伴关系，即企业之间签订某种合作协定，它可以发生在生产企业之间，生产企业与供应商之间，生产企业与渠道中介之间。近年来，大公司和高技术公司与其上下游企业结成战略联盟，进而简化整个供应链的趋势正在迅速发展。

第6节　中间商市场的购买行为

中间商市场与产业市场一样，都属于营利性企业市场，二者的购买行为有许多相似之处。首先，中间商的顾客是更下游的中间商，跟最终消费者的数量相比，顾客数量仍较少。其次，市场需求属于派生需求，中间商订购量的多寡源于终端消费者的需求。然而，由于二者在社会再生产过程中所处位置不同，职能不同，它们的购买行为又有若干不同之处。

(1) 中间商市场的需求也是派生的，受最终消费者购买的影响而使销路不定，不过，由于离最终消费者更近，这种派生需求反映较直接。

(2) 中间商的职能主要是买进卖出，基本不对产品再加工，故它对采购价格更敏感，采购价的变化往往直接影响到最终消费者的购买量。

(3) 中间商只赚取销售利润，单位产品增值率低，必须大量购进和大量销出。

(4) 交货期对中间商特别重要，它们一旦发出订单，就要求尽快到货，以抓住市场机会，满足消费者购买的需要，而对需求没有把握的订货则往往推迟到最后一刻，以避免库存过多的风险。

(5) 中间商由于财力有限及不专销一家企业产品，往往需要生产商协助做产品广告，扩大影响。

（6）中间商不擅长技术，需要供货方提供退货服务、技术服务或返修商品服务等。

第7节 政府市场与机构市场的购买行为

前述关于产业市场购买行为的讨论，很大程度上也适用于政府市场和机构市场。然而这两个市场也各自具备其他非商业特征。

1. 政府市场

政府市场的购买指各级国家机关、事业单位和团体组织使用财政性资金采购货物、工程和服务的行为，采购的对象必须在依法制定的集中采购目录以内，或符合采购限额标准。政府采购具有以下特点：

（1）政府市场比其他形式的组织市场稳定，因为政府采购皆依年度预算进行，而年度预算一旦编列，在该会计年度内不会轻易发生变动。

（2）政府采购各个环节、各套程序的相关信息都是公开透明的，各级政府也都有相应的采购信息公告制度。在供应商的选择上通常采取公开招标、竞争性谈判、询价等方式来选择合适的供应商。

（3）政府采购的过程严格受到相关法律法规的约束，同时对于产品或服务的规格亦有详尽的标准或实施细则，以确保采购的质量。

（4）由于政府采购的整体规模相当大，在一定程度上具备调节经济结构的功能。政府通过扩大对特定产业产品或服务的采购量，来扶植该产业的发展；当然也能通过降低采购来达到抑制产业发展的目的。

2. 机构市场

机构市场意指除了企业单位与政府单位之外的其他类型的组织客户，包括学校、医院、护理中心、监狱，以及其他须提供产品和服务给其所照料者的机构。这类机构有以下特点：

（1）预算偏低。举例来说，学校的营养午餐是学校所提供整体教育服务的一部分，其购买的目标不在于赚钱，因此也就不会投入过多的预算。

（2）接受机构产品或服务的个体选择余地小。例如，学生对于学校营养午餐的菜色只能被动接受，选择的空间不大。

（3）产品或服务质量须符合基本的要求。机构购买的目的也不是成本最小化，应该要满足一定的质量要求。假如学校的食物质量不佳，容易引起学生与家长的不满，向主管机关投诉，影响学校声誉。

◎ 基本概念

组织市场	产业市场	中间商市场	政府市场
机构市场	消耗品	互惠购买	派生需求
采购中心			

◎ 思考题

1. 产业市场有哪些特点?
2. 产业市场的产品分类有哪几种?
3. 影响产业市场购买决策的因素有哪些?

◎ 案 例

体验奇迹：英特尔的转型体验

2016年1月，在英特尔最新的宣传片中，随着贝多芬《第五交响曲》的背景音乐响起，短片出现人们熟悉的英特尔著名的广告语“Intel Inside”。接下来，一段新的话语浮现：“makes amazing experiences outside”（使外部体验更精彩）。音乐节奏加快，画面快速切换，梦工厂动画技术、机器义肢、航天飞机、太阳能赛车、3D摄像头、人脸识别……所有这些只有一个共同之处：英特尔的技术。

多年来，“Intel Inside”的营销做得如此成功，让大部分消费者都形成了“英特尔＝电脑芯片”甚至“电脑芯片＝英特尔”的印象，其品牌经营策略甚至成为营销界的经典案例。然而，这样的成功反而成为英特尔在面对日新月异的市场巨变时的沉重负担。

这个巨变来自PC行业的衰退。

2015年，英特尔营业收入达到554亿美元，同比下滑1%；运营利润为140亿美元，同比下滑9%；净利润为114亿美元，同比下滑2%；毛利率为62.6%，同比下滑1.1%。而2015年全球PC出货量为2.887亿台，同比萎缩8%。可以看出，2015年PC行业的衰退幅度惊人。

为了摆脱持续下滑的PC芯片业务，英特尔正在努力将重心向移动端和物联网等领域转移。

然而在移动芯片市场，由于未能预见到iPhone的潜力，英特尔错失了最好的机会，随后又在跟高通、联发科等芯片巨头的竞争中被压制、抛弃。2013年和2014年英特尔移动芯片业务亏损高达70亿美元。英特尔只得将目光投向包括无人机、智能硬件、机器人、增强现实（AR）等热点的物联网领域。事实上，与传统电子产品不同，物联网领域包含更多新概念的技术，需要更多体验式的吸引力——一项英特尔一直拥有，却没有很好地表现出来的能力。

于是，自2015年起，英特尔改变使用了二十几年的口号“Intel Inside”，变成“Intel Inside，Amazing Experiences Outside”，开始一场大规模的品牌转型，希望摆脱以往“计算机中组件”的刻板印象，将产品和体验明确、紧密地结合在一起，向大众展示独特、年轻、有活力的全新品牌形象。

正是基于这样的方向，才有了英特尔在格莱美颁奖典礼上携手嘎嘎小姐展现的创意音乐表演，才有了2016 NBA全明星周末通过实感技术进行360度精彩瞬间展播，才有了英特尔联手《魔兽》电影呈现的恢弘世界——跨界文化、娱乐、音乐、体育、游戏、时尚，英特尔试图诠释创新科技在诸多领域的可能性。

在中国市场，英特尔则是结合了时下年轻人最火热的休闲项目——综艺节目和电影。

2015年，在综艺节目中，英特尔分别植入了《奔跑吧兄弟》和《天天向上》。这些并不是冠名、产品露出之类的简单植入，而是更深的内容植入。这两者都为英特尔专门开发了一期关于高科技的节目，为大众科普了科技创新知识。在《奔跑吧兄弟》中，明星们的任务就是去寻找英特尔高科技芯片。在《天天向上》里，主持人和嘉宾通过在节目中使用智能滑雪板、宠物自拍器、快速洗衣机、机器人等依托英特尔技术的智能产品进行娱乐互动，"天天兄弟"在台上还合唱英特尔主题音乐"灯，等灯等灯"。而在电影《唐人街探案》中，基于英特尔技术的三款智能设备Slamtec机器人、Mostfun 3D打印机和机器人DracoX成为探案神器，帮助主角们神勇破案。

在数字时代，品牌的确会更快地老去，因此需要不断重新发现与创造品牌自身的价值。英特尔，这个让智能手机一代的年轻人感到生疏的品牌，在帮助消费者体验奇迹的同时，能否成功地体验自己的转型奇迹呢？

资料来源：林嘉文．英特尔为什么要花这么大代价品牌转型？．（2016－09－04）．http：//www.jiemian.com/article/834394.html；林嘉文．46岁的英特尔正在努力变成一个能被00后喜欢的年轻品牌．（2016－01－25）．http：//www.jiemian.com/article/520389.html.

【案例思考】

1．一个制造商品牌投入心力塑造品牌价值已属罕见，如今英特尔还要进一步进行品牌转型。你认为英特尔如此庞大的品牌重塑计划是否值得？为什么？

2．有人认为，"品牌已经不再是消费品的专利，同样成为工业品、上游供应商的重要资产"，你赞同这句话吗？或者，你认为这句话在何种情况下是正确的？

第Ⅱ篇

市场选择

第 5 章

营销调研

本章要点

- 理解营销调研和营销信息系统的基本概念
- 了解营销调研的常见应用
- 掌握营销调研的流程和调研方法

为有效地履行营销职责，成功地开展营销活动，企业需要大量信息用于支持营销决策。营销调研是企业获取信息的重要途径之一。实际上，在企业营销决策过程中，每一步都离不开营销调研，因此，掌握营销调研的技能十分必要。

本章重点介绍营销调研的基本概念、营销调研应用及如何进行营销调研。

第 1 节　营销调研和营销信息系统

企业总是面临各种营销决策，例如 A 企业需要确定投入的电视广告是否有效，B 企业需要确定是否投入资金开发新产品。有些时候，企业可以根据已知的信息制定决策。然而，当企业缺乏所需信息的时候，就离不开营销调研或营销信息系统。

一、营销调研的定义

根据美国市场营销协会（AMA）的定义，营销调研（marketing research）是通过信息使消费者、用户、公众与营销人员进行沟通的桥梁。营销人员使用信息来识别和定义营销机会和问题，产生、完善和评估营销活动，监控营销绩效，并促进营销理论的发展。简而言之，营销调研即系统地识别、收集、分析、分配和使用信息的过程，目的是更好地进行营销决策。

营销调研的作用不言而喻，然而企业首先需要决定是否进行营销调研。一般来说，当调研产生的预期价值超过执行成本时，应该考虑开展营销调研。企业要做的决策越重要，面临的不确定性或风险越大，越应该开展调研。例如，A 企业决定开发一个旅游度假村，项目涉及数十亿元的资金投入，那么项目启动之前必须进行营销调研，了解消费者的市场需求。

营销实践　吉列：向女人推销的刮胡刀

此外，企业的时间资源有限，企业在进行营销调研之前需要确定是否有足够的时间来完成调研。尤其是市场飞速发展的今天，企业如果不能快速做出决策，将失去市场机会。当然，企业调研之前也需要考虑现有的信息，如果基于现有信息完全能够做出决策，企业就没有必要进行营销调研。

二、营销信息系统

营销调研不是企业收集信息的唯一来源，计算机技术的发展使得企业可以通过信息系统管理营销信息。通过分析营销信息系统（marketing information system）的组成，我们可以了解企业不同的信息来源。营销信息系统一般由内部报告系统、营销情报系统、营销调研系统、营销决策支持系统这四个子系统构成。

（1）内部报告系统。主要收集内部报告产生的一些信息，例如订单、销量、存货水平、费用、应收应付款、生产进度等。很多信息来自企业的每日交易，例如当你在商店购物时，商店就拥有了你所购买产品、购买数量、购买时间、支付方式等的信息。企业应设计一个面向用户的内部报告系统，实时为营销人员提供所需的数据信息。

延伸阅读

大数据时代的内部报告系统

互联网和大数据的发展对企业内部报告系统提出挑战。数据成为很多企业的核心产品，如何快速从海量数据中提取有用信息，并将其通过图表展示出来，已成为管理企业内部报告系统的重要问题，很多企业都在内部报告系统的基础上搭建了商业智能系统。甚至一些企业还将数据资产变现，进一步基于内部数据开发数据产品，为其他企业提供信息服务。例如，阿里巴巴在内部数据基础上发布了“数加”产品平台。基于该平台，其他企业可以监测网站交易数据，搭建销售数据分析平台，通过机器学习分析海量用户交易日志、预测金融投资风险等。

（2）营销情报系统。主要向营销部门及时提供有关外部环境发展变化的情报信息。营销情报系统包括正规的和非正规的信息收集活动。正规信息是指企业派员工专门收集行业相关信息。非正规信息主要有扫描报纸、浏览杂志、贸易宣传等。

延伸阅读

舆情监测系统

网络时代，人人都有自己的麦克风。企业获取外部环境信息已不再局限于传统的报纸和杂志，更要关注消费者在网络上表达的观点、意见和情绪。很多企业已上线舆情监测系统，通过技术手段抓取网络上与企业自身或竞争对手相关的言论，分析热点、情绪和趋势，并及时做出响应。

（3）营销调研系统。主要解决企业面临的一些具体营销问题。例如，宝洁公司要对新推出的洗发水产品进行市场测试，对代言人广告效果进行评估等。营销调研项目一般是不连续的，有项目开始和截止日期，以解决具体的营销问题。

（4）营销决策支持系统。主要使用工具和技术对所收集的数据进行评估和分析，从而为企业提供决策支持。例如，如果将产品售价提高 10%，同时增加 20%的广告费，将会给销售额和利润带来什么影响？通过决策工具和技术，企业可以得到直观的估计结果。

营销实践

慧辰资讯：运用数据挖掘技术，提升精准化营销效果

2014 年，慧辰资讯通过挖掘交易数据中的商业价值为某护肤品牌提供决策支持。通过分析该品牌会员在 2012—2013 年的交易数据，根据顾客忠诚细分为不同类型，交叉分析各类型会员的消费贡献、品类购买，找到用于提升各类型会员忠诚度和重复购买率的产品及提升路径。在运用分析结果进行门店销售培训及精准营销推广数月后，慧辰资讯对更新的销售数据评估显示，会员重复购买率从 2013 年的 3.5%提升到了 8.3%。

资料来源：www.hcr.com.cn.

第 2 节　营销调研应用

营销调研的应用范围很广，通常分为两类：识别问题调研和解决问题调研。

一、识别问题调研

识别问题调研指为了帮助识别存在的问题而进行的调研，如市场容量、品牌形象、顾客满意等。例如，某大学生计划开展一个绿色植物个性化设计的创业项目，在项目开始之前，首先需要调研该项目的市场容量。如果调研发现，目标市场 80%的消费者对个性化绿色植物较为感兴趣，并愿意为绿色植物个性化支付 20%的溢价，那么也许该项目具有一定的吸引力。如果项目的市场容量较小，那么该项目的盈利水平堪忧。我们重点介绍营销调研领域两种常见的问题识别调研：品牌形象调研和顾客满意度调研。

1. 品牌形象调研

企业的品牌形象至关重要。品牌在消费者心目中处于什么样的位置，购买产品的用户是什么样的群体，代表什么样的品牌形象等，均是品牌形象调研的主要内容。例如，A 企业是一家国内知名的白酒企业，调研发现 A 企业的品牌认知度很高，提起白酒很多消费者都会想到 A 品牌，但是消费者对 A 品牌白酒的评价却不高。通过类似的分析，可以确立企业在消费者心目中的形象认知，同时也可以发现企业经营过程中存在的问题。

用户画像也是品牌形象调研常用的一种方法。通过典型用户访问，深入挖掘用户的生活方式和价值观。例如，A 品牌典型用户画像为 30 岁，四口之家，从事咨询行业，家庭年收入 60 万元，性格内向稳重等。这为 A 品牌选择细分市场和制定促销策略提供了很好的决策支持。

2. 顾客满意度调研

产品到底好不好，顾客说了算。顾客对产品是否满意、产品经营过程中存在哪些问题是企业关心的重要问题，因此很多企业都会定期开展顾客满意度调研项目。通过顾客满意度调研项目，企业可以知道顾客对企业的满意水平，与竞争对手相比企业处在怎样的水平，企业的哪些环节需要改善，哪些环节需要优先改善等。例如，对A空调产品的顾客满意度调查显示，顾客对销售人员服务态度和安装人员专业性不满意，并且这两点是导致顾客对A空调不满意的主要因素。由此，该产品后续需要在销售和安装环节做重点改进。

二、解决问题调研

企业确定了问题或机遇以后，需要解决具体的营销问题。例如，应该推出什么样的新产品？产品应该定价多少？应采取什么样的促销和广告方式？促销和广告的沟通效果如何？等等。我们重点介绍两种常见的解决问题调研：产品调研和广告效果调研。

1. 产品调研

产品调研贯穿整个产品生命周期，从创意筛选、概念测试到产品上市后的价格测试、促销效果评估均离不开市场调研。例如，对于新产品开发，早期可能会经过创意筛选形成不同的产品概念。到底采用哪个产品概念，则需要消费者测试。图5-1为简单的产品概念测试模型，右上角区域的概念6、9和17的吸引力和被接受水平均较高；右下角的概念7和14的被接受水平较高，但是概念吸引力不够。企业到底选用哪个产品概念进行研发，取决于企业的细分市场和定位。

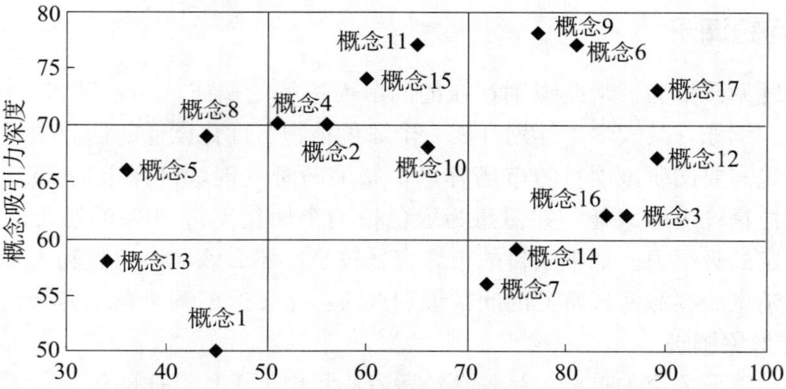

图5-1　产品概念测试

2. 广告效果调研

美国的百货业巨头约翰·沃纳梅克曾经抱怨："我知道我的广告费有一半是浪费的，但我并不知道是哪一半。"由此可见广告效果评估的重要性。营销调研一般从广告到达、品牌产品识别、广告内容回忆和广告说服力等角度衡量广告的沟通效果。广告到达主要监测广告是否到达目标消费者，广告点击率和收视率都是衡量广告到达的重要指标。品牌产品识别、内容回忆和广告说服力则通常是通过焦点小组访谈的形式，监测在没有任何提示的情况下人们是否能够识别品牌及广告中的关键元素。例如，针对奔驰汽车的一个电视广告调查显示，24%的消费者可以回忆起汽车行驶在路上，10%的消费者能够准确说出奔驰的标志，10%的消费者能够记起广告的画外音“一直引领着整个汽车行业的发展”。随着互联网的发展，网络广告效果的监测成为市场研究的重要方向。

第 3 节　营销调研流程

营销调研流程由一系列步骤组成，这些步骤为调研项目提供了路线图。图 5-2 展示了营销调研最基本的五个步骤。当然，实地执行调研过程中，不一定要严格遵循这样的路线，有的步骤也可跳过。

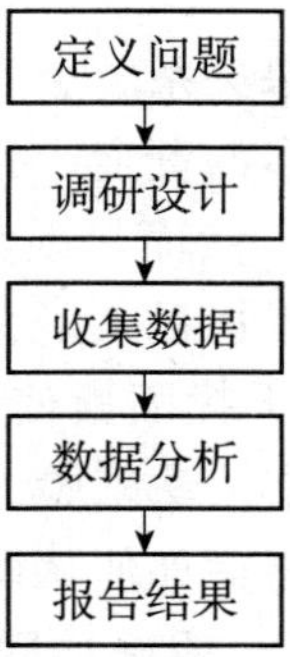

图 5-2　营销调研流程

一、定义问题

企业总会面临这样或那样的问题，但调研项目不能漫无边际。只有将每次调研所要解决的问题限定在一个确切的限度内，才能有效地制定计划和实施调研。而且，问题越明确，越能防止调研过程中不必要的浪费。一般来说，调研人员首先需要分析问题的环境背景，与决策者讨论需要解决什么问题。例如，企业是否应该推出新产品？是否应该提高产品价格？是否应该改变广告活动？

遗憾的是，很多情况下即使是决策者也不清楚要解决什么问题。企业可能看到的只是管理决策问题的冰山表面非常小的一部分，例如市场份额下降、销售量下滑、顾客不满意等问题，然而企业真正的问题也许是产品质量、品牌形象、物流系统或销售队伍等问题。调研人员需要同决策者讨论、访谈行业专家、分析二手收据、开展定性研究等协助决策者确定需要解决的问题，在此基础上定义调研问题。例如，消费者对新产品的购买偏好，不同价格水平下销售量的变化，以及现有广告的效果等。

二、调研设计

调研设计（research design）是开展营销调研时所遵循的框架或计划。根据调研目的，营销调研大体上可以分为探索性调研、描述性调研和因果调研三类。

1. 探索性调研

当企业对所需研究的问题不甚清楚时，可通过探索性调研帮助确定问题的关键或产生的原因，为进一步调研做准备。例如，管理部门发现某产品销量一直在稳步上升，但市场份额却似乎在下降。通过探索性调研，研究人员发现市场份额下降的原因可能有：产品质量下降、竞争对手推出了具有明显优势的新产品、渠道推广不力。一般来说，这样的调研之后往往会进行更为深入的描述性调研或因果调研。二手数据、焦点小组访谈和深度访谈是探索性调研的主要方法。

2. 描述性调研

这是一种对客观情况进行如实描述的调研。主要回答诸如谁（who）、要买什么（what）、什么时间买（when）、在哪里买（where）、为什么买（why）、怎样购买（how）之类的问题。描述性调研注重对实际资料的记录，因此多采用问卷调查法和观察法。

3. 因果调研

因果调研主要用来证明事件的因果关系。企业营销过程中经常要研究变量之间的因果关系。例如，如果在广告上投入更多的资金，品牌形象是否会提升；或者如果采用捆绑定价方案，产品销量是否会提升等。然而，现实中这样的关系却受很多因素的干扰。例如，企业投入广告的同时，竞争对手也投入了大量的广告；或者企业采取捆绑定价的同时，市场上推出了新产品等。这些干扰因素使得变量之间的因果关系很难验证。因此，调研人员往往在控制环境下采用实验法来验证事件的因果关系。

企业确定调研类型以后，还需要考虑如何从调查对象那里获取信息（我们将在第4节重点讨论调研方法问题）、设计问卷、明确抽样计划和样本量（问卷设计、抽样技术和样本量技术请参考相关专业书籍），制定初步的数据分析方案。

营销实践

AB测试：墨迹天气分享图标优化

墨迹天气是一款提供天气查询服务的APP软件。为了扩大产品的社交传播，产品部门希望新版本可以增加用户在客户端内的分享次数，为此他们在原始版本基础上，策划了三套优化方案（见图5-3）。方案1为原始版本，分享图标样式为两条直线

图5-3 墨迹天气AB测试方案

连接的三个空心圆；方案2的分享图标为圆形由空心变为实心；方案3的分享图标为长方形上部空出十向上的箭头；方案4的分享图标为长方形右上角空出十向右上方的箭头。AB测试是典型的因果调研实验法。对于不同方案（A/B或更多），随机抽取用户使用不同方案，进而比较不同方案的效果。吆喝科技为墨迹天气进行了AB测试，通过技术手段随机向4个方案各分配25%的流量，进行为期两周的实验。测试发现，方案3的分享图标可以获得更多的用户点击。

资料来源：http：//www.appadhoc.com/blog/mojitianqi-fenxiangtubiao/.

三、收集数据

确定调研设计以后，就要按计划规定的时间、方法、内容着手信息收集工作。营销调研包括抽样误差和非抽样误差。一般来说，由于调研设计、访问人员执行等问题带来的非抽样误差更大。如何降低调查对象拒访率一直是营销调研需要解决的难点问题。因此，数据收集过程中要正确挑选、培训、督导和考核现场执行人员，数据收集之后也要有一定比例的复核。

延伸阅读

调研中的幸存者偏差

在第二次世界大战时，盟军对德国展开了战略大轰炸。盟军找来飞机专家，请其研究战斗机受损情况，并对飞机进行改进。专家检查了执行任务归来的飞机，发现所有飞机的机腹都伤痕累累，于是建议，机腹非常容易受到防空炮火攻击，应该加强机腹的防护。但最后的改进要求却是改进和加强对机翼的防护。因为一个统计学家发现，能够幸运返航的飞机，机翼都完好无损，这说明被击中机翼的飞机都坠毁了。而仅仅被击中机腹的飞机都返航了，应该加强防护的是机翼，而不是机腹。统计学里将这类因结果导致错误认知的情况，称为“幸存者偏差”。样本选择在市场调研中至关重要。如果调研中仅选择那些能够回答的样本，如“归来的飞机”，就很容易造成调研结果的偏差。

四、数据分析和报告结果

收集来的信息必须经过分析和处理才能使用。首先，需要对数据进行清理。例如，检查不合格的问卷，对问卷进行编码和录入，部分变量需要转换等。然后，选择合适的分析方法对数据进行处理，如列联表、方差分析、回归分析、聚类分析等，充分发掘现有数据中的模式、关系和异常情况。

最后，调研人员需要将结果整理后形成报告。调研的目的显然不是让大量的统计数字、表格和数学公式搅乱决策者的头脑，而是要对决策者关心的问题给出结论性的建议。因而，调研人员需要针对调研问题、调研设计、数据收集与分析方法、结论和建议等，向管理决策者进行书面和口头演示。营销调研报告的书面和口头演示非常重要，很多管理决策者都是根据调研报告来衡量整个调研项目的质量。

第 4 节　营销调研方法

企业可以通过各种途径获得数据信息，既可以为当前项目收集整理数据资料，也可以采用别人为其他目的收集好的数据资料，即二手数据。我们重点介绍营销调研中常用的数据收集方法：二手数据、焦点小组访谈、问卷调研和观察法。

一、二手数据

很多调研项目在开展前都要研究二手数据信息，相对而言，一手资料往往需要耗费较大的成本和精力，这就使得二手数据更显优势。例如，一家蛋糕店打算开发星座系列的蛋糕，可以先上网看看星座的相关讨论，例如是否有消费者讨论对星座甜点的偏好，或者消费者喜欢什么样的星座图案等。

但是，选用二手数据时也要对二手数据进行评估，包括：谁收集的这些数据；数据的主题和我们调查的目的是否一致；数据适用的调查对象和调查时间；数据的测量单位是否正确；数据是否涵盖了调查主题的所有细节。例如，我们在网上经常会看到各种研究报告，如果要采用报告中的数字，首先需要知道报告是谁发布的，报告的研究对象是什么，抽样计划和样本量是多少。

营销实践　拓尔思：社交媒体大数据预测厄瓜多尔总统竞选

大数据技术的发展改变了人们对二手数据的认识。网络信息的重要性不言而喻，甚至在一定程度上取代了传统的一手资料收集方法。

二、焦点小组访谈

焦点小组访谈（focus group）是探索性调研最常采用的一种方法，是由训练有素的主持人以非结构化的自然方式对一小群调查对象进行的访谈。主持人引导讨论，通过听取调查对象谈论研究人员感兴趣的话题来得到观点。图 5 - 4 为典型的焦点小组访谈场景。

焦点小组访谈在产品概念、广告概念、产品测试、包装测试、用户购买行为、顾客满意等营销调研项目中均有广泛的应用。例如，一个知名的冰淇淋品牌发现，各种冰淇淋的销量正出现下降趋势，尽管该品牌的市场份额并没有发生变化。这时，如果开展焦点小组访谈，询问消费者的冰淇淋消费意愿、对冰淇淋品牌的意见等，也许可以有效了解冰淇淋销量下滑的原因。

焦点小组访谈形式灵活，可以在较短的时间内以较少的成本收集信息，而且参与者之间可以相互启发，能够产生新思路与新观点，获取多种多样的有效信息。然而，由于焦点小组访谈的样本量很少，通常为 8～12 个，样本的代表性不够，没有办法对结果进行统计分析，结论的解释往往是主观性的，难以推及总体。

图 5-4 典型的焦点小组访谈场景

资料来源：http：//dastornews. com/2016/02/focus-groups/.

三、问卷调研

问卷调研是描述性调研中最常用的方法。一般来说，问卷调研采用标准化的问卷，操作简单，便于制表和统计分析。此外，问卷调研往往按照严格的抽样计划执行，覆盖不同的调查对象，能够反映不同消费者群体的差异。而且，问卷调研也可以在一定程度上揭示消费者的动机、态度等问题。

常见的问卷调研方法有拦截调查、计算机辅助电话访谈、入户访谈、网络调研等。国内采用邮寄问卷和计算机辅助人员访谈的项目相对较少。

1. 拦截调查

主要在商场等行人较多的区域拦截消费者进行访问。这种调研方法由于操作简单，访问员能够和被访对象面对面交流，而且可以节省差旅费成本，因而成为一种主要的调研方式。但是，拦截调查只能寻找商场附近的、相对较小区域的消费者，因而样本的代表性不强。而且，由于消费者的合作性较低，问卷的设计长度也有限。

2. 计算机辅助电话访谈

现在大多数的电话访谈都是通过计算机辅助电话访谈（computer assisted telephone interviews，CATI）系统来实现的。CATI 系统自动拨号，电话接通以后分配给访问员，访问员头戴耳机，计算机屏幕会显示调查问卷，访问时直接将答案输入计算机，并实时经由网络传送至中央计算机。这种调研方式不仅统计抽样方式灵活，成本相对较低，而且可以实时监控访问质量，是最有效率的调查方式之一。但是，由于调研过程中访问员不能对被访对象面对面访问，只能依靠语言上的线索判断被访对象的反应，无法使用视觉辅助工具，因此问卷长度不能太长，还要尽量避免回忆性问题。

3. 入户访谈

访问员进入被访对象家中访问。由于访问员已经进入被访对象家中，有充分的时间让被访对象表达意见，问卷长度可以很长，也可以运用视觉辅助工具或提示的方式处理相当复杂的问题。但是，入户访谈的成本和拒访率非常高，甚至拒访率已经高到让人不得不怀疑样本的代表性。

4. 网络调研

被访对象通过网络回答问卷。相对而言，网络调研的速度快，操作简单而且成本低廉，因而得到很多调研项目的青睐。但是，网络调研不需要访问员对被访对象一对一地进行访问，对调研样本的真实性和答题环境无法控制，因而调研质量相对较低。

营销实践

爱调研：网络调研质量控制

网络调研的质量问题是所有调研项目都存在的问题，因此很多网络调研公司都有专门的方法控制网络调研的质量。以下是爱调研网络调研公司的网络调研质量控制。

- 核查会员身份（cookie、IP地址和Email），避免一个人多次注册。
- 电话抽查核实部分会员的真实信息。
- 比较会员个人信息和问卷调查填写信息，如两者信息不符达到三次，将对这些会员发出警告。
- 答题过程中，弹出陷阱问题，过滤掉不认真的和欺诈性的应答者。
- 问卷设计过程中设置相关问题逻辑，答题过后系统自动检查答案逻辑一致性，过滤掉不认真和存在欺诈性的应答者。
- 系统根据被访者条件，如年龄、性别、收入、所在城市等字段信息进行抽样，并确保被访者在过去6个月内没有接受过同类型调查邀请。
- 设置时间倒计时，例如整份问卷需要5分钟，不到5分钟不能提交。
- 问卷答题控制，每个IP地址或设备只能答一次，避免一人多账号重复答题。
- 系统自动记录答题时间，超速完成的问卷视为不合格问卷。

资料来源：https：//idiaoyan. wenjuan. net/.

四、观察法

观察法是调研人员通过感官或者借助一定的科学仪器，在一定的时间内有计划有目的地考察和描述客观对象并收集资料的一种方法。调研人员可以观察顾客的动作和语言行为，例如顾客怎么逛商店？怎样看各种商品？如何与店员交流？排队等候时是否抱怨？也可以观察顾客的非语言表现。例如，一家汽车4S店观察送过来的汽车的广播调在哪个频道上，据此投放广告。

观察法包括非隐蔽的观察和隐蔽的观察。有些时候会让被观察者对观察有所了解。例如，进行焦点小组访谈时观察消费者对广告的反应，或者观察商场的客流量等。有些时候，调查对象不知道自己正在被观察，例如神秘顾客调研项目就不能让被观察者意识到自己被观察。

神秘顾客调研项目是使接受过相关培训或指导的个人以潜在消费者或真实消费者的

身份对任意一种顾客服务过程进行体验与评价，然后通过某种方式详细客观地反馈其消费体验。神秘顾客概念来自美国，首先是被快餐业的巨头麦当劳和肯德基使用，并因为其连锁店开遍世界而传播开来，目前在中国的连锁商业、电信业、银行业等领域均有广泛应用。

延伸阅读

众包：改变调研行业

传统的调研行业，尤其是神秘顾客调研，往往是聘请专门的调研人员，假装成顾客观察企业的促销实施情况、服务人员的服务水平等，这往往要耗费大量的财力和精力。移动互联网的发展使得手机成为重要的信息获取终端，一些企业由此开发了基于移动APP 的众包平台。例如，A 企业要了解促销的执行情况，B 企业要知道自己的路牌、灯箱广告是否有展示，C 企业需要知道服务人员是否提供标准化的服务等，均可以通过平台发布任务，平台用户则可以利用碎片时间完成兼职任务，赚些零花钱。这种众包方式在很大程度上降低了神秘顾客调研的成本。

◎ 基本概念

营销调研	营销信息系统	营销调研流程	调研设计
二手数据	焦点小组访谈	问卷调研	观察法

◎ 思考题

1. 企业确定是否开展营销调研时需要考虑哪些因素？
2. 营销信息系统包含哪几部分的内容？
3. 营销调研包含的步骤及方法主要有哪些？

◎ 案　例

Vizio 的 3D 电视

2009 年，科幻电影《阿凡达》在影院以传统格式和 3D 格式上映，取得了巨大成功，成为第一部票房收入超过 20 亿美元的电影。受此影响，Vizio 公司投入大量资金研发生产 3D 电视。然而，3D 电视上市五年后，销量出现停滞。2014 年，Vizio 宣布将暂停 3D 电视的推广。3D 电视推广的失败，使人们不得不思考营销调研的问题。在这个信息快速发展的时代，是否还需要营销调研？

Vizio公司在推出3D电视之前，为什么不考虑用户对戴眼镜的反感呢？Vizio公司承认，用户在家观看3D电视时，的确讨厌必须戴眼镜。但在公司推出产品之前没法进行调研，因为消费者从来没有接触过这种产品。因此，公司只能参考消费者的3D电影体验数据进行相关决策。在Vizio公司内部，的确有人担忧消费者是否愿意使用3D电视。但公司产品开发的周期非常短，无法等待半年或一年的时间获得数据。如果未能将产品迅速推向市场，就意味着失去市场机会。

资料来源：在大数据时代如何做市场调研？．(2014-02-12)．http：//www. knowledgeatwharton. com. cn/article/3679.

【案例思考】

1. 思考Vizio推出3D电视前是否应该调研？

2. 思考Vizio如果要调研，应如何开展调研。

第 6 章

营销战略

本章要点

- 了解企业战略和营销战略的关系
- 掌握三种基本类型的竞争营销战略
- 理解企业在市场上的竞争位势及相应策略

第 1 节　企业战略与营销战略

一、企业战略

企业战略是指企业为了求得长期生存和发展、获得持续竞争优势，在分析宏观和微观环境基础上设计的关于企业发展目标、实现目标途径和手段的总体性行动纲领和方案，具有全局性、系统性、长远性和方向性的特点。一般来说，企业战略包括如下四个要素：企业愿景、企业使命、战略目标、战略方案。

1. 企业愿景

企业愿景是一种描述企业使命和未来理想状态的浓缩蓝图，是企业战略的核心理念，也是企业的长期发展方向。企业愿景居于企业战略的最高层次，体现了企业的文化理念和核心价值观，富有凝聚力和震撼力，常用较为抽象的语言来描述，如化妆品企业提出的“让世界更美丽”，医药企业提出的“向疾病宣战”，农业企业提出的“让地球远离饥饿”，等等。

2. 企业使命

企业使命是企业愿景的现实化，是企业核心价值观的载体与反映。企业使命明确了企业的立足点，表明了企业的宗旨和价值观，体现了企业全体员工的共同行为准则，是引导和激发全体员工坚持不懈，为企业不断实现新的发展和超越而努力奋斗的动力之源。企业使命揭示了企业成长的基本原则和思路，反映了企业各个方面的期望。例如，某化妆品企业在确定了“让世界更美丽”的愿景后，制定了“2020 年成为世界最佳化妆品制造商”的使命。

营销实践　中国移动：创无限通信世界，做信息社会栋梁

3. 战略目标

战略目标是指企业在一定时期内为完成其使命

所要达到的预期结果，是企业使命的具体化，更加明确地提出了企业在什么时间要取得什么样的成果。反映了企业的经营思想，指明了企业今后较长时期内的经营目标。如上述化妆品企业在确定了“2020年成为世界最佳化妆品制造商”的使命后，提出了更为具体的目标，即“2020年实现全球连锁店规模为2 000家，营业额100亿美元，全球市场份额25%”。

4. 战略方案

战略方案是企业为了实现其目标而对企业资源进行分配的具体计划和具体手段。企业目标能否实现，取决于企业是否制定并争取执行了合适的战略方案。企业战略既要规定企业的目标体系，还要规定所需阶段、所需资源、相应政策措施和执行力的控制问题。此外，企业战略是动态的，能适应不断变化的环境，对变化的环境做出正确、系统、配套的反应，充分挖掘环境变化所带来的市场机会，不断监测环境变化带来的威胁，从而确保企业的有效经营和发展。

二、营销战略

一个企业不仅要制定与环境变化相适应的整体发展战略，其市场营销部门还要根据企业的整体发展战略制定相应的市场营销战略。市场营销战略是企业发展战略一个极为重要的组成部分，同时也是企业发展战略得以实现的重要保证。也就是说，市场营销战略的制定与实施，亦即市场营销管理过程，在确保企业发展适应外部环境变化方面起着主要作用。在实际工作中，企业战略管理与市场营销管理密不可分，两者的关系如图6-1所示。企业战略计划与市场营销管理都必须分析、评价外部环境变化带来的市场机会，其目的都是利用有利的市场机会使企业得到发展。但是这两者的任务有所不同，要分析、评价的问题范围也不相同。

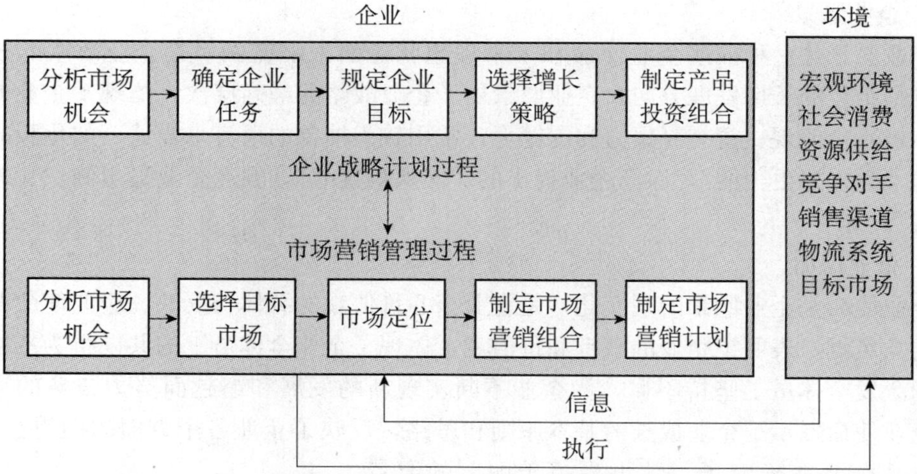

图6-1 企业战略与营销战略

企业的战略管理过程也叫战略计划过程，是为了完成整个企业的市场定向，明确企业的总体业务范围。企业战略计划确定了企业总的发展方向、发展途径、预期目标和资源调配。为此，企业战略计划人员一方面要分析、评价、比较宏观的经济环境和市场环境，明确地预测其未来的发展趋势，从中寻找与企业发展总目标相匹配的各种市场机会；另一方面还要现实地、全面地分析企业的状况，包括相对优势和相对劣势，从而制定出企业的总体发展战略。

企业的市场营销管理则是在已经确定的整体业务经营范围内，由企业的营销部门按照企业战略中已经规定的使命和目标、增长策略和产品投资组合的特点，通过外部环境分析、评价各种产品业务增长的市场机会，结合企业经营各种产品的资源状况，综合考虑各种影响因素，制定出各种产品的市场营销战略。

第 2 节　竞争营销战略

企业不仅要了解顾客，还要识别竞争对手，比竞争对手更好地满足目标顾客需要。营销战略不仅要考虑目标顾客的需求，还必须考虑竞争对手的战略。企业需要分析竞争对手，根据竞争对手确定自己的营销战略，从而获得竞争优势。

一、竞争对手分析

为了有效制定竞争营销战略，企业需要尽可能多地了解竞争对手的情况。企业需要将自己的产品、价格、渠道和促销与竞争对手进行比较，发现自己具有潜在竞争优势或劣势的领域。因此，企业首先需要识别和评估竞争对手，然后确定哪些竞争对手可以攻击，哪些竞争对手需要规避。

1. 识别竞争对手

狭义上，企业可以把竞争对手定义为针对相同的顾客群体，向他们提供类似产品或服务的其他企业（品牌竞争者）。例如，可口可乐可能把百事看作竞争对手，奔驰可能把宝马看作竞争对手。然而，企业面对的往往是更广泛的竞争对手。企业可能把竞争对手定义为所有生产相同产品或者同类产品的企业（形式竞争者）。例如，奔驰可以把自己看作和所有的小轿车企业竞争。在更广泛意义上，竞争对手还可能包括所有能够提供类似服务的企业（属类竞争者）。例如，奔驰还可以和那些生产卡车、摩托车或自行车的企业竞争。最后，竞争对手还可以包括所有争夺顾客钱包份额的企业（愿望竞争者）。例如，奔驰也可以定义那些销售住房的企业为竞争对手。

企业可以从行业的角度识别竞争对手，如企业从事快速消费品行业、移动互联网行业。企业要成为行业内有效的参与者，就必须理解行业的竞争类型。例如，阿里巴巴要想进入娱乐行业，就需要理解娱乐行业的竞争和营销手段。企业也可以从市场的角度识别竞争对手，将那些试图满足相同顾客需求或企图与相同顾客建立联系的企业定义为竞争对手。例如，我国的互联网三巨头百度、阿里巴巴和腾讯，都在争夺消费者的流量入口。

2. 评估竞争对手

在识别了主要竞争对手以后，企业需要评估各个竞争对手在市场中的目标和营销战略，它们的竞争优势和劣势是什么，以及对企业采取的行动可能做出怎样的反应。

每个竞争对手都有一组目标，企业要知道竞争对手对盈利性、市场份额、现金流、技术和服务领先等目标的重视程度，由此评估竞争对手对当前情况是否满意，以及对不同的竞争性行为如何反应。企业还必须关注竞争对手在不同细分市场上的目标，如果企业发现某些竞争对手开拓了一个新的细分市场，这也许是一个机会；但是如果竞争对手计划进入企业服务的细分市场，企业就必须警惕并做好竞争准备。竞争对手的营销战略与企业越相似，两者相互竞争的可能性越大。企业需要了解竞争对手营销战略的各个维度。企业需要了解竞争对手如何向顾客传递价值，它们采用什么样的产品、价格、渠道和促销方案，以及它们在研发、制造、采购和财务等更多方面的战略细节。

企业需要认真评估竞争对手的优势和劣势。例如，它们的市场份额有多少，它们在消费者心目中的钱包份额和情感份额有多少等。这些信息往往通过营销信息系统收集。最后，企业需要评估竞争对手可能采取的反应。每一个竞争对手的反应模式都不一样。有些企业对竞争行动不会做出快速、有力的反应，也许是因为它们相信自己的顾客很忠诚，也许是它们缺乏反应的资金，也许是因为它们行动迟缓；有些企业只对某些类型的竞争行动做出反应；有些企业则对任何竞争行动都快速做出强有力的反应。

3. 选择攻击和规避的竞争对手

企业可以把注意力集中于不同的竞争对手。很多企业喜欢将目标瞄准软弱的竞争对手，这样需要的资源比较少；也有人认为企业应攻击强竞争对手，因为即使是强竞争对手也会有弱点，而且企业也可以借此磨炼自己。大多数公司会与那些极度相似的竞争者竞争，但保持与竞争对手的良性竞争也很重要。当然，很多企业也在寻找那些尚未开发的市场，提供不存在直接竞争的产品和服务，创造无竞争的“蓝海”市场空间，避免与竞争对手正面交锋。

营销实践　奔驰祝贺宝马100周年

二、竞争营销战略

企业在识别并评估了主要竞争对手以后，需要制定自己的营销战略，通过提供卓越的顾客价值来获得竞争优势。企业可以制定不同的营销战略，并不存在一种适合所有企业的战略。每个企业都根据自己的行业地位、目标、机会和资源，制定合适的营销战略。迈克尔·波特总结了三种基本类型的营销战略：成本领先战略、差异化战略和聚焦战略。

1. 成本领先战略

成本领先战略指企业努力地将生产和分销成本降到最低，以确保自己能够把价格定得比竞争对手低，并获得巨大的市场份额。采用这种战略的企业必须在工艺、采购、制造或物流等方面具有优势。例如，沃尔玛、春秋航空等均采用这种战略。

营销实践　小米的制胜之道

2. 差异化战略

差异化战略指企业集中精力创造高度差异化的产品线和营销方案，以成为某一类别中的领先者。宝洁公司的海飞丝洗发水主打去屑功能，飘柔则强调柔顺的特质。汽车领域的沃尔沃注重安全性，宝马注重操控性，奔驰注重舒适性等。这些都是差异化战略的成功范例。

企业很难在各方面均保持领先地位，但企业可以从产品原料、设计、功能、服务、品牌形象等不同角度实现差异化。例如，依云矿泉水强调原料来自阿尔卑斯山上的千年积雪，经过多年渗透和天然过滤形成，因而成为世界上最昂贵的矿泉水；加多宝凉茶原本是区域性的饮料品牌，通过营销运作强调预防上火和降火功效，从而畅销全国；海底捞火锅所有门店让每个顾客都能够真切体会到其“五星级”的细节服务，从服务的角度满足顾客的差异化需求。

营销实践　金立 M6 手机的差异化营销战略

3. 聚焦战略

聚焦战略指企业集中精力服务于几个细分市场而不是追求整个市场。例如，目前国内最大的年轻人潮流文化娱乐社区哔哩哔哩网站（B 站），体现自由、炫酷的哈雷·戴维森摩托等，都是将企业核心资源聚焦于一个或几个细分市场。

第 3 节　竞争位势

作为市场上的竞争者，有些企业资源丰富，有些企业资源紧张。我们根据企业在目标市场所起的领导、挑战、追随和补缺作用分类探讨企业位于不同竞争位势情况下的营销战略。我们假设市场结构如图 6-2 所示。目标市场为这些企业所占据，其中 40%的市场掌握在市场领导者（market leader）手中，它们享有最大的市场份额；30%掌握在市场挑战者（market challenger）手中，这些企业仅次于领导者；20%为市场追随者（market follower）所掌握，它们居于第三并想维持市场份额；剩下的 10%为市场补缺者（market nicher）分享。我们将讨论处于不同竞争位势的企业所面临的营销挑战和应采用的策略。

市场领导者	市场挑战者	市场追随者	市场补缺者
40%	30%	20%	10%

图 6-2　假设的市场结构

一、市场领导者策略

多数行业中都有一家企业被公认为市场领导者。这一企业在相关的产品市场上占据最大的市场份额，并在价格变动、新产品开发、分销渠道覆盖和促销力度等方面领导其他企业。例如，软饮料行业的可口可乐、快餐业的麦当劳、运动服饰行业的耐克、智能手机行业的苹果等，均是知名的市场领导者。

市场领导者在市场上处于领先地位，但也容易成为竞争对手的众矢之的。其他公司会不断利用它的弱点，或者向它的优势发起挑战，因此要随时保持警惕。市场领导者要保持领先地位，可以考虑以下三种策略。

1. 开发整个市场

一般来说，市场需求扩大使整个市场得到开发时，居于领导地位的企业获益最大。如果乐高公司能够说服儿童购买更多的积木玩具，强调积木玩具在开发智力方面的有效性，作为市场的领导者，乐高将获益最大。

市场领导者应该为产品寻找新用户。对于那些想使用但没有使用该产品的消费者，不使用该产品的消费者或者其他地区的消费者，企业均可以从中为产品寻找新用户。例如，化妆品生产商可以说服那些不化妆的女性使用化妆品，或者说服男性使用化妆品，或者进入新的地理细分市场。

市场领导者也可以通过发行并推广产品的新用途来扩大市场。例如，英特尔斥巨资开发计算机的新应用，这反过来会增加对微处理器的需求；凡士林最早用作机器润滑油，但若干年后，用户发现凡士林还有很多其他用途，包括用作润肤品、药膏和发胶等。经过促销推广，这些用途的市场需求增加了，市场领导者也获得了巨额利润。

市场领导者还可以说服消费者频繁地使用产品或者增加每次产品的使用量。例如，电影院销售的爆米花从小桶升级为大桶；吉列在一款刀片上设计了随使用次数增加而缓慢褪色的蓝色条纹，以提醒消费者经常更换刀片。

2. 保护市场份额

处于领导地位的企业在努力扩大市场规模的同时，必须保护自己的业务免受竞争对手的攻击。可口可乐公司必须时刻戒备百事公司；赫兹租车要警惕安飞士；麦当劳要防备汉堡王等。

首先，市场领导者要不满足于现状，在新产品、顾客服务、分销有效性等方面不断创新，提升自己的竞争能力和向顾客提供的价值。苹果能够保持其在智能手机市场的领导地位，正是源于其卓越的创新能力。

其次，市场领导者要保护现有的阵地，避免或弥补自己的劣势，以防竞争对手找到可乘之机。领导者应该不断降低成本，价格必须与顾客的品牌价值认知一致。领导者必须认真探查哪些阵地应不惜代价加以防守，哪些阵地可以放弃而不会招致风险。领导者要减少受到攻击的可能性，将攻击目标转移到威胁较小的区域，并设法减弱进攻强度。

3. 扩大市场份额

市场领导者可以通过扩大市场份额来提高利润率。在许多市场，市场份额提高一个百分点，就意味着上亿元的利润。因此，很多市场领导者都在营销组合的各个要素上加大投入，努力提高产品的市场份额。当然，企业扩大市场份额的同时也要考虑风险。例如，是否有可能激起反垄断行为，提高市场份额的经济成本多高，是否有可能带来利润的增长等。

二、市场挑战者策略

在行业中位居第二、第三或者更靠后的公司通常称为追赶企业。这些企业要么向市场领导者或其他竞争对手发起猛攻，以夺取更大的市场份额（市场挑战者），要么小心谨慎，维持现状（市场追随者）。大多数市场挑战者的首要目的是扩大市场份额，采取进攻策略必然涉及向谁进攻。

1. 攻击市场领导者

这是一个风险高但又具有潜在高回报的挑战者策略。如果市场领导者在某一方面出现了弱点，这样的攻击就显得合理而且非常有意义。要使这种进攻取得成功，企业必须相对于领导者具备某种可持续的竞争优势。

2. 攻击规模相同或更小的企业

规模相同或更小的企业可能资金不足、产品过时、价格过高或者在某些方面不能让顾客满意。例如，国内互联网行业对创业平台的圈地策略是试图兼并或消灭规模较小的公司。

营销实践　UA 和耐克的战场

三、市场追随者策略

市场追随者不承担开发新产品、向市场提供信息以及引导市场的投资成本，他们模仿或改进创新者推出的新产品，并且在市场上展开销售竞争。追随者必须知道怎样维持现有的顾客，以及怎样争取一定数量的新顾客。必须把握一种巧妙的平衡，即保证紧紧跟随并从市场领导者那里赢得顾客，同时又要保证跟随的距离不会过近，以免招致报复。每个追随者都努力给目标市场带来新的利益，有以下几种策略可供选择。

1. 寄生者

追随者努力在各个细分市场和营销组合上模仿领导者，他们不进行任何创新，甚至紧随领导者而成了造假者，模仿领导者生产产品。例如，网络上销售的各种假货，均给被仿造企业带来了品牌声誉和销售利润的巨额损失。

2. 有限模仿者

追随者从领导者那里借鉴了一些内容，但在包装、广告和定价等方面仍然保持一定的差异。一般来说，只要有限模仿者不大力进攻市场领导者，就不会遭到领导者的反击。

3. 改进者

追随者对领导者的产品进行学习和改进，甚至有所提高。改进者可以选择将产品销售给其他不同的市场。许多改进者会成长为将来的挑战者。

四、市场补缺者策略

如果公司不想在较大的市场上做追随者，那么可以争取在较小的补缺市场上成为领导者。小公司经常避免与大公司竞争，它们的目标是小市场或者大公司不感兴趣的市场。例如，营销实践中提到的“搭配小姑娘”网站。也有一些大公司成立业务单位或子公司，服务于补缺市场。例如，顾客会有一些独特的需求，他们愿意为那些能够最好地满足他们需求的企业付出额外的费用。补缺者一般在产品用途、顾客规模、特殊顾客群体、地理区域、服务或分销渠道等方面更加专业化。企业创造补缺市场以后，还需要不断创新，在相关领域实现专业化，以保卫补缺市场。

营销实践

“搭配小姑娘”：袜子单只卖

我们买袜子一般都是成双成对地买。“搭配小姑娘”（little miss matched）是美国的面向8～12岁的少女，只卖单只袜子的网上销售者。8～12岁年龄段的女孩经常丢袜子，也不喜欢过于性感或者呆板的袜子。通过销售精心设计的不成对的袜子，“搭配小姑娘”网站取得了不菲的业绩。成功进入少女市场后，如今该网站不仅卖单只袜子，还卖颜色亮丽、有趣、富有创造性的衣服、鞋子、背包和帽子等，同时开设了线下实体店。

资料来源：http：//littlemissmatched. com/.

◎ 基本概念

企业战略	营销战略	成本领先战略	差异化战略
聚焦战略	竞争位势	市场领导者	市场挑战者
市场追随者	市场补缺者		

◎ 思考题

1. 企业战略与营销战略有什么区别和联系？
2. 怎样理解三种基本类型的竞争营销战略？
3. 如何根据企业的竞争位势确定营销策略？

◎ 案　例

携程、美团点评和飞猪的在线旅游战场

2015年10月，携程和去哪儿网宣布合并，携程确立了在线旅游行业第一的地位，牢不可破。然而，携程并不满足于行业NO. 1的地位，其志在全球市场。2015年12月，携程宣布获得美国旅游服务集团Priceline的投资。2016年11月，携程以17. 4亿美元收购英国在线机票比价平台天巡。与此同时，旅游市场的竞争仍在不断加剧。

2015年10月，美团和大众点评宣布合并。美团点评合并后业务线细分为到店餐饮、到店综合、外卖配送、酒店旅游、猫眼等七大事业群。其中，酒店旅游事业群与携程正面交锋，不过美团点评专注的是低端酒店市场，而携程则是高低端全覆盖。但是，美团点评绝对不会满足于低端

酒店市场。2016年12月，美团点评宣布与英国洲际酒店集团正式签订分销合作协议，双方将打通数据连接，用户可以通过美团点评对洲际酒店集团旗下众多酒店的实时房态和动态进行查询和预订。

2014年4月，阿里巴巴将原先的淘宝旅行更名为“阿里旅行·去啊”，并且推出了未来酒店、未来景区、未来假期、未来飞行等服务。2016年10月，阿里巴巴宣布将“阿里旅行”更名为“飞猪旅行”，主打年轻人旅行和出境游市场。在国内在线旅游市场已经成熟的情况下，飞猪选择了一条不一样的路。飞猪并没有自营产品和门店，更侧重平台模式，将商家与消费者连接起来。虽然飞猪旅行在进入中国在线旅游市场的时间上并没有抢到先机，但飞猪旅行背后有着雄厚的基础，包括阿里旅行之前布局的未来酒店和未来景区，以及阿里巴巴旗下正在进入更多海外市场的支付宝，阿里巴巴集团的资本和大数据技术。

旅游业务的交集，让携程、美团点评和飞猪三个原本不相关的平台开始了激烈的竞争。但更为隐性的竞争还是用户数据的竞争，比如用户画像、用户消费行为、用户家庭关系等都是竞争的焦点，掌握了这些数据才有机会做更大程度的变现。

资料来源：http：//it.sohu.com/20161206/n475090569.shtml.

【案例思考】

1. 分析携程、美团点评和飞猪的竞争位势。

2. 分析携程、美团点评和飞猪的竞争营销战略。

第7章

市场细分、目标市场选择与市场定位

本章要点

- 理解市场细分、目标市场选择与市场定位的概念及其相互间的关系
- 掌握消费者市场和产业市场的细分依据与细分方法
- 掌握目标市场选择策略
- 掌握市场定位策略

企业的市场营销战略包括市场细分、目标市场选择和市场定位三方面。

从企业市场营销的角度看，一种产品的市场是由该产品现实的、潜在的具有购买欲望和购买力的消费者组成的。基于此，任何一个企业都会面对数以千计或数以万计甚至更多的买主。受地理因素、文化因素、经济因素等方面的影响，消费者对能满足自身利益的产品的需求往往不尽相同，甚至差别很大。这就决定了任何企业都不可能满足全体买主对产品互有差异的整体需求。如消费者对食品、服装、家用电器、汽车等的需求千差万别，相应的厂商只能服务于其中的部分顾客。因此，确定为谁服务是企业面临的一种经营抉择，这种抉择就是选择目标市场。正确地选择目标市场，明确特定的服务对象，是企业制定营销战略的首要内容和基本出发点。而正确选择目标市场的前提是要对市场进行科学细分，但科学地细分市场是一项系统工程，实施起来比较困难。本章关于市场细分的理论分析与讨论，将提供这方面的思路与方法。总之，市场细分是企业选择目标市场的基础和前提，在企业的营销活动中占有重要地位。

目标市场是企业在市场细分之后的若干子市场中挑选出的，营销活动所要满足的市场是企业为实现预期目标而要进入的市场。企业的一切营销活动都要围绕目标市场进行。选择和确定目标市场，明确企业的具体服务对象，关系到企业使命、企业目标的实现，是企业制定营销战略的首要内容和基本出发点。

企业一旦选定了目标市场，就要在目标市场上进行产品的市场定位。市场定位是企业市场营销战略一个极其重要的组成部分，关系到企业及其产品与竞争对手的差异性、独特性和相对优越性。

市场细分、目标市场的选择和市场定位是不可分割的一个系统，大多数企业在开发市场或巩固市场时都会计划和实施这三项任务。

以手机市场为例，该市场是由手机现实的、潜在的具有购买欲望和购买力的消费者组成的。手机市场有如下特点：

（1）消费者众多，需求各异，一个企业难以满足所有的消费者。

（2）消费者生活的地区、文化背景以及经济收入等因素的不同，导致消费者对手机的需求存在差异。

（3）为手机市场提供产品或服务的企业不止一个，存在企业之间的竞争。

因此，手机生产企业为了使获利最大化，有必要识别手机市场中需求较为一致的消费者，然后有针对性地向这些消费者提供相应型号的手机产品和服务，这就是市场细分基础上的目标市场选择；而为了在该市场上更好地满足消费者需求，超越竞争对手，企业需要为所选定的目标市场提供与竞争企业有差异的或易于消费者识别的产品或服务，这就是所谓的市场定位。

第 1 节　市场细分

一、市场细分的概念

市场细分是美国市场营销学家温德尔·史密斯（Wendell R. Smith）于 20 世纪 50 年代中期首先提出来的一个极为重要的概念。第二次世界大战后，美国众多产品的市场态势由卖方市场转变为买方市场。在买方市场条件下，消费者具有一定的市场势力，生产企业不得不密切关注市场需求，研发适销对路的产品，只有这样才能顺利地实现成本回收和利润获取。市场细分理论适应了这一发展形势，是企业经营者贯彻市场导向或消费需求导向这一营销观念的合乎逻辑的产物。

所谓市场细分，就是指营销者通过市场调研，依据消费者（包括生产消费者和生活消费者）的需要和欲望、购买行为及购买习惯等方面的差异，把某一类产品的市场整体划分为若干具有相同或相似特征的消费者群（买主群）的市场分类过程。根据市场细分的思想，每一个消费者群就是一个细分市场，亦称“子市场”或“亚市场”，每一个细分市场都是由具有类似需求倾向的消费者构成的群体。因此，分属同一细分市场的消费者，他们的需要和欲望极为相似，而分属不同细分市场的消费者对同一类产品的需要和欲望存在明显的差别。例如，个人住房需求市场中有三类消费者：一是出于居住目的购买住房；二是出于出租获利目的购买住房；三是出于待房价上涨时出售获利目的购买住房。因此，个人住房市场可细分为：自住市场、投资市场和投机市场。[①] 各个细分市场又可根据消费者对房屋所处的地理位置、面积大小等因素进一步细分。由此可见，市场细分是一种存大异求小同的市场分类方法，它不是对产品进行分类，而是对同类产品需求各异的消费者进行分类，是识别具有不同需求或需要的购买者或用户群的活动。

市场细分的客观基础是同类产品消费需求的多样性。从需求状况角度考察，各种社会产品的市场可以分为两类：一类产品的市场称为同质化市场；另一类叫做异质化市场。凡消费者或用户对某一产品的需要、欲望、购买行为以及对企业营销策略的反应等

---

① 魏杰：2017 年中国经济形势．(2017-03-11). http://mp.weixin.qq.com/s/P8WDOcmHa9OQO6RkA80aBg.

方面具有基本相同或极为相似的一致性，这种产品的市场就是同质化市场。同质化市场的特点在于，产品的可替代性很强。例如，所有消费者对普通食盐的消费需求、消费习惯和购买行为等大体相同，普通食盐的市场就是同质化市场。只有极少数产品（主要是初级产品）的市场属于同质化市场。一般情况下，同质化市场无须细分，因为它已经是一个由具有类似需求倾向的消费者构成的群体。但是，绝大多数产品的市场是异质化市场，即消费者或用户对某类产品的质量、特性、规格、档次、花色、款式、结构、价格、包装等方面的需要与欲望是有差异的，或者在购买行为、购买习惯等方面存在差异。正是这些差异使细分市场成为可能。从这个意义上来说，所谓市场细分，也就是把一个异质化市场划分为若干相对说来是同质化的子市场的过程。

值得注意的是，同质化市场有的也可以渐变为异质化市场，这是由于随着消费者可支配收入的增加、技术的进步和竞争的激烈，消费者的需求会发生变化。例如，世界上第一部手机是摩托罗拉 DynaTAC（见图 7-1），摩托罗拉 3200 于 1987 年进入中国市场，是最早进入中国市场的手机，外型与 DynaTAC 相似（见图 7-1）。当时，中国市场上手机价格昂贵，只有少数人使用，手机市场中不同品牌的手机外型基本相同。摩托罗拉 DynaTAC 属于功能手机[①]。随着手机在中国市场的普及，消费者在购买手机时，除了要考虑不同品牌手机功能的差异、价格外，手机外型也是考虑因素之一，因此不同的品牌商可以根据消费者对手机外型的偏好划分手机市场（见图 7-2）。

摩托罗拉DynaTAC　　　　摩托罗拉3200

图 7-1　摩托罗拉两款手机的外观

资料来源：网络图片.

反之，异质化市场有时也在向同质化市场转化。同样以手机为例：今天的智能手机[②]外观不再是消费者在购买手机时必须考虑的因素，因此，消费者对手机外型的偏好不能再作为细分市场的一个因素。事实上，目前市场上各种品牌的智能手机外型差异很

---

① 功能手机是一种较低级的手机，它的运算能力与功能同智能手机相比差异较大，但是功能比较简单，是只能用来打电话的手机。

② 智能手机是指像个人电脑一样，具有独立的操作系统、独立的运行空间，可以由用户自行安装软件、游戏、导航等第三方服务商提供的程序，并可以通过移动通信网络来实现无线网络接入手机类型的总称。

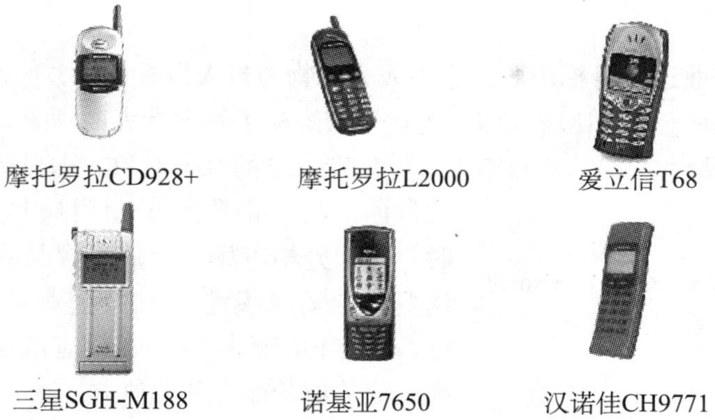

图 7－2　6 款不同品牌手机的外型

资料来源：网络图片．

小（见图 7－3）。再如，不同民族和地区的消费者对饮料都曾有不同的传统和口味偏好，中国人喜欢喝茶，西方人喜欢喝咖啡，而且不同地区的人对茶和咖啡的品种偏好和饮用方式也有不同。但第二次世界大战后，可口可乐公司却成功地将其可乐产品推广到全球 100 多个国家和地区，各国都有一批消费者接受了同一口味的可口可乐。就这些消费者来说，对产品的同质化需求占据了主导地位。

图 7－3　7 款不同品牌智能手机外型

资料来源：网络图片．

市场细分并不是将一个整体市场加以分解的过程，而是对一个整体市场内部不同需求的差异予以识别的过程。实际上，细分通常是一个聚集而不是分解的过程，即将对产品的某种特点最容易做出反应的人或用户集合成群。聚集的过程可以依据多种变量连续进行，直到鉴别出其规模足以实现企业利润目标的某个顾客群。

二、市场细分的作用

1. 有利于企业选择目标市场，集中人力和物力投入目标市场

市场细分后的子市场比较具体，企业比较容易了解消费者的需求，可以根据自己的经营思想、方针及生产技术和营销力量，确定自己的服务对象，即目标市场。针对较小的目标市场，企业易于制定特殊的营销策略。同时，在细分的市场上，信息容易收集和反馈，一旦消费者的需求发生变化，企业可迅速改变营销策略，制定相应的对策，以适应市场需求的变化，提高企业的应变能力和竞争力。

营销实践　OPPO、vivo 的战略聚焦

任何一个企业的资源、人力、物力、资金都是有限的。通过细分市场，选择适合自己的目标市场，企业可以集中人、财、物及其他资源，去争取局部市场上的优势，然后再占领目标市场。

2. 有利于发现市场营销机会，开拓新市场

通过市场细分，企业可以对每一个细分市场的购买潜力、满足程度、竞争情况等进行分析对比，发掘出有利于本企业的市场机会，使企业及时做出投产、异地销售决策或根据本企业的生产技术条件编制新产品开拓计划，进行必要的产品技术储备，掌握产品更新换代的主动权，开拓新市场，以更好地适应市场的需要。市场营销机会是已出现于市场但尚未加以满足的需求。这种需求往往是潜在的，不易发现。运用市场细分的手段便于企业发现这类需求，从中寻找适合本企业开发的需求，从而抓住市场机会，赢得市场主动权。例如，我国服装市场竞争比较激烈，但哥弟品牌女装通过市场细分发现 30 岁以上这一年龄段的女性消费者生活讲究，需要得体漂亮的衣着，但传统着衣观念和身材的限制，将她们阻隔在流行与时尚品牌之外，而她们恰恰就是扎扎实实的实力消费群。哥弟品牌成功的一个重要原因就是市场细分化策略的选择得当，在其他品牌把产品大都定位在年轻人身上大做文章、激烈竞争时，哥弟瞄准中年白领这一中坚市场，从服装设计、营销网络到形象设计都做足文章，也获得了这一年龄段消费者的青睐，在国内女装的销售上一直名列前茅。

这些利基市场，也就是已经出现但尚未被满足的市场，或者说消费者具有特定需求而市场尚未提供满足其需求的产品的市场，都是企业的市场机会。

3. 有利于企业扬长避短，发挥优势，有效地与竞争对手相抗衡

在市场竞争日益激烈的情况下，市场细分有利于企业发现目标消费者群的需求特性，从而调整产品结构，增加产品特色，提高市场竞争力，有效地与竞争对手相抗衡。例如，日本泡泡糖市场年销售额约为 740 亿日元，其中大部分为“劳特”所垄断。可谓江山唯“劳特”独坐，其他企业再想挤进泡泡糖市场谈何容易？但江崎糖业公司对此毫不畏惧，成立了市场开发班子，专门研究霸主“劳特”产品的不足和短处，寻找市场的缝隙。经过周密调查分析，终于发现“劳特”的四点不足：第一，以成年人为对象的泡泡糖市场正在扩大，而“劳特”却仍把重点放在儿童泡泡糖市场上；第二，“劳特”的产品主要是果味型泡泡糖，而现在消费者的需求正在多样化；第三，“劳特”

多年来一直生产单调的条板状泡泡糖，缺乏新式样；第四，“劳特”产品的价格是 10 日元，顾客购买时需多掏 10 日元的硬币，往往感到不方便。通过分析，江崎糖业公司决定以成人泡泡糖市场为目标市场，并制定了相应的市场营销策略。不久之后便推出功能性泡泡糖四大产品：司机用泡泡糖，使用了高浓度薄荷和天然牛黄，以强烈的刺激消除司机的困倦感；交际用泡泡糖，可清洁口腔，祛除口气；运动用泡泡糖，内含多种维生素，有益于消除疲劳；轻松型泡泡糖，通过添加叶绿素，改变人的不良情绪。同时精心设计了产品的包装和造型，价格定为 50 日元和 100 日元两种，避免了找零钱的麻烦。功能性泡泡糖问世后，席卷全日本。江崎公司不仅挤进了由“劳特”独霸的泡泡糖市场，而且占领了一定的市场份额，从零猛升到 25%，当年销售额达 175 亿日元。

4. 有利于企业有效地拓展新市场，扩大市场占有率，提高经济效益

新的市场机会往往存在于那些消费者满足程度较低的市场。企业通过市场细分，就可以了解到不同消费者对产品的需求情况以及以前和目前需求被满足的程度，进而发现新的市场机会，并争取占领新市场。当然，扩大市场占有率是企业的经营目标之一，但是，企业对市场的占有不是轻易就能实现的，必须从小到大，逐步实现。通过市场细分，企业可先选择最适合自己占领的某些子市场作为目标市场。当占领这些子市场后再逐渐向外推进、拓展，从而扩大市场占有率。企业进行市场细分后，可以针对自己的目标市场，生产出适销对路的产品，既能满足市场需要，又可以最少的经营费用取得最大的经营效益。产品适销对路可以加速商品流转，加大生产批量，降低企业的生产销售成本，提高生产工人的劳动熟练程度，提高产品质量，从而全面提高企业的经济效益。

由于每一个企业的营销能力对于整体市场来说都是有限的，因此，企业必须对整体市场进行细分，确定自己的目标市场，把优势集中到目标市场上。否则，企业就会丧失优势，甚至在激烈的市场竞争中遭到失败。特别是一些小企业，更应该注意利用市场细分原理，选择自己的目标市场。

三、消费者市场的细分依据

市场细分对于企业营销具有重要意义，在实施市场细分时要借助适当的、科学的细分依据。前文讲到，一种产品的整体市场之所以可以细分，是由于消费者或用户的需求。而一种产品多样化的市场需求通常是由多种因素造成的，这些因素也就成了市场细分的依据。所以市场细分的过程是一个依据多变量使市场多元化的过程。

就消费者市场而言，这些影响因素，亦即细分变量，归纳起来主要有以下几个方面：地理环境因素、人口统计因素、消费心理因素、消费者行为因素、消费受益因素。以这些变量为依据来细分市场，就有了地理细分、人口细分、心理细分、行为细分、受益细分这五种市场细分的基本方式。

（一）地理细分

地理细分是指将市场划分为不同的地理区域，诸如国家、地区、州、城市或者街区。公司可以决定在一个或几个或所有地理区域从事经营活动，但同时关注需要和欲望的地理差异。[①] 地理细分之所以可行，主要是由于处在不同地理环境下的消费者对于同一类产品往往会有不同的需要和偏好，他们对企业的产品价格、销售渠道、广告宣传等营销措施的反应也常常存在差别。例如，防暑降温、御寒保暖之类的消费品常按不同气候带细分市场；家用电器、纺织品之类的消费品常按城乡细分市场；而对于基本生活必需品、日用消费品的生产厂家，按人口密度来细分市场则显得意义重大。

以地理变量作为消费品市场细分的基础，是因为地理因素影响消费者的需求和反应。由于自然气候、传统文化、经济发展水平等因素的影响，各地区消费者形成了不同的消费习惯和偏好，并有不同的需求特点。例如，美国东部人爱喝较淡的咖啡，西部人爱喝较浓的咖啡。美国通用食品公司针对上述不同地区消费者偏好的差异来推销不同味道的咖啡。

企业实施全球营销战略或进行国际化市场营销时，地理变量对于细分市场尤为重要。企业往往会选择某个国家或某些国家作为自己拓展全球业务的跳板。例如，麦当劳刚进入中国市场时大量传播美国文化和生活理念，并以美国式产品牛肉汉堡来征服中国人。但是中国人爱吃鸡，与其他洋快餐相比，鸡肉产品更符合中国人的口味，更容易被中国人接受。针对这一情况，麦当劳改变了原来的策略，推出了鸡肉产品。在全世界从来只卖牛肉产品的麦当劳也开始卖鸡肉产品。这一改变正是针对地理要素所做的，也加快了麦当劳在中国市场扩张的速度。

按照地理因素细分市场，对于分析和研究不同地区消费者的需求特点、需求总量及其发展变化趋势具有一定的意义，有利于企业开拓区域市场。采取这种市场细分方式，企业应该考虑将自己有限的资源尽可能投到力所能及的最能发挥自身优势的地区市场中去。

地理因素易于辨别和分析，是细分市场时应予首先考虑的重要依据。但是，地理因素是一种静态因素，处于同一地理位置的消费者仍然会存在较大的需求差异，因此，企业还必须同时依据其他因素进一步细分市场。

此外，由于互联网技术的普及，对于大众快销品而言，地理差别作为细分因素的权重将会越来越小。

（二）人口细分

人口细分是将市场按年龄、性别、家庭规模、家庭生命周期、收入、职业、教育、宗教、种族、世代和国籍等人口统计因素划分为多个群体。[②] 消费者是企业市场营销活动的最终对象，在买方市场条件下，消费者是企业经营活动的出发点和终点。企业进行市场细分，除了分析一个国家或地区的总人口以外，还要研究人口的具体构成情况，如人口的自然状况（年龄、性别、家庭单位等）和社会构成状况（民族、宗教、职业、受教育程度及社会阶层等），以便根据企业的特点和优势，准确选择目标市场。

1. 人口的年龄构成

年龄不同的消费者，其消费欲望和购买能力不同；随着年龄的增长，消费者的消费

①② 菲利普·科特勒，加里·阿姆斯特朗．市场营销：第16版．北京：中国人民大学出版社，2015：195.

欲望和购买能力也会发生变化。由此产生不同的消费需求，形成各具特色的消费者群体。因此，在市场营销中可根据年龄结构把消费者市场分为儿童市场、青年市场、中年市场和老年市场。(1) 儿童市场，也称“向阳市场”。由于我国计划生育政策的调整，许多家庭将拥有两个孩子。就中国家庭而言，子女在家庭中享有特殊的地位，是家庭消费的中心和重点。儿童玩具、文具、图书、乐器、运动器材及儿童食品、营养品、服装等产品存在巨大的市场。所以，开发适合儿童消费的产品，将成为企业的重点目标。(2) 中青年市场，也称“活力市场”，这个市场最具活力。中青年人领导着时代的消费潮流，代表着社会的消费水平，成为消费群体中的主力军。“能挣会花”“能拼搏会享受”成为一些年轻人的追求口号和生活目标。在这个市场中，高档服装、家具、住宅、生活用品等比较活跃，对名牌商品需求强烈。(3) 老年市场，也称“银色市场”。与世界各国一样，我国人口的人均寿命在不断提高，目前我国老年人口已超过 2 亿[①]，“银色浪潮”奔涌而来，老年市场在不断扩大。在“银色市场”中，对服饰、医疗、娱乐、服务等有着特殊的需求，为不少企业创造了新的市场机会。

2. 人口的性别差异

从世界范围来看，随着女性就业机会的增加和地位的提高，她们在消费方面发挥着重要的作用，甚至成为消费主体。女性消费市场重点在以下几方面：(1) 时装和首饰。现代女性多讲究时尚，高质量、新款式、小批量的名牌时装、皮包、金银首饰等备受女士青睐。(2) 健美及美容用品。健美饮料、食品、运动器材、美容器和化妆品等都深受女性欢迎。(3) 厨房用品。家庭“厨房革命”掀起市场风云，抽油烟机、消毒柜、微波炉、多功能搅拌切片机、不锈钢餐具等以居民家庭为对象的小厨房用品，日益成为现代城镇家庭的必需品。当然，在瞄准女性消费市场的同时，也要关注男性消费市场的需要。

3. 人口的家庭结构

家庭是市场消费和购买的基本单位，是影响市场营销的重要因素之一。家庭人口，是指每户家庭的人口数。应该看到，随着经济的发展和家庭观念的更新，家庭规模趋于小型化——家庭数增加，家庭人口数减少。在我国城镇，多数家庭为三口之家，一些大城市出现了不少“二人世界”(夫妻不要孩子)甚至“单身贵族”式家庭。美国在 20 世纪 80 年代末 90 年代初，每个家庭平均 2.67 人，比 19 世纪中叶减少了一半；30 年前，日本的六口之家占全国家庭总数的 1/3，而现在只占 8.2%，家庭平均人数降为 3.2 人。在 20 世纪 30 年代，三代同堂的家庭占全部家庭总数的 40%以上，而现代则主要是两代人组成的家庭。一些学者于 80 年代初对中国城市家庭的调查报告显示，核心家庭已达 66.41%，主干家庭和联合家庭分别占 24.79%和 2.30%。国内外家庭结构的变化，必然给企业带来新的机会。

4. 人口的社会构成

人口的社会构成是指人口的民族、籍贯、宗教信仰、受教育程度、职业、阶层和经

---

① 全国老龄委：2013 年底中国老年人口总数将超过 2 亿 . http：//www.chinanews.com/jk/2012/09-05/4160829.shtml.

济收入的构成及分布，这些因素直接影响人们的消费需求和购买行为。美国的营销人员将消费者分为七个阶层，每个社会阶层的人对汽车、服装、家具、娱乐、阅读习惯等都有较明显的不同偏好。中国社会科学院将当代中国社会划分为十个社会阶层，由于社会各阶层收入水平相差比较大，消费需求和购买行为也相差很大。

同样，由于互联网技术的普及，对于大众快销品而言，人口数量差别作为细分因素的权重将会越来越小。

（三）心理细分

心理细分是根据社会阶层、生活方式或个性特征将购买者划分为不同的群体。[①] 具有相同人口特征的人，在心理特征上可能不同。消费者的消费心理因素十分复杂，包括生活方式、个性、购买动机、价值取向以及对商品供求形势和销售方式的感应程度等变量。

当今社会，许多企业，尤其是服装、化妆品、家具、餐饮、娱乐等行业，越来越重视按照人们的生活方式来细分市场。生活方式是指人们对工作、消费、娱乐的特定习惯和倾向性。人们对产品的兴趣会受其生活方式影响，同时，他们购买的产品又反映了他们的生活方式。不同的生活方式会产生不同的需求偏好。虽然不同生活方式的形成源于物质世界（环境和生活条件等），但直接的成因与人们的主张、个性、兴趣、人生价值取向等心理特质密切相关。把具有相同或极为相似的主张、个性、兴趣、价值取向的消费者集合成群，并联系他们的行为方式，就可以划分出不同生活方式的群体，诸如“传统型”“新潮型”“节俭型”“奢华型”“严肃型”“活泼型”“乐于社交型”“爱好家庭生活型”等消费者群。显然，这种细分方法往往能够显示出不同群体对同种商品在心理需求方面的差异性。美国有的服装公司把女性分成“朴素型女性”“时髦型女性”“男子气质型女性”三种类型，分别为她们设计制作不同款式、颜色和面料的服装，就是按生活方式细分市场的典型例子。

根据购买动机细分市场也是心理细分的常用方法。购买动机是一种引起购买行为的内心推动力，喜、厌、好、恶等心理因素必然会增强或削弱购买动机，从而产生不同的需求偏好和购买行为。在购买动机中普遍存在的心理现象主要有求实、求安、求廉、喜新、爱美、追求地位和名牌等。企业针对不同购买动机的顾客，在产品中突出能满足他们某种心理需要的特征或特性，并相应设计不同的营销组合方案，往往能取得良好的经营效果。

（四）行为细分

行为细分是根据人们对产品的了解、态度、使用情况或反应，将购买者划分为不同的群体。[②] 影响消费行为的变量很多，包括消费者进入市场的程度、消费的数量、对品牌的忠诚度、购买或使用产品的时机等。

按照消费者进入市场的程度，可将一种产品的消费者区分为潜在购买者、初次购买者、经常购买者等不同群体。一般说来，大企业或知名企业实力雄厚，市场占有率比较

---

①② 菲利普·科特勒，加里·阿姆斯特朗．市场营销：第16版．北京：中国人民大学出版社，2015：197.

高，特别注重吸引潜在消费者，使他们成为本企业的初次购买者，进而成为经常购买者，以不断扩大市场阵地；而小企业资源有限，无力开展大规模的促销活动，以吸引、保持住一部分经常购买者为上策。

按消费数量来细分市场，称为数量细分。这是行为细分的主要形式。许多产品的经常购买者都可以进一步细分为大量用户、中量用户、少量用户这样几个消费群。大量用户的人数不一定多，但他们的购买量常占较大或很大比重，因此，企业自然想以大量用户作为自己的目标市场。当然，反其道而行之以取得经营上的成功也是极有可能的，关键在于对大量、中量、少量用户的消费特点和购买行为要有透彻了解，不仅要推出适宜的创新产品，在价格、包装、销售渠道、销售形式、广告宣传等方面也要区别对待，精心安排。

消费者对许多产品都存在“品牌偏好”这样一种购买心理和购买行为。我们可以用品牌忠诚度这一指标来衡量消费者对品牌的偏好程度。根据品牌忠诚度可以将消费者进行如下划分：(1) 单一品牌忠诚者。这类消费者一贯忠诚于一种品牌，任何时候、任何场合都只购买该种品牌的产品。(2) 几种品牌忠诚者。这类消费者的购买仅限于很少的几种品牌，当一种品牌无法获得时，会转向其他品牌。(3) 无品牌忠诚者。这类消费者对任何品牌都没有特殊偏好，其购买行为具有很大的随意性。基于品牌忠诚度的划分可以给营销者如下启迪：凡是单一品牌忠诚者或几种品牌忠诚者占较大或者很大比例的市场，其他企业很难进入，即使进入也难以提高市场占有率；如果情况相反，则有利于其他企业进入该市场，并逐步扩大市场份额；而对非品牌偏好者，企业宜在促销方面多下功夫，尽力吸收他们使其成为品牌忠诚者，从而扩大市场份额。

有些企业针对其产品从消费时机角度进行市场细分也是很有意义的。例如，居民平时与节假日对礼品、旅游等产品和服务的消费行为，学生平时与开学之际对学习用品的购买行为，存在较大差异，这要求企业进行相应规划，设计出不同的营销方案。又如，多数情况下人们只在早餐时饮用豆浆，但是豆浆生产商却采取促销手段，宣传豆浆是一种营养丰富的饮料，在其他时间也能喝。与此相反，可口可乐的“清晨可口可乐”广告宣传运动试图通过鼓励人们早晨也饮用可口可乐来增加对可乐的消费量。再如，化妆品公司为了促使女性消费者购买更多的产品，推出了日霜和晚霜。

(五) 受益细分

根据消费者追求的利益不同来细分市场称为受益细分。由于消费者各自追求的具体利益不同，可能会被某种产品所具有的不同特征所吸引，因而可以细分为不同的消费群。就是说，这里的每个细分市场都是根据某种产品能够为消费者提供特殊效用或特定利益而开发出来的。一个典型的例子就是牙膏市场的营销。根据受益细分，牙膏市场可以分为五个主要的市场，即存在着特别关心口味、格外关注防止蛀牙、强调美白牙齿、强调全面护理口腔和注重经济实惠这五个消费群。另一个例子是轿车市场。各大厂家宣传的安全、省油、豪华、贵族、运动、时尚、经济实惠等诉求，都在强调其产品带给消费者的核心利益，这些核心利益的区别就成为轿车市场细分的依据。当然，也有厂家宣传其轿车能同时提供其中的若干利益。

进行受益细分的关键是通过调研掌握消费者对于某类产品的多种多样的预期利益追

求。为此，市场细分活动要从调查某种产品的现有用户和潜在用户开始。调查的方向是他们使用各种品牌的这种产品得到了哪些益处，现有产品还欠缺哪些益处，什么样的产品特性可能被认为最能密切地和一种益处或一组连带的益处联系起来。然后，使自己的产品相应地突出与某种（组）益处相联系的某一特性，或者生产一组不同型号的产品，每种突出一种特性，并借助适当的广告宣传手段，反复宣传这些特性，最大限度地吸引某一消费群，或者几个不同的消费群。可见，这种调查分析不仅是企业进行受益分析的基础，对于以这种细分为起点制定整个市场营销组合方案也是极为重要的。

由于人们购买一种特定产品时总要获取某种实实在在的利益，例如，购买一台具有静音特性的空调，是为了在享受空调调节温度带来的舒适的同时，减少噪声的干扰。受益细分能通行于大多数市场，在市场导向的情况下具有广阔的使用范围。经验表明，买主寻求的利益要比前几种因素更能准确地决定顾客行为。正因为如此，近些年来，在西方国家受益细分受到人们越来越多的关注。

细分消费者市场虽然具有上述五种基本形式，但这并不意味着企业应当单独地借助这些变量进行市场细分。在实际的营销活动中，企业往往是综合运用这些细分变量，选择最适合自己的目标市场。一个企业究竟选用哪些变量作为市场细分的依据，应当仔细分析，匠心独运，视具体情况而定，不宜生搬硬套。此外，企业对于进行市场细分所依据的变量也要适时调整，而不能一成不变，只有这样，才能使企业在不断变化的环境中寻找新的、能够提供更好机会的细分市场。但是，企业也不能盲目地进行市场细分，在决策前需要谨慎考虑。例如，纳爱斯推出了男女牙膏的细分，简单来说，是按照性别标准进行的细分，但这包含了心理细分和行为细分，也就是说，这里有三个变量都很重要。而真正重要的是后两个标准，一个是心理的，一个是行为的，也正是因为三个因素交织在一起，让企业产生了一种错觉，觉得如此细分（表面上）肯定有效，但实际上，性别的细分反映在牙膏上效果未必那么大。对于细分，一定要站在消费者的角度进行思考，而不是站在企业或者产品的角度考量。

四、产业市场的细分依据

在消费者市场的细分变量中，除人口因素、心理因素中的某些具体变量如生活方式等以外，相当一部分变量可以同时用作细分产业市场的依据。由于产业市场具有不同于消费者市场的若干特点，因而有必要对细分产业市场的主要依据进行补充讨论。

细分产业市场的主要依据有三：一是最终用户（客户）行业；二是用户规模；三是用户地理位置。

1. 最终用户行业

最终用户行业就是生产资料的最终使用者所属的行业。最终用户行业可分为工业机械、汽车制造、交通运输、电力、采掘、冶金、建筑、电信、家电、食品、医药等。

就某类产品而言，其最终用户可分属不同的行业，如化学分析仪器液相色谱仪，其最终用户有医院、科研单位、高校、国家兴奋剂检测中心、国家产品检验机构和第三方产品检测机构，显然这些单位或机构分属不同的行业。

最终用户行业是产业市场细分最通用的标准。在产业市场上，不同最终用户行业对同一类产品的使用往往不尽相同。企业应以最终用户行业的细分标准，不断寻找市场机会，对不同的最终用户行业采取不同的市场营销组合策略，满足不同最终用户行业的需要。

2. 用户规模

用户规模也是产业市场细分的重要标准。在产业市场上，不同的用户按其规模可细分为大量用户、中量用户、少量用户、非用户。企业应根据用户规模的不同，采取不同的市场营销组合策略，例如，对大量客户直接销售，提供更多的价值，以留住它们。

3. 用户地理位置

产业用户受一个国家的资源分布、地形气候分布、产业布局、历史传承等因素的影响，一般在地理上会形成若干个产业区域。企业可以根据用户地理位置细分市场，选择用户较为集中的地区作为目标市场。

五、有效的市场细分

企业在进行市场细分时，必须充分考虑市场细分的实用性和有效性。事实上，无论是消费者市场还是产业市场，并非所有的市场细分都是有效的。依据各种细分变量进行市场细分在理论上固然成立，但是在实践中有一定的局限性。因此，要对市场细分进行科学评析。

成功有效的市场细分应当考虑四个方面的条件，或者说应当遵循四条基本准则。

1. 可衡量性

可衡量性指细分的市场必须是可以识别的和可以衡量的，亦即细分出来的市场不仅范围比较明晰，而且能大致判断该市场的大小，也称可测量性。凡是企业难以识别、难以测量的因素或特征，都不能据以细分市场。否则，细分的市场将会因为无法界定和度量而难以描述，市场细分也就失去了意义。

2. 殷实性

殷实性指经过细分后选择的目标市场的需求足量性。细分出来的市场需求量必须大到足以使企业实现其利润目标。一个细分市场应该是值得企业采用特定市场营销活动方案去吸引的最大的同质群体。企业在进行市场细分时，必须考虑到细分市场上目标顾客的数量、目标顾客的购买能力、产品的使用效率和目标顾客的偏好程度。殷实的细分市场，应该是那些拥有足够的潜在购买者的市场，这些潜在购买者有充足的货币支付能力，使企业能够补偿生产与销售成本，并能获得一定的利润。因此，企业不能选择销售潜力有限的细分市场。例如，波音 747 飞机的整个市场是按商用与军用、货机与客机加以细分的，而私人定制 747 飞机市场极小，因此，波音公司并没有以是否私人定制作为市场细分的标准。

3. 可进入性

可进入性指细分的市场是企业的市场营销活动能够到达的市场，亦即细分出来的市场应是企业能够对顾客产生影响、产品能够展现在顾客面前的市场。这表现在三个方面：一是企业具有进入这些细分市场的资源条件和竞争实力；二是企业进行一系列的沟通措施能够把产品信息和企业信息有效地传递给该细分市场的目标顾客；三是企业通过一定的销售渠道能够把产品经济有效地传递到目标顾客手中。考虑细分市场的可进入性实际上就是考虑企业营销活动的有效性和可行性。显然，对于不能进入或进入成本较高的市场进行细分是没有意义的。

4. 反应差异性

反应差异性指细分出来的各个子市场对企业市场营销组合中任何变量的变动都能灵敏地做出差异性的反应。如果几个子市场对于一种市场营销变量组合按相似的方式做出反应，就不需要为每一个子市场制定一个单独的市场营销变量组合。例如，如果所有子市场按同一方式对价格变动做出反应，就无须为每一子市场制定不同的价格变动策略。也就是说，这样的市场细分是不成功的。成功的细分市场应当是：这个子市场立即会对价格变动做出反应，而不太在意价格变化的另一个市场却能对包装或其他因素的变化做出更大的反应。这就是说，对细分的顾客群，应当统筹考虑他们对所有市场营销组合因素的各种反应，而不能以单一的变量为基础加以考虑。只有这样进行市场细分，才可能为选中的目标市场制定出有效的市场营销组合方案。

假设某智能手机品牌商以手机存储容量作为市场细分的标准，将手机市场细分为两个：16G市场和32G市场，若该品牌商进行32G降价促销活动，增加了销量，但不影响16G的销量，则按容量细分市场属于细分成功，否则，按容量细分市场属于细分失败。所以，在某个时间段内搞降价促销可以通过销售量判断细分是否有效。

在上述四条基本准则的基础上，有效的市场细分通常需要经过下列程序来实现。

（1）选定一种产品或市场范围作为切入点。即确定进入什么行业，生产什么产品。生产产品类型的选择通常是由企业现有的资源和技术决定的，而产品的市场范围应以消费者的需求而不是产品本身的特性来确定。在卖方市场一去不复返的今天，靠产品特性取胜的策略早已被淘汰出局，只有立足于消费者需求的企业才能实现可持续发展。

（2）选择市场细分的形式。市场细分的形式可以是一种，更多的是两种以上相结合。选择的根据往往是既往营销活动的结果和经验总结。例如，一家汽车生产商可能考虑按受益变量和消费者购买行为因素两方面来细分其产品市场。

（3）在选定的细分形式中，挑选出具体的细分变量作为分析单位。例如，一家采用受益细分的手表制造商，可能选择"强调显示身份地位"和"追求时尚"作为细分依据。

（4）设计并组织调查。市场调查的目的在于获取与已选细分变量有关的数据和其他资料，从而确定出各个细分市场。当然，调查的对象应该是与营销活动相关联的消费者和用户，特别是要分析的目标顾客。

第2节 目标市场选择

目标市场是企业营销活动所要满足的市场，也是企业为实现预期目标而要进入的市场。市场细分的最终目的就是选择和确定目标市场。企业资源的有限性、企业经营的择优性以及市场需求的多样性，使得选择和确定目标市场成了企业的必然选择。同时，选择和确定目标市场，明确企业的具体服务对象，关系到企业使命、企业目标的实现，是企业制定营销战略的首要内容和基本出发点。选择目标市场，要从评价细分市场开始。

一、评价细分市场

选择目标市场之前，必须对细分市场进行评价，以便从中选出最适合企业资源条件和经营范围的目标市场。一般来说，可以从下列三个方面评价细分市场。

1. 细分市场的规模及成长潜力

细分市场规模的衡量指标是细分市场上某一时期内现实消费者购买某种产品的数量总额。细分市场成长潜力的衡量指标是细分市场上在某一时期内，全部潜在消费者对某种产品的需求总量。这是从目前和未来的角度考察细分市场。企业既要调查细分市场的现实消费者数量及购买力水平，又要调查细分市场潜在消费者数量及购买力水平，还要研究细分市场的发展变化趋势。这里要注意的问题是，无论是目前的细分市场规模还是潜在的细分市场规模都必须适度，不能贪大。大企业往往重视大的细分市场，而小企业往往集中经营小的细分市场。

2. 细分市场的吸引力

细分市场吸引力的主要衡量指标是成本和利润。具体来说，企业营销人员可以对反映细分市场吸引力的市场地位要素进行逐一评估，再综合评价这一细分市场是否具有吸引力。一般地，用于评估的市场地位要素包括：市场规模、市场增长潜力、市场行业利润情况、资产回报情况、竞争强度、进入市场的难度、本企业竞争地位等。另外，从长期盈利的观点来看，有适度规模和成长潜力的细分市场未必具有长期吸引力。美国市场营销学家迈克尔·波特认为，细分市场内的激烈竞争，潜在的竞争者的加入，替代产品的出现，购买者议价能力的提高，供应商议价能力的加强，都有可能对细分市场造成威胁，使细分市场失去吸引力。

3. 企业的市场营销战略目标和资源

企业必须结合其市场营销战略目标和资源来综合评估细分市场。首先，有规模、潜力和吸引力的细分市场，要和企业的战略目标相适应。如果二者不相适应，企业有两种选择：一是调整企业战略目标，进入该细分市场。这样的选择必须充分考虑长远发展以及可能对其他战略的影响。二是放弃该细分市场，选择其他细分市场实现原有战略目标。其次，即使细分市场符合企业长远的市场营销战略目标，企业也必须考虑是否具备选择该细分市场所必需的资源条件。如果缺乏必要的资源并无法获得，就只能放弃这个细分市场。

二、确定目标市场的方式

企业确定目标市场的方式有两种：第一种，先进行市场细分，然后选择一个或多个细分市场即子市场作为目标市场；第二种，不进行市场细分，而是以产品的整体市场作为目标市场。显然，前一种方式比较复杂，涉及范围选择的问题；后一种方式则比较简单，无须考虑市场细分的变量选择和子市场的评析。

一家电脑显示器制造商根据市场消费需求发展趋势、本公司优势、市场竞争状况等，决定进入液晶显示器市场。该公司运用产品—市场矩阵图对显示器的整体市场进行分析。从市场看，按收入水平可以分为低收入、中下收入、中等收入、中上收入、高收入五个顾客群；从产品看，有CRT和液晶两种。两相组合，可以把市场划分为10个子市场。调查和预测显示，随着我国居民收入的不断提高和消费者健康意识的增强，“高质量的液晶显示器是显示器市场的主力军”，于是该公司决定把7，8，9，10四个细分市场作为近期的目标市场（见图7-4）。

市场（顾客群）

产品	低收入	中下收入	中等收入	中上收入	高收入
CRT	1	2	3	4	5
液晶	6	7	8	9	10

图7-4　某电脑显示器制造商选择液晶显示器目标市场示意图

如果一种产品的市场是同质化市场，或者营销者认为该产品的市场基本上是同质的，无须细分，那么，营销者就应该选择第二种确定目标市场的方式，即把该产品的整体市场作为自己的目标市场。整体市场上通常会有若干营销者，各自的产品会有某种区别或差异，但这并不意味着它们的目标市场互不相同，而是它们运用了产品差异化策略。产品差异化是从既有的产品出发，通过改型变异力求使自己的产品与竞争者的产品有所区别，以期在消费者的心目中建立不同的形象。例如，有两个智能手机品牌商A和B，在同一细分市场提供产品，通过各自产品规格的差异，吸引该细分市场的消费者（见表7-1）。产品差异化策略不仅适用于整体市场是同质市场的产品，也广泛适用于针对细分市场开发出来的新产品。例如，随着科技的迅猛发展，电子产品的更新换代越来越频繁，消费者对于电子产品的需求也越来越大，这使得手机市场的竞争日趋激烈。为在这个市场上分得一杯羹，各个手机制造商都想尽办法对自己的产品进行独特设计，希望通过差异化笼络消费者，华为手机Mate 9（6GB+128GB）采用徕卡双摄像头以示与其他品牌手机的差异，在中端偏高的细分市场中获得了巨大成功。

表7-1　　智能手机品牌商A和B在同一细分市场中手机规格的差异化

产品规格	A	B
单价	3 999元	3 899元
操作系统	安卓（Android）	安卓（Android）
前置摄像头像素	500万	800万
后置摄像头像素	1 600万	2个：1 200万，2 000万
运行内存	6GB	4GB
容量	256GB	64GB
电池容量	4 400mAh	4 000mAh
CPU频率	2.35GHz	最高2.4GHz
CPU核数	四核	八核

资料来源：京东商城.

三、企业涵盖市场的模式

通过对细分市场的评估，企业会发现一个或若干个值得进入的细分市场。企业进入细分市场的选择有多种，可以进入一个或多个细分市场，也可进入所有的细分市场。企业选择进入细分市场的模式主要有五种，通常采用产品—市场矩阵图来加以分析（见图 7－5）。

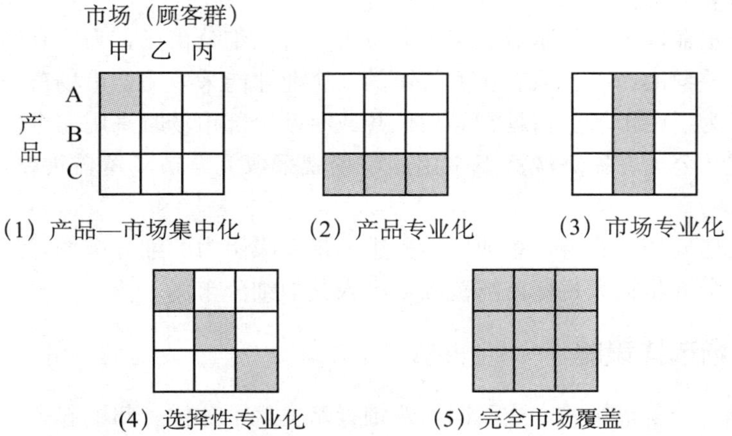

图 7－5　产品—市场矩阵图

1. 产品—市场集中化

产品—市场集中化是最简单的模式，是指企业的目标市场无论从市场还是从产品角度，都集中于一个细分市场，便于企业进行集中营销。选择该策略的企业一般只生产一种标准化产品，只供应某一顾客群，其目的在于集中一切资源成为该目标市场的领先者或补缺者。采用这种策略的通常是较小的企业，其采用原因往往在于企业资源有限，只能在一个细分市场经营或者该细分市场可能还没有竞争对手，并有较广阔的发展前景。大企业也可以采用这种策略，如苹果公司进入随身听市场时，只选择高端需求的细分市场，提供一种规格的产品（iPod Classic，120GB）。

2. 产品专业化

产品专业化模式的主要内容是企业集中生产一种产品，向各类顾客销售这种产品。当然，由于面对不同的顾客群，产品在档次、质量或款式等方面会有所不同。企业可以通过这种策略，在某个产品领域树立起很高的威望。选择这种市场模式，一般要求企业技术水平和专业化程度很高或者该种产品具有专门的配方和专门的稳定的用途。可口可乐公司在早期进行市场推广时就曾采用这种模式，用一种类型的可乐来满足目标市场的需求。

3. 市场专业化

市场专业化模式是指企业专门向同一顾客群体供应性能有所区别或不同的产品和服务。例如，某电冰箱厂专门以大中型旅游饭店为目标市场，根据它们的需求生产 100 升、500 升、1 000 升等几种不同容积的电冰箱，以满足这些饭店的不同需求。又如，一些企业以大学实验室为目标顾客，为它们提供一系列产品，包括显微镜、示波器、化学烧瓶等。公司通常会因为专门为某一顾客群体服务而获得良好的声誉。

4. 选择性专业化

选择性专业化模式是指企业决定有选择地进入几个不同的细分市场，分别为不同的顾客群提供不同性能的同类产品。选择性专业化模式要求每个细分市场客观上都有吸引力，都有可能盈利，并且与公司的目标和资源相符。采用这种策略应当十分谨慎，要全盘考虑所选择的若干细分市场。

5. 完全市场覆盖

完全市场覆盖模式是指企业决定全方位进入各个细分市场，为所有顾客群提供他们各自需要的有差异的产品。只有实力雄厚的大企业才能采取完全市场覆盖策略。一般情况下，大企业为了在市场上占据领导地位甚或垄断全部市场时采用完全覆盖目标市场范围策略。如宝洁公司在家庭洗涤卫生用品市场就采取完全市场覆盖策略，推出了10多种品牌的洗衣粉。

在运用上述五种方式时，企业一般先进入最有吸引力的细分市场，只有在条件和机会成熟时，才会逐步扩大目标市场范围，进入其他细分市场。

四、目标市场选择策略

企业选择的涵盖市场的方式不同，营销策略也就不一样。归纳起来，有三种不同的目标市场选择策略供企业选择：无差异营销、差异化营销和集中营销。

1. 无差异营销

如果企业面对的市场是同质化市场，或者企业推断，即使消费者是有差别的，他们的需求也有足够的相似之处而可以作为一个同质的目标市场加以对待，在这两种情形下，企业采用的就是无差异营销策略。该策略的具体内容是：企业不考虑细分市场的差异性，把一种产品的整体市场作为企业的一个大的目标市场，营销活动只考虑消费者或用户在需求方面的共同点，而忽略他们之间的差异性。企业实施无差异营销策略时，对所有的消费者只提供一种产品，采用单一市场营销组合，通过无差异的大力推销，吸引尽可能多的购买者。

一般说来，无差异营销策略除适用于市场需求同质化的产品外，主要适用于需求广泛，能够大量生产、大量销售的产品。采用这种策略的企业一般具有大规模、单一连续的生产线，拥有广泛的或大众化的分销渠道，并能开展强有力的促销活动，投放大量的广告和进行统一的宣传，因而往往能在消费者或用户心目中建立起“超级产品”的印象。可口可乐公司常被引作奉行这种目标市场策略的经典案例。这家世界著名的大公司，由于拥有世界性专利，在20世纪60年代前曾经以单一口味的品种、单一标准的瓶装和统一的广告宣传长期占据了世界软饮料市场。在我国旧的经济体制下，如果可以认为企业存在着目标市场策略，那么许多企业实际上也是奉行这种策略。例如，第一汽车制造厂在20世纪80年代中期以前的长时间内，基本上只生产单一规格、单一车型、单一颜色、单一价格的“解放牌”卡车，行销全国。

无差异营销策略的最大优点和立论基础是成本的经济性，它有利于标准化和大规模生产，有利于降低单位产品的成本，获得较好的规模效益。大批量的生产和储运必然会降低单位产品的成本；无差异的广告宣传等沟通活动可以节省促销费用；不进行市场细分，也相应减少了市场调研、产品研制、制定多种市场营销组合方案等所要耗费的人力、财力和物力。

但是，这种策略对于大多数产品并不适用，对于一个企业来说也不宜长期采用。例如，随着百事可乐的强势崛起和一些地方性品牌可乐的迅速成长，可口可乐公司也逐渐改变了其无差异化营销策略，改变了可乐瓶装容量，改进了包装，推行整合沟通模式，其市场领先地位进一步巩固。由此可见，无差异营销策略有一定的局限性，这是因为：（1）消费需求客观上是千差万别并不断变化的，一种产品长期为该产品的全体消费者或用户所接受的情形是极为罕见的（同质市场的产品除外）。（2）当众多企业如法炮制，都采用这种策略时，就会形成整体市场竞争异常激烈，而小的细分市场上的需求却得不到有效满足的局面，这对营销者和消费者都是不利的。（3）当竞争对手采取差异化营销，并能很好地满足细分市场的顾客需求时，企业的市场地位会受到削弱。

正是因为上述局限性，在现代市场营销实践中，无差异市场营销策略实际采用的不多。世界上一些曾经长期实行无差异营销的企业也不得不改弦易辙，转而实行差异化。

2. 差异化营销

差异化营销策略是一种以市场细分为基础的目标市场策略。采用这种策略的企业通常会把整体市场划分为若干细分市场，从中选择两个或两个以上乃至全部细分市场作为自己的目标市场，并为每个选定的细分市场设计不同产品，采取不同的市场营销组合，同时多方位或全方位地分别开展针对性的营销活动，满足不同消费者的多样化需求和个性化需求。在世界著名的跨国公司中，宝洁公司是实行差异化营销的典型。它的洗衣粉有10多个品牌，中国大众熟知的如强力去污的“碧浪”，价格较高；去污力强但价格适中的“汰渍”；突出物美价廉的“熊猫”。它的洗发水也有多个品牌，如品位代表“沙宣”、潮流一族“海飞丝”、优雅“潘婷”、新一代“飘柔”等。差异化的产品不仅满足了消费者多种多样的需求，也满足了消费者求新求变的心理。差异化营销策略适用于大多数异质的产品。采用该策略的企业往往进行小批量、多品种生产，具有很大的优越性。一方面，针对性的营销活动能够分别满足不同顾客群的需要，提高产品的竞争力，有利于企业扩大销售，获得规模经济效益；另一方面，如果企业在多个细分市场上都能取得较好的营销效果，就能树立起良好的市场形象，大大提高消费者或用户对该企业产品的信赖程度和购买频率。另外，差异化营销也大大降低了经营风险，因为一个子市场的失败不会导致整个企业陷入困境。采用这种策略的企业一般是大企业，具有较雄厚的财力、较强的技术力量和素质较高的管理人员。华为采用了这种策略，在2 000元档和3 000元档两个市场中提供不同的手机产品，如Mate 9和nova，在高端避开了与苹果和三星的竞争，在低端则避开了与小米、OPPO、vivo等手机品牌的竞争。

营销实践　海碗居的差异之道

在我国，随着经济体制改革的深化和商品经济的发展，差异化营销策略已经为越来越多的企业家所了解和应用。不过，这一目标市场策略并非任何企业、任何时候都可以采用，这是因为：

（1）差异化营销意味着产品品种的增加。随着产品品种的增多、销售渠道的多样化以及市场调研和广告宣传等营销互动的扩大与复杂化，生产成本和管理费用必然会大幅度增加。因此，这一策略的运用必然会限制在一定的范围内，即销售额的增加带来的利益必须要超过营销总成本的增加。这要求企业不宜卷入过多的细分市场。

（2）由于存在上述问题，采用这一策略必然会受到企业资源力量的制约。较雄厚的财力、较强的技术力量和高素质的管理人员，是实行差异化营销的必要条件。因此，小企业很难采用差异化营销策略。

3. 集中营销

很多情形下，企业不是面向整体市场采用无差异化营销，也不是把力量分散使用于若干细分市场，而是集中力量进入一个细分市场（或是对该细分市场进一步细分后的几个更小的市场部分），为该市场研发一种理想的产品，实行高度专业化的生产和销售，这就是集中营销。简单说来，集中营销策略就是企业以一个细分市场为目标市场，集中力量，实行专业化生产和经营的目标市场策略。例如，多普达通讯有限公司专门为商务人士提供便于进行商务交流的商务智能手机。采用这种策略的企业通常是为了在一个较小的细分市场上取得较高的甚至是支配地位的市场占有率，而不追求在整体市场或较大的细分市场上占有较小的份额。

集中营销策略主要适用于资源力量有限的中小企业或初次进入新市场的大企业。实行这种策略是中小企业变劣势为优势的上佳选择，也是大企业初次进入新市场站稳脚跟的较好选择，如苹果 iPod Classic。由于小企业无力在整体市场或多个细分市场上与大企业相抗衡，转向大企业未予注意或无暇顾及而自己又可以发挥资源优势的细分市场，全力以赴，往往更容易取得经营上的成功，这既是由于资金占用少、周转快、成本低而能取得良好的经济效益，也是因为易于满足特定需求而有助于提高企业与产品的市场知名度。企业有了雄厚的资源力量和较高的知名度后，待时机成熟，可以迅速扩大市场。总之，集中营销策略的优点是目标市场集中，有助于了解目标市场的消费者需求，提高企业和产品在市场上的知名度；有利于企业集中资源，节约生产成本和各种费用，增加盈利。

集中营销策略也存在一定的缺点，即企业中潜伏着较大的经营风险。一旦市场上出现较强大的竞争者或消费者需求突然变化，企业就会陷入困境。采用这一策略的企业，要密切关注市场动向，充分考虑企业在未来可能的意外情况下的各种对策和应急措施，以求进可攻、退可守，进退自如。

五、影响目标市场策略选择的因素

上述三种目标市场策略各有优缺点。一个企业究竟应当采用哪一种目标市场策略，取决于企业、产品、市场等多方面的因素。

1. 企业实力

如果企业实力较强，可根据产品的不同特性选择采用差异化营销策略或无差异营销策略；如果企业实力较弱，无力顾及整体市场或多个细分市场，则可选择集中营销策略。

2. 产品同质程度

如果企业生产同质产品，可选择采用无差异营销策略；如果企业生产异质产品，则可选择采用差异化营销策略或集中营销策略。

3. 产品生命周期

处在介绍期的新产品，由于竞争者少，品种比较单一，企业可选择采用无差异营销策略；当产品进入成长期和成熟期时，由于市场竞争激烈，消费者需求差异性日益增大，企业可选择采用差异化营销策略或集中营销策略。

4. 市场差异程度

市场差异程度即市场上消费者需求差异性的大小。如果市场是同质的，即消费者需求差异性不大，企业可选择采用无差异营销策略；反之，企业可选择采用差异化营销策略或集中营销策略。

5. 目标市场上竞争对手的策略

如果竞争对手强大并采取无差异营销策略，企业应选择采用差异化营销策略或集中营销策略，以提高产品的市场竞争能力；如果与竞争对手实力相当或面对实力较弱的竞争对手，企业可选择采用与之相同的目标市场策略；如果竞争对手都采用差异化营销策略，企业应进一步细分市场，寻找更有效的差异化营销策略或集中营销策略。

第 3 节　市场定位

企业一旦选择了目标市场，就要在目标市场上进行产品的市场定位。市场定位是企业整体战略计划中的一个重要组成部分，关系到企业及其产品能否在市场竞争中占据一定优势，并明显与竞争对手相区分。市场定位在现代市场营销实践中具有极其重要的作用。市场定位通过向消费者传播信息，使产品的显著特征清楚地呈现于消费者面前，从而有利于赋予产品个性，树立产品的独特形象。市场定位可以避免企业恶性竞争，促进企业良性发展，是制定市场营销组合策略的基础。

一、市场定位的概念与程序

现代市场营销理论认为，市场定位是指根据竞争者现有产品在市场上所处的位置，针对消费者或用户对该种产品的某种特征、属性或核心利益的重视程度，强有力地塑造出本企业产品与众不同的、给人印象深刻的、鲜明的个性或形象，并通过一套特定的市场营销组合把这种形象迅速、准确而又生动地传递给顾客，影响顾客对该产品的总体感觉。或者说，市场定位是塑造一种产品在市场上的适当位置，这种位置取决于与竞争对手的产品相比，消费者或用户怎样认识这种产品。其实质是使企业与其他企业严格区分开来，突出企业及其产品的特色，并使消费者明显感觉和认识到这种差别，使产品在消费者心目中占据特殊的位置，给消费者留下良好的印象，从而使企业取得在目标市场上的竞争优势。

关于市场定位的论述表明，市场定位是企业通过为自己的产品创立鲜明的特色或个性，从而塑造出独特的市场形象来实现的。产品的特色或个性，有的可以从产品实体上表现出来，如形状、成分、构造、性能等；有的可以从消费者心理上反映出来，如豪华、朴素、时尚、典雅等；有的表现为价格水平，如高端产品、中端产品和低端产品；

有的表现为质量水准；还有的表现为消费者的价值感知，如有的消费者为了表现自己是成功人士，选择手机时会选择高端品牌，等等。企业在进行市场定位时，一方面要了解竞争对手的产品具有何种特色，另一方面要研究顾客对该产品的各种属性或利益的重视程度（包括对实物属性的要求和心理上的要求），然后根据这两方面进行分析，再选定本企业产品的特色和独特形象。此外，企业还要通过配套的沟通和宣传策略来宣传其特色和独特形象。

对产品进行市场定位的依据很多，包括产品属性、特色、价格和质量、用途或使用方式，以及目标顾客群的个性和类型。

营销实践

某企业的手机市场定位

某著名的家电企业（G）决定进入手机市场。通过市场调查，了解到消费者对于手机产品最为关注的是功能组合和外观设计；还了解到这一市场上已有A，B，C，D四家公司提供同类产品，它们所处的市场地位各不相同。在这种情况下，G应如何为自己的手机产品定位呢？有两种选择方案，如图7-6所示。

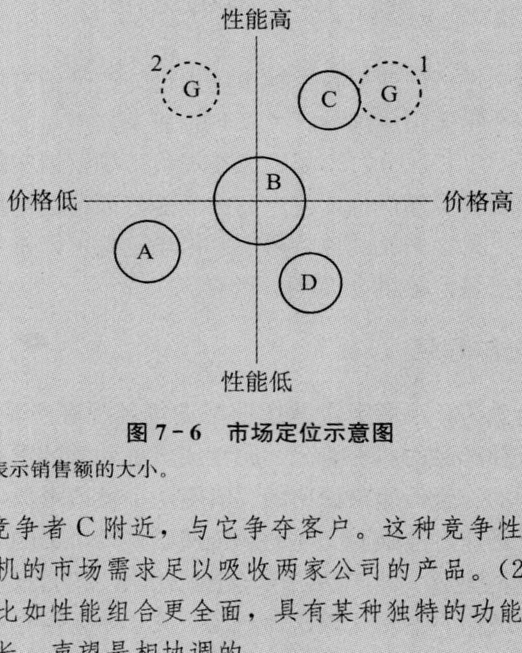

图7-6 市场定位示意图

说明：图中圆圈大小表示销售额的大小。

方案1：定位于竞争者C附近，与它争夺客户。这种竞争性定位需要考虑以下条件：(1) 对高性能手机的市场需求足以吸收两家公司的产品。(2) 本公司能比C公司生产出更好的产品，比如性能组合更全面，具有某种独特的功能等。(3) 这一定位与公司资源、实力、特长、声望是相协调的。

方案2：定位于左上角空白处。这是一个欢迎高性能，同时要求价格较低的细分市场，目前尚未有公司提供这种产品。为此，要进入该市场的公司需要具备以下条件：(1) 公司具有生产较高性能手机的技术。(2) 在产品价格上具有优势。(3) 通过宣传，能有效地使潜在顾客相信本公司手机的性能高于A公司而与C公司不分上下。(4) 预计的市场需求能保证实现企业的利润目标。例如，小米公司于2011年8月发布小米的第一代手机小米1，是世界上首款双核1.5GHz的智能手机，采用双核

1.5GHz 的主频，Adreno 220 图形芯片，1GB 的 RAM，4GB 的 ROM，并支持 32GB Micro SD，800 万像素，电池为 1 930mAh，4 英寸屏，售价 1 999 元。小米的这款手机凭借售价低、性能好和饥饿营销迅速占领中国市场。

延伸阅读

饥饿营销

商品提供者有意调低产量，以期达到调控供求关系、制造供不应求的假象、维持商品较高售价和利润率、维护品牌形象、提高产品附加值的目的。

企业对产品进行市场定位是一个复杂的过程，受到多方面因素的影响。鉴于市场定位意义重大，企业在进行产品的市场定位时可以遵循以下程序：

(1) 了解目标市场顾客群的需求。

(2) 分析竞争对手产品的竞争优势和市场定位。

(3) 明确企业潜在的竞争优势和相对竞争优势。

(4) 综合评析消费需求、竞争对手和自身竞争优势，确定市场定位。

(5) 制定配套的市场营销组合，宣传其产品的市场定位。

二、几种市场定位策略

以上分析表明，市场定位是一种竞争策略，它显示了一种产品或一家企业同类似产品或企业间的竞争关系。定位策略不同，竞争态势也不同。下面分析三种主要的定位策略。

1. 迎头定位

迎头定位策略是指企业选择靠近现有竞争者或与现有竞争者重合的市场位置，争夺同样的消费者，彼此在产品、价格、分销及促销等各个方面差别不大。其实质就是与市场上最强的市场竞争对手“强势地对着干”的一种策略。这一策略可以给市场挑战者带来轰动效应，使其容易树立市场形象。现实中，这类事例屡见不鲜，如可口可乐与百事之间持续不断的争斗，肯德基与麦当劳的竞争，等等。但是，迎头定位策略可能引发激烈的市场竞争，有较大的风险。迎头定位的前提是挑战企业的竞争实力必须与竞争对手旗鼓相当，而且挑战企业必须知己知彼。不宜盲目采用这种策略。

2. 避强定位

避强定位策略是指企业不与目标市场上强有力的竞争对手直接对抗，而是定位于市场“空白点”，针对目标顾客尚未得到满足的需求开发并销售产品，开拓新的市场领域。这一策略能够使企业避开实力雄厚的竞争对手，风险较小，成功率较高，可以在消费者心中树立特定的企业形象。但是这种策略也有一定的风险，容易受到其他企业的攻击，而且空白市场选择不当也会给企业带来经营风险。

3. 重新定位

重新定位是指对销路少、市场反应差的产品进行二次定位，或者由于企业产品使用范围扩大而使得原有定位不再适宜，从而进行再次定位。如果企业在进行了首次市场定位并实施了相应方案后未获成功，有可能进行新的定位，并调整相应的方案，这就是重新定位。很明显，重新定位旨在摆脱困境，重新获得增长和活力。这种困境可能是企业决策失误引起的，也可能是竞争对手强有力的反击或新的强有力竞争对手的出现造成的。不过，也有的重新定位并非因为陷入困境，而是产品意外地扩大了销售范围引起的。例如，专为青年人设计的某种款式的服装在中老年消费者中也流行开来，该产品就会因此而重新定位。

市场定位应与产品差异化结合起来。市场定位实际上是心理上的感觉，它产生的结果是潜在消费者或用户怎样认识一种产品，对一种产品持什么态度；产品差异化是在类似产品之间造成区别的一种策略。因而，产品差异化是实现市场定位的一种手段。没有产品差异化，在同一个目标市场上就不会有竞争的产品，不会有替代的产品，不会有互补的产品，如此，也就没有了市场定位。

当企业在细分市场上进行市场定位时，可以同时运用市场细分和产品差异化两种策略。市场细分与产品差异化的不同点在于：前者的着眼点是市场需求，是要针对不同顾客群的需求特点开发不同的产品，因而是一种市场导向型策略；后者的着眼点是已经存在的产品，使产品具有某种特征是为了与竞争者的同类产品相区别，因而是一种产品导向型策略。企业以市场细分为基础选择目标市场，是运用市场细分化策略；而在作为目标市场的细分市场上实行市场定位，则需运用产品差异化策略。可见，市场细分、市场定位和产品差异化都是市场营销战略的组成部分。把市场细分与产品差异化对立起来不符合现代营销的要求，付诸实践是有害的。

◎ 基本概念

市场细分	市场定位	无差异营销	差异化营销
集中营销	迎头定位	避强定位	

◎ 思考题

1. 你认为最重要的市场细分变量是什么？为什么？
2. 如何选择目标市场？
3. 在各种市场定位策略中，哪种策略更适合中国企业？

◎ 案　例

中国电信北京公司移动通信业务市场细分

中国电信集团公司（以下简称“中国电信”）是国有特大型通信骨干企业，注册资本2 204亿元人民币，资产规模超过7 000亿元人民币，年收入规模超过3 800

亿元人民币，位列 2015 年度《财富》杂志全球 500 强第 132 位，多次被国际权威机构评选为亚洲最受尊崇企业、亚洲最佳管理公司、亚洲全方位管理最佳公司等。[①]

中国电信拥有全球规模最大的宽带互联网络和技术领先的移动通信网络，具备为全球客户提供跨地域、全业务的综合信息服务能力。截至 2016 年底，中国电信的客户资源包括：宽带互联网接入用户规模 1.44 亿户，移动用户规模 2.15 亿户，固定电话用户规模 1.32 亿户。

中国电信的主要业务有：移动业务（语音与流量）、固话通信、宽带、增值业务、行业应用和支付业务（翼支付）。

就移动业务中的手机套餐而言，虽然中国电信在中国 31 个省、自治区和直辖市设有分公司，但各个分公司为所辖地域提供的移动业务手机套餐各不相同，仅以 4 个直辖市为例，手机套餐的项目各有差异（见表 7-2）。

表 7-2 中国各直辖市中国电信手机套餐种类比较

北京市	上海市	天津市	重庆市
乐享 4G 套餐（全国）	乐享 4G 套餐（全国）	乐享 4G 套餐（全国）	乐享 4G 套餐（全国）
个人定制 4G 套餐（全国）	个人定制 4G 套餐（全国）	个人定制 4G 套餐（全国）	个人定制 4G 套餐
飞 Young4G 卡纯流量云卡（全国）	飞 Young4G 卡（畅聊版）	飞 Young4G 卡纯流量云卡（全国）	飞 Young4G 套餐
乐享家庭套餐（北京）	大三元 53 元套餐	大三元（每月多存送话费）	大三元（3 元/月）
iFree（0 月租）	乐享 4G 五折套餐	副卡（共享套餐更实惠）	幸福卡：通话版、综合版
磅礴卡（46 元/月，流量无限）	乐享 99 元月租五折	新 4G 畅享套餐	海量卡：包天（1 元＝500MB）
人悦卡（流量一年不清零）	乐享 79 元月租五折	乐享 4G 套餐（全国漫游）	海量卡：包月（29 元包 1.5GB）
99 元畅享卡	乐享 59 元月租五折		

资料来源：中国电信 4 个直辖市官方网站 2017 年 4 月 23 日的信息.

中国电信北京公司（以下简称“北京电信”）成立于 2002 年，为中国电信的全资子公司。自成立以来，公司不断开拓进取，始终把满足用户的真实需求放在经营管理的首位，依托总公司强大的实力支持，在业务拓展方面实现从无到有、从有到优、从单一到多样化，公司规模也逐渐壮大。北京电信秉承“让客户尽情享受信息新生活”的企业使命，在提供电信服务的同时，提供多种灵活运营的合作方式，在基本业务提供、资源合作、增值应用开发等诸多方面与客户一道创建多赢的合作模式，为客户创造价值。虽然成立时间并不长，但是经过不断努力，已经成长为地方分公司的典范、总公司的骨干企业。

北京电信自成立之日起，就十分重视市场营销活动，无论是在内部组织结构构建，还是在营销人员招聘和培养等方面，都做出了极大努力。到目前为止，北京电信已经形成了较为完善的能够服务于市场

① 中国电信官网，http://www.chinatelecom.com.cn/corp/ppyw/.

营销活动的内部环境体系。

在北京市移动业务手机套餐市场上，北京电信相对起步较晚，因此在市场营销队伍建设和市场营销规模方面，与中国移动北京公司（以下简称“北京移动”）和中国联通北京公司（以下简称“北京联通”）存在一定的差距。为了缩小与北京移动和北京联通在手机套餐方面的差距，北京电信在产品及流程设计方面做出了较大努力，通过积极开拓思维，研发了新的产品和服务，在市场上推出了天翼等知名品牌，设计了乐享4G、个人定制4G套餐、天翼飞Young、iFree、磅礴卡等知名品牌产品。

2008年伊始，北京电信移动业务手机套餐在北京地区市场竞争中并没有基础和优势可言，但经过多年的努力，如今北京电信在移动业务上已经成为与北京联通并驾齐驱，仅次于北京移动的电信运营商。其用户规模不断扩大，市场营销策略也不断完善，截至2015年末，北京电信的移动业务收入规模已经突破48亿元。①

北京电信根据北京市场移动业务手机套餐的竞争环境，经过精准的市场细分，确定了其目标市场，并为所选定的目标市场提供了8种手机套餐产品，北京市消费者可根据个人或家庭对语音服务和无线流量服务的需求选择产品。

北京电信移动业务手机套餐有以下八种。

1. 乐享4G套餐（全国）

乐享4G套餐是一款无须预存资费的语音加无线流量的产品，基本内容为：国内接听免费，月最低消费59元，国内语音通话100分钟，流量500MB。套外资费为：国内流量0.30元/MB；国内通话0.15元/分钟；北京本地通话0.10元/分钟；国内短/彩信0.10元/条。该套餐有不同的月基本资费选择，不同的月基本资费所含国内通话与流量不同（见表7-3）。

表7-3　中国电信（北京）乐享4G套餐产品

月基本费用（元）	国内流量	国内通话（分钟）
59	500 MB	100
79	700 MB	200
99	1 MB	300
129	1 GB	500
169	2 GB	700
199	3 GB	700
229	4 GB	700
299	4 GB	1 500
399	6 GB	2 000
499	6 GB	3 000
599	11 GB	3 000
999	99 GB	9 999

2. 个人定制4G套餐（全国）

个人定制4G套餐是一款需预存资费的语音加无线流量的产品，基本内容为：预存资费50元（包含50元话费），最低消

① 北京电信2015年度总结报告.

费 19 元/月（非优惠价），全国接听免费，流量次月不清零。套外资费为：国内流量 0.30 元/MB；国内通话 0.15 元/分钟；北京本地通话 0.10 元/分钟；国内短/彩信 0.10 元/条。该套餐有不同的语音通话、流量和短信选择（见表 7-4）。

表 7-4　个人定制 4G 套餐资费标准

流量阶梯定价标准		语音阶梯定价标准		短信阶梯定价标准	
1～100 MB	0.15 元/MB	1～500 分钟	0.15 元/分钟	0～50 条	0.1 元/条
100～500MB	0.07 元/MB	501～1 000 分钟	0.12 元/分钟	51～100 条	0.06 元/条
501MB～20GB	0.05 元/MB	1 001～2 000 分钟	0.08 元/分钟		

3. 飞 young 4G 纯流量云卡（全国）

飞 young 4G 纯流量云卡是一款需预存资费的语音加无线流量的产品，基本内容为：预存资费 100 元，最低消费 49 元/月（非优惠价），全国接听免费，含本地流量 2GB。国内流量按 0.30 元/MB 收费，超出 100MB（30 元后），额外赠送 400MB。套外资费为：国内流量 0.30 元/MB；国内通话 0.15 元/分钟；北京本地通话 0.10 元/分钟；国内短/彩信 0.10 元/条。

4. 乐享家庭套餐（北京）

乐享家庭套餐是一款供家庭选择的语音加无线流量及短信的产品，基本内容为：仅限北京市消费者选用，流量、通话及短信可自由转换，互换标准为，1MB 流量=1 条短/彩信=1 分钟通话，可办理副卡，副卡月资费仅需 1 元/月；最低消费 129 元/月，合约期 24 个月。套外资费为：国内流量 0.11 元/MB；国内通话 0.11 元/分钟；国内短/彩信 0.10 元/条。该套餐有不同的语音通话、流量和短信选择（见表 7-5）。

5. iFree 4G（0 月租）

iFree 4G（0 月租）是一款需预存资费的语音加无线流量的产品，基本内容为：预存资费 20 元，京津冀地区电信用户通话免费，全国接听免费，流量 12 个月内不清零。套外资费为：国内流量 0.11 元/MB；国内通话 0.11 元/分钟；国内短/彩信 0.10 元/条。

6. 磅礴卡

磅礴卡是一款无须预存资费的语音加无线流量的产品，基本内容为：预存资费 100 元，每月流量 2G 以内（含 2G，全国范围 4G 网速），超出 2G 北京市内不限流量，但网速为 3G，全国仍 4G 且需收取额外资费；流量当月清零；套餐资费 46 元/月，全国接听免费，国内流量漫游资费 0.3 元/MB，国内语音通话资费 0.10 元/分钟，国内短/彩信 0.10 元/条。

表 7-5　乐享家庭套餐资费标准（非优惠价）

套餐档位（元）	流量（GB）	语音（分钟）	短信（条）
129	2	1 000	500
169	3	1 000	500
199	4	2 000	500
299	6	5 000	1 000
399	9	5 000	1 000
999	30	9 999	1 000

7. 人悦卡（流量一年不清零）

人悦卡仅是一款4G无线宽带上网卡，适合手持移动设备（如平板电脑）使用。套餐内容为：9GB，12个月内有效，资费90元/套餐。可任选充值包，标准本地包：10元，1GB；标准全国包：30元，1GB；超大本地包：120元，20GB；标准续费包：90元，9GB本地。

8. 畅享卡4G套餐

畅享卡4G套餐是一款需预存资费的语音加无线流量的产品，基本内容为：资费99元/月，本地流量3 048MB，国内语音1 000分钟，全国接听免费，该套餐只提供本地流量服务。超出资费标准：本地流量0.30元/MB；国内通话0.15元/分钟；北京本地通话0.10元/分钟；国内短/彩信0.10元/条。

综上，北京电信为北京市消费者提供两大类服务：移动通信+流量；流量。

【案例思考】

1. 请分析归纳北京电信对北京市场移动通信市场的细分原则。

2. 基于个人对未来消费者需求的变化认识，谈谈北京电信手机套餐产品应如何做出调整。

（注：建议不同地区的教师在讲解本案例时使用当地的即时数据。）

第Ⅲ篇

市场营销组合

第8章

产品决策

本章要点

- 了解产品整体概念和传统产品概念的差别，认识产品整体概念的意义所在
- 掌握分析和评价产品组合策略的方法，以及如何对产品组合进行调整
- 了解产品生命周期的概念，认识产品生命周期理论对企业营销的意义，掌握判断产品生命周期的基本方法
- 了解新产品开发管理程序
- 了解新产品的市场扩散过程，认识市场扩散理论对企业营销的意义，掌握加速新产品扩散的策略
- 理解服务及服务业的概念、分类与特征
- 理解服务市场营销策略与有形产品市场营销策略的差异点

产品决策在企业营销组合中占有十分重要的地位，因为企业的市场营销活动是以满足市场需求为中心的，而市场需求的满足只能通过提供某种产品或服务来实现。任何企业在制定战略时，首先需要回答的问题都是用什么样的产品来使企业与目标市场发生联系，继而再进行营销组合中的其他三项决策。也就是说，没有适合市场需要和具有竞争力的产品，企业的其他营销策略就无从谈起，从这个意义上说，产品决策是整个营销组合战略的基石。

第1节　产品概念与产品分类

人们通常把产品理解为具有某种形状、能提供某种用途的物质实体，如服装、食品、汽车等，这是传统的狭义的产品概念。事实上，顾客购买某种产品，并不只是为了得到该产品的物质实体，而是要通过购买该产品来获得某方面利益的满足。甚至顾客花钱购买的只是某种纯粹欲望的满足而非物质形态的产品，如到美容院做美容，是使自己更加年轻美丽的欲望得到满足，到健身房健身是为了满足自己更加健康、更富有朝气和活力的欲望。因此，从市场营销的观点来看，产品概念的内涵大大扩充：一切能满足消费者某种利益和欲望的物质产品和非物质形态的服务均为产品。简言之，产品＝有形物品＋无形服务。有形物品包括产品实体及其品质、特色（如色泽、味道等）、式样、品牌和包装；无形服务包括可以给买主带来附加利益和心理上的满足感及信任感的售中及

售后服务、保证、产品形象、销售者声誉等，这就是“产品整体概念”，即现代营销意义上的产品。

一、产品概念

产品整体概念由三个基本层次组成，如图8-1所示。

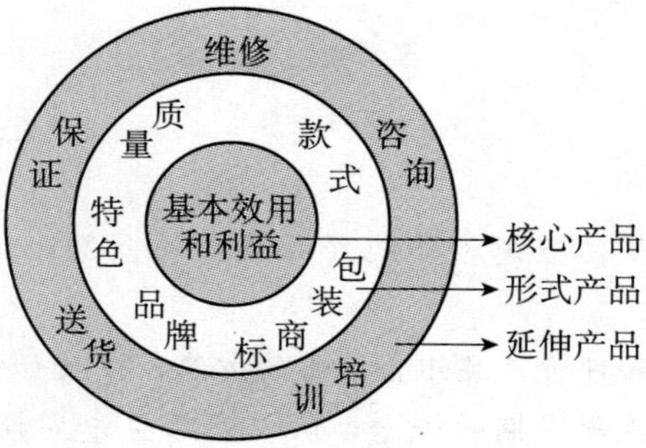

图8-1 产品整体概念示意图

1. 核心产品

核心产品是产品整体概念中最基本和最实质的层次，它指产品给顾客提供的基本效用和利益，是顾客需求的中心内容。顾客购买某种产品，并不是为了得到产品实体本身，而是为了满足某种特定的需求。比如人们购买电冰箱，并不是为了得到内有压缩机和冷冻室与冷藏室的大铁箱，而是为了通过冰箱的制冷功能储藏食物使其保鲜，方便日常生活。顾客之所以愿意支付一定的费用来购买产品，首先就在于产品的基本效用，即人们拥有它能够获得的某种利益或欲望的满足。

2. 形式产品

这是指核心产品所展示的全部外部特征。即呈现在市场上的产品的具体形态或外在表现形式，主要包括产品的款式、质量、特色、品牌、包装等。具有相同效用的产品，其表现形态可能有较大的差别。顾客购买某种产品，除了要求该产品具备某些基本功能，能提供某种核心利益外，还要考虑产品的品质、造型、款式、颜色以及品牌声誉等多种因素。因此，不同的产品形式能够满足同类消费者的不同要求，企业进行产品设计时，除了要重视用户所追求的核心利益，还要重视如何以独特的形式将这种利益呈现给目标顾客。

3. 延伸产品

这是指顾客因购买产品所得到的全部附加服务与利益，包括保证、咨询、送货、安装、维修等，这是产品的延伸或附加，它能够给顾客带来更多的利益和更大的满足。随着科学技术的日新月异以及企业生产和管理水平的提高，不同企业提供的同类产品在实质和形式产品层次上越来越接近，而延伸产品在企业市场营销中的重要性日益突出，逐步成为决定企业竞争能力高低的关键因素。大众汽车公司服务部的高级经理奥伯尔先生曾说：“一家成功的公司除了生产优质的产品，还必须提供良好的售后服务，这一哲学是企业成功的根本。”美国市场营销学家里维特教授断言：“未来竞争的关键，不在于工厂能生产什么产品，而在于其产品所提供的附加价值：包装、服务、广告、用户咨询、购买信贷、及时交货和人们以价值来衡量的一切东西。”因此，企业要赢得竞争优势，就应向顾客提供比竞争对手更多的附加利益。

产品整体概念的上述三个层次，十分清晰地体现了以顾客为中心的现代营销观念，它对企业的营销活动具有多方面的意义。首先，它向企业昭示，明确顾客所追求的核心利益十分重要。女性购买化妆品，并非为了拥有口红、粉底霜、眉笔之类的具体物品，而是实现了一种爱美的愿望。企业如果不明白这一点，顾客需求就不可能真正满足，企业也不可能获得成功。其次，企业必须特别重视产品的无形方面，包括产品形象、服务等。顾客对产品利益的追求包括功能性的和非功能性的两个方面，前者更多地体现了顾客在物质方面的需要，后者则更多地体现了顾客在精神、情感方面的需求。随着社会经济的发展和人民收入水平的提高，顾客对产品非功能性利益越来越重视，在很多情况下甚至超越了对功能性利益的关注。由此要求企业摆脱传统的产品概念，重视产品非功能性利益的开发，更好地满足顾客的需求。再次，企业在产品上的竞争可以在多个层次上展开，对于成熟产品，由于其功能、品质极为接近，难以制造大的差异，是否意味着企业只有在价格上相互厮杀呢？产品整体概念的提出，给企业带来了新的竞争思路，那就是可以通过在款式、包装、品牌、售后服务等各个方面创造差异来确立市场地位和赢得竞争优势。

二、产品分类

制定营销计划之前，企业必须知道应该向潜在客户提供哪种产品，因此需要根据同质性来区分产品类别。我们可以把产品分成两大类——消费品和产业用品，在此基础上做进一步细分。

1. 消费品和产业用品

消费品主要为了家庭或个人消费使用。产业用品是为了再转售，或为了生产其他产品或提供服务供企业使用。因此这两种产品的区分标准就是这些产品由谁使用和如何使用（用途）。如果面包被家庭消费，就是消费品；如果面包被卖给了餐厅或其他机构，那就是产业用品。

一般而言，不能把某种产品只归入一种类别。例如，从北京到上海的飞机舱位，如果买来用于家庭成员旅行，就是消费品；如果公司业务员买来作商务旅行，则属产业用品。

2. 消费品的分类

消费品可以分为便利品、选购品、特殊品和非渴求品等。这种分类标准并非基于产品的差异，而是基于顾客购买行为的不同。

(1) 便利品。便利品（convenience goods）是消费者不需要收集额外信息即可购买的有形产品。对于便利品，消费者认为只需要比较价格和品质所带来的收益，不需要花费大量精力。便利品包括某些日常食品、瓶装水、非处方药品（如阿司匹林）、牙膏、灯泡、电池等。

便利品通常价格较低，体积不大，且不受流行趋势的影响。一般来说，消费者会频繁购买，但也有例外。例如，过年发红包用的红包封，虽然每年只买一次，但同样属于便利品。

便利品必须方便消费者购买，因此制造商必须开展广泛而快速的分销，通常情况下，制造商需要依靠批发商把商品销售给零售店。零售店会同时销售数个品牌同品类的便利品，因为消费者存在品牌偏好（但也可接受替代品）。不过，零售店并不会给便利品做广告，因为其他商店也卖同样的产品。如果某零售店做广告，相当于帮助竞争者打广告，因此，便利品的大部分广告由制造商负责。

（2）选购品。消费者愿意比较不同商家所售产品的质量、价格和样式后才购买的有形产品称为选购品（shopping goods）。常见的选购品有流行时装、家具、大家电和汽车。如果选购品质量、性能、价格具备优势，就相当于为消费者节省了不少钱。

对于选购品，购买习惯将影响制造商和中间商的分销策略和促销策略。由于消费者习惯搜寻产品，制造商需要数家零售店供消费者搜寻比较。为便于消费者比较，制造商一般会在销售竞争产品附近的销售点陈列商品，因此，百货公司和卖选购品的商店会扎堆开店。很多销售不同品牌的零售店集结成市，以方便消费者比较商品。

通常制造商会与零售商密切合作营销选购品。由于零售点较少，制造商对零售店比较依赖。零售商采购选购品的数量较大，且大都由制造商直接分销给零售商。对顾客而言，零售店的商誉比制造商形象更重要。例如，消费者对国美电器或京东商城的忠诚度可能比对各种视听产品的品牌（如海信和索尼）要高。

（3）特殊品。消费者对产品具有强烈的品牌偏好，且愿意投入相当多时间与精力寻找想要的品牌，这类产品就称为特殊品（specialty goods）。也就是说，消费者愿意放弃现有替代品，寻找所要的品牌商品。常见的特殊品有高档西装、音响设备、健康食品、摄影器材，以及新款汽车和部分家电。有些消费者把汽车行业的奔驰、相机行业的尼康等看作特殊品。

由于消费者偏好特定品牌，且愿意花费很大精力去搜寻产品，因此，制造商只需选择少量零售店就可以了。一般而言，制造商直接与零售商进行交易。零售商对制造商相当重要，尤其是在区域专营的情况下。另外，由于零售商重视这类产品的销售机会，因此愿意配合制造商的有关政策，如存货、广告宣传。由于品牌对消费者很重要，制造商与零售商都会投入大量的广告。通常，制造商会负担零售商的部分广告支出，而且零售店名称常会出现在制造商的广告中。

（4）非渴求品。除上述三类产品之外，还有一类比较特殊的产品类别称为非渴求品（unsought goods）。所谓非渴求品就是消费者尚不知道或目前不需要的新产品。例如，VR 眼镜和夏天购买滑雪装备。

非渴求品将会面临非常困难的广告与销售工作，甚至无法销售。最好的办法是不断提醒消费者该产品的存在。非渴求品的营销人员可通过户外广告让消费者熟悉商品。

3. 产业用品的分类

和消费品一样，产业用品的范围也很广。根据产业用品的使用方式，可以将其细分成五大类：原料、制造材料与零件、设施设备、附属设备和作业物料。

(1) 原料。作为一个有形产品一部分的产业用品称为原料（raw materials）。原料包括：

● 天然原料，例如矿物、土地和林产物品、水产物品。

● 农产品，例如棉花、水果、家畜和动物产品（如鸡蛋和牛奶）。

这两大类原料产品的差异较大，通常可采用不同的营销方式。天然原料供应来源有限，多属于期货形态，必须细分等级，且是高度标准化产品。以煤矿为例，所开采的煤矿必须再以硬度和硫黄含量区分等级。

天然原料的特点会影响这类产品的营销方式。例如：

● 一般而言，天然原料的价格由供求情况决定，趋于完全竞争。因此单一制造商对现行市场价格几乎没有什么控制力。

● 由于散装数量庞大、单价低、生产者与组织用户相隔的距离较长，交通运输成为天然原料的重要考虑因素。

● 天然原料一般由生产者直接销售给组织用户。

● 这类产品不需差异化。举例来说，A煤矿和B煤矿所开采的煤并无太大的差异。

农产品与天然原料不同。农产品的供应大多可由生产者控制，但供应量无法迅速扩大或缩小。另外，农产品易腐烂，且每年产量不一。例如柑橘大都在晚冬成熟，那时柑橘供应充足，但几个月后供应量就会减少。农产品多为标准化产品，需要细分产品等级。另外，与产品单价相比，农产品的运输成本可能较高。

农产品的营销大都需要中间商，因为生产者规模小、家数多，且距离市场远。运输和仓储对分销效率的影响相当大。与其他组织用品相比，通常农产品不会有什么促销活动。

(2) 制造材料与零件。加工后成为制成品一部分的组织用品则是制造材料与零件。由于经过加工程序，这些材料与零件不同于原料。制造材料（fabricating materials）经过加工程序后其物理、化学性能会发生改变，例如生铁加工后变成钢铁，棉纱变成布匹，面粉变成面包的一部分。制造零件（fabricating parts）是改变产品形式而组成成品，常见的制造零件包括衣服的拉链、电脑的芯片。

制造材料和零件通常采用大量采购方式，购买决策将视卖方价格与服务而定。为了确保足够、准时的供应来源，买方可能先下一年或一年以上的长期订单。由于采购者注重价格、服务和可靠的供应来源，大部分制造材料与零件都是由制造商直接销售给产业用户。仅在买方是小型企业，或买方需要快速交货之后续补充性小订单（在初次大订单之后）时，卖方才使用中间商。

(3) 设施设备。价格昂贵且使用寿命长的重要企业生产设备称为设施设备（installations），如大型发电机、厂房、火车的柴油发动机、钢铁厂的熔矿炉。设施设备有别于其他产业用品，主要是因为这种产品直接影响企业生产或提供服务的规模。新增12张桌子不会影响美洲航空公司的航空作业，但如果新增12架波音757飞机就大不一样了。因此，飞机对美洲航空公司来说是设施设备，而桌子不是。

设施设备的价格都很高，因此，营销此类设备不太容易，甚至是一大挑战。一般而言，设施设备根据买方的规格要求进行定制，而且售前和售后服务非常重要，例如升降梯与电梯需要装设、保养和维修服务。设施设备大都由制造商直接向组织用户推销，无须中间商参与。由于设施设备大都属于技术性产品，需要高度专业、培训优良的业务人员进行推销。另外，设施设备需要详细的说明，宣传推广时必须强调人员推销的作用和重要性。

（4）附属设备。具有一定价值、用于企业营运作业的有形产品称为附属设备（accessory equipment）。这类产业用品不会成为最终产品的一部分，也不会影响企业的营运规模。附属设备的使用年限比装置设备短，但比物料要长，例如零售店的销售终端机、装卸机、小型电力工具、办公桌等。

很难将附属设备的营销方式加以归类。有些产品适合由制造商直接销售给最终客户，尤其是购买数种产品的订单，或是采购金额庞大的订单。装卸机制造商可能直接将产品销售给客户，因为产品单价很高，值得采用这种分销方式。不过有些附属设备的制造商也会采用中间商，例如办公设备分销商，原因是市场区域大、使用者众多，或单一订单金额相对较小。

（5）作业物料。单价低、产品使用期限短，主要用于企业作业，但不成为成品一部分的产业用品称为作业物料（operating supplies），如润滑油、铅笔文具。采购者希望易于购得作业物料，故在组织市场中作业物料可视为便利品。

作业物料的特性会影响其营销方式。由于单价低、购买企业众多，像消费性便利品一样，作业物料通过多种方式分销。制造商可大规模使用批发中间商。另外，由于产品相当标准化，采购企业并没有太多的品牌偏好，因此价格竞争激烈。

第2节　产品组合

产品组合是指企业生产或经营的全部产品的有机构成方式，或者说是企业生产经营的全部产品的结构。产品组合一般是由若干条产品线组成的，每条产品线又是由若干产品项目构成的。

产品线又叫产品品类，是指密切相关的满足同类需求的一组产品。

产品项目是指因性能、规格、商标、式样等不同而区别于企业其他产品的任何产品，也就是在企业产品目录上列出的每一个产品。

例如，宝洁公司经营洗涤剂、牙膏、香皂等，其中香皂是一条产品线或一个产品品类，在这个品类中，舒肤佳便是产品项目。

产品组合可从广度与深度两个方面来分析。企业提供多少条产品线称为广度（breadth），而每条产品线有多少不同尺寸、颜色和样式的产品项目则为产品组合的深度（depth）。

一、产品组合的分析评价

产品组合状况直接关系到企业的销售额和利润水平，企业必须经常就现行产品组合结合预期销售额和利润发展水平做出系统的分析和评价，并决定是否增加、加强或剔除某些产品线或产品项目，使产品组合始终保持在最优状态。

1. 产品线分析

产品线分析就是负责每条产品线的管理人员对现行产品线上不同产品项目的销售额和利润水平进行分析、评价。图 8－2 所示是一条拥有五个产品项目的产品线。

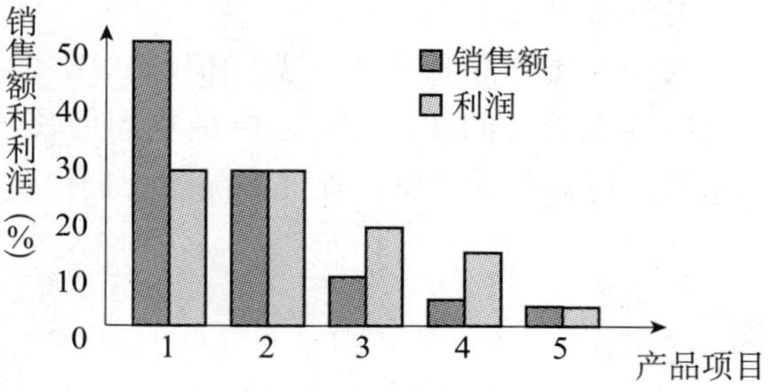

图 8－2　产品线分析

根据图 8－2，第一个产品项目的销售额和利润分别占整条产品线销售额和利润的 50%和 30%，第二个产品项目的销售额和利润分别占整条产品线销售额和利润的 30%；这两个产品项目虽然占了整条产品线销售额的 80%和利润额的 60%，但在同行业中竞争最为激烈，预计未来的销售额和利润将呈下降趋势。如果将销售额主要集中在这两项产品上，一旦出现强有力的竞争对手，就有被挤垮的危险。为此，必须制定应对同类竞争品的有效对策，以巩固企业第一个和第二个产品项目的市场地位及获利水平。为保险起见，还应根据具体的需求环境变化，加强第三个和第四个产品项目的市场营销。最后一个产品项目只占整条产品线销售额与利润的 5%，如无发展前景，可以剔除。

2. 分析产品线的定位问题

分析产品线的定位问题是指产品线的负责人还必须针对竞争者产品线的情况，分析各产品项目与竞争者同类产品的对比状况，全面衡量各产品项目的市场定位。

3. 对现有产品组合的评价

企业应定期对其现有产品组合能否使企业在未来的销售增长、销售稳定和获利能力三个方面实现均衡发展进行检查和评价，以便为正确制定或调整产品组合策略提供科学依据。由于市场需求和竞争态势的变化，企业各产品线的获利状况将发生改变（见图 8－3）。

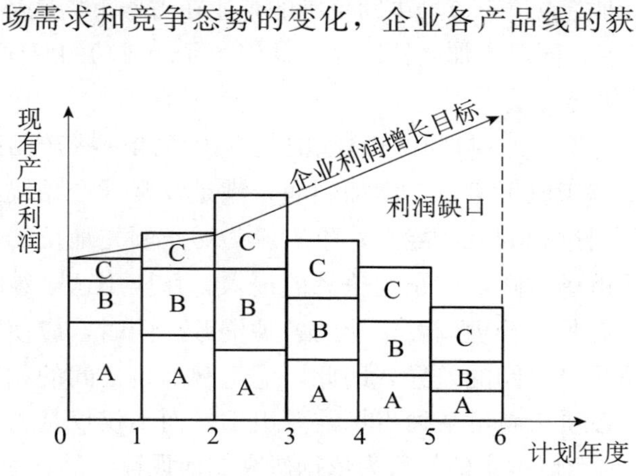

图 8－3　某企业预期利润

图8-3显示的是一个生产经营A，B，C三类产品的企业及其未来六年计划的产品利润。预计第一年A类产品的利润占企业利润总额的60%，B类产品占30%，C类产品占10%。企业预测未来A类产品的利润将逐年减少。B类产品的利润前三年逐年增加，后三年逐年减少，C类产品利润逐年增加。因此，到第六年，C类产品利润占企业利润总额的比重最大，其次为B类产品和A类产品。但A，B，C三类产品的利润总额与企业的利润增长目标之间存在较大的缺口，无法完成利润增长计划。在这种情况下，企业必须适时地对产品组合进行科学的调整，保证产品组合最优化，以弥补未来的利润缺口（图中虚线部分）。

二、产品组合的调整

对现有产品线和产品组合进行分析评价之后，企业就可针对存在的问题采取相应措施，对现有产品进行整顿，调整产品结构，使其达到更佳的组合。

1. 扩大产品组合

扩大产品组合通常包括开拓产品组合的广度和加强产品组合的深度，即在原有产品组合中增加新产品线和新的产品项目。一般来说，扩大产品组合，可使企业充分利用人、财、物资源，分散风险，增强竞争能力。

（1）产品线扩展决策。每个企业的产品线都是定位于该行业整个范围的某个部分。产品线的扩展就是企业超出现有范围增加其产品线的长度。具体的扩展办法包括：一是向下扩展，即在原有的产品线下面增加一些低档的产品品目。该方法常常是在企业的高档产品增长缓慢，或遇到激烈竞争，或企业原来推出的高档产品已树立起其质量形象，或想借此填补市场空隙时采用。但该决策有可能损害质量形象，引起竞争者的反击或经销商的抵制。二是向上扩展，即原定位于低档产品的企业进入高档产品市场，在原有产品线上增加高档产品。这一决策有可能获得较快的销售增长和较高的利润率，同时企业若能击败对手，就可成为生产经营种类齐全的企业。但也可能引起竞争者向低档市场发起反攻，顾客可能不信任这些产品，代理商和经销商在经营高档产品时也会存在一定困难。三是双向扩展，即指原位于市场中间范围的企业在占据市场优势之后，决定朝产品线的上下两个方向扩展，同时增加高档产品和低档产品。成功的双向扩展战略可使企业成为某类产品市场的领导力量。

（2）产品线填补决策。即在现有产品线的范围内增加一些产品品目，以强化产品线。采取该策略主要基于以下考虑：增加利润；满足经常因产品线不足而使销售额下降的经销商；充分利用过剩的生产能力；争取成为居于领先地位的产品线囊括所有市场的企业；设法填补市场空隙，防止竞争者的侵入。在应用这一策略时应当防止企业新旧产品之间的过度竞争，合理调配企业的各种资源。同时，应使顾客能明显感觉到其产品线内各个产品品目之间的差异，因此，应重视品目之间的相对差异。企业在决定发展某种品目时，必须从满足某种市场需要出发，而不仅仅是为了满足企业内部定位上的需求。所以，应当以拟定的售价为依据研究如何设计产品，而不能由品目设计来支配定价。

2. 缩减产品组合

市场繁荣时，较长、较宽的产品组合会为企业带来更多的盈利机会，但有时，特别是市场不景气或原料、能源供应紧张时，缩减产品线反而能使总利润上升，这是因为从产品组合中剔除了那些获利很小甚至不获利的产品线或产品项目，使企业可集中资源发展获利多的产品线和产品项目。有时，产品线有不断延长的趋势，例如，生产能力过剩促使产品经理开发新的产品项目；经销商和销售人员要求增加产品项目，以适应顾客的需要；产品线经理为了扩大销售和提高利润增加产品项目。但是，随着产品线的加长，调研、设计、促销、运输、仓储等营销费用也随之增加，最终也许减少了利润。在这种情况下，需要对产品线的发展进行相应的遏制，剔除那些得不偿失的产品项目，使产品线缩短，提高获利水平。

3. 产品线现代化

这一策略强调把现代科学技术应用到生产过程中。在某种情况下，虽然产品组合的宽度、长度都非常适宜，但产品线的生产形式却可能已经过时，这就必须对产品线实施现代化改造。例如，20世纪90年代，我国纺织行业的主要机械设备还停留在三四十年代的水平，无论是技术性能还是操作方式都比较落后，这必然使产品缺乏竞争力。如果企业决定对现有产品线进行改造，产品线现代化决策首先面临这样的问题：是逐步实现技术改造，还是以最快的速度用全新设备更换原有产品线？逐步实现现代化可以节省资金耗费，但是竞争者很快就会察觉，并有充足的时间采取措施与之抗衡；而快速现代化策略虽然在短期内耗费资金较多，却可以减少竞争者。

营销实践

云南白药牙膏的品牌延伸与定位

云南白药集团是我国著名的医药生产企业，其主要产品云南白药膏、云南白药气雾剂等名扬海内外。随着企业的成长壮大，集团开始探索多元化的发展道路，力图将云南白药的核心价值扩展到更多的产品线中，寻求进一步发展的机会。当时，国际上不少制药企业在面临同样的情况时选择的是凭借其在制药领域的影响力涉足产品附加价值高的日化产业。云南白药集团也试图进行同样的尝试。因此，如何将企业的核心技术应用于日化行业并得到消费者的认可，以及如何定位产品，就是云南白药集团从制药到日化的产品线拓展与品牌延伸能否取得成功所面临的巨大挑战。

通过市场调研，云南白药集团了解到一些消费者在牙龈出血时经常使用云南白药粉止血，于是萌生了开发云南白药牙膏的想法。而当时牙膏市场的情况是，高露洁、佳洁士等外国品牌在市场占有率上占有绝对优势并有巨大的市场影响力。在这种市场态势下，云南白药集团决定借助云南白药的市场影响力，采用品牌延伸策略，把白药牙膏作为集团的一个延伸品牌，在宣传上借用了云南白药的光环，获得了很好的传播效应和市场反响。

品牌延伸能否成功，最重要的因素是延伸产品与母品牌产品之间的关联度。如果品牌延伸失败，不仅会对云南白药产生不利影响，而且可能会有导致品牌稀释的风险。云南白药作为一种化淤止血、活血止痛、解毒消肿的药物早已得到了广大消费者的认可，被誉为“中华瑰宝，伤科圣药”，誉满中外。集团在进行营销传播时将云南白药牙膏含有云南白药活性成分，能够帮助解决牙龈问题、修复黏膜损伤、营养牙龈和改善牙周健康作为主要诉求点，产品的这些特质与人们所熟知的云南白药的独特功效相符合，使得延伸产品与母品牌产品具有天然的契合度，很容易得到消费者的认知和信任。因此，云南白药牙膏投放市场后，短时间内迅速获得消费者认可，上市半年即创造了200多万元销售额，第二年销售额达到了8 000万元，此后连年增长，在一些城市成为销量额仅次于高露洁和佳洁士的第三大品牌，成为我国第一支由医药企业打造的著名牙膏品牌。

云南白药集团这一策略针对的是当时市场上的牙膏主要是以预防蛀牙、美白和清新口气等作为其功效，而基本没有专门防治牙龈出血的产品，因而推出的是定位于“口腔全能保健”的云南白药牙膏。在营销活动中，也始终是将“功效”作为其诉求点，瞄准的是有牙龈出血等口腔问题或是关注口腔健康的顾客群体。但是在产品定价方面，市场上一支120克的云南白药牙膏的售价为20多元，而按当时的价格水平，6元以上的牙膏就属于高档产品，可见云南白药牙膏在推出之时就确定了高端的市场定位。而有牙龈出血或是关注口腔健康的人士与高收入人群并非完全重合，这种两者兼顾的市场定位，是否会让两个市场始终为其买账，真的做到“左右逢源”？这是云南白药集团在市场定位上需要认真思考的一个问题。

第3节　产品生命周期

一、产品生命周期的概念

人们经过对市场活动的长期观察，逐步认识到，一种产品在市场上的销售情况和获利能力并不是固定不变的，而是随着时间的推移不断发生变化。这种变化过程与生物的生命历程一样，也要经历诞生、成长、成熟和衰老的过程。产品生命周期（product life circle，PLC）就是指产品从进入市场开始到被市场淘汰为止的全过程。这一过程可用一条曲线来表示，称之为产品生命周期曲线（见图8-4）。根据该曲线的特点，产品生命周期可分为引入期、成长期、成熟期和衰退期四个阶段。

产品生命周期是现代营销管理中的一个重要概念，是营销学家以统计规律为基础进行理论推导的结果。作为一种理论抽象，“产品生命周期”同经济学中的“纯粹竞争”概念一样，是一种分析归纳现象的工具。在现实经济生活中，并不是所有产品的生命历程都完全符合这种理论形态，即销售趋势呈正态分布曲线，各阶段的周期间隔基本相同。如有些产品上市伊始就迅速成长，可能跳过销售额缓慢增加的引入阶段；另一些产品可能持续缓慢增长，由引入期直接进入成熟期；还有些产品经过成熟期以后，不是进入衰退期，而是再次进入迅速增长期，等等。

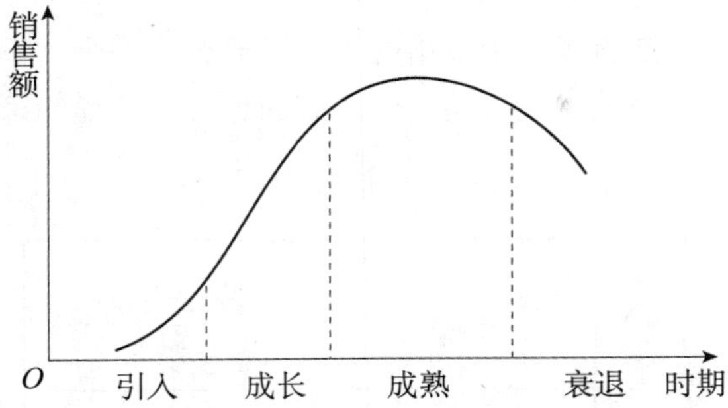

图 8－4　产品生命周期曲线

须注意的是，产品生命周期中的“产品”是一个泛指的概念，具体包括产品的种类、品种和具体品牌，三者的生命周期大不相同。产品种类的生命周期最长，其次为产品品种，周期最短的是具体品牌的产品。例如，糖果是一个产品种类，糖果中的口香糖是其中的一个品种，而“××牌口香糖”则是具体品牌的产品。三者比较，“糖果”的周期最长，而“××牌口香糖”周期最短。在实际经营中，应用产品生命周期理论分析产品种类的情况较少，更多的是分析产品品种或具体品牌。

二、产品生命周期各阶段的特点及营销策略

在产品生命周期的不同阶段，企业产品的销售额、成本水平、利润水平及价格都呈现不同的变化趋向（见图 8－5），具有不同的特点。这些变化特点正是企业制定营销策略的基石。

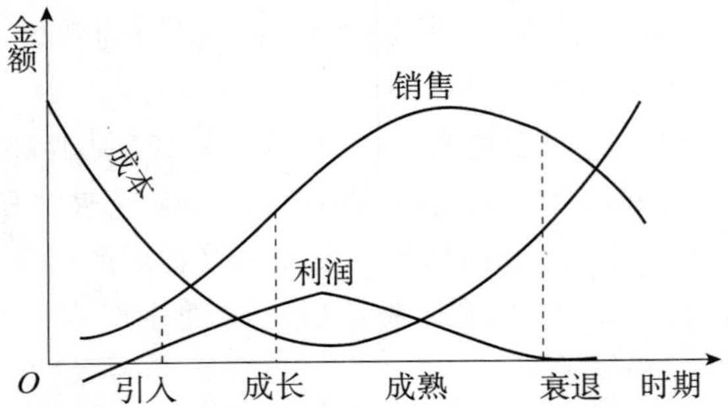

图 8－5　产品生命周期各阶段销售额、利润及成本的变化

1. 引入期的特点与营销对策

引入期系指新产品首次正式上市后的最初销售时期。在这一阶段，消费者对产品不了解，大部分顾客不愿放弃或改变以往的消费习惯，产品销售量小，单位产品成本高；尚未建立最理想的营销渠道以及高效率的分配模式；价格决策难以确立，可能限制了购买，也可能难以收回成本；广告费用和其他营销费用开支较大；产品技术、性能还不够完善；利润较低，甚至为负利润，因此，这时企业承担的市场风险最大。由于开发研制及市场预测失误，许多新产品在此时期夭折。但该时期市场竞争者较少，企业若能建立有效的营销系统，为每一个营销组合变量如产品、价格、渠道、促销分别制定有效策

略，即可以将新产品快速推进成长期。

根据上述特点，引入期市场营销策略的重点是要突出一个“快”字，即尽量以最短的时间、最快的速度使产品进入成长期。一般有四种可供选择的策略（见图8－6）。

价格水平 \ 促销费用	高	低
高	快速—掠取策略	缓慢—掠取策略
低	快速—渗透策略	缓慢—渗透策略

图8－6　引入期可供选择的市场策略

（1）快速—掠取策略。这一策略也叫双高策略，是指企业以高价格和高促销费用推出新产品。实行高价格是为了在每一单位销售额中获取最大的利润，高促销费用是为了使消费者尽快熟悉和了解产品，快速打开销路，占领市场。成功地实施这一策略，可以赚取较高的利润，以尽快收回开发投资。但是，采用这种策略必须具备一定条件，即市场需求潜力大，目标顾客求新心理强，急于购买新产品并愿为此支付高价。同时，产品在质量和性能上要优于同类产品或者在某些方面有新奇之处。

（2）缓慢—掠取策略。这一策略也叫选择渗透策略，是指企业以高价格和低促销费用推出新产品，这可以使企业获得更多利润。采取这种策略的条件是：目标市场的潜力和规模有限，竞争威胁不大，大多数用户了解这种产品，适当的高价能为顾客所接受。如德国拜耳药厂生产的阿司匹林，价格虽然很高，但因药效好，在世界各地畅销几十年。

（3）快速—渗透策略。也叫密集式渗透策略，即以高促销费用和低价格的组合向市场推出新产品。该策略可以给企业带来最快的市场渗透速度和最高的市场占有率，它适用于以下情况：产品市场容量相当大，潜在消费者对产品不了解，且对价格十分敏感；潜在竞争比较激烈；产品的单位制造成本可随生产规模和销售量的扩大迅速下降。

营销实践

小米手机的定价

小米定位于一家生产智能设备的移动互联网公司，小米手机的价格没有像其配置一样定位于“发烧”级别。对于小米手机来说，高配低价的价格策略为小米手机赢得了巨大的市场空间。在小米手机发布会上，小米擅长于用对比的手法来烘托其产品的高配低价。每一款小米手机新品发布，小米都会将小米手机的参数与苹果以及同等水平厂商手机的参数进行对比，最后给出比同行低2 000元左右的价格。小米始终奉行高性价比的价格策略，将价格优势发挥到极致，赢得了广大的用户基础。

(4) 缓慢—渗透策略，也叫双低策略，即企业以低价格和低促销费用推出新产品。该策略使产品能够比较容易地渗入市场，打开销路，在取得规模经济效益的同时树立起物美价廉的良好印象。这种策略适用于如下情况：市场容量大，产品适用面广；顾客对该产品很了解，促销作用不明显，但对价格敏感，需求价格弹性高；潜在竞争激烈。

引入期是产品成长的关键阶段，决定着产品的市场前景，以上策略应当作为整个产品生命周期计划中营销战略规划的一个组成部分加以选择和进行调整，不能为了短期利益牺牲长远利益。

2. 成长期的特点及营销对策

这一阶段的特点是：顾客对产品已较为熟悉，分销渠道顺畅，产品销售量迅速增长，几乎呈直线上升；产品已经定型，生产工艺基本成熟，大批量生产能力形成，因而生产成本降低，利润大幅增加，由此吸引了大批竞争者加入，市场竞争加剧。

根据上述特点，成长期市场营销的目的主要是扩大市场占有率，掌握市场竞争的主动权。市场策略的重点应该突出一个“好”字，即在继续扩大生产能力的同时，进一步改进和提高产品质量，防止因产品粗制滥造而失信于顾客，设法使产品的销售和利润进一步增长，获取最大的经济效益。具体策略包括：

(1) 产品策略。狠抓产品质量，完善质量保证体系，不断改变产品的特色、款式，改良包装和服务，争创优质名牌产品。我国海尔集团从产品投放市场起就以“高含金质量”为基础，建立了完整的质量保证体系，在每道工序、每个环节上都树立了“下一道工序是用户”的观念。公司扎扎实实推行自检、互检、专检的严格检验制度，并在经济责任制考核中实行质量否决权，正是这样严格的质量管理，使海尔集团发展为一流企业。

(2) 价格策略。结合生产成本和市场价格的变动趋势，分析竞争者的价格策略，保持原价或适当调整价格。

(3) 渠道策略。增设销售机构和销售网点，进一步向市场渗透，开拓新的市场领域，适应和满足广大客户的需要，促进市场份额的再度提高。

(4) 促销策略。促销的重点从介绍产品转向树立企业和产品的形象，采用说服性广告，着重宣传产品的质量、性能、服务及维护方法，针对本产品的特点和销售者关心的问题，通过与同类产品的对比，显示其优势，同时加强售后服务，强化消费者的购买信心。

企业采用上述部分或全部市场扩张策略，将会大大加强产品的竞争能力，但也会相应增加营销成本。因此，在成长阶段，企业面临着高市场占有率还是高利润率的选择。一般来说，实施市场扩张策略会减少眼前利润，但加强企业的市场地位和竞争能力，从长期利润观点看，有利于企业的发展。

3. 成熟期的特点与营销对策

这一时期在整个产品生命周期中持续时间最长，其特点是：销售量达到顶峰，虽可能仍有增长，但增长速度缓慢，随着市场需求逐渐饱和，销售甚至呈现下降；同时生产量大，生产成本低，利润总额高但增长率降低；由于产品普及率高，市场需求减少，行业内生产能力出现过剩，市场竞争激烈。

针对上述特点，企业在产品成熟期营销的主要目的是千方百计维持甚至扩大原有的市场份额，尽量延长产品的市场寿命，因此，其市场策略的重点是突出一个“改”字，即对原有的产品市场和营销组合进行改进，具体有三种基本策略可供选择（见图8-7）。

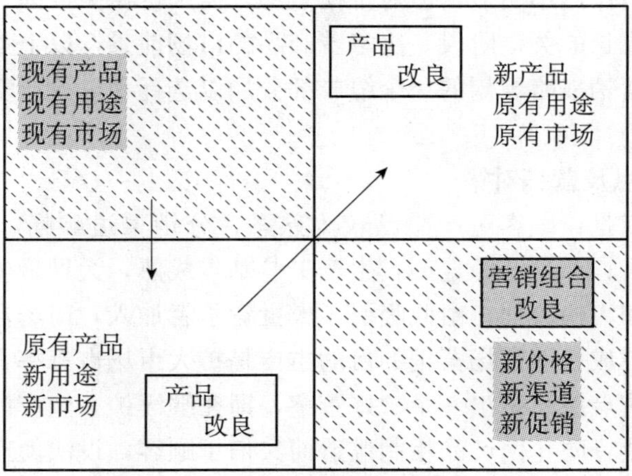

图8-7 成熟期策略选择方向

（1）市场改良策略。也称市场多元化策略，即开发新市场，寻求新用户。市场改良可以通过以下几种方式实现：一是开发产品的新用途，寻求新的细分市场。例如，美国杜邦公司生产的尼龙产品，最初只供应军用市场，如降落伞、绳索等。第二次世界大战后，产品转入民用市场，企业开发生产了尼龙衣料、窗纱、蚊帐等日用消费品，以后又继续扩展到轮胎、地毯等市场，使尼龙系列产品进入多循环周期，为企业赢得了长期稳定的利润。二是刺激现有顾客，增加使用频率。例如，食品厂商可以在包装上加印多种烹调方法的介绍来扩大消费者对此食品的购买数量。三是重新为产品定位，寻求新的买主。例如，美国的化妆品公司追随处于第二次世界大战后生育高峰的一代人的成长过程，先专门生产婴儿洗发膏，在市场上颇为畅销，之后重新树立该产品形象，进入年轻女性市场，使销售量出现再循环。

（2）产品改良策略。也称为“产品再推出”。整体产品概念的任何一个层次的改革都可视为产品再推出，包括提高产品质量，改变产品特性和款式，为顾客提供新的服务等。实现产品再推出的具体策略有四：一是品质改进策略。主要侧重于增加产品的功能，如汽车制造商不断改进小型轿车性能，洗衣机厂商把普通洗衣机改为漂洗、甩干多功能的自动、半自动洗衣机等。这种品质改进将提高产品的竞争地位。二是特性改进策略。主要侧重于增加产品的新特性，尤其是扩大产品的高效性、安全性或方便性。如某动力机械厂将动力机引入割草机，提高了割草速度；之后又进行操作方面的改进，使之更加便于操作；最后，还使它既能割草又能铲雪。三是式样改进策略。这主要是基于人们的美学欣赏观念而进行款式、外观的改变。四是服务改进策略。对于许多耐用消费品和产业用品来说，良好的服务（如为用户提供运输、开展技术咨询、上门维修等）会大大促进消费者的购买。

（3）营销组合改良。是指通过改变定价、销售渠道及促销方式来延长产品的市场成长期和成熟期。一般是通过改变一个因素或几个因素的配套关系来刺激或扩大消费者的购买。例如，产品品质不变，降价可从竞争者那里吸引一部分顾客；扩大销售渠道，增加销售网点，调整广告媒体等多种措施，也都可以达到同样的目的。但这种改进很容易为竞争者所模仿。

4. 衰退期的特点与营销对策

这一时期的主要特征是产品老化，陷于被市场淘汰的境地；产品销售量和利润急剧下降；企业生产能力过剩日益突出；市场上的企业以价格竞争作为主要手段，努力降低售价，回收资金；一些企业纷纷退出市场，转入研制开发新产品，一些企业的新产品已上市。

在这一阶段，对大多数企业来说，应当机立断，弃旧图新，及时实现产品的更新换代。因此这一阶段企业的策略重点应抓好一个“转”字，即转向研制开发新产品或转入新市场。如由国内市场转向国际市场，由城市市场转入乡村市场等。值得注意的是，通过“甩卖”以加速产品退出市场不是唯一策略，措施得当的企业应该是有计划地“撤”，有预见地“转”，有目标地“攻”，这是制定策略的关键。此时的营销策略组合包括：

（1）产品策略。缩减产品生产量，逐步有计划地撤出市场，淘汰老产品；根据新的目标市场需要，组织新产品开发和生产，力争占领新市场。

（2）价格策略。适当降低售价，但不宜不顾一切地降价，力争取得边际利润；老产品进入新的目标市场和新产品投入市场时，可根据具体情况定价。

（3）渠道策略。减少销售网点；注意加强与新目标市场的中间商的联系，以开拓新市场。

（4）促销策略。在即将退出的市场中，不宜大做广告宣传，应努力降低销售费用，节省开支；在新的目标市场上要加强广告宣传，设法开拓市场，占领新市场。

以上分析的是产品生命周期各阶段的特点及营销策略。事实上，在某一阶段中最好的营销策略不一定是理论分析中规定的哪一个策略。每个企业在其具体条件下都有可能创造性地发展出独特有效的营销策略。

三、判断产品生命周期的方法

对产品市场生命周期各阶段的划分是一种理论上的定性划分，在现实的市场营销活动中，产品生命周期的表现形式多种多样，而且产品的各个阶段并没有可预见的时间。因此，要真正了解一个产品生命周期及其各个阶段，必须等到产品退出市场以后，根据各时期的销售资料绘制曲线来加以判断，但此时分析对企业已无任何意义。因此对产品生命周期必须在其市场生命过程中加以分析和把握。在现实经营过程中，营销人员很难正确地判断产品正处于生命周期的哪个阶段，甚至可能出现严重的判断失误。例如：某个产品的销售出现暂时的衰退并不等于该产品已进入其生命周期的衰退阶段，但如果企业据此而从中抽出资金，那么该产品注定会“未老先衰”，过早地被扼杀生命，失去再为企业创造利润的机会。企业若千方百计地刺激销售，情况就可能大不相同。可见，企业在判断产品所处的生命周期阶段时，必须十分谨慎，通常需要运用定性与定量相结合的办法，全面分析以便在事前寻找划分产品生命周期各阶段的转折点，来把握本企业产品所处的发展阶段，正确制定产品投资组合和相应的营销对策，使企业经营始终处于持续、稳定、有序的状态。

判断产品市场生命周期的方法有以下几种。

1. 曲线判断法

即先作出产品销售额和利润随时间变化的曲线，然后将该曲线与典型的产品市场生命周期曲线相比较，可以判断这种产品处于市场生命周期的哪一阶段。

2. 类比判断法

即参照类似产品的市场生命周期曲线划分企业产品市场生命周期的各个阶段。例如，参照已退出市场的黑白电视机的曲线资料来预测彩色电视机的市场发展趋势。

3. 经验判断法

经验判断法也称家庭普及率推断法。这种方法主要适用于高档耐用消费品的市场生命周期各阶段的推测。根据经验数据，产品普及率小于5%时为引入期，普及率为5%～50%时为成长期，普及率为50%～90%时为成熟期，普及率为90%以上时为衰退期。

4. 销售增长率判断法

即对产品销售量与时间序列进行观察，以销售增长率来划分产品市场生命周期的各个阶段。其公式为：

$$\text{销售增长率 } Q'=\frac{Y_2-Y_1}{Y_1}\times 100\% \tag{8.1}$$

式中：Y_1——上一期的实际销售量；

Y_2——计算期的实际销售量。

根据图形研究资料，增长率在0.1%～10%之间为引入期或成熟期（成熟期后期的增长率可能是零或负数），增长率大于10%为成长期，增长率小于零则为衰退期。这种划分标准是一种典型的理想方式，并非所有产品都是如此，特别是当增长率在0.1%～10%时，要结合其他特征分析，判断该阶段是属于引入期还是成熟期。

5. 比率增长判断法

比率增长判断法即以销售增长率的变化率来判断产品处于市场生命周期的哪一阶段。其公式为：

$$\text{销售增长变化比率 } I=\frac{Q_2'-Q_1'}{Q_1'}\times 100\% \tag{8.2}$$

式中：Q_1'——上一期实际销售增长率；

Q_2'——计算期的实际销售增长率。

一般来说，当I为正值时，产品处于引入期或成长期；当I为负值时，产品已进入成熟期或衰退期。

四、产品生命周期理论的意义

研究分析产品生命周期，正确把握产品在市场上的生命历程，对企业经营有着非常重要的意义。

（1）产品生命周期理论揭示了任何产品都和生物有机体一样，有一个诞生—成长—

成熟—衰亡的过程，也就是世界上没有一个企业的产品在市场上能永远畅销，永久获利，它迟早是要被市场淘汰的。因此企业要居安思危，不断创新，开发新产品，做到生产一批，储备一批，试制一批，设想一批，使企业更好地生存和发展。

（2）借助产品生命周期理论，可以分析判断产品处于生命周期的什么阶段，推测产品今后发展的趋势，正确把握产品的市场寿命，并根据不同阶段的特点，采取相应的市场营销组合策略，增强企业竞争力，提高企业的经济效益。

（3）从产品生命周期理论可知，由于科学技术迅猛发展，人们的需求变化加快，未来产品生命周期的发展趋势是越来越短。但是通过企业的市场营销努力，产品生命周期是可以延长的。延长产品生命周期的途径和方法很多，主要有：

● 改进现有产品的质量、性能、包装、装潢，提高产品的可靠性，稳定老用户，吸引新用户。

● 增加花色品种，增加产品的新功能，生产系列产品或更新换代产品，满足不同顾客的不同需求，从而吸引更多的顾客，扩大销售量。

● 创优质名牌产品，扩大产品知名度，从而扩大销售量，增加利润，延长产品生命周期。

● 扩展产品的用途，开拓或创造新的需求，争取新顾客，扩大产品的销售量。

● 开拓产品的新市场，寻找潜在需求，发掘潜在顾客。对于在原有市场的需求已相对饱和的产品来说，适时地开拓新市场，争取更多的购买者，可增加销售，延长产品的生命周期。

● 改进营销策略，如加强广告宣传，降低售价，开展优质服务等，对提高销量、延长产品生命周期均有很大作用。

第 4 节　新产品开发

产品生命周期理论为我们提供了一个重要启示：在当今科学技术迅速发展、消费需求变化加快、市场竞争激烈的情况下，企业得以生存和成长的关键在于不断地创造新产品和改进旧产品。创新可以说是使企业永葆青春的唯一途径。为了使企业的总销售量和总利润始终保持上升的势头，或者至少保持平稳，避免大起大落，每一个企业都必须把开发新产品作为关系企业生死存亡的战略重点。

一、新产品的概念

从企业营销角度来说，新产品与因科学技术在某一领域的重大突破所推出的新产品在概念上不同，它是指在某个市场上首次出现的或者是企业首次向市场提供的，能满足某种消费需求的整体产品。产品整体概念中任何一部分的创新、变革和改良，都可视为新产品。据此，新产品可划分为以下几类。

（1）全新产品。指应用科技新成果，运用新原理、新技术、新工艺和新材料制造的市场上前所未有的产品。全新产品一般是由于科技进步或为满足市场上出现的新的需求而发明的产品，具有明显的新特征和新性能，甚至能改变用户或消费者的生产方式或消费方式。但全新产品的发明难度大，开发时间长，需大量投入，成功率低。一旦成功，用户和消费者也还需要有一个适应与接受和普及推广的过程。

（2）换代产品。也称为革新产品，是指部分改变市场上已经出现的原有产品的结构和性能而形成的产品，它使原有产品的性能得到改善和提高，具有较大的可见价值。对于此类产品，使用者也需要有接受和普及的过程，但时间比较短。

（3）改进产品。指对现有产品的质量、特点、外观款式或包装加以全面或局部改进的产品。这类产品与原有产品差别不大，易于为使用者接受。市场上销售的大部分新产品属于这种类型。

（4）新品牌产品。指对现有产品稍作改变，突出某一方面的特点，使用新品牌后提供给市场的产品。有时这种新产品是仿制市场上某种畅销的产品，新品牌的使用是出于竞争的考虑。

二、新产品开发管理程序

科学合理地安排新产品开发的程序，是取得成功的必要条件。开发新产品是一个从寻求新产品构思开始，直到把某个构思转变为商业上取得成功的新产品为止的前后连续的过程。企业研制新产品的管理程序大致如图 8－8 所示。

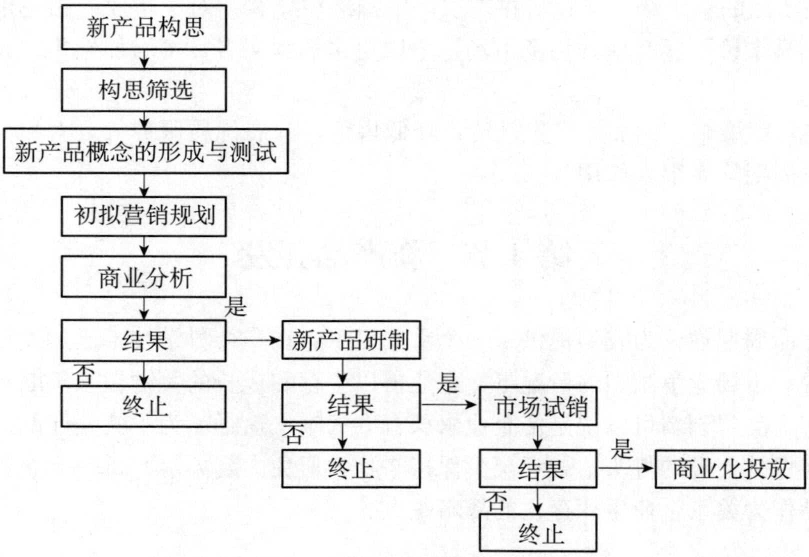

图 8－8　新产品开发管理程序

1. 新产品构思

开发新产品首先需要有充沛的创造性构思（也称创意、设想，俗称点子），收集的新产品构思越多，则从中选出最合适、最有发展希望的构思的可能性也越大。企业能否收集到丰富的新产品构思，不在于意外的发现和偶然的机会，关键在于企业必须具有鼓励人们提建议、出点子的制度以及建立一种系统的程序，使寻求来的任何新产品构思都能和产品开发部门建立直接沟通。

新产品构思的来源是多方面的，主要包括：（1）顾客。企业营销人员可以通过观察和倾听顾客的需求，分析顾客对现有产品提出的批评和建议，形成新产品构思。(2) 竞争者。竞争产品、竞争者的成败可以为新产品构思提供借鉴，企业应博采众长，为我所用。(3) 企业营销人员。他们密切接触市场，了解顾客需求，熟悉竞争情况，最有发言权，往往成为新产品构思的最好来源之一。(4) 企业高级管理人员。他们所处的地位使他们最明确公司的发展方向及所需要的产品构思。(5) 经销商。经销商掌握顾客要求和市场竞争等方面的第一手资料，也能提供市场上有关新技术、新工艺、新材料等信息，对帮助企业构思新产品往往会有很大启发。

延伸阅读

C2B 与快速迭代

C2B（consumer to business，即消费者到企业）是互联网经济时代新的商业模式。这一模式改变了企业和消费者的关系，是一种消费者贡献价值。C2B 的核心是以消费者为中心，消费者首先提出需求，然后企业按需求组织生产。消费者根据自身需求定制产品和价格，或主动参与产品设计、生产和定价，产品、价格等彰显消费者的个性化需求，企业进行定制化生产。

快速迭代是指产品与服务要快速地适应不断变化的需求，不断推出新的版本满足或引领需求，永远快对手一步。

当企业所处环境快速变化，产品没有足够的时间来进行需求分析及相关测试，或用户不知道自己真正想要什么的时候，企业可以借助互联网平台，及时收集用户反馈，捕捉用户需求，从而在产品研发过程中及时地调整产品的方向，快速纠错，增补新功能，同时避免在无用的功能上浪费时间和精力，减少风险。通过快速迭代，企业在产品研发过程中，既能找准用户需求又能提供好的体验。

2. 构思筛选

筛选的目的是剔除与企业目标或资源不协调的新产品构思。筛选过程应分为两个阶段。第一阶段要求做出迅速和正确的判断，判别新产品构思是否适合企业的发展规划、技术专长和财务能力，以剔除那些明显不合适的建议，从而使宝贵的资源不至于浪费在复审不切实际的提案上。这种判断应由有见识的经理和专家做出。筛选的第二阶段要求进行更细致的审查，常用的方法是将通过第一阶段筛选后余下来的产品构思利用评分表评出等级。等级的评定是产品开发部门在对有关的一系列因素做出适当评价的基础上慎重做出的，评分表的格式见表 8-1。

表 8-1　　新产品构思评分表

产品成功的必要条件	权数（A）	企业的能力水平（B）	评分（A×B）
公司信誉	0.20	0.6	0.120
市场营销	0.20	0.9	0.180
研究与开发	0.20	0.7	0.140

续前表

产品成功的必要条件	权数（A）	企业的能力水平（B）	评分（A×B）
人事	0.15	0.6	0.090
财务	0.10	0.9	0.090
生产	0.05	0.8	0.040
地理位置和设备	0.05	0.3	0.015
采购与供应	0.05	0.9	0.045
总计	1.00		0.720

3. 新产品概念的形成与测试

新产品构思经过筛选后，需进一步发展形成更具体、明确的产品概念，这是开发新产品过程最关键的阶段。产品概念是指已经成型的产品构思，即用文字、图像、模型等予以清晰阐述，具有确定特性的产品形象。一个产品构思可以转化为若干个产品概念。

如一家食品公司获得了一个新产品构思，欲生产一种特殊口味的营养奶制品，该产品具有高营养价值，特别美味，食用简单方便（只需沸水冲饮）的特点。为把这个产品构思转化为鲜明的产品形象，公司从三个方面加以具体化：

（1）该产品的使用者是谁？即目标市场是婴儿、儿童、成年人还是老年人？

（2）使用者从产品中得到的主要利益是什么（营养、美味、提神还是健身等）？

（3）该产品最宜在什么时间饮用（早餐、中餐、晚餐、饭后还是临睡前等）？

这样，就可以形成多个不同的产品概念，如：

概念1，为“营养早餐饮品”，供想快速得到营养早餐而不必自行烹制的成年人饮用。

概念2，为“美味佐餐饮品”，供儿童作午餐点心饮用。

概念3，为“健身滋补饮品”，供老年人夜间临睡前饮用。

企业对发展出的每一个产品概念都要进行市场定位，以便具体分析该产品与市场上哪些现有产品竞争，并据此制定产品或品牌定位策略。

企业要从发展出来的众多产品概念中选择出最具竞争力的最佳产品概念，这就需要了解顾客的意见，进行产品概念测试。概念测试一般采用概念说明书的方式，说明新产品的功能、特性、规格、包装、售价等，印发给部分可能的顾客，有时说明书还可附有图片或模型。要求顾客就类似如下的问题提出意见：

（1）你认为本饮品与一般奶制品相比有哪些特殊优点？

（2）与同类竞争产品比较，你是否偏好本产品？

（3）你认为价格为多少比较合理？

（4）产品投入市场后，你是否会购买（肯定买，可能买，可能不买，肯定不买）？

（5）你是否有改良本产品的建议？

概念测试所获得的信息将使企业进一步充实产品概念，使之更适合顾客需要。概念测试视需要也可分项进行以期获得更明确的信息，其结果一方面形成新产品的市场营销计划，包括产品的质量特性、特色款式、包装、商标、定价、销售渠道、促销措施等，另一方面可作为下一步新产品设计、研制的根据。

4. 初拟营销规划

新产品主管部门在新产品概念形成和通过测试之后，必须拟定一个把这种产品引入市场的初步市场营销规划，并在未来的发展阶段中不断完善。初拟的营销规划包括三个部分：第一部分是描述目标市场的规模、结构、消费者的购买行为、产品的市场定位以及短期的销售量、市场占有率、利润率预期等；第二部分概述产品预期价格、分销渠道及第一年的营销预算；第三部分阐述较长期（如 5 年）的销售额和投资收益率，以及不同时期的市场营销组合策略。

5. 商业分析

商业分析实际上是经济效益分析。其任务是在初步拟定营销规划的基础上，对新产品概念从财务上进一步判断它是否符合企业目标。这包括两个具体步骤：预测销售额和推算成本与利润。

预测新产品销售额可参照市场上类似产品的销售发展历史，并考虑各种竞争因素，分析新产品的市场地位、市场占有率，以此来推测可能的销售额。

在完成一定时期内新产品销售额预测后，就可推算出该时期的产品成本和利润收益。成本预算主要通过市场营销部门和财务部门综合预测各个时期的营销费用及各项开支，如新产品研制开发费用、销售推广费用、市场调研费用，等等。根据成本预测和销售额预测，企业即可以预测出各年度的销售额和净利润。审核分析该项产品的财务收益，可以采用盈亏平衡分析法、投资回收率分析法、资金利润率分析法等。

6. 新产品研制

这一步主要是将通过经济效益分析即商业分析后的新产品概念交送研究开发部门或技术工艺部门研制成为产品模型或样品，同时进行包装的研制和品牌的设计。这是新产品开发的一个重要步骤。只有通过产品研制，投入资金、设备和劳动力，才能使产品概念实体化，才能发现产品概念的不足与问题，继续改进设计，也才能证明这种产品概念在技术、商业上的可行性如何。如果因技术上不过关或成本过高等而遭否定，这项产品的开发过程即会终止。

应当强调，新产品研制必须使模型或样品具有产品概念所规定的特征，应进行严格的测试与检查，包括专业人员进行的功能测试和消费者测试。功能测试主要在实验室进行，测试新产品是否安全可靠，性能质量是否达到规定的标准，制造工艺是否先进合理等。消费者测试是请消费者加以试用，征集他们对产品的意见。这两种测试的目的都在于对样品作进一步的改进。

7. 市场试销

经过测试合格的样品即为正式产品，应投放到有代表性的小范围市场上进行试销，以检验新产品的市场效率，作为是否大批量生产的依据。当产品的成本很低，对新产品非常有信心，由比较简单的产品线扩展或模仿竞争者的产品时，企业可以不进行或进行很少量的试销。但是，投资很大的产品或企业对产品或营销方案信心并非很足时就必须进行较长时间的试销。

新产品试销前，必须对以下问题做出决策：

（1）试销地点的选择。选择试销的范围宽度，一般来说，应选择收入居于中等水平、具有代表性的地区。如果选择城市，选择3～4个比较合适。

（2）试销时间的长短。从产品特征、竞争者情况和试销费用来考虑，如是重复购买的产品，至少要试销一两个购买周期。

（3）试销所需的费用。

（4）试销的营销策略及试销成功后进一步采取的行动等。

在试销过程中，企业要注意收集有关资料：（1）在有竞争的情况下，新产品试销情况及销售趋势如何，同时与原定目标相比较，调整决策。（2）哪一类顾客购买新产品，重购反应如何。（3）对产品质量、品牌、包装还有哪些不满意。（4）新产品的试用率和重购率为多少，这两项指标是试销成功与否的判断值，也是新产品正式上市的依据（见图8-9）。（5）如果采用几种试销方案，选择比较适合的方案。

	重购率 高	重购率 低
试用率 高	继续发展，抓紧上市	改进新产品
试用率 低	加强促销，开发市场	放弃

图8-9 新产品试用率/重购率矩阵

8. 商业化投放

新产品试销成功后，就可以正式批量生产，全面推向市场。这时，企业需要动用大量资金，支付大量费用，而新产品投放市场的初期往往利润微小，甚至亏损，因此，企业在此阶段应在以下方面慎重决策。

（1）投放时机。企业必须分析何时是新产品推出的最佳时机，如节假日。如果新产品是用来代替本企业其他产品，那么其投放时机应在原有产品库存较少的情况下上市；如果新产品具有较强的季节性，则应在消费旺季到来之前投放市场；如果新产品尚需改进，则应等到产品进一步完善之后再投放，切忌仓促上市。

（2）投放地区。企业需要决定在何地投放新产品。一般情况下，应集中在某一地区市场开展广告和促销活动，拥有一定市场份额后，再向各地市场扩展。而资金雄厚并拥有完备通畅的国内外销售网络的大企业则会选择迅速把新产品推向更大的市场。

（3）目标市场。目标市场的选择可以依据试销或产品开发以来所收集的资料。最理想的目标市场应是最有潜力的消费者（用户）群，通常具备以下特征：最早采用新产品的市场；大量购买新产品的市场；该市场的购买者具有一定的传播影响力；该市场的购买者对价格比较敏感。

（4）营销组合策略。企业要在新产品投放前制定尽可能完备的营销组合方案，新产品营销预算要合理分配到各营销组合因素中，要根据主次有计划地安排各种营销活动。

营销实践

Zynga的快速迭代

当用户尽在掌握，金钱自然随之涌来。作为一家拥有1 300多名员工的公司，Zynga掌握着全球2亿多社交网站用户的游戏时间。自从游戏成为一门生意以来，Zynga是这一领域成长最快的公司。

与《魔兽世界》那样需要数年时间精心制作、能让数百万玩家同时在线互动的游戏不同，Zynga大量借鉴简单的单机游戏，并借助Facebook等社交网站赋予其动态交互因素，低成本且快速地推出游戏。

抛开在业内与知识产权相关的纠纷不说，Zynga对速度的强调达到不可思议的程度。Zynga有一套纠错能力特别强的系统，会根据客户反馈进行数据研究，及时对上线游戏进行完善，在最短的时间内推出新的游戏版本。在Zynga，每个人都像充了电一样快速执行、以更快的速度进行产品的更新迭代，以至于出现“Zynga速度”这个词。

三、新产品的采用和市场扩散

新产品决定进入市场，企业的任务就是抓住时机进行推广，把新产品引进市场并使消费者普遍接受。新产品的市场扩散过程指新产品在市场上取代老产品的过程，或者指新产品逐步被广大消费者接受的过程。很明显，新产品的市场扩散强调的是企业在产品生命周期中的引入期和快速成长期的对策，其要点是根据新产品的特点和不同消费者的心理因素，以及消费者接受新产品的一般规律，有效地运用市场营销组合，加快新产品的市场扩散。

1. 新产品特征与市场扩散

新产品能否为市场迅速接受，取决于众多因素，但新产品所具有的特征显然是影响市场扩散程度的一个重要因素。某些产品（如飞碟、呼啦圈等）几乎在一夜之间就流行起来，而某些产品（如柴油发动机汽车）则经历了很长的时间才被消费者接受。具体说来，新产品对其本身的市场扩散具有重大影响的特征主要表现在以下几个方面。

（1）新产品的相对优点。新产品相对优点越多，即在诸如功能性、可靠性、便利性、新颖性等方面比原有产品的优越性越大，市场接受得就越快。为此，新产品应力求具有独创性、新特性、新用途，尽可能多地采用新技术、新材料。

（2）创新产品的适应性。新产品必须与目标市场的消费习惯以及人们的价值观相吻合，例如个人计算机与中等阶层家庭的生活方式及价值观念高度一致，它就容易被该阶层的人群所接受。反之，则不利于新产品市场扩散。

（3）创新产品的简易性。即要求新产品设计、整体结构、使用维修、保养方法必须与目标市场的认知程度相适应。一般而言，只有新产品的结构和使用方法简单易懂，才有利于新产品的推广。消费品尤其如此。

（4）创新产品的可传播性。这是指新产品的性质或优点是否容易被人们观察和描述，是否容易被说明和示范。凡信息传播较便捷、易于认知的产品，其采用速度比较快。例如，流行服装不用说明即可知晓，因而流行较快；反之，除草药剂因不能立即看到效果，市场扩散就比较慢。

新产品的上述特征往往并不能为消费者或用户一目了然地察觉，为此，企业应当认真做好各种促销工作。

2. 消费者接受新产品的过程

人们对新产品的接受过程，客观上存在一定的规律性。20 世纪 30 年代，美国市场营销学者罗吉斯对人们接受新产品的程序做了大量调查，总结归纳出消费者接受新产品的规律一般表现为以下五个重要阶段。

（1）知晓。这是个人获得新产品信息的初始阶段。新产品信息情报的主要来源是广告，也包括其他间接渠道，如商品说明书、技术资料、别人的议论等。很明显，人们在此阶段所获得的情报还不够系统，只是一般性的了解。

（2）兴趣。指消费者不仅认识了新产品，而且产生了兴趣。这时，消费者会积极地寻找有关资料，并进行对比分析，研究新产品的具体功能、用途、使用等问题。如果这些方面均较满意，将会产生初步的购买动机。

（3）评价。这一阶段消费者主要权衡采用新产品的边际价值。比如，对采用新产品可获得利益和可能承担风险进行比较，经过比较分析形成明确认识，从而对新产品的价值做出判断。

（4）试用。指顾客开始小规模地试用创新产品。通过试用，顾客开始正式评价自己对新产品的认识及购买决策的正确性如何。满意者将重复购买；不满意者则会放弃此产品。

（5）接受。顾客通过试用，收到了理想的使用效果，就会放弃原有的产品形式，完全接受新产品，并开始正式购买、重复购买。

对于新产品的营销者，应考虑如何让消费者顺利地通过知晓、兴趣、评价、试用阶段，最后采用新产品。当消费者在采用新产品过程中新产品发生故障时，企业应及时采取必要的措施。例如某自动洗碗机生产商发现许多消费者滞留在兴趣阶段，主要因购置洗碗机需大量投资而犹豫不决，不愿意进入试用阶段。若采用每月支付少量费用的办法，这些消费者就会愿意试用自动洗碗机。所以生产商应当提出一项适宜的试用计划，让消费者做出接受的决定。

消费者采用新产品的模式如图 8－10 所示。

3. 新产品的扩散过程

在实际生活中，不同顾客对新产品的反应有很大的差异。由于社会地位、消费心理、收入水平、个人性格等多种因素的影响和制约，消费者按上述模式接受新产品的过程，并不是同时进行的，而是有先有后，即不同消费者的知晓、兴趣、评价、试用到接受过程都是有先有后的。这就是所谓新产品的市场扩散过程。

新产品在同一目标市场上的扩散过程规律是：开始仅被极少数消费者接受，然后逐步被多数消费者接受。在时间坐标上，不同类型的消费者采用的时间顺序是：逐新者→早期采用者→中期消费群→晚期消费群→落伍者消费群。

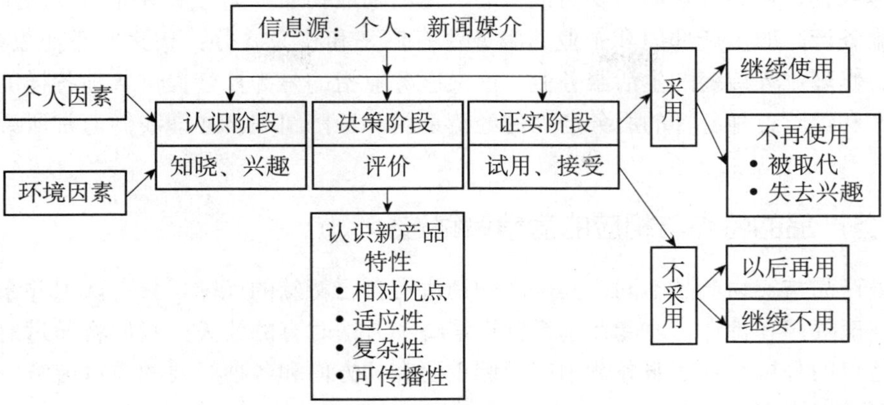

图 8-10　消费者采用新产品的模式

（1）逐新者。任何新产品都是由极少数逐新者率先采用，这是敢于冒险的少数人，他们对新鲜事物有浓厚的兴趣，新产品一上市，他们就会积极购买和使用。这部分人只占全部采用者的 2.5%。当逐新者感到新产品效果好时，他们的宣传就会使新产品被一批早期采用者接受。

（2）早期采用者。早期采用者往往是某些领域的舆论领袖，他们总是在很多事情上有领先的想法。他们很容易接受逐新者的影响，往往在新产品的介绍期和成长期内采用新产品。这批人约占全部采用者的 13.5%。

（3）中期消费群。新产品经过早期采用者的使用，被他们认可后，他们的宣传会影响到一大批能顺应社会潮流但又比较慎重的“追求时尚者”，即中期消费群。这部分人占全部采用者的 34%左右。

（4）晚期消费群。新产品被中期消费群采用后，新产品的目标市场接受率已达到 50%左右，这时新产品已开始影响一批多疑型消费者，即晚期消费群。这批人的特点是：他们从不主动采用或接受新产品，一定要到多数人都使用并且反映良好时才行动。这部分人占全部采用者的 34%左右。

（5）落伍者消费群。新产品已被绝大多数人采用，逐步变为市场上的老产品。这时部分落伍者消费群才顺应社会潮流而采用这种产品。这部分人占全部采用者的 16%左右。

上述新产品被消费者采用的过程和新产品的市场扩散过程说明，要使新产品尽快被消费者接受、采用而达到市场扩散，并有较高的接受率；或者要使新产品的引入期缩短，尽快进入增长期；或者要使新产品消除进入市场后的种种障碍，就必须在新产品的研究与开发中采取一系列措施，包括有关产品自身的措施，以及有关包装、商标、说明书、广告、销售渠道、服务等方面的措施，以加速消费者接受新产品。

第 5 节　服务产品的市场营销

在营销学意义上，服务是一种可供销售的活动，是以等价交换的形式为满足企业、公共团体或其他社会公众的需要而提供的劳务活动或物质产品。服务业指专门生产和销售各种服务产品的生产部门和企业。服务业有广义和狭义之分：狭义服务业仅指商业、餐饮业、修理业等传统的生活服务业；广义服务业指的是为社会提供各种各样的服务活动，生产和经营各种各样的服务产品的经济部门和经济组织，亦即我们通常所说的第三产业。[①]

一、服务产品的特点与相应的营销策略选择

服务产品与实物产品不同，其生产和销售有自己特殊的规律，只有认识并掌握服务产品的一般规律和特点，才能在选择营销策略和方法时有的放矢。我们将通过对服务产品一般特点的分析来阐明服务营销应当侧重研究的方向和各种必要的应对措施。

1. 服务产品的无形性

严格地说，服务产品的存在形式有两种：一种是以实物形式存在的物质载体，如作家的作品、饭店的菜肴；另一种是以活动形式提供的无形的服务，如医生的治疗、演员的演出等。

每种服务产品同时具有有形载体和无形服务，并且不同的服务产品中的有形部分和无形部分的分配构成一个连续谱线（见图 8－11）。确定一个服务产品在谱线中的位置，是确定其营销战略的基本前提。营销决策取决于产品核心成分的性质，其无形性越大，越难采用实物商品的营销手段。

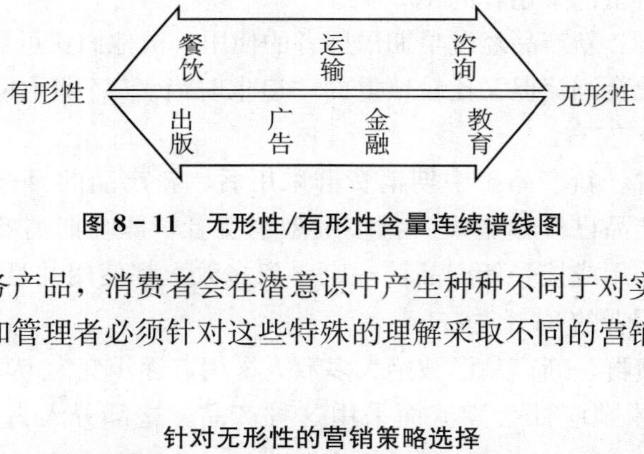

图 8－11　无形性/有形性含量连续谱线图

针对无形的服务产品，消费者会在潜意识中产生种种不同于对实物商品的理解，这就要求服务提供者和管理者必须针对这些特殊的理解采取不同的营销手段予以应对（见表 8－2）。

表 8－2　针对无形性的营销策略选择

消费者的特殊理解	营销者的应对手段
消费之前很难形成准确预期	简化服务，使服务产品有形化
购买风险大于实物商品	设立标准，细分档次，降低购买失误风险
很难做到产品比较	把服务落实到感官上，使服务有感化
广告可信度更低	促进人与人沟通（口碑）
价格、设施、布局等传递质量信息	以价格树立形象，以设备技术赢得竞争
很少有品牌忠诚	通过促销、宣传，建立信任，赢得人心

① 本章讨论的是广义服务业，并在相同意义上使用服务业和第三产业两个概念。

2. 服务产品的生产和消费在时间上的等一性

服务产品的生产和消费在时间上的等一性也称为不可分割性，指的是在服务业市场上，生产者和消费者直接发生联系，生产过程同时也是消费过程，两者在时间和空间上不可分割。很多情况下，消费者直接参与生产过程，如理发、美容；而另一些情况下，虽然生产和消费可能在空间上有所分离，如餐饮业，但服务提供与消费需求仍然相互对应，不可分割。

服务产品的这一特点同样带给消费者一些不同于实物消费的特殊感受，而这些感受同样构成了服务营销的方向和目标（见表8-3）。

表8-3　针对不可分割性的营销策略选择

消费者的特殊感受	营销者的应对手段
服务无法与生产者分离，服务消费必须亲自到场	将消费与生产分离（如自动售货、远程教学、电子银行等）
消费风险大，服务质量事后验证	运用高技术、新设备，选择高素质人员，提高服务质量
有些服务不需要客户在场（如餐饮、保洁等）	吸引消费者卷入服务过程，担任质量监督
服务供需有地域限制	● 通过地域选择战略靠近主要消费群 ● 通过营销宣传扩大服务覆盖面 ● 把服务生产过程分散化，形成规模效益

3. 服务产品的不可储存性

服务产品无法像工业品那样被仓储保管，而是随生产过程的结束而消失，从而造成损失（如车船的空位、旅店的空房、电话线路的闲置等）。这种损失表现为机会的丧失和折旧的产生。这一特点也称为易失性。

同样，服务的不可储存性也使消费者产生了不同于实物消费的消费心理和消费行为，要求营销者加以考虑（见表8-4）。

表8-4　针对不可储存性的营销策略选择

消费者的特殊消费心理和行为	营销者可以考虑的方案
企业若不在生产时销售就会失去服务收益，而消费者对此并不关心	● 预订系统 ● 通过刺激手段调节需求流量 ● 人员弹性
购买结束的同时，产品的概念已留在消费者记忆中	● 自助 ● 只提供服务主要内容的介绍
在服务供不应求时消费者才意识到服务没有库存的特点，被迫排队等候	● 补充或扩展服务 ● 人员弹性 ● 引导需求的时间结构

4. 服务产品的质量多变性

服务业是以“人”为中心的产业，很少有机械化、自动化生产。不同服务人员由于技艺水平差异，使服务产品的质量很难一致；即使是同一个服务人员，也会由于个性、心理等方面的因素，很难保证服务水平标准化；况且由于消费者直接参与服务生产和销售过程，因此，消费者的知识、经验、诚实和动机，既影响着服务行业的生产力，也影响着服务产品的质量和效果。

一般而言，质量的多变性对企业是一种经营风险，很大程度上是实施营销策略的障碍。但标准化并不是一成不变的目标，服务的可变性在一定条件下可以转化为竞争优势和发展机遇。当我们向银行借贷和去美容院做美容时，我们并不想得到和其他客户同样的待遇。换句话说，针对多样化服务需求的个性化服务供给，正是未来服务业发展的一种潮流。然而这并不意味着不存在服务质量低于消费者预期的风险，这就要求服务管理者和营销者必须采取措施对风险加以控制（见表8-5）。

表8-5 针对质量多变性的营销策略选择

消费者的服务质量观	服务管理者的应对措施
服务提供的只是一种虚无的活动	无形服务有形化
消费与服务同步进行，并同步检验质量	分解服务步骤，简化服务过程，提高质量预见性
服务质量检验具有主观性	通过使用高职业化的人员提供个性化服务，变可变性为机遇
对服务生产的控制能力取决于对服务性质的理解和经验积累（即“姜是老的辣”）	对人员的筛选、培训和激励进行投资，并作为宣传题材
服务的可变性加大了质量评价的风险	用机械代替人工
过程标准化和档次明细化能降低质量风险	控制生产过程，制定一定的操作标准和服务档次

以上是服务产品所表现出的四个基本的经济特性，它们对营销战略的制定具有广泛的指导意义。四种特性表现越明显的服务产品越需要制定针对性强的服务营销策略；反之，四种特性表现不明显的服务产品则可以较多地借鉴实物产品的营销经验和策略。

二、服务市场营销策略

服务产品有一些区别于有形产品的特点，这使得服务产品的营销策略与有形产品相比有较多不同，例如服务的需求管理问题更突出，服务质量管理也很重要，人和过程因素成为营销策略的重点；而渠道策略并不像在有形产品营销中那么重要和复杂。

（一）供求调节策略

由于服务供给受到资本、设备、技术，尤其是人员的巨大限制，一般而言，我们认为服务的供给是缺乏弹性的，供给曲线通常近似地用一条水平直线表示。但是，顾客对服务的需求却因时间的不同存在很大的差异，例如早晚上下班时间公交车的拥挤，非就餐时间饭店的冷清。于是，服务需求曲线多为波浪线（见图8-12）。

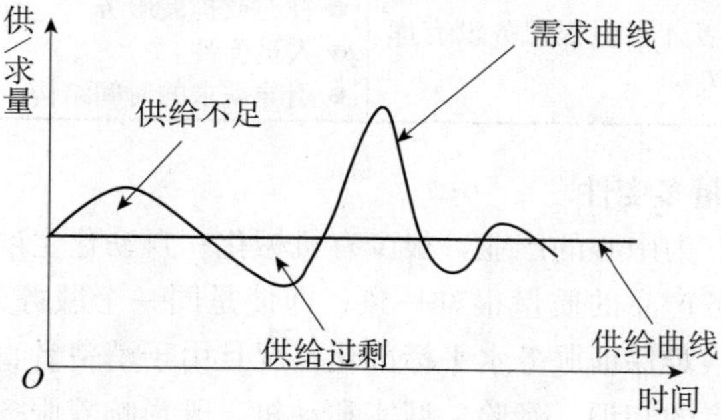

图8-12 服务市场供求曲线

显然，服务的供求在时间上呈现出一种先天的不平衡，而这种不平衡又由于服务产品的不可储存性，而无法像实物商品那样通过库存来后天解决。因此，对服务企业而言，只有通过调节服务供求本身（而不是储存供求）来解决这种量的不协调。而成功的供求调节策略也成为服务企业改善经营、取得最佳经济效益的关键。

一般而言，一个服务企业的供求存在如下四种状况。

(1) 需求超过企业的最大供给能力，部分需求得不到满足，企业失去市场机会。

(2) 需求超过企业的正常供给能力，而低于最大的供给能力，需求基本可以得到满足，但服务企业的设备紧张，服务质量差，企业被迫实行“破坏性经营”。

(3) 供给与需求大致平衡，此时设备和人员处于最佳运转状态，服务质量最优。

(4) 需求低于企业的正常供给能力，造成设施和人员闲置，服务能力浪费。

对服务企业而言，上述 (1)、(2)、(4) 三种情况是常态，也是应当尽量避免的。可见，为了提高经营效益，适当的供求调节策略便成为服务企业必须即时调整的基本策略。这一策略分为两个方面。

1. 需求调节策略

对服务企业而言，加强对需求的调节和管理，就是要在保持供给稳定的前提下，通过恰当的方法和措施，改变顾客的需求时间，将需求曲线的波动拉平（见图 8-13），以减少供求不协调造成的顾客不满或人员和设备的闲置。以下是几种可供参考的具体调节手段。

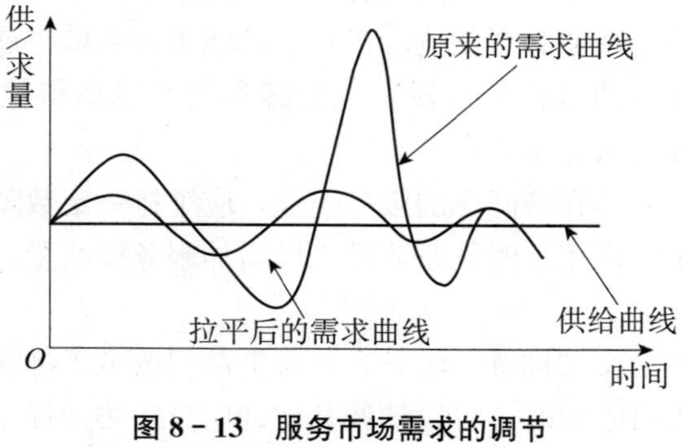

图 8-13　服务市场需求的调节

(1) 实行差别定价。在需求高峰期，价格上浮，而在非高峰期进行让利或折扣促销，以便将部分价格弹性较强的需求从高峰期释放到非高峰期，使人员和设备得到均衡使用。

(2) 发展非高峰期服务，刺激需求。在非高峰期增设一些特别的或新的服务项目，比如餐厅午间特设学生餐等，以吸引消费者。但要谨慎选择所要增设的服务项目，以防不同的需求对象之间发生冲突。

(3) 提供辅助性的服务。为了暂时缓和供不应求的状况，在高峰期可以提供一些临时的辅助性的服务，让等候中的顾客享用，尽量留住他们，并尽量减少他们等候时的不满。

(4) 实行预售服务。通过预售，服务企业可以及时了解市场需求状况，并能对高峰期和非高峰期的需求进行综合平衡，分散需求集中的时间，使企业不失盈利的机会。

2. 供给调节策略

所谓供给调节就是根据服务需求的变化情况，及时调节企业的服务供给量，达到服务供求的基本平衡，减少服务能力的浪费，提高经营效益（见图 8－14）。

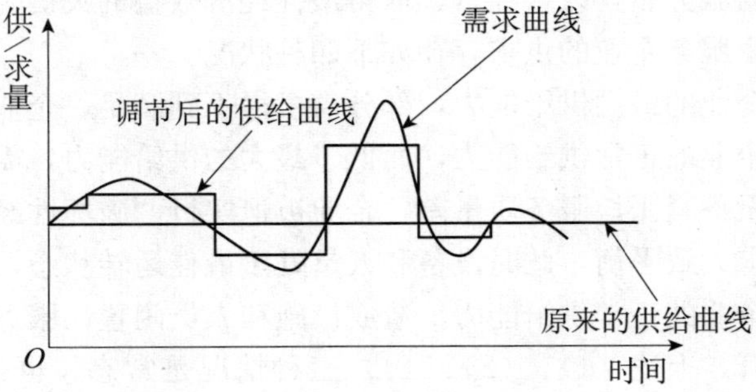

图 8－14 服务市场供给的调节

一般来说，以下调节企业供给能力的策略可供应用。

（1）调整服务供给的时间和地点，如延长服务时间、增设临时服务网点。这是最直接的策略，但费用较高，只适用于临时、短期的供给调节。

（2）只提供主要的服务项目。需求高峰时，在保证服务质量的前提下，只提供主要的服务项目，把次要的服务内容略去，可以提高服务的供给效率。

（3）增强顾客的参与程度。即鼓励顾客去做一些本来由服务人员完成的工作。这种自助式的服务方式起源于商业和餐饮业，正在向其他服务领域扩展，如银行业、交通运输业等，目前尚属边探索边推广的阶段。让顾客参与可以赢得他们对服务的认同和满意，降低生产成本，提高服务生产率。

（4）雇用临时员工。存在淡旺季的服务企业，应维持一定数量的基本员工应付平时服务供应，在供不应求时雇用临时性兼职员工以增加服务供给量，并减轻基本员工的工作压力。

（5）加强企业员工的交叉训练。服务企业每个部门的员工都在强化本职的同时接受交叉训练。当某部门人员吃紧时，可以抽调其他部门员工协助提供服务，既提高了服务供给效率，也增强了员工的素质，还有利于减少营业费用。

（6）设计供给系统。企业应当在充分了解市场潜力、明确企业目标的前提下，设计相应的供给系统，使企业的设施和人员有一个适当的配比。有条件的企业，更应留有一定的、必要的工具设备和人员储备，以在服务需求波动时灵活调配。

（二）质量管理策略

通过富有成效的工作，保持或不断提高顾客对本企业服务的满意程度，是服务营销的核心，也是服务企业可持续发展的重要前提。而实施高效率的质量管理，则是提高顾客满意度的必由之路。

服务生产与消费的不可分割性决定了对服务无法像对实物产品那样在消费前通过检查来控制其质量。而服务质量作为一种感受，产生于生产者和消费者间的互动过程。这些都决定了服务质量管理要比实物产品质量管理难度更大。

作为西方服务营销学的研究成果，“服务质量阶梯”概括了服务质量管理的理论方法和步骤。如图 8－15 所示，检查是第一步，也是最基本的方法，因为企业总是在这里发现质量问题并开始改进的尝试；其后依次是服务过程控制、质量责任管理、质量成本管理、无条件服务保证、服务设计等；质量机能展开是质量管理的最高层次。在这里，质量最终被定义为应在服务过程的设计中具体化的顾客需求。

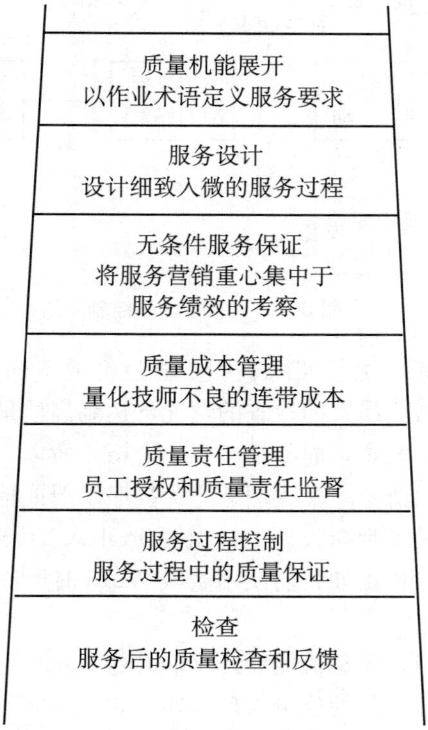

图 8－15　服务质量阶梯

从实践角度，服务质量管理策略可归纳为两类：(1) 服务质量改进的基础策略，即置身于服务之外，对服务质量进行整体设计。(2) 把质量放入服务中改进的策略，即在服务过程中，对质量管理进行局部的重点设计。

1. 基础策略

服务质量改进的基础策略，简言之，包括两种不同的思路：(1) 不断改进服务生产过程，这一思路以日本企业最为典型，强调设法前瞻未来，通过小幅改进建立减少错误的机制。(2) 根本改变生产过程，这一思路多为欧美企业采用，注重对服务的反复重新设计。当然，两种思路又引发各种具体的策略手段，常见的有如下几种。

(1) 服务过程控制策略。服务过程控制（见图 8－16）是一个反馈控制系统，在系统中不断将输出结果与既定标准对比，将偏差反馈给输入，通过系统调整使输出保持在可接受范围内。这一策略在服务企业中最为常用，但也存在不尽如人意的地方，即输出结果只有待消费结束后才能实现反馈；当然，实践中也提出了解决方法，如以顾客等候时间、顾客投诉数量等为标准。至于那些由若干阶段组成，延续时间较长的服务，这一策略的投入产出效率是非常高的。

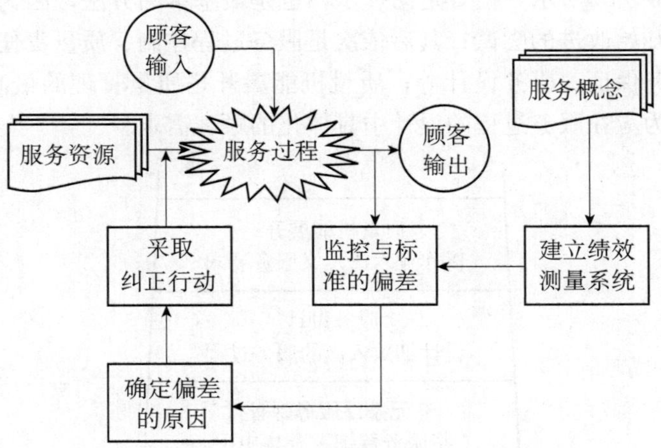

图 8－16　服务过程控制

（2）POKA-YOKE 策略。大量实践表明，通过低成本的过程质量控制和员工日常工作程序手册，可以在不需要昂贵的检查的情况下达到高质量。统计表明，大量服务错误的发生是由于员工的粗心大意，而不是员工不合格。所以，该策略实施的关键在于建立一套对“微妙点”的提示清单——我们称之为程序手册或检查表——用标准化作业来限制员工判断，同时减少员工判断失误。这就是 POKA-YOKE 策略，也叫作“傻瓜也会做”策略。其策略实施过程正如我们使用微软 Word 时所经历的，当你敲错一个键时会听到“嘟”的一声。

（3）质量机能展开策略。质量机能展开（quality function deployment，QFD）策略是一种简单易行又非常有效的新的质量管理策略。它从顾客的要求出发，发展出四个虚拟模块：1）质量模块，指出服务的特点和设计目标。2）环节模块，把质量模块中的特点发展成为服务各个环节的特点。3）计划模块，确定各个环节的计划操作程序。4）生产模块，确定生产过程中“微妙点”的操作程序。四个模块逐渐升级，前一个模块提出的问题由后一个模块解决，如图 8－17 所示，在“问题—解决”的循环往复中，实现服务质量的提升。

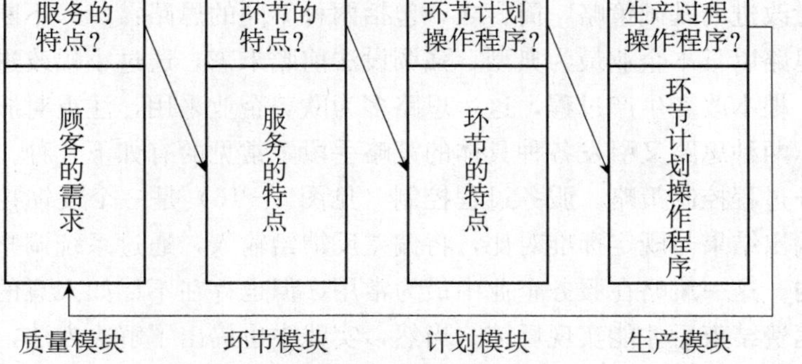

图 8－17　质量机能展开战略

2. 把质量放入服务中改进策略

把质量放入服务中改进，是指在服务提供过程中，建立一种质量观念。这种质量观念要求置身服务当中设计高质量的服务，而不是先进行服务设计，再对设计质量进行检验；这种质量观念强调对服务过程中的关键环节进行重点设计，而不是对服务过程进行整体规划。

在此，我们想引入真实瞬间这个概念，它指的是服务供需双方相互作用过程中的各个瞬间，也可以理解为服务提供过程中的各个微分环节。每一个真实瞬间是顾客感知服务质量的一个单位，也是企业提高服务质量的一个机遇——质量就生成于这一瞬间。所以，质量设计和质量改进必须体现在这一瞬间。

我们还需要引入对标（benchmarking）这个有用的质量改进方法。它指的是与本行业中最佳对手进行质量比较——但比的不是顾客满意度，而是企业服务的性能；比的也不是服务的总体性能，而是真实瞬间中双方各个微分环节的性能。

结合真实瞬间的顾客调查和对标，我们可以在机遇分区图（见图8-18）上得到该真实瞬间的现状属性，这些属性为质量改进提供了思路和方向。基于机遇分区图这种方法所做的质量设计才是真正的在服务中设计高质量的服务。

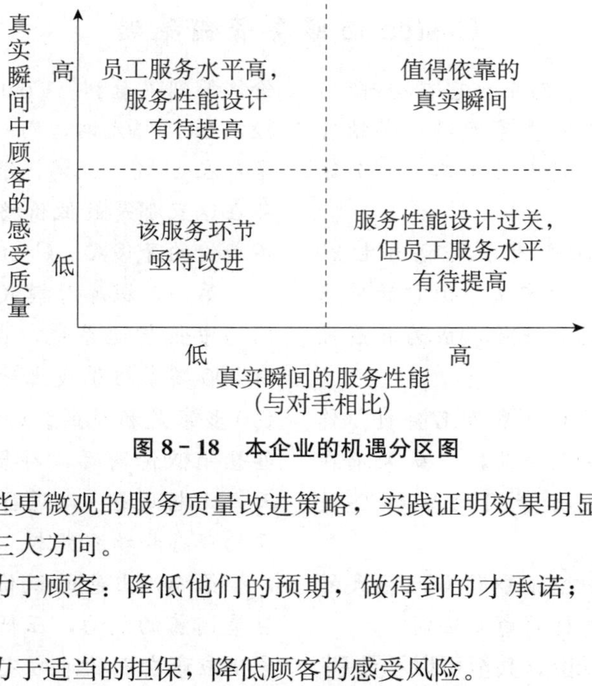

图8-18 本企业的机遇分区图

另外，还有一些更微观的服务质量改进策略，实践证明效果明显。在这里，可以将其思路归纳为以下三大方向。

(1) 集中注意力于顾客：降低他们的预期，做得到的才承诺；增强顾客的消费知识，开展顾客培训。

(2) 集中注意力于适当的担保，降低顾客的感受风险。

(3) 集中注意力于服务人员，强化质量共识，建立质量文化。

◎ 基本概念

产品整体概念	产品组合	延伸产品	产品线
产品生命周期	新产品	市场扩散	快速—掠取策略

市场改良策略　　服务　　服务业　　需求调节策略
供给调节策略

◎ 思考题

1. 产品整体概念对企业营销有什么启示？
2. 什么是产品组合？企业如何对产品组合进行评价和调整？
3. 产品生命周期可以分为几个阶段，每个阶段各有什么特点？
4. 企业在进行新产品开发的过程中要注意哪些问题？
5. 新产品扩散理论对企业营销有什么启示？
6. 服务具有哪些不同于实物商品的特点？
7. 怎样有效地提高服务质量？

◎ 案　例

Costco 的服务营销策略

有这样一家传奇企业。它在全球 41 个国家和地区拥有 600 多家卖场，年销售额超过 970 亿美元，是全美第二大、全球第七大零售商。

它虽然比竞争对手沃尔玛晚出生 20 年，销售额仅是对方的零头，但它的单店经营业绩却是沃尔玛的 4 倍，成为其最强劲的敌手。

它在全球拥有 7 000 多万名会员。作为一家《财富》500 强企业，它从来不在媒体上做广告，没有专门的媒体公关团队。

它就是 Costco。它能取得如此巨大的成功，到底遵循了怎样的商业法则？

法则一：为了低价，甚至可以不盈利

Costco 创始人之一詹姆斯·辛内格曾说：自己在零售业摸爬滚打几十年，看到太多沉沉浮浮，许多像西尔斯（Sears）那样曾经辉煌一时的商家最后变得门可罗雀，就是没有抵制住加价的诱惑。

Costco 不但抵制住加价的诱惑，甚至价格低到不盈利。Costco 将商品的毛利率控制在 10%左右，而一般超市的综合毛利率都在 15%～25%，很多品牌不错的日用品在这里都是最低价格，甚至包括一些从不降价的奢侈品。Costco 是如何做到的？

第一，深库存模式。Costco 有自己专门的中枢货运系统，在仓储式门店里面，有 500 多家把整块土地都买了下来，只有 140 多家是租赁的。Costco 的商品都是一些热销低价商品，存货周转天数才 30 多天，比电商还少，这样可以极大地降低商品的库存和物流成本。

第二，出色的议价能力。Costco 依靠巨量销售的能力，压低进货价格，如果一家供应商在别的地方定价比在 Costco 的还低，那么它的商品将永远不会再出现在 Costco 的货架上。因为议价没有达成一致，你会发现 Costco 没有可口可乐，为了弥补这一缺失，Costco 会销售更物美价廉的自营可乐。

第三，塑造廉价形象。Costco 有更丰富的产品可供选择，比如你能买到广式香肠、台湾凤梨酥和月饼，Costco 甚至低价销售一些高档手袋、瑞士名表和珠宝等。为了避免奢侈品侵害其苦心经营的低价形象，Costco 在普通货架上卖古驰、蔻驰等奢侈品时，会要求供货商更改其传统的包装，在外观上显得廉价一些。

法则二：不靠产品赚钱，靠会员赚钱

相比一般超市“生鲜赚人气，日用赚业绩，家电赚利润”的理论，Costco 的盈利方式完全不同。低价策略让 Costco 不以卖东西赚钱，而是以会员赚钱。

Costco 的会员分为执行会员和非执行会员。执行会员要交 110 美元的年费，有资格在一年内享受消费总额 2%（最高 750 美元）的返现，以及一部分保险优惠；而非执行会员只交 55 美元的年费，除了可以进场消费，还能额外带人进去。

不论是执行会员还是非执行会员，都可以享受卖场的免费服务。例如：免费安装轮胎、免费视力检查、镜架调整服务以及免费停车。Costco 承诺，顾客在缴纳会费后，任何时候若对服务不满意决定退出，都将获得全额返款，但 Costco 的会员续费率达到了惊人的 90%，这就意味着客户的回头率是 90%。

Costco 的会员费以每年增加 2 亿美元的速度增长，2014 年的会员费总额为 24 亿美元，而货物利润在 10 亿美元左右，扣除所得税后，净利润在 20 亿美元左右，这刚好跟会员费收费差不多，说明这家公司真的是靠会员挣钱。目前，Costco 拥有 7 000 多万名持卡会员，已经成为全球会员数最多的超市。

法则三：服务好到有点“过分”

我们曾经看到无数因退货而破产的企业案例，比如在美国市场销售液晶电视的歌林，一款产品的高退货率成为它破产的原因之一。而 Costco 的退货政策却更加疯狂。

Costco 规定，除了电脑、数码相机和投影仪等一些电子产品需要在购买后 90 天内进行退换外，其他商品没有退货期限。也就是说顾客在购买后，随时都可以拿着商品无理由退换，而且不需要提供购物收据。

关于 Costco 的无理由退货，一度刷屏社交网络，比如有人成功退掉已经腐烂的桃子、蔫掉的盆栽、吃到只剩一颗的巧克力盒，买了几年的衣服。

不管你的理由是什么，收据有没有，时间过去多久，只要你的 Costco 会员卡里有消费记录，都可以成功退掉。

你会发现，通过这种特别“过分”的服务，Costco 最后的退货率特别低。

法则四：和你的价值观一致

Costco 的这种经营理念，是一种规模经济和分享经济的结合体。

根据 Costco 的价值取向，目标客户群被锁定在年收入 8 万～10 万美元的所谓中产阶层群体。这个相对聚焦定位的群体有着独特的价值取向。

你会发现，在购物的潜移默化中，你的消费观和价值观都能在 Costco 找到。很多人在获得第一张会员卡数年后已经成为 Costco 最忠实的顾客。于是在 Costco 消费变得非常简单，这里每款商品的质量都非常让人放心，很多都是爆品，有的商品，例如烤架烤鸡，甚至有了自己的 Facebook 页面。

法则五：有态度的购物体验

“有限性”是 Costco 区别于其他企业的经营特色。

什么是“有限性”？简单来说就是单一极致的产品思维。美国人的价值观相对简单和专一，消费观相对成熟，这些都有助于仓储式超市在美国文化的环境里蓬勃发展。

虽然感觉Costco什么都卖，但其实你会发现Costco的商品庞而不杂。据报道，美国一家普通超市出售的货物种类有4万种，沃尔玛会高达10万种，但是Costco只出售4 000种产品，同一类商品只有一到两种品牌可供选择。

这种做法来源于Costco销售人员的研究，他们发现过多的选择往往会降低消费者的购买欲望。所以一家普通超市内货架上的番茄酱种类可能会有20种，但Costco售卖的番茄酱总是只有一款亨氏。

不仅如此，Costco商品的陈列也暗藏玄机。

一般超市会把应季商品以及符合社会动态的商品大量摆放在入口等显眼的位置，而Costco产品的摆放则与购物者的步伐速度相关：当你随着购物车阵排队进入商场，迎面而来的是一大排电视和3C产品，接着是维生素和化妆品。

顾客在刚进商场时，心情最好，愿意慢慢浏览，而维生素和3C产品是最需要比较也最容易使人冲动购买的高价单品。之后，依次是餐厨用品、家居用品和衣服等。在顾客开始感到不耐烦的时候，食品区就像是老天安排的仙境般出现在眼前，这样的购物体验的确高明。

法则六：从不做商业宣传

为了砍掉一切费用，Costco甚至从来不做商业宣传。

打开Costco的官网，可以感觉到它与其他零售企业的不同。Costco官网首页没有花花绿绿的促销广告，也没有与Facebook，Twitter等网络传播平台相互链接，网站首页上红蓝黑三种颜色简单得让人觉得有些土气。

那么，Costco又是怎么进行品牌传播和形象维护的呢？Costco的品牌传播和市场活动融入社区责任与客户关系活动中，通过一系列独特的辅助性产品和服务，既实现了商业盈利的目的，又达到了品牌传播的目的。

比如，Costco有两项会员专属服务：销售助听器和组织作者签售活动。

助听器是一款很多人从不在意的产品，相信世界上绝大多数的零售商都不会售卖这种商品。然而，它却被Costco选中，作为仓储会员店的辅助性服务产品。它抓住的不是普通消费者的眼球，而是全球7 000多万Costco会员，这样精准的口碑传播已经胜过千万美元的广告投入。

Costco的作者签售活动恐怕是全世界独一无二的特色服务项目。在2013年全球各地的作者签售活动计划表中，有近60次签售活动在Costco全球范围的仓储会员店举行。

这类大胆的创新宣传方式每年在Costco比比皆是，因此Costco从来不屑于做商业推广。

法则七：你和员工有福同享，员工和你有难同当

如果评价世界上员工幸福感最高的企业，Costco可能是当之无愧的第一。

零售业是美国最吝啬的行业之一，雇员不满程度往往最高。然而，Costco的工作人员总是非常热情。沃尔玛的员工每小时平均工资为12.67美元，而Costco的每小时平均工资为20.89美元，而且还向88%的雇员提供健康保险，这在零售业是非常少见的。

《纽约时报》的一篇报道提到了Costco雇员的优厚待遇，并将之同沃尔玛靠极力压低员工工资来节省成本的行为相对比，将其经营理念称为“反沃尔玛式经营”。

当年经济危机爆发时，其他公司纷纷开始裁员，Costco的领导层却认为应该共度时艰，反而决定给所有员工涨工资。

企业的基因决定了企业文化。Costco的创始人詹姆斯·辛内格当年从货场卸货员一步步做起，所以Costco也一直非常重视员工的培养，很多最初在停车场收集购物车的底层员工最后都进入了管理层。

优厚的福利和良好的职业前景使雇员忠诚度大大提高，在Costco工作一年以上的员工，离职率只有5%。Costco成立30年来从未发生过重大劳工问题。

资料来源：http：//mt. sohu. com/business/d20170528/144246970 _ 169779. shtml.

【案例思考】

1. 请分析Costco营销策略的特色。
2. 请分析Costco成功背后的逻辑。

第9章

品牌决策

本章要点

- 了解品牌的含义
- 掌握品牌命名的基本原则
- 掌握品牌策略的基本内容
- 了解品牌资产的概念
- 掌握提升品牌资产价值的方法

第1节　品牌概念

一、品牌的含义

任何商品都有名称，如汽车、巧克力、电视机、夹克衫等。这些是商品的品名，亦即商品的一般通用名称。品牌则是商品的商业名称，是由企业独创的、有显著特点、用以识别卖主的产品的某一名词、术语、标记、符号、设计或它们的组合，其基本功能是把不同企业之间的同类产品区别开来，使竞争者之间的产品不致发生混淆。完整的品牌包括品牌名称和品牌标记两部分。

品牌名称是指品牌中可以用语言称谓表达的部分，如“可口可乐”“奥迪”“凤凰”等。

品牌标记是指品牌可以被识别、认识，但不能用语言称谓表达的部分，如别具一格的符号、图案、色彩或字体造型等。

菲利普·科特勒在《营销管理》一书中提出，一个品牌能表达出六层意思。

（1）属性。一个品牌代表了商品的某些特定属性，例如，“奔驰”表现出昂贵、制造优良、工艺精良、耐用、高声誉、高保值性和快捷等属性。企业可以利用品牌的这些属性中的一个或几个做广告宣传。例如，“奔驰”的广告语是“工艺质量全世界其他许多汽车无可比拟”。这就是为了显示奔驰轿车的优良品质而精心设计的定位纲领。

（2）利益。一个品牌不仅仅限于一组属性。消费者不是购买属性，而是购买利益。属性需要转换成功能的或情感的利益。例如对于奔驰轿车，属性“耐用”可以转化为功能利益，如“我可以好几年不买新车了”。属性“昂贵”可以转化为情感利益，如“该车帮助我体现了我的重要性和令人羡慕的成就感”。属性“制造精良”可以同时转化为功能和情感利益，如“万一出了交通事故，我也是安全的”。

(3) 价值观。品牌还体现了生产商的某些价值观。例如，“奔驰”体现了高性能、安全、威信等。

(4) 文化。品牌可能附加和象征了一定的文化。如“可口可乐”不仅是一种享誉全球的碳酸饮料，更是一种美国文化的象征。正如美国一位报纸的编辑所说：“‘可口可乐’代表着美国精神，喝一瓶可口可乐就等于把美国精神注入体内。”

(5) 个性。品牌还代表了一定的个性。“奔驰”可以使人想起一位有所作为的企业老板（人）、一头有权威的狮子（动物）或一座庄严的宫殿（标的物）。有时候，品牌还可以用一位名人或代言人的个性来表示。

(6) 使用者。品牌还体现了购买或使用这种产品的消费者的类型。每种产品所表示的价值观、文化和个性，均会反映到使用者身上。例如，我们更愿意看到坐在奔驰车上的是一位 55 岁的高级经理，而不是一个不到 20 岁的学生。使用者代表着一个产品的价值观、文化和个性。

营销实践

海尔的全球化品牌

2017 年 3 月 8 日，中国海尔首次向世界发布海尔、GE Appliances、Fisher & Paykel、AQUA、卡萨帝、统帅六大家电品牌的全球化战略，其中，海尔家电是全球大型白色家电市场份额唯一八连冠的企业；GE Appliances 是北美厨房第一家电品牌；Fisher & Paykel 是来自新西兰的国际顶级家电品牌；AQUA 是日本最受欢迎的高端品牌之一；卡萨帝是欧洲用户满分好评的第一品牌；统帅是轻时尚家电的开创者。这一六大家电品牌全球化战略的发布，标志着海尔完成了从“世界第一白色家电品牌”到“世界第一家电品牌集群”的布局，如今的海尔不仅拥有的品牌最多、产品最全，也最具国际化特质。

在这六大家电品牌中，最新加入海尔的是美国 GE Appliances。2016 年 1 月 14 日，海尔与通用电气（GE）签署协议，以 55.8 亿美元收购整合 GE Appliances。AQUA 则来自 2012 年海尔对松下子公司三洋电机的并购，其中包括 AQUA 品牌在内的白色家电业务。Fisher & Paykel 创始于 1934 年，2009 年海尔持股 Fisher & Paykel 的 20%，2012 年海尔全盘收购 Fisher & Paykel。

相关数据显示，2016 年海尔全球营业额将会突破 2 000 亿元，海外营业额达到 44.5 亿美元，近 10 年复合增长率达到 22%。

二、商标

商品的品牌经过政府有关部门的审核，获准登记注册就成为商标。商标实行法律管理，企业因此拥有该品牌的专用权，该名称标记均受法律保护，其他任何企业不得仿效使用。因此，商标是一种法律术语，也就是享有法律保护的某个品牌。企业的商标可在多个国家注册并受各国法律的保护。

商标是企业产权的组成部分，驰名商标更是企业的巨大财富。随着商品生产和市场经济的发展，商标将得到越来越普遍的应用。企业必须增强商标意识，妥善运用这一有价值的无形资产，使之更好地为企业经营发挥作用。

三、品牌命名

易读、易懂、易记、易传是品牌名称最基本的命名原则。一个好的品牌名称具有易读、悦耳的特性，并具有普遍的可转换性，即放在不同语言社区里，都具有易读性；词形上，一个好的品名必须简短，易记忆；语意上，好的品名应是正面的、积极的，具有时代感。显然，一个好的品牌名称也许不能帮助坏产品“起死回生”，但是，一个不好的品牌名称却可能使好产品“万劫不复”。品牌名称就是一个重要的信号，能够帮助消费者降低搜索成本和感知风险。

具体而言，品牌命名要遵循以下几个原则。

1. 合法

合法是指能够在法律上得到保护，这是品牌命名的首要前提。再好的名字，如果不能注册，得不到法律保护，就不是真正属于自己的品牌。

品牌命名或名称的合法性主要来自商标注册。从全球来看，大多数国家的商标法律法规对命名有一些限制性要求，如我国商标法规定，国家领导人的名字是不能用于商标名称注册的。

2. 尊重文化与跨越地理限制

由于世界各国各地区消费者的历史文化、风俗习惯、价值观念等存在一定差异，使得他们对同一品牌的看法也会有所不同。在某个国家是非常美好的意思，到了另一个国家其含义可能完全相反。例如，龙的英文单词“dragon”在英语国家里就有许多歧义，而“loong”则为音译，相对要好很多。再如，西方文化中“X”与基督有关，有肯定的内涵意义，而中国消费者认为“A ”和“S”是幸运字母，“X”与叉号相近含义不好；数字“ 7”被西方人认为是幸运数字，而中国消费者的幸运数字是6，8，9等。

3. 简单易记忆

为品牌取名也要遵循简洁的原则。我们耳熟能详的一些品牌，莫不如此。三九胃泰(999)、燕京啤酒、小白兔、小天鹅、方太等都非常简单好记。

商号或品牌名称的简称就是为了满足这一原则，如3M是Minnesota Mining and Manufacturing（明尼苏达矿务及制造业公司）的简称。

4. 正面联想

金字招牌金利来（Goldlion），原来直译为“金狮”，用粤语来说听上去像“尽输”，香港人非常讲究吉利，面对如此忌讳的名字自然无人惠顾。后来，曾宪梓先生将Goldlion分成两部分，前一部分Gold译为金，后一部分lion音译为利来，取名“金利来”之后，情形大为改观，吉祥如意的名字为金利来带来了好运，可以说，金利来能够取得今天的成就，其名称功不可没。“创可贴”也是如此。

5. 暗示产品属性

有一些品牌，人们可以从它的名字就看出它是什么类型的产品，例如，“泄立停”

“咳速停”这些药品无须介绍，消费者就能从名字上看出是治疗什么疾病的药品。

6. 预留空间

品牌在命名时就要考虑到，即使品牌发展到一定阶段时也要能够与之适应。对于一个多元化的品牌，如果品牌名称和某类产品联系太紧密，就不利于品牌今后扩展到其他产品类型。通常，一个无具体意义又不带任何负面效应的品牌名比较适合品牌延伸。

第 2 节 品牌策略

一、品牌化决策

企业是否要给产品建立一个品牌？历史上，制造商或经销商直接把产品从麻袋、箱子等容器中取出来销售，市场对同类产品没有任何辨认的凭证。欧洲中世纪的行会经过努力，要求手工业者在其产品上加印标志，以保护他们自己并使消费者不受劣质产品的侵害，最早的品牌标志得以产生，后逐渐发展到很少有产品不使用品牌。

一般认为，在下列几种情况下可以考虑不使用品牌：（1）大多数未经加工的原料产品，如棉花、大豆、矿石等。（2）不会因生产商不同而形成不同特色的商品，如钢材、铝材等。（3）某些生产比较简单，选择性不大的小商品。（4）临时或一次性生产的商品。

无品牌营销者的目的是为了节省广告和包装费用，以降低成本和售价，加强竞争力，扩大销售。近年来美国的一些日用消费品和药品出现了无品牌倾向，据估计，超市中提供的无品牌商品售价比同类品牌产品低 30%～50%，很受低收入消费者的欢迎，但无品牌商品有时质量不高。

随着市场经济的高度发展，受经济全球化浪潮的冲击，品牌化趋势异常迅猛，几乎涉及了所有产品。食盐被包装在标明特色制造商的包装物内，柑橘上贴有柑橘种植者的商标，新鲜食品如鸡肉、火腿等也冠以品牌名称做广告宣传，尤其是许多中间产品如发动机、电脑芯片、纤维等也进入了品牌产品行列。

显然，创建一个品牌对企业来说是一项极具挑战性的决策。企业不仅需要付出高昂的成本和艰苦的努力，而且要承担该品牌得不到市场认可的风险。在这种情况下，多数企业仍然要使产品品牌化，因为品牌能为它们带来一系列的优势：

（1）品牌化可使企业的产品特色得到法律保护，防止仿制、假冒。

（2）品牌化有利于企业创造品牌忠诚者和增加重复购买的消费者。

（3）品牌化有助于企业细分市场和控制市场，同时也有利于产品组合的扩展。

（4）强有力的品牌有利于树立企业形象，获得经销商和消费者的信任，从而使企业更容易推出新产品。

总之，产品是某件在工厂里生产的东西，品牌是一个顾客所购买的东西；产品可以被竞争者仿制，品牌却独一无二；产品很快会过时，而成功的品牌可永远存在。因此，一个追求在市场上独领风骚、长期发展的企业，不仅要不断向顾客提供令人满意的商品，更要拥有自己成功的品牌。

此外，企业产品的品牌化对分销商和消费者也同样有利。分销商把品牌作为方便产品经营、识别供应商、把握产品质量标准和增强买者偏好的手段。消费者则可通过品牌来识别和判断同类产品的质量差别，以便进行高效率的选购。

二、品牌归属决策

制造商在品牌化决策之后，还要决定品牌归谁所有，由谁管理和负责。制造商的产品在品牌归属上有几种选择：使用制造商品牌（又称全国性品牌）；使用经销商品牌（又称专用品牌或私人品牌）；兼用以上两种品牌，即部分产品用制造商品牌，部分产品用经销商品牌。

历史上，制造商品牌一直在工商业舞台上占支配地位，因为产品的设计、质量、特色都是由厂商决定。近年来，经销商品牌日益增多。美国著名的零售连锁店西尔斯销售的产品中90%以上都用自己的品牌，如“顽强”电池、“工匠”工具、“肯摩尔”燃具，这些品牌名称已博得了用户的品牌忠诚。英国著名的连锁超市塞恩斯伯里（Sainsbury）的货架上，50%是私人标签。近几年我国的一些中间商也开始开发自有品牌，如超市发连锁有限公司的“超市发”品牌。

为什么中间商要煞费苦心开发自己的品牌呢？这是因为使用自己的品牌可以带来种种收益。第一，可以保证和控制货源。中间商可以找到能提供质量稳定的产品的供应商并对其加以控制（中间商可以用更换供应商来威胁制造商）。第二，可以控制进货价格，因而以较低的售价提高产品竞争力，获得较高的利润。

在制造商品牌和中间商品牌的竞争对抗中，中间商具有诸多有利条件。譬如，由于零售店的货架空间有限，很多超市以收取货架费作为接受新品牌的条件，以分摊商品的陈列和储藏成本，中间商还可以把显著的陈列位置留给自己的品牌并保证有更充足的备货；中间商特别注意宣传自己的品牌以赢得顾客的信任等。

企业究竟是使用制造商品牌还是中间商品牌，必须全面地权衡利弊，以做出决策。在制造商具有良好的市场声誉、拥有较大市场份额的条件下，多使用制造商品牌。相反，在制造商资金能力薄弱，或者在市场上的商誉远远不及中间商的情况下，则适宜采用中间商品牌。尤其是新进入市场的中小企业，无力用自己的品牌将产品推向市场，而中间商在这一市场领域中却拥有良好的品牌信誉和完善的销售体系，在这种情况下，利用中间商品牌往往是有利的，这也是国际贸易中常见的做法。

三、个别品牌与统一品牌决策

这是企业确定品牌数量的决策，即企业生产的不同种类、规格、质量的产品分别使用不同的品牌，还是全部使用一个品牌。

1. 个别品牌策略

个别品牌策略是指企业对不同产品分别使用不同的品牌名称。这种品牌策略的好处是：它没有将企业的声誉系在某一产品品牌的成败之上，企业不会因某一品牌信誉下降而承担较大的风险；它可以使企业为每一种新产品寻求最佳的品牌，而不必把高档优质产品的品牌引进较低质量的产品线；每个新的品牌都可以造成新的刺激，建立新信念，有利于企业产品向多个细分市场渗透。个别品牌策略最大的缺点是，加大了产品的促销费用，使企业在竞争中处于不利地位。此外，品牌过多也不利于企业创立名牌。

2. 统一品牌策略

统一品牌也称家族品牌，是指企业对生产的多种产品使用同一品牌，例如“郁美净”系列化妆品。这种品牌策略的主要优点是：企业可以运用多种媒体来集中宣传一个品牌，借助品牌的知名度来显示企业实力，塑造企业形象；有助于新产品进入目标市场，不需要为建立新品牌的认知和偏好而花大量的广告费。但是，采用统一品牌的产品应具有相同的质量水平，否则会影响品牌信誉，特别是会损害较高质量产品的信誉。

3. 统一品牌和个别品牌并列

一家拥有多条产品线或者具有多种类型的产品的企业可考虑采用此策略，一般是在每一种个别品牌前冠以公司的商号名称。采用这种策略的出发点是兼收以上两种策略的优点，即既可以使新产品分享企业的声誉，节省广告费用，又可以使各品牌保持自己的特点和相对独立性。例如，美国通用汽车公司生产多种类型的汽车，所有产品都采用GM 两个字母所组成的总商标，而对各类产品又分别使用凯迪拉克（Cadillac）、别克（Buick）、雪佛兰（Chevrolet）、欧宝（Opel）和萨博（Saab）等不同的品牌。每个个别品牌都表示一种有具体特点的产品，如雪佛兰表示经济型轿车，凯迪拉克表示豪华型高级轿车。

四、品牌扩展决策

品牌扩展亦称品牌延伸，是指企业利用已具有市场影响力的成功品牌来推出改良产品或新产品。例如，以雀巢咖啡成名的雀巢公司将其“雀巢”商标扩展使用到奶粉、巧克力、饼干等产品上；索尼也把它的品牌扩展到其大多数新的电子产品上。采用品牌扩展策略的显著优点是，一个受人注意的好品牌能使新产品立刻被市场认识和易于被接受，如果品牌扩展获得成功，还可进一步扩大原品牌的影响和企业声誉。但是品牌扩展也有风险。首先，如果将著名品牌扩展使用到与其形象、特征不相吻合或不相接近的产品领域，则可能有损原品牌形象。其次，如果原产品与品牌扩展产品之间在资源、技术等方面不存在关联性或不具有互补性，则推出的新产品可能难以被消费者接受。最后，如果将高品质形象的品牌扩展使用到某些价值不大、易于制造的产品上，可能会使消费者产生反感，如海尔番茄酱或波音香水。品牌名称滥用会使品牌失去它在消费者心目中的特殊定位，当消费者不再把品牌名与一个特定产品或类似产品联系起来时，就产生了品牌稀释。总之，采用品牌扩展策略有利也有弊，且有较大的风险，企业应根据条件采取谨慎的态度。

营销实践

被卖掉的恒大冰泉

2016 年 9 月 28 日，恒大集团宣布将把恒大冰泉在内的非主营业务出售，总计 27 亿元，其中恒大冰泉以 18 亿元的价格出售。

2013年底，随着恒大足球队登顶亚冠，恒大冰泉开始进入人们的视线。通过高调的招商，还有近乎疯狂的砸钱打广告，20天内投入13亿元广告费，恒大冰泉在最短的时间内用轰炸式营销让其品牌家喻户晓，并迅速铺好各级销售渠道。更为激进的是其销售目标的豪言：要做就一定做强做大，恒大冰泉只能成功，不能失败，2014年销售额要达到100亿元，2015年达到200亿元，2016年要做到300亿元。

但是有着先天优势的恒大冰泉的销售最终可以说是“惨淡”。

众所周知，恒大是中国知名的房地产企业品牌，其掌门人许家印试图将恒大的品牌知名度延伸到消费品领域，推出了恒大冰泉、恒大粮油等消费品，希望借助恒大的品牌资产在消费品领域获得成功，但过度的跨界并没有带来预想中的效果。

五、多品牌策略

多品牌策略是指企业在同一种产品上同时使用两个或两个以上相互竞争的品牌。首创这种策略的是美国的宝洁公司，如它在我国市场上销售的洗发水就有海飞丝、飘柔、潘婷、沙宣等多个品牌。虽然多个品牌会影响原有单一品牌的销售量，但多个品牌的销量之和又会超过单一品牌的市场销量，增强企业在这一市场领域的竞争力。

采用多品牌策略的优点主要是：（1）多种不同的品牌可以在零售商的货架上占用更大的陈列面积，既吸引了消费者更多的注意，同时也增加了零售商对生产企业产品的依赖性。（2）提供几种品牌不同的同类产品，可以吸引求新好奇的品牌转换者。（3）多种品牌可使产品深入多个不同的细分市场，占领更大的市场。（4）有助于企业内部多个产品部门之间展开竞争，提高效率，增加总销售额。

采用多品牌策略的主要风险是使用的品牌数量过多，以致每种品牌产品只有一个较小的市场份额，而且没有一个品牌特别有利可图，这使企业资源分散消耗于众多的品牌上，而不能集中到少数几个获利水平较高的品牌上，这是非常不利的得不偿失的局面。因此，企业如果采用多品牌策略，则在每推出一个新品牌之前都应该考虑：该品牌是否具有新的构想；这种新构想是否具有说服力；该品牌可能夺走的本企业其他品牌及竞争对手品牌的销售量各有多少；新品牌的销售额能否补偿产品开发和产品促销的费用，等等。如果这几方面估测的结果是得不偿失，则不宜增加这种新品牌。

六、品牌重新定位决策

无论一种品牌在市场上最初的定位如何适宜，随着时间的推移，企业都必须重新审视其定位是否准确，并就是否重新定位进行决策。品牌重新定位决策一般基于以下两种情况。

（1）竞争状况的变化。竞争者推出了一个新品牌，并将其定位于本企业品牌附近，侵占了本企业品牌的一部分市场，造成本企业品牌的市场占有率下降，迫使企业对品牌重新定位。

（2）消费者偏好发生变化。原来偏好本企业品牌产品的消费者转而喜欢其他企业品牌，导致市场对本企业品牌产品的需求降低，迫使企业对品牌重新定位。

品牌重新定位并非品牌更新，它并不意味着品牌经营者马上放弃现在的品牌定位，重要的是通过解决一些问题，保持品牌的成长和稳定。

第 3 节　培育品牌资产

知名品牌可能具有很高的价值（见表 9-1），因而能够成为一项重要的资产。品牌资产（brand equity），也称为品牌权益，被认为是一种超出生产、商品和所有有形资产的价值，品牌资产可视为将产品或服务冠上品牌后，所产生的额外收入——附加值。针对品牌资产的研究大致分为两个视角：顾客视角和企业视角。

表 9-1　2016 年度全球百强品牌的前十名和中国上榜品牌

排名	品牌	行业	品牌价值（亿美元）
1	谷歌	科技	2 291.98
2	苹果	科技	2 284.60
3	微软	科技	1 218.24
4	AT&T	电信服务	1 073.87
5	Facebook	科技	1 025.51
6	Visa	支付	1 008.00
7	亚马逊	零售	989.88
8	威瑞森	电信服务	932.20
9	麦当劳	餐饮	886.54
10	IBM	科技	862.06
11	腾讯	科技	849.45
15	中国移动	电信服务	559.23
18	阿里巴巴	零售	492.98
27	中国工商银行	银行	336.37
29	百度	科技	290.30
46	中国建设银行	银行	196.17
50	华为	科技	186.52
57	中国平安	保险	169.10
59	中国人寿保险	保险	167.12
61	中国农业银行	银行	163.31
71	中国银行	银行	138.03
72	中国石化	石油与天然气	132.06
83	中国石油	石油与天然气	123.41
93	茅台	酿酒	114.65
99	京东	零售	104.96

一、顾客视角的品牌资产

1. 品牌资产五维模型

品牌资产是指与品牌、品牌名称和品牌标识等相关的一系列资产或负债，它们可以增加或减少通过产品或服务带给企业和顾客的价值，包括品牌忠诚度、品牌知名度、感知质量、品牌联想和其他专有资产（如专利、商标、渠道关系等）等五类资产或负债（见图 9－1）。①

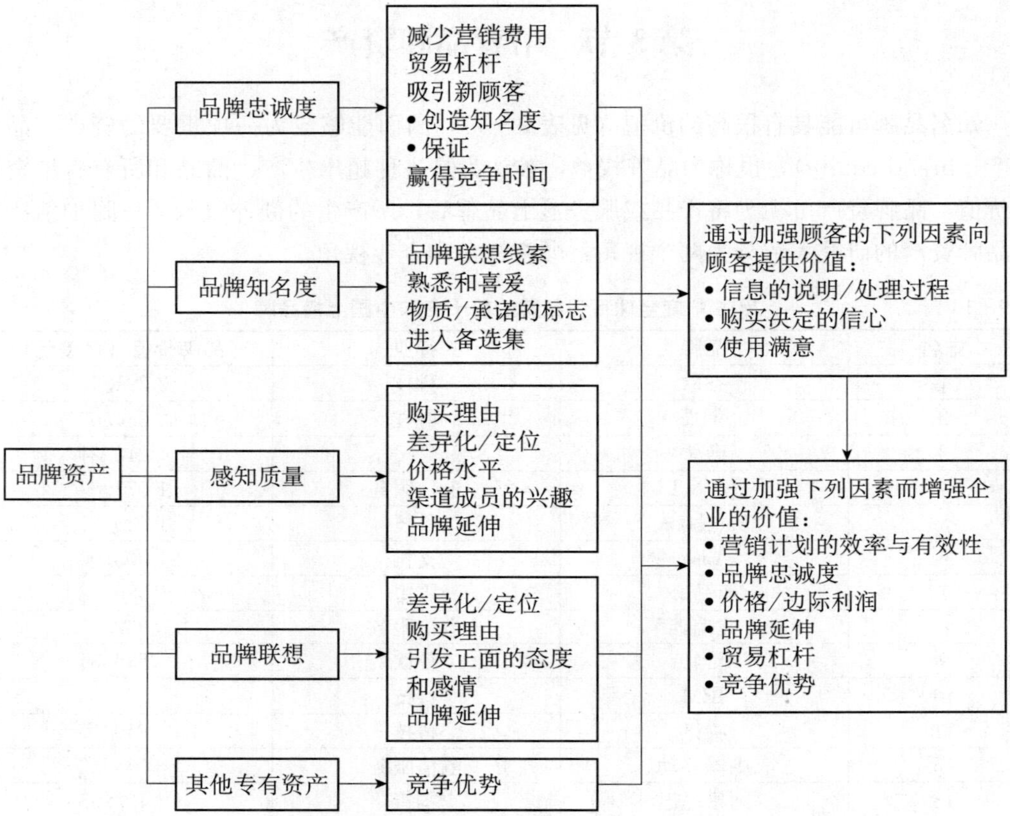

图 9－1　品牌资产的五维模型

品牌忠诚度被看作品牌资产的首要成分。品牌资产在相当大的程度上取决于周期性购买品牌的顾客的数量。企业增强顾客的品牌忠诚度，可极大地提高经济收益。在许多行业里，企业的盈利能力实际上是由顾客的忠诚度决定的。如果企业能始终赢得顾客的品牌忠诚度，这个企业就能扩大市场占有率，增加营业收入，减少促销费用，降低服务成本。

品牌知名度表示品牌在顾客头脑中存在的牢固程度，是品牌资产的第二要素。品牌再认和记忆会对顾客的品牌选择产生重要影响。因为只有具备了品牌知名度，顾客才会对其进行仔细考虑，那些不为人知的品牌是没有机会受到青睐的。

感知质量是顾客对于品牌的整体质量认定，是品牌资产的第三要素。在许多营销文献中，感知质量都被证实对顾客的品牌选择或购买产生重要影响。此外，感知质量还是品牌延伸的基础。因此，感知质量也被看作品牌资产的一个关键要素。

---

① Shocker A D，Aaker D A. Managing brand equity. The Free Press，1991.

品牌联想是指一切可以让顾客联想到某个品牌的因素，是品牌资产的第四要素。品牌名称的基本价值常常是基于与之相联系的联想。实际上，感知质量也是品牌联想，只不过比较特殊罢了。

其他专有资产包括专利、注册商标、已建立的销售网络等，它们有利于保持企业的竞争力，是品牌资产的第五要素。

2. 品牌资产的 CBBE 模型

品牌之所以对企业和经销商等有价值，根本原因在于品牌对顾客有价值。凯勒（Keller）将基于顾客的品牌资产①（customer-based brand equity），定义为由于顾客头脑中已有的品牌知识而导致的顾客对品牌营销反应的差别化效应。譬如，与没有标明品牌的产品相比，顾客更倾向于标明品牌的产品，并会对它的市场营销做出更积极的反应。所以，当一个品牌拥有积极的基于顾客的品牌资产时，它能使顾客更容易接受一个新品牌延伸，减少对价格上涨和广告投入减少的不良反应，或者更愿意在新的分销渠道中找到该品牌；与之相反，如果顾客对于一个品牌的营销活动反应冷淡，仿佛他们面对的是一个无品牌名称的同类产品，该品牌便是拥有消极的基于顾客的品牌资产。

基于顾客的品牌资产的基本前提是这样一种理念，即品牌的力量存在于顾客的心中。同时，品牌资产受顾客品牌知识的制约，顾客拥有的品牌知识是提升品牌资产的关键。品牌知识包括两个部分：品牌知名度和品牌形象（见图 9－2）。

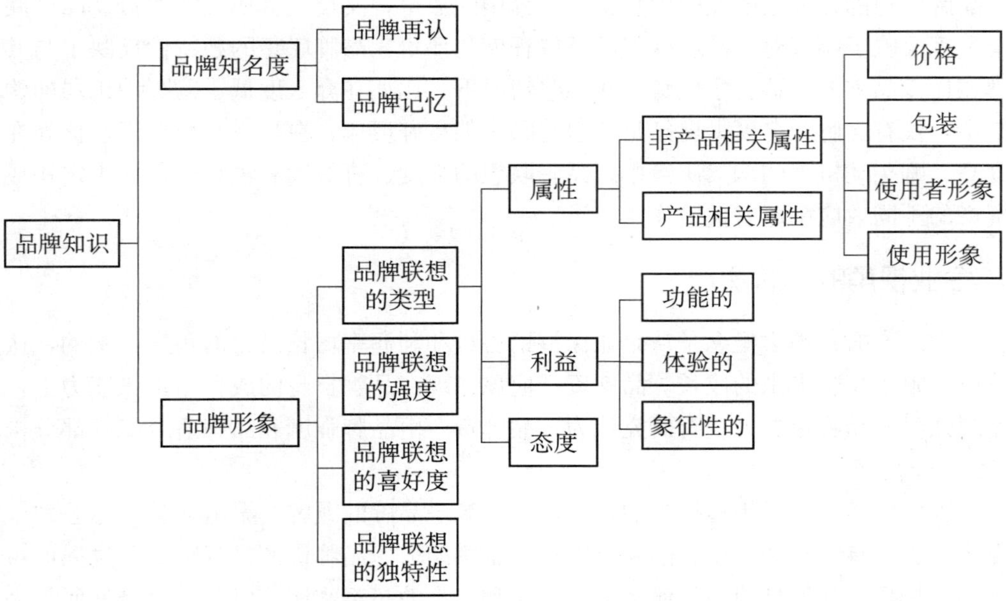

图 9－2 品牌资产的 CBBE 模型

品牌知名度与记忆中的品牌节点或痕迹的牢固度有关，由品牌再认和品牌记忆共同作用而成。品牌再认是指当向顾客出示某个品牌时，顾客能辨认出该品牌的能力。品牌

① Keller K L. Conceptualizing, measuring and managing customer based brand equity. Journal of Marketing, 1993, 57 (1): 1-22.

再认要求顾客能正确地辨认出曾经见到或听说的品牌。品牌记忆是指顾客看到某一类产品，或某种需求得到满足，或身处某种购物、使用环境时，从记忆中搜索出某个品牌的能力。品牌记忆要求顾客在得到提示时能够准确地从记忆中获得一个品牌名。

品牌形象指的是顾客记忆中的品牌联想所反映的对于一个品牌的直觉。具体地说，品牌形象是指存在于顾客记忆中的一组与某个品牌相连的联想，可以说是顾客对于品牌的知觉性概念。品牌形象包括品牌联想的类型、品牌联想的强度、品牌联想的喜好度、品牌联想的独特性。

进一步地，品牌联想的类型又分为属性、利益和态度。属性是指这种产品或服务是什么或有什么，刻画了一种产品或服务的描述性特征，包括产品相关属性和非产品相关属性。产品相关属性是实现产品功效所必需的，非产品相关属性是指产品的外在方面，包括价格、包装、使用者形象（即什么样的人使用这种产品或服务）、使用形象（即这种产品或服务在何处或何种情况下使用）。利益是指这种产品或服务能为顾客提供什么，进一步可以分为功能性利益、体验性利益和象征性利益。功能性利益是指产品或服务的内在优点，体验性利益是指使用产品或服务感觉如何，象征性利益是指产品或服务消费的外在价值，常与非产品相关属性相对应，与潜在的社会认同、自我表现、交际与自尊的需求相关。品牌态度是指顾客对一个品牌的总体评价。态度是最抽象的、最高层次的品牌联想。品牌态度很重要，因为它们是顾客形成对品牌的行为如品牌选择的基础。

品牌联想的强度是既反映信息接收过程中的数量，又反映其属性或质量。品牌联想的喜好度反映了顾客对各品牌联想的喜好程度与评价，品牌联想的独特性反映了与其他品牌相比该品牌的独特竞争优势。在某些情况下，比如在介入度低、购买动机弱的购买决策中，仅有品牌知名度，就已足够引起顾客的良好反应；在另一些情况下，比如在介入度高、购买动机强的购买决策中，品牌联想的强度、喜好度和独特性，在决定构成品牌资产的不同效应中起着关键作用。

二、企业视角的品牌资产

品牌资产的营销学概念是从企业保持销售量和利润率增长潜力的角度出发的，认为品牌应着眼于品牌未来的成长，品牌资产应该体现在品牌自身的成长与扩张能力上，例如品牌强度或品牌影响力。有研究认为，品牌资产由品牌强度和品牌适合度两部分构成（见图9－3）。①

品牌强度是一组联想和行为的综合体，它源于品牌的顾客、渠道成员和母公司，它使得该品牌拥有特定的、持久的和差别化的竞争能力。品牌资产是管理层通过采取一系列策略和技巧，利用品牌强势而增加的现在和未来的超额利润，以及风险降低所带来的财务收益。品牌资产是一种财务测量，主要取决于品牌强度，包括当前的强度和未来的前景。

品牌强度有以下三个来源。第一，当前的业绩和收益。品牌的业绩和收益取决于品

---

① Srivastava R K，Shocker A D，Institute M S. Brand equity：a perspective on its meaning and measurement. Marketing Science Institute，1991.

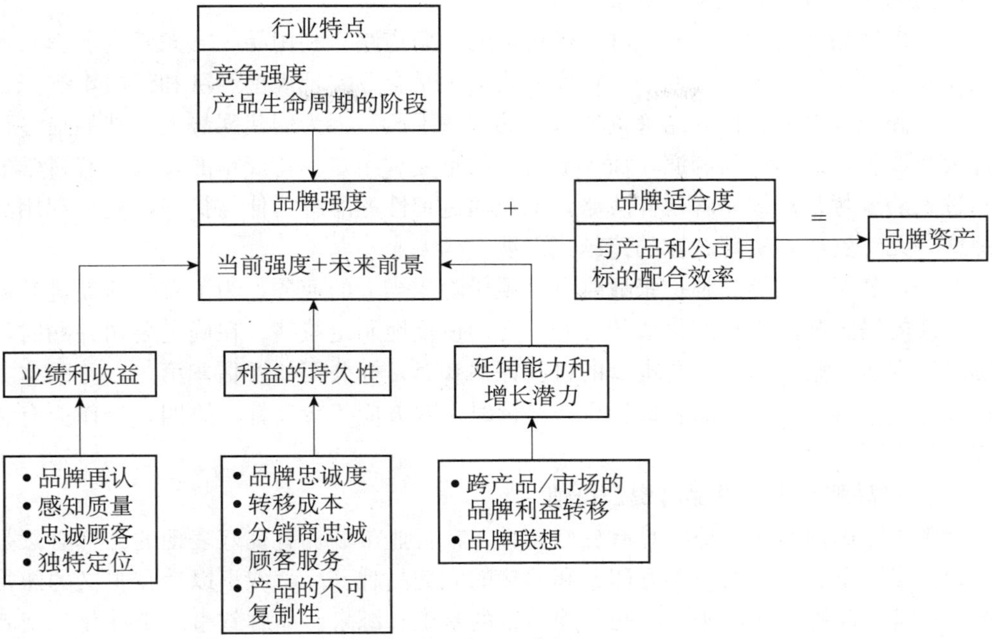

图 9-3　企业视角的品牌资产

牌再认、感知质量、忠诚顾客的基数和品牌的独特定位等因素。第二，利益的持久性，指业绩和收益是长久的还是短暂的。利益的持久性取决于顾客的品牌忠诚度、品牌转移的成本、分销商的忠诚度，以及顾客服务、产品的不可复制性等因素。第三，品牌的延伸能力和增长潜力。品牌的延伸能力和增长潜力与品牌联想以及品牌利益能否跨产品和市场转移有关。同时，品牌强度受竞争环境和产品生命周期等因素的影响。比如，竞争者的数量和竞争力、竞争品牌的相对强度、技术革新的频率等都会影响一个品牌的强弱。

三、提升品牌资产价值

（一）提升品牌资产价值的策略

品牌资产是企业的重要资产，是节约企业市场活动费用的有效手段，是提升企业产品溢价的源泉，也是取得市场竞争优势的法宝。提升品牌资产价值，可以促进品牌声誉的价值溢出，促进品牌资产的扩张，可以建立有效的壁垒以防止竞争对手的进入。那么，如何提升品牌的资产价值呢？具体来说，可从以下几个方面入手。

1. 提高品牌资产的差异化价值

品牌资产价值的关键体现在差异化的竞争优势上。这种优势可表现在产品的质量、性能、规格、包装、设计、样式等带来的工作性能、耐用性、可靠性、便捷性等的差别；也可表现在由服务带来的品牌附加价值，如服务的快速响应、服务技术的准确性、服务的全面性、服务人员的亲和力；还可表现在塑造品牌联想和个性上，品牌联想能够影响顾客的购买心理、态度和购买动机。所以品牌能够提升顾客的感知价值，反过来，也可促进品牌价值的提升。

2. 通过并购提升品牌资产价值

通过理性品牌延伸是提升品牌资产价值的一条道路。利用品牌（尤其是名牌）资产实施兼并与合作是资本运营的一个重要方式，也是企业实现规模经济和低成本扩张、提高企业资源配置效率、提升品牌资产价值的有效手段。因为创建强势大品牌的最终目的是持续获取更好的销售与利润，而无形资产的重复利用是不花成本的，只要有科学的态度和过人的智慧来规划品牌延伸战略，就能通过理性的品牌延伸与扩张，充分利用品牌资源这一无形资产，实现企业的跨越式发展。

但是，公司并购等品牌扩张战略是一项风险相当大的业务，为了有效地促进并购后公司业绩的增长和品牌资产价值的提升，必须慎重地制定策略。在确定公司并购时，应考虑以下因素：第一，对公司本身的自我评估和对目标公司的评估；第二，并购本身的可行性分析；第三，利用品牌进行合作经营时，双方应优势互补；第四，合作应有利于延伸品牌系列。

3. 通过品牌叙事提升品牌资产价值

纵观国际国内市场，那些具有良好声誉、在行业市场拥有良好表现的品牌必然是一个品牌要素齐全、给人留下美好印象和回味的完美品牌。品牌叙事以存在主义的纽带形式把消费者和品牌联系起来，它是品牌力量的基础和源泉。品牌叙事对于深化消费者对品牌的理解与认知起着至关重要的作用。具体主要表现在以下几个方面。

（1）完美地体现品牌的核心价值理念。品牌的核心价值理念是品牌带给消费者的根本利益所在。品牌叙事就是通过形象化、通俗化的语言和形式，将其传递给目标受众。不同行业甚至同行业中的不同品牌，由于经营方式、追求目标不同，其核心价值理念也迥然不同。

（2）增进与消费者的情感交流和心灵共鸣。品牌叙事通过娓娓道来、形象生动的故事讲述，消除目标受众对品牌的陌生感和隔阂感，增进与目标受众的情感交流，进而实现品牌与目标受众的心灵共鸣。

（3）形象巧妙地传递品牌信息。品牌叙事的另一个明显作用就是通过传播渠道传递品牌的相关信息。品牌叙事更多的是以一种经过精美包装的形象化形式，将所要传递的品牌背景、品牌价值理念和产品利益诉求点（USP）等品牌信息诉诸人们的视觉感官，使人们在欣赏玩味、潜移默化中接受品牌提供的信息，增进目标受众对品牌的识别和认可。

（二）提升品牌资产价值需要注意的问题

从根本上讲，提升品牌资产价值，主要应从企业内部挖掘潜力，毕竟外部环境不易改变，而企业自身的资源相对来讲是可以控制的。从企业内部的角度出发，应注意以下几个方面的问题。

1. 要切实转变观念，真正树立起品牌意识

凯恩斯说，观念可以改变历史的轨迹。那么，对于一个企业来讲，观念可以改变企业的命运。现实中，很多企业把品牌喊得很响，但真正涉及建立品牌资产的投入时，却总认为这只是一笔费用，而不是长期投资，没有真正从内心认识到建立品牌资产的长远意义，因此，转变观念尤为迫切。

2. 品牌资产价值的提升需要长期不断地投入

我们知道，品牌资产的作用在于可以为企业投入的资产带来未来超额收益，而现期的投入是获得未来收益的基础。企业未来发展趋势表明，企业通过消耗有形资产来建立无形资产，企业资产特别是核心资产日趋无形化，无形资产尤其是品牌资产逐步成为企业价值的主体。所以，建立和提升品牌资产价值应该有长远的眼光与打算，不能只盯在眼前利益上，要舍得投入人力、物力和财力。

3. 通过个性化的定位来提升品牌资产价值

品牌的建立一定要有明确的定位，结合自身的优势打造品牌的个性。市场竞争的激烈导致产品同质化越来越严重，品牌的鲜明个性就显得特别重要。这可以从不同的途径来实现，比如技术领先、产品差异化和市场专一化等。

4. 注意与相关利益者的沟通，建立良好的品牌环境

企业应以市场因素和消费者因素为提升品牌资产的基点，密切与相关利益者的沟通，从政府、企业、消费者、社会团体四个方面加以维护。全社会对创建品牌、保护品牌、提升品牌都有不可推卸的责任，只有在珍爱品牌、重视品牌的环境中，品牌才有真正的价值。政府发挥指导、协调、服务功能，企业承担创建、维护、提升品牌的重任，消费者既是品牌的受益者也是支持者，社会团体具有监督、协作作用。四个行为主体相互配合，可以大大提升国家品牌资产、区域品牌资产、企业品牌资产和产品品牌资产。

从中外学者的分析中可发现，无论是品牌资产的评价指标还是组成要素，政府、企业、消费者和社会团体四者都具有一定作用，但政府、消费者和社会团体主要是营造有利于品牌健康成长的环境，企业才是创造品牌资产的核心主体。品牌可以吸引消费者，可以区别竞争对手，可以构建竞争优势，可以拓宽企业发展，最重要的是可以为企业现在和未来带来丰厚的收益。因此，企业有提升品牌资产的动力，应将其视为企业的主要任务和发展通路。

事实上，企业才是创造品牌资产的核心力量，政府、消费者和社会团体的贡献是创造形成和维护品牌资产的外部环境。增加品牌资产价值要明确三点：第一，政府、消费者和社会团体共同创造健康的品牌环境，这是增加品牌资产价值的前提；第二，企业担负创建、维护、提升品牌资产价值的责任，是增加品牌资产价值的主体；第三，关注市场因素和消费者因素是增加品牌资产价值的基点与通路。

在获取经济利益、创建民族品牌的双重推动下，企业有增加品牌资产价值的巨大动力。增加品牌资产价值主要有三方面重要工作，即在分析市场因素和消费者因素的基础上，建立品牌识别系统、开发品牌产品、实施品牌传播。在日益激烈的品牌之争中，我国企业正在学习用科学手段创建品牌，已出现一批具有高品牌资产的产品和企业，如海尔、联想、百度、奇瑞、雕牌、张裕、蒙牛、娃哈哈、李宁、同仁堂等。

(三) 提升品牌资产价值的具体途径

根据全球著名管理咨询公司麦肯锡的分析报告，《财富》杂志排名前 250 位的大公司中有近 50%的市场价值来自无形资产，对于一些世界较著名的公司而言，这个比例甚至更高。

品牌价值无疑是企业无形资产中重要的组成部分。现在，越来越多的企业家认识到，一个有实力的品牌既可以使企业获得更多的利润，也可以使股东手中的股票不断升值。因此，如何提升品牌价值成为大家关注的课题。

1. 品牌收购

通常，创立一个国际名牌，仅在媒体方面的投入至少就需2亿美元。如果一家企业试图进入一个全新的领域，或者进入另一个国家的市场，在品牌拓展上无疑将投入更大的财力和精力，而且还要遭遇原有市场各种力量的排挤。而运用资本的力量拓展品牌、提升品牌价值就成为一些企业首选的策略。

联合利华在全球有400多个品牌，大部分是通过收购之后推广到世界各地的。联合利华进行跨国品牌运作的成功之处是善于收购本地品牌并将其提升为国际品牌。旁氏原是一个美国品牌，联合利华将其收购后发展为一个护肤品牌，成功推广到中国。夏士莲原是东南亚推广的一个英国品牌，联合利华将其引入中国。而将中国牙膏品牌“中华”收入旗下，则是联合利华一贯品牌策略的延续。

联合利华这一品牌策略不仅使其在全球范围内获得丰厚回报，而且在本地品牌与消费者之间搭建了情感的桥梁。正如联合利华（中国）有限公司发展联络总监曾锡文所言：“联合利华收购本地品牌的目的是要把它提升到联合利华全球品牌运作的整体策略中，使其成为一个国际品牌。”

营销实践

向上的吉利

2016年，吉利的股价上涨了近4倍，市值一度破千亿港元，并在2017年3月正式成为香港恒生指数唯一汽车蓝筹股。吉利正从低端本地汽车生产商，转型为全球主流制造商。这受益于吉利2010年对沃尔沃的并购，尤其是2016年新推出的LYNK & CO品牌将对吉利跃升为全球主流制造商起到的促进和拉动作用。

二者之间1+1>2的联合效应正逐渐获得市场认可。18亿美元的收购资金以及后续的投入不仅让沃尔沃重新焕发了生机，也为吉利这个此前处于升级困境中的自主品牌提供了持续向上的动力。

一个很典型的例子便是吉利在B级车市场上的表现。B级车市场一直是自主品牌难以立足的价格高地，长期以来，自主品牌轿车的平均成交价基本上集中在10万元甚至以下的市场空间，15万元被业内认为是自主品牌难以突破的价格天花板。而2015年4月9日上市的吉利博瑞（11.98万～22.98万元）交出了一份相对满意的成绩单。根据全国乘联会的数据，2016年博瑞以5.2万辆的成绩单比肩合资品牌，已超过日系和法系部分B级车的销量。

并购沃尔沃后，吉利投入200亿元在瑞典哥德堡联合成立了欧洲研发中心，打造紧凑型模块化基础架构（CMA基础架构模块），并基于这个平台于2016年年底在欧洲发布了定位较吉利旗下其余车型更加高端的品牌——LYNK & CO，这样就形成了沃尔沃、LYNK & CO、吉利的品牌组合，有交叉更有区隔和梯度。在发布LYNK & CO品牌之际，吉利集团正式发布了“吉利汽车2020战略”：到2020年实现年产销200万辆目标，进入全球汽车企业前十。

资料来源：杨海艳．黑马吉利．第一财经日报，2017-03-14.

2. 品牌联合

品牌价值的提升同样可以通过与其他品牌联手的方式迅速扩展自己的品牌形象，从而创造更多的附加值的形式实现。国际知名大企业往往善于利用其在各自行业中的强大品牌号召力和市场优势，与其他行业的领先者进行强强联手，强化自身的品牌形象。这种强强联手往往是基于合作双方或多方的品牌共赢，因此也容易得到来自合作伙伴和市场方面的积极反应。

星巴克作为“咖啡快餐业”的知名品牌与联合航空公司携手，一方面拓展了新的业务领域，使自己的产品覆盖更广泛的市场空间；另一方面基于这种优势合作，使双方在各自领域中的品牌价值都得到有效的提升。事实证明，许多潜在客户正是由于联合航空公司的新举措变成了联合航空的客户，而许多星巴克的拥趸者也是通过联合航空结识并开始钟情于这一“咖啡之星”。

另一个经典案例来自英特尔公司，其与微软携手打造的 WINTEL 帝国为其带来了丰厚的利润以及最具实力的品牌形象。

大企业之间的联手可以帮助它们在新市场迅速确立品牌价值，中小企业也可以运用这种方法，通过与具有强大品牌知名度的企业结成联盟，依托他人优势提升自身的品牌价值。关键是找准合作的契合点，发挥自身优势。早年的联想就是依靠自身的优势与国际知名大企业合作，站在巨人的肩膀上成长，树立了自己的品牌。

3. 品牌延伸

中国企业的品牌战略借鉴了日本企业的一些具体做法。显著特点是中国企业与日本企业一样大多采用统一品牌战略，即以一个品牌覆盖企业的全部产品，而较少采用品牌延伸战略。品牌延伸战略包括副品牌战略和多品牌战略。副品牌战略是介于一牌多品和一牌一品之间的品牌战略。企业利用消费者对现有成功品牌的信赖和忠诚推动副品牌产品的销售。

从海尔的实践看，副品牌战略确实对统一品牌战略进行了有效补充。海尔把 0.5 公斤的小洗衣机叫“即时洗”，把电视机叫“探路者”，把美容加湿器叫“小梦露”，使消费者对其一目了然。对同一商品，也可用副品牌将其规格、品位、档次、功能等区分开来，如海尔冰箱选用“小王子”“帅王子”“小小王子”等副品牌。这样可以避免客户产生类似“海尔就是冰箱”“长虹就是彩电”“小天鹅就是洗衣机”的思维定式。选择副品牌战略，能有效引导消费者突破原有消费定式，接受和认可新产品，并将消费者对主品牌的依赖和忠诚迅速转移到新产品上。

4. 拓展销售渠道

拓展、提升一个品牌，首先要让你的目标客户经常见到这个品牌。

品牌价值最终要归结到客户的购买行为上，要使客户完成购买行为，就要降低实施这一行为的成本，包括心理成本和行为成本，让客户比较容易想到你、熟悉你，买你产品时少一些不信任和担心。要达到这种效果，需要强有力的销售渠道支撑，特别是要密集设立销售终端，加大对区域市场的渗透。

可口可乐公司是一个最好的例子，它遍设销售网点，在全球范围内广泛地发展经销商。其产品不仅在自动售货机、超市、便利店里销售，而且在电影院、音像商店甚至出租车上都显示其“清凉”本色。

对于相对弱势的企业，如果采取有效的销售渠道也可以收到良好效果，非常可乐就是利用可口可乐在农村地区认知率相对较低的状况，迅速铺设销售网络，以较低价格有效控制了这一市场。

营销实践

从P9，P10，看华为品牌的全球化运作

在西班牙巴塞罗那的MWC 2017大会上，华为旗舰新机P10/P10 Plus首发，并迅速刷爆欧洲街头。在巴塞罗那街头的P10大幅海报中，华为“菊花标”、徕卡“可乐标”与美女、P10真机相映成趣，给人极佳的观感。

作为全球重要的智能手机供应商，华为2016年手机全球出货量达到1.4亿部，同比提升29%，更突出的是华为在高端手机上的突破，其中，P9/P9 Plus上市仅8个月全球发货超过1 000万部，这也是华为首款出货量破千万的高端旗舰智能手机。P10/P10 Plus进一步延续与徕卡的合作，全球首创徕卡三镜头，突出“每一拍都是大片”的拍摄效果。

随着华为在全球市场地位的提升，其全球化品牌运作越来越频繁。2016年3月，华为不惜花重金签约球王梅西为其全球品牌形象大使，并称这是“品牌建设的新起点”。4月，华为在伦敦举行与徕卡合作推出的双摄像头手机P9的全球首发，并邀请好莱坞当红明星亨利·卡维尔与斯嘉丽·约翰逊作为P9的产品代言人。

在全球化研发中，华为在国外已经建立了16个研究所，分布在美国、英国、德国、法国、俄罗斯等国家，有力地保障了华为品牌的技术领先形象。

5. 挑战行业领导者

挑战行业领导者如同与高手下棋，可以提升自己的身份，一来容易被认同为高手，二来在与高手较量的过程中可以学到许多新东西，从而成为真正的高手。

TCL作为一家以无线通信起家的企业，几年前还是电话机的代名词，虽然近些年涉足彩电、空调等家用电器，但其家用电脑的认知度一直不高，远不及联想、方正、长城等品牌。如今，TCL作为国内仅次于联想的电脑品牌，其在PC业迅速成长的过程就是不断向联想挑战的过程。它与联想在2001年夏季火热上演的奔腾4、液晶对决，迅速成就了TCL作为电脑品牌在PC业的地位。

当然，挑战行业领导者也是一件很危险的事，关键是找好挑战的切入点，这样才有可能达到双赢的效果，否则就可能遭遇灭顶之灾。

◎ 基本概念

品牌　　商标　　品牌扩展　　多品牌策略

品牌资产

◎ 思考题

1. 企业为什么要建设品牌?
2. 企业如何提升品牌资产的价值?

◎ 案　例

洋河股份的品牌营销战略

2017年4月19日，洋河股份第四届谷雨论坛召开，论坛的主题为“老匠人·新匠心”。

作为洋河匠心的集大成之作，产量不到洋河酒厂总量2%的“梦之蓝·手工班”酒在第四届苏酒集团封藏大典中亮相。自2003年8月首次推出“蓝色经典”之后，洋河股份开启了从“蓝色经典”到“微分子”，再到“梦之蓝·手工班”的品牌创新之路，标志着洋河股份的营销战略持续在创新中求变。

以稀缺性品牌战略，填补产品线空白

从2014年开始，每到谷雨时节，洋河股份都会在酒都宿迁召开谷雨论坛并举办封藏大典。2014年首届谷雨论坛之后，洋河以“创造健康快乐”为使命，于2014年、2015年接连研发并向市场推出了洋河微分子、双沟莜清两款好评度极高的健康白酒；2016年第三届谷雨论坛之后，洋河股份推出“洋河汉酒”，迅速确立了“发掘白酒之美”的持续性品牌目标，跳出了白酒行业简单式、大批量的广告轰炸模式，从粗放型的品牌知名度打造全面转向深度文化挖掘的品牌美誉度塑造上。

在以匠心为主题的第四届谷雨论坛之后，洋河股份的品牌战略又将如何布局?从封藏大典推出的“梦之蓝·手工班”封藏酒来看，洋河股份正着力打造稀缺性品牌战略。

新推出的“梦之蓝·手工班”酒全部是以梦之蓝中央酒区老窖池、30个班组的老工匠手工酿造，基酒选用的都是20年以上的老陈酒，产量不到洋河酒厂总量2%。也就是说全厂只有不到2%的酒符合“梦之蓝·手工班”酒苛刻的质量要求。“梦之蓝·手工班”酒在包装上延续了梦之蓝系列原有的包装风格，酒盒、酒瓶都采用原有的形制，但在颜色、文字等细节上予以区分，突出“老窖池、老陈酒、老工匠”“富含健康成分”这些卖点。向公众传递了三个信号：稀缺产品，匠心产品，健康产品。

作为白酒市场的佼佼者，洋河股份拥有梦之蓝、天之蓝、海之蓝、绵柔苏酒、柔和双沟、珍宝坊、蓝瓷、洋河大曲等高中低档全价位、全覆盖的产品系列。然而，在高端酒市场格局中，洋河股份的产品力表现心有余而力不足。由于M6和M9的价差较大，之间的一段空白正好给了“梦之蓝·手工班”机会。2017年5月3日京东商城洋河官方旗舰店公示了52度“梦之蓝·手工班”酒的指导价为1 688元，这一定价高于53度“飞天”茅台，“梦之蓝·手工班”酒剑指高端白酒市场，补充了梦之蓝M6到M9之间的价格空白。

品牌价值全球第三，工匠精神助飞国际化之路

继基于健康的产品力升级和基于文化的品牌力升级之后，洋河股份在品牌营销方面的再升级被市场解读为为下一步全面发力国际市场积蓄能量。

2017年3月，在英国品牌评估机构Brand Finance最新发布的“2017全球烈酒品牌价值50强”排行榜上，洋河股份以42.81亿美元的品牌价值成功冲进全球前三。海外市场对品牌价值的认可为洋河股份的国际化进程再添筹码。

不过，酒企要想真正走向国际化并不容易。据海关总署信息中心首次对外披露的2009年到2016年1—8月我国白酒出口的量价趋势图，整个白酒外贸年平均增速15%左右，但因基数太小，年出口量不足2万千升。

匠人修匠心，匠心出精品。洋河推出的“五度五米战略”成为助力洋河股份在全球打造中国名片的利器。所谓“五度五米”，即宽度一毫米的专注，是工匠精神的定位；深度一千米的极致，是工匠精神的核心；高度一万米的坚守，是工匠精神的内涵；长度万万米的创新，是工匠精神的生命力；温度立方米的热爱，是工匠精神的态度。正是“五度五米”的匠心之魂铸就了洋河股份昨日的辉煌，成就了今天的洋河股份。

近年来，洋河股份投入过百亿元资金，专注于酿酒生产基地的升级打造及酒业匠人的培养，目前洋河股份年产原酒16万吨，原酒储存能力达100万吨，酿酒规模为行业之最。洋河股份的3万名员工中，有近2万名员工直接从事酿酒生产，1 000多个酿酒班组中，20年以上工龄的酿酒技师占80%，酿酒队伍也是行业之最。

作为角逐高端市场的核心产品，近年来，梦之蓝接连成为新加坡APEC峰会、杭州G20峰会、世界互联网大会、“一带一路”峰会等国际重大活动的宴会用酒，在国家乃至国际舞台上打造出了不同凡响的品牌新高度。“梦之蓝·手工班”的推出标志着洋河股份在高端市场的战线已经全面铺开。目前，“一带一路”为中国企业走出去带来了新的机遇和挑战。中国企业要走出去，中国匠心首先要走出去，未来的洋河股份要充分发挥自己的工匠精神，将工匠精神在整个行业中推广开来。

资料来源：曹卫新．升级品牌营销战略 洋河股份推“梦之蓝·手工班”酒．证券日报，2017-04-20；洋河股份总裁钟雨在2017年中国酒都谷雨论坛上的演讲．

【案例思考】

1. 洋河的品牌营销主要有哪些做法？

2. 你认为洋河要做好品牌营销，还应采取哪些做法？

第 10 章 价格决策

本章要点

- 了解企业的定价目标
- 了解企业定价需要考虑的因素
- 掌握各种不同的定价方法和技巧
- 理解企业如何进行主动调价和应变调价

价格策略是市场营销组合中非常重要并且独具特色的组成部分。价格通常是影响商品交易成败的关键因素，同时又是市场营销组合中最难以确定的因素。这是因为企业定价是为了促进销售，获取利润，这就要求企业既要考虑成本的补偿，又要考虑消费者对价格的接受能力，从而使价格策略具有买卖双方双向决策的特征；同时，企业定价还要考虑主要竞争对手的价格策略。价格还是营销组合中较活跃的一个因素。市场营销学对价格的规定突出了价格的“灵活性”，认为价格要对市场变化做出灵敏的反应。当然，作为企业整体营销策略的组成部分，价格策略需要与其他策略及产品定位相协调。企业价格的确定，以消费需求为前提，以成本为基础，以竞争价格为参照。价格策略的形成过程，体现了科学与艺术的统一。

第 1 节 定价目标

定价目标，是指企业通过特定水平的价格的制定或调整所要达到的预期目的。定价目标是企业市场营销目标体系中的具体目标之一，它的确定必须服从于企业营销总目标，也要与其他营销目标（比如促销目标）相协调。在产品生命周期的不同阶段，体现营销总目标的定价目标不同，因而会有不同的价格策略，而且，一定时期内企业的定价目标还有主要目标和附属目标之分。概括起来，企业的定价目标大致有以下几种。

1. 追求盈利最大化

即企业追求一定时期内可能获得的最高盈利额。盈利最大化取决于合理价格所推动的销售规模，因而追求盈利最大化的定价目标并不意味着企业要制定最高单价。

在此目标下，企业经理决定商品售价时主要考虑按何种价格出售可以获得最大的利润，而对市场竞争的效果，在社会上、顾客中产生的影响等考虑较少。因此，当企业及产品在市场上享有较高的声誉，在竞争中处于有利地位时，追求最大盈利的定价是可行的。然而市场供求和竞争状况总会变化，产品也不断更新，任何企业都不能永远保持其绝对的垄断优势。在更多的情况下，企业把追求盈利最大化作为一个长期定价目标，同时选择一个适应特定环境的短期目标来制定价格。

2. 短期利润最大化

某些具有独创性、技术先进的新产品，刚刚投放市场时，通过制定较高的市场价格可以快速获取市场利润，在短期内取得尽可能多的利润。在此目标下的定价策略称为“撇脂定价”。除了产品本身的特点，撇脂定价还需要预测市场需求和竞争情况，即存在一个可以以较高价格接受该产品的顾客群，同时由于技术障碍等原因在短期内高价格不会吸引更多的竞争对手。

3. 实现预期的投资回报率

投资回报率反映企业的投资效益。企业对所投入的资金，都期望在预期时间内分批收回。为此，定价时一般以总成本为基础加上一定比例的预期盈利。在产品成本不变的条件下价格高低取决于企业确定的投资回报率的大小。在这种定价目标下，投资回报率的确定与价格水平直接相关，并且根据企业的具体情况会有所不同。通常，确定投资回报率需要考虑以下几个因素：企业的资本成本、行业平均的投资回报率、投资回收期等。

4. 提高市场占有率

市场占有率是企业经营状况和产品竞争力状况的综合反映。较高的市场占有率可以保证企业产品的销路，便于企业掌握消费需求变化，易于形成企业长期控制市场和价格的垄断能力，并为提高企业盈利率提供可靠保证。事实证明，紧随着高市场占有率的往往是高盈利率。提高企业市场占有率比短期高盈利意义更为深远，正因为如此，提高市场占有率通常是企业普遍采用的定价目的。以提高市场占有率为定价目标，在短期内会影响企业利润，因为在此目标下，企业或以低价打入市场，开拓销路，逐步占领市场；或以高价进入市场但辅以高强度的促销宣传。

5. 实现销售增长率

在其他条件不变的情况下，销售增长率的提高与市场份额的扩大是一致的。因此，追求一定的销售增长率也是企业的重要目标之一，特别是在新产品进入市场以后的一段时期内。但由于竞争激烈的市场经常变化，市场份额的高低更多地取决于本企业与竞争对手的销售额对比状况，而且，销售增长率的提高也不必然带来利润的增加。因此，企业应结合市场竞争状况，有选择地实现有利可图的销售增长率。企业还可以通过降低某种商品价格的做法来实现总销售额增长的目标。这是零售商店经常采用的做法。

6. 适应价格竞争

价格竞争是市场竞争的重要方面。因此，处在激烈市场竞争环境中的企业经常根据竞争对手的价格策略，将适应价格竞争作为定价目标。实力雄厚的大企业利用价格竞争排挤竞争者，借以提高其市场占有率；经济实力弱小的企业则追随主导的竞争者价格或以此为基础做出抉择。在低价冲击下，一些企业被迫退避三舍，另辟蹊径开拓市场。

7. 保持营业

以保持企业能够继续营业为定价目标，通常是企业处于不利环境中实行的一种缓兵之计。当企业受到原材料价格上涨、供应不足、新产品加速替代等方面的猛烈冲击时，产品难以按正常价格出售。为避免倒闭，企业往往推行大幅度折扣，以保本价格，甚至亏本出售产品以求收回资金，维持营业，以争取到研制新产品的时间，重新问鼎市场。这种定价目标只能作为特定时期内的过渡性目标，一旦出现转机，将很快被其他目标所代替。

8. 稳定价格，维护企业形象

良好的企业形象是企业无形的资源与财富，是企业成功运用市场营销组合取得的消费者信赖，是长期累积的结果。有些行业的市场供求变化频繁，但行业中的大企业为维护企业信誉，往往采取稳定价格的做法，不随波逐流，给顾客以财力雄厚、靠得住的感觉。

营销实践

苹果的定价策略

iPhone 应该卖得更贵，但 iPod 应该卖得更便宜，你知道这是为什么吗？

核心原因是，手机是你非买不可的“品类”，经过 iPhone 5C 的低价策略的教训，苹果已经发现低价走量的策略是低效的，远远比不上直接高价售卖获得的利润来得多。

而 iPod，Apple Watch 和 Airpods 这样的产品，其实对用户来说是非必需的。通过低价策略，苹果希望复制当年 iPod 占领音乐播放器市场的案例，用 Apple Watch 占领手表手环的健身运动市场，以及通过 Airpods 占领耳机市场。

在必需品类里，行业老大无须主动降价来追求销量，因为对于这样的品类，总有人可以做得比你更便宜。而在非必需品类里，售价过高甚至会让用户选择不购买这个品类。因此，苹果的策略是：用低价去全面占领这个品类的市场，让这个产品成为以 iPhone 为核心的配件矩阵。

资料来源：苹果定价策略：为啥 iPhone 卖得超贵　iPod 却很便宜？.（2017-03-27）. http：//money.163.com/17/0327/09/CGHBK3M1002580SV.html#from=keyscan.

第2节　定价需要考虑的因素

企业定价时要全面考虑各种影响因素。不同的市场竞争条件下卖主定价的自由度不同，企业定价时必须对其产品的市场模式予以考虑。定价应当体现产品的市场定位策略。定价还要考虑企业自身的因素，如成本、资金周转等。市场需求和竞争方面的因素如需求价格弹性、需求收入弹性、需求交叉弹性、竞争者的产品策略、价格策略等也是企业定价所必须考虑的。

一、不同市场竞争条件下的卖主定价自由

1. 完全竞争条件下的价格接受者

在完全竞争的条件下，任何卖主和买主都对现行市场价格没有决定性影响。卖主既

不可能按高于现行市场价格的价格出售产品（那样买主就会买其他卖主的产品），也没必要降低价格出售（因为按现行价格就能卖掉其全部产品）。因此，买卖双方只能按照由市场供求关系决定的市场价格来买卖商品。无论买主还是卖主，在完全竞争的市场上，都只是价格的接受者，而不是价格的决定者。同时，由于产品完全同质，卖主无须在市场营销上花很多精力。完全竞争市场在现实中是不存在的，它主要用于理论分析。对于某些产品差异性很小、有大量买主和卖主的近似完全竞争的市场，企业的主要竞争策略是降低成本。

2. 垄断性竞争条件下强有力的价格决定者

现实中，垄断性竞争广泛存在于日用工业品、服装、百货、家用电器、食品等竞争性行业。这些行业的制造商定价往往利用心理因素，通过强调本企业产品的与众不同使消费者接受其价格。

3. 寡头垄断竞争条件下，少数几家大公司的相互依存、相互影响

寡头垄断竞争有两种形式：

（1）完全寡头垄断竞争。各个寡头垄断企业生产的产品都是同质的（如钢铁、石油、轮胎）。在这种情况下，每个企业都时刻注意着其竞争对手的战略和行动，调价非常慎重，市场价格相对稳定，而竞争主要集中于广告、促销等非价格方面。

（2）不完全寡头垄断竞争。即各个寡头垄断企业的产品（如汽车、电脑等）都有某些差异。每一个企业都千方百计突出本企业产品的特色，使顾客建立对其产品的偏好。这样，就可以利用其产品在市场上的垄断地位确定其价格，某些名牌产品的价格甚至可以定得很高。

4. 纯粹垄断条件下的随意定价者

理论上，纯粹垄断条件下，一个卖主完全控制了市场，它可以在法律允许的范围内随意定价。但实际上，不同类型的垄断，定价有所不同。

（1）政府垄断。由于定价目标的不同，价格高低相差很大，一些与居民生活关系极大的产品（如城市公用产品）价格可能低于成本；一些限制消费的产品价格可能定得很高。

（2）私人垄断。其中，管制性垄断（政府对定价进行调节和控制，如美国AT&T公司），企业的定价一般取得中等收益；非管制垄断企业（如杜邦公司推出的尼龙形成的市场垄断）可以随意定价，但也不是无限度地抬高价格。

在现实的市场环境中，卖方都有一定的定价自由，因而根据综合因素确定适当的价格就非常重要了。

二、产品定位

每个企业都应根据总体营销目标对其产品进行市场定位。产品的市场定位，也就是通过产品的差别化设计而使目标顾客了解本企业产品相对于竞争者产品的市场地位的过程。根据目标顾客对产品属性的关注程度，产品的差别化可以通过众多的变量来体现，比如质量、技术的先进性、安全性、耐用性、服务等。其中价格对于大多数产品而言是一个十分重要的变量。价格不仅是区分产品档次的重要标志，而且代表了顾客从产品的购买中所能获得的实际利益。

下面的例子显示了女性时装市场不同品牌采取的定位策略所对应的定价策略。

A 品牌：独一无二的时装品牌——溢价策略。

B 品牌：领导潮流的高档名牌——高价策略。

C 品牌：顺应潮流的优质品牌——中等价格。

D 品牌：提供实惠的大众品牌——低价策略。

产品定位关乎产品和企业的形象，需要通过产品本身的设计、包装、价格、广告宣传、服务等多种手段传达给消费者才能使之充分理解。产品形象一旦树立，还要通过各种努力加以维护，特别是高质量、高档次的名牌产品在调整价格时需格外小心。

三、市场需求因素

价格的高低关系到需求量进而关系到销售量的高低，市场需求是影响定价的一个重要因素。不同商品的需求特点不同，消费者对价格会有不同的反应。

1. 需求价格弹性

需求价格弹性简称价格弹性，是指因价格变动而引起的需求相应的变动率，反映需求变动对价格变动的敏感程度。用 E_P 表示需求价格弹性，则

$$E_P=\frac{\text{需求量变动百分比}}{\text{价格变动百分比}} \tag{10.1}$$

为比较需求价格弹性的大小，这里仅考虑 E_P 的绝对值。事实上，需求与价格的变动有方向问题，因而 E_P 有正负之分，并且大多数产品的正常 $E_P<0$。

定价时考虑需求价格弹性的意义在于，不同产品具有不同的需求价格弹性。从弹性强弱的角度决定企业的价格决策，主要分为以下三种类型。

$E_P=1$，需求量与价格等比例变化。对于这类商品，价格的上升（下降）会引起需求量等比例的减少（增加），因此，价格变化对销售收入影响不大。定价时，可选择实现预期盈利率为价格或选择通行的市场价格，同时将其他市场营销措施作为提高盈利率的主要手段。

$E_P>1$，需求量变动的百分比大于价格变动的百分比。对这类商品，价格的上升（下降）会引起需求量较大幅度的减少（增加）。定价时，应通过降低价格、薄利多销达到增加盈利的目的；反之，则提价时务求谨慎以防需求量锐减，影响企业收入。

$E_P<1$，需求量变化的百分比小于价格变化的百分比。对这类商品，价格的上升（下降）仅会引起需求量较小程度的减少（增加）。定价时，较高水平价格往往会增加盈利，低价对需求量刺激效果不明显，薄利并不能多销，反而会降低收入水平。

图 10－1 分别表示不同需求价格弹性状态下需求的变化。

需求价格弹性的强弱主要取决于以下影响因素。

（1）商品的需要程度。需求价格弹性与商品需要程度成反比。生活必需品的需要程度高于一般商品，因而价格变化对其需求数量的影响小；反之，一般商品需求量与价格的相关程度则较大。

（2）商品的替代性。需求价格弹性与商品替代性成正比。如果一种商品替代性强，

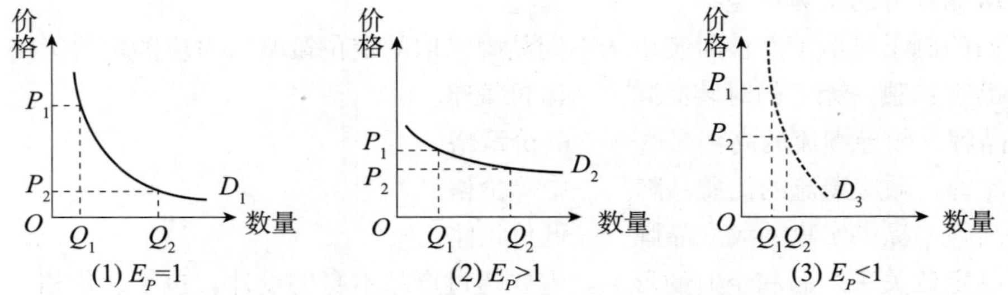

图10-1 不同需求价格弹性状态下的需求变化

其价格增高会引起消费需求向其他替代商品转移，反之亦然。这种需求转移加强了价格变动对该种商品需求量的影响。如果一种商品难以被替代，消费者只能提高对价格变动的承受能力，使需求量对价格的敏感程度下降。

2. 需求收入弹性

需求收入弹性简称收入弹性，指因收入变动而引起的需求量的相应变动率，反映需求量的变动对收入变动的敏感程度，用 E_y 表示。

$$E_y=\frac{\text{需求量变动百分比}}{\text{收入变动的百分比}} \tag{10.2}$$

收入弹性亦有强弱之分，主要有四种类型：(1) $E_y>1$；(2) $E_y=1$；(3) $E_y<1$；(4) $E_y<0$。需求量与收入一般成正比。前三种类型分别表示随收入变化，需求量较大幅度变化、等比例变化或较小幅度变化的情况。第四种类型是即将淘汰的商品或低档商品的需求特征，即随收入增加需求量绝对减少，呈反向变化。

不同商品有不同的收入弹性，其强弱程度主要取决于各项商品支出在既定收入水平当中的重要性及其构成。支出结构可分为三类：

(1) 固定支出，指消费者维持正常生理需要的开支。

(2) 可支配支出，指用于改善日常生活的经常性开支。

(3) 可自由支配支出，指用于享受或满足更高层次消费需要的计划开支。

从重要性角度看，三种支出依次递减。而重要性越强，其收入弹性越弱；反之，则收入弹性较强。

定价时考虑商品的需求收入弹性有着重要的意义。一方面，对于随收入变化而相应发生的不同商品需求量，企业应选择不同水平的价格，力求使价格变化与收入变化对需求量的影响相适应，达到销售量随收入增加而扩大的目的；另一方面，企业利用价格对实际收入的反向影响，适时调整价格，刺激高收入弹性商品的需求，实现更多的利润。在收入水平既定的条件下，降低高收入弹性商品的价格，意味着消费者用于这类商品的实际收入增加，需求量大幅度增长，企业可获薄利多销之利。而当收入水平增长较快时，用于高收入弹性商品的支出必定会大大增加，此时适当提高这类商品价格对需求量并无影响，企业可厚利与多销双收。例如，20世纪90年代中期以前，北京市由于居民收入水平相对较低，加上福利分房的政策尚未取消，造成大量商品房滞销。90年代末以来，随着福利分房政策的取消和居民收入的快速增长，尽管北京市商品房的价格不断上涨，需求依然十分旺盛，销售增长连续居全国首位。

3. 需求交叉弹性

需求交叉弹性简称交叉弹性，指因一种商品价格变动引起其他相关商品需求量的相应变动率。交叉弹性用 $E_B P_A$ 表示：A 商品价格变动使 B 商品需求量相应变动的比率，即

$$E_B P_A = \frac{\text{B 商品需求量变动百分比}}{\text{A 商品价格变动百分比}} \tag{10.3}$$

许多商品彼此在使用价值上相互关联：一种情况是互替相关，称为互替商品；另一种情况是互补相关，称为互补商品。

互替商品是消费中使用价值可以相互替代的商品，如纯棉服装与化纤服装。比价关系既定，不同的消费水平、偏好和习惯决定着对这些商品的不同需求量。然而当其中一种商品价格变化（如纯棉服装价格上升）时，一部分消费者会限于收入水平转而消费另一种商品（如化纤服装），从而导致纯棉服装需求下降，化纤服装需求上升。这种伴随一种商品价格变化，另一种商品需求量呈同方向变化的规律，使互替商品的交叉弹性为正值。

互补商品是消费中使用价值必须相互补充的商品，如照相机与胶卷。当其中一种商品价格变化（如照相机价格下降）时，不仅该种商品需求量变化（如照相机需求上升），而且另一种商品需求量亦会发生相应变化（如胶卷需求上升）。这种伴随一种商品价格变化，另一种商品需求量呈反方向变化的规律使互补商品的交叉弹性为负值。

不同商品的交叉弹性各异，企业定价时就不仅要考虑价格对其自身产品需求量的影响，也要考虑市场上相关商品价格对其产品需求的影响。这些商品价格变化对企业产品需求在客观上起着增强或抑制的作用。特别是企业本身的产品线多，且相关程度高时，定价更要重视交叉弹性的影响，区别对待。互替商品的定价要同时兼顾各品种间需求量的影响，选择恰当的比价；互补商品定价则应错落有致，高低分明，以一种商品需求的扩大带动另一种商品需求的增加，从而兼获销售量增长与盈利水平不减之利。西方国家的一些企业低价供应灌装生产线、高价供应浓缩液，低价销售汽车、高价供应零配件等均是采取此类定价策略。

四、市场竞争因素

竞争因素对定价的影响主要表现为竞争价格对产品价格水平的约束。可以这样说，在竞争激烈的市场上，价格的最低限受成本约束，最高限受需求约束，介于两者之间的价格水平确定则以竞争价格为依据。

1. 价格竞争

同类产品的竞争最直接地表现为价格竞争。企业都试图通过制定适当的价格及价格的调整来争取更多的顾客，这就意味着竞争企业要失去一部分市场，或者维持同样的市场份额要付出更多的营销努力。因而在竞争激烈的市场上，企业都会认真分析竞争对手的价格策略，密切注视其价格变动动向并及时做出反应。比如，美国柯达胶卷和日本富士胶卷从 20 世纪 80 年代初打入我国市场以来，价格几经调整，但总保持一定的价差。这说明两家公司采用的是不同的价格策略，但一方价格的调整会迅速引起另一方相应的

调价行为。价格竞争的激烈程度由此可见一斑。

2. 以产品为核心的全面竞争

价格竞争只是同类产品竞争的一个方面。实际上，同类产品竞争体现在产品的开发、研制直至销售的全过程，包含了以产品为核心的价格、渠道及促销的全面竞争。价格竞争的实质，是通过价格调整，改变产品的质量价格比或效用价格比，促使消费者对商品重新做出评价。因此，企业定价时不仅要关注竞争者的价格策略，对其产品策略、渠道策略及促销策略也不能忽视。

五、企业自身因素

1. 成本

成本是定价的基础。正常情况下，定价必须首先使总成本得到补偿。对定价产生影响的成本可以分为以下几种。

（1）固定成本。指在既定生产经营规模范围内，不随产品种类及数量的变化而变动的成本，如厂房和机器设备的折旧、照明、空调、产品设计、市场调研、管理人员工资等支出。

（2）变动成本。指随产品种类及数量的变化而相应变动的成本，主要包括用于原材料、燃料、运输、储存等方面的支出，以及生产工人工资、部分市场营销费用等。

（3）总成本。即全部固定成本与变动成本之和，当产量为零时，总成本等于未开工时发生的固定成本。

（4）平均固定成本。指单位产品所包含的固定成本的平均分摊额，即固定成本与总产量之比，它随产量的增加而减少。

（5）平均变动成本。指单位产品所包含的变动成本平均分摊额，即总变动成本与总产量之比。它在生产初期水平较高，其后随产量增加呈递减趋势，但达到某一限度后，会由于报酬率递减的作用转而上升。

（6）平均成本。指总成本与总产量之比，即单位产品的平均成本。使总成本得到补偿的定价意味着价格至少不能低于平均成本。如果要取得盈利，则价格必须高于平均成本。

2. 销售量

就单个商品而言，如果成本不变，则价格越高，盈利水平越高。但是企业盈利总额并不是单位商品盈利之和，单位商品包含的盈利水平高并不意味着企业总盈利水平必然就高。正确的计算公式是：

$$\begin{aligned}\text{企业盈利} &= \text{全部销售收入} - \text{全部成本}\\ &= \text{商品销售量} \times \left(\begin{matrix}\text{单位商品}\\ \text{价格}\end{matrix} - \begin{matrix}\text{单位商品成本}\\ \text{或平均成本}\end{matrix}\right) \qquad (10.4)\end{aligned}$$

由式（10.4）可见，企业盈利是单位商品实现的盈利与销售量两者的乘积。但这两个因素是相关的。由于价格对需求存在反向作用，价格过高可能导致需求量及销售量的缩减，进而降低企业收入及盈利水平，因此，在其他条件既定的情况下，企业盈利状况最终取决于价格与销售量之间的不同组合。

利用边际收入与边际成本的关系寻求价格与销售量之间的最佳组合状态，是实现最大盈利的有效方法。

边际收入是指销售量每变动（增加或减少）一个单位所发生的收入变动额。边际成本指销售量每变动一个单位所发生的成本变动额。边际收入、边际成本与总盈利的关系如图 10－2 所示。

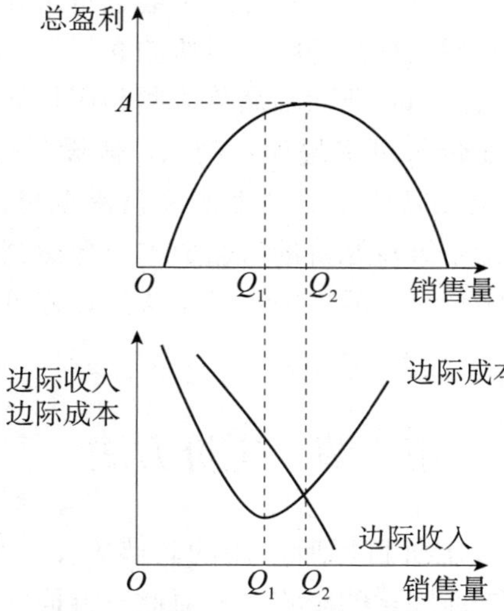

图 10－2　边际收入、边际成本与总盈利的关系

图 10－2 表明，随边际成本下降，总盈利水平呈上升趋势。销售量达到 Q_1 点后，边际成本转为上升，但仍然小于边际收入，使总盈利增加幅度减缓。当销售量达到 Q_2 点时，边际成本与边际收入相等，总盈利达到最高水平点 A。之后边际收入不能抵偿边际成本，尽管销售量继续增加，但总盈利转呈下降趋势。

根据这个原理，假定价格与需求量存在以下关系，则价格、销售量与盈利关系通过下例可以说明，见表 10－1。

表 10－1　　**用边际收入和边际成本确定最高盈利价格**　　单位：元

价格	需求量*	全部收入	边际收入	固定成本	全部变动成本	全部成本	边际成本	平均成本	盈利
20	1	20	20	2	16	18	18**	18	2
18	2	36	16	2	28	30	12	15	6
16	3	48	12	2	34	36	6	12	12
14	4	56	8	2	38	40	4	10	16
12	5	60	4	2	40	42	2	8.4	18
10	6	60	0	2	48	50	8	8.3	10

* 此处用需求量表示销售量。

** 假定固定成本未开工时为零，故生产第一单位产量时边际成本为 18 元。

由表 10－1 看出，价格高于 12 元时，边际收入大于边际成本，适度降低价格可使盈利增加；价格低于 12 元时，边际收入小于边际成本，尽管此时平均成本水平较低，但终因价格水平与之过于接近，且价格与需求量的关系未变，降价不会使盈利水平下降的趋势改变；只有当价格等于12元时，边际收入与边际成本最为接近，销售量与价格之间达到最佳组合，实现了最高盈利。

3. 资金周转

资金周转速度影响企业年利润水平，一般来说，高价格会带来高盈利水平，但却因此延缓了资金周转速度；降价促销可加速资金周转，但又会丧失一部分可得盈利。在这种情况下，要求企业趋利避害，通过选择较低的机会成本来确定定价方案。

机会成本是指利用一定资源获得某种收入时所放弃的另一种收入。机会成本低意味着放弃的收入低于获取的收入。当企业面临高价取厚利还是低价促周转的选择时，通过比较机会成本来定价会给企业带来更多盈利。例如，假设降价出售可能造成一定损失，但由此带来资金周转速度加快，以至于下一生产经营周期可望增加的盈利大于这个损失，则表明降价的机会成本低于维持原价的机会成本。显然企业此时应制定较低水平的价格。依此类推，凡出现与定价有关的多因素权衡抉择，亦可通过比较机会成本的方法确定恰当的价格水平。

第3节　定价方法

定价方法是企业为实现其定价目标所采用的具体方法。鉴于价格的高低主要受成本、竞争状况和市场需求三方面因素的影响，从对此三方面的不同侧重出发，可以将各种定价方法归纳为成本导向、竞争导向和需求导向三类。

一、成本导向定价

成本导向定价以产品成本为定价基本依据，主要包括以下几种具体方法。

1. 加成定价法

加成定价法包括完全成本加成定价和进价加成定价。完全成本加成定价为蔬菜、水果商店普遍采用，方法是首先确定单位变动成本，再加上平均分摊的固定成本组成单位完全成本，在此基础上加上一定的加成率（毛利率）形成销售价格。其计算公式为：

$$\text{产品售价}=\text{单位完全成本}\times(1+\text{成本加成率}) \tag{10.5}$$

式中：$\text{成本加成率}=\dfrac{\text{售价}-\text{进价}}{\text{进货成本}}\times 100\%$

进价加成定价是零售业（百货商店、杂货店等）流行的做法。其计算公式为：

$$\text{产品售价}=\frac{\text{进货价格}}{1-\text{加成率}} \tag{10.6}$$

式中：$\text{加成率}=\dfrac{\text{售价}-\text{进价}}{\text{售价}}\times 100\%$

在这两种定价方法中，加成率的确定是关键。一般来说，加成率的大小与商品的需求弹性和企业的预期盈利有关。需求弹性大的商品，加成率宜低，以求薄利多销；需求弹性小的商品，加成率可以稍高。在实践中，同行业往往形成一个为大多数商店所接受的加成率，例如美国香烟的加成率为20%，照相机的加成率为28%等。

加成定价法具有计算简单、简便易行的优点，在正常情况下，按此方法定价可使企业获取预期盈利。其缺点是忽视市场竞争和供求状况的影响，缺乏灵活性，难以适应市场竞争的变化形势。特别是成本加成定价，加成率的确定仅从企业角度考虑，难以准确得知对应该价格水平的市场销售量，使固定成本的分摊难保其合理性。因此，加成定价法主要用于那些一次性生产、事先难以确定成本的产品。

2. 损益平衡定价法

损益平衡分析旨在在既定的固定成本、单位变动成本和价格条件下，确定能够保证企业收支平衡的产（销）量。收入平衡点也称损益平衡（或盈亏分界）点，如图 10－3 所示。图中，E 为盈亏分界点，Q 为保本销售量（损益平衡时的销售量）。

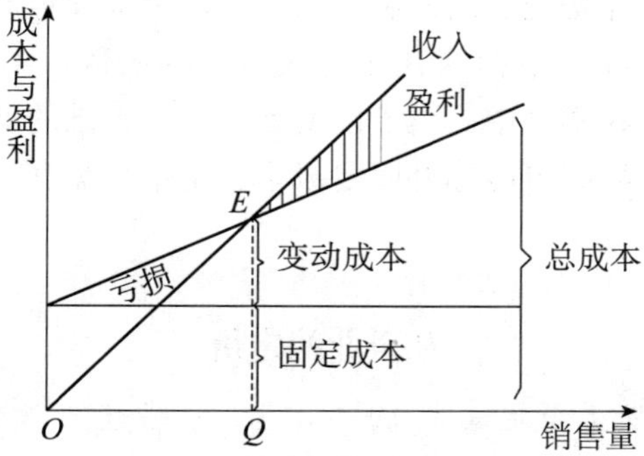

图 10－3　盈亏分界点

根据图 10－3，我们得出 Q 的计算公式[①]：

$$\text{损益平衡点销售量}=\frac{\text{固定成本}}{\text{价格}+\text{单位变动成本}} \tag{10.7}$$

在此价格下实现的销售量，使企业刚好保本，因此，该价格实际是保本价格。即

$$\text{保本价格}=\frac{\text{固定成本}}{\text{损益平衡点销售量}}+\text{单位变动成本} \tag{10.8}$$

在企业定价实务中，可利用此方法进行定价方案的比较与选择。对于任一给定的价格，都可以计算出一个保本销售量。如果企业要在几个价格方案中进行选择，只需给出每个价格对应的预计销售量，将其与此价格下的保本销售量进行对比，若低于保本销售量，则被淘汰。而在保留的定价方案中，具体的选择取决于企业的定价目标。利用盈亏分析，实际价格的计算公式如下：

$$\text{实际价格}=\frac{\text{固定成本}+\text{预期盈利总额（目标利润）}}{\text{预计销售量}}+\text{单位变动成本} \tag{10.9}$$

损益平衡定价法侧重于总成本的补偿，这一点对于经营多条产品线和多种产品项目的企业极为重要。因为一种产品盈利的同时伴随其他产品亏损的现象时有发生，经销某种产品时所获取的高盈利与企业总盈利的增加并无必然联系，因此，定价从保本入手而不是单纯考虑某种产品的盈利状况无疑是必要的。在某种产品预期销售量难以实现时，

---

① 公式推导如下：根据图 10－3，我们得知，在损益平衡点上，总收入＝总成本；而总收入＝价格×销售量，总成本＝固定成本＋单位变动成本×销售量。于是有：价格×销售量＝固定成本＋单位变动成本×销售量，损益平衡点销售量＝固定成本/（价格－单位变动成本）。

可相应提高其他产品产量或价格，逐步在整体上实现企业产品结构及产量的优化组合。

3. 目标贡献定价法

目标贡献定价法又称可变成本定价法，即以单位变动成本为定价基本依据，加入单位产品贡献，形成产品售价。即

价格＝单位变动成本＋单位产品贡献　　(10.10)

在这里，产品售价超出变动成本的部分被视为贡献。贡献的意义在于，单位产品的销售收入在补偿其变动成本之后，首先用来补偿固定成本。在盈亏分界点之前，所有产品的累积贡献均体现为对固定成本的补偿，企业无盈利可言。到达盈亏分界点之后，产品销售收入中的累积贡献才是现实的盈利。由于补偿全部固定成本是企业获取盈利的前提，因此，所有产品销售收入中扣除其变动成本后的余额，不论能否真正成为企业盈利，都是对企业的贡献。在实践中，由于以变动成本为基础的低价有可能刺激产品销量大幅度提高，因此，贡献额有可能弥补固定成本甚至带来盈利。

营销实践

某企业的定价

某企业一定时期内发生固定成本10 000元，企业生产和销售两种产品，预计总量为10 000件以上，平均变动成本与平均固定成本均为1元，预期目标成本盈利率为20%。如按成本加成定价：价格＝（1＋1）×（1＋20%）＝2.4元。按此价格，两种产品供销7 000件，收入16 800元，扣除变动成本7 000元，所剩9 800元不能全部补偿固定成本，亏损200元。若按变动成本定价，以50%的单位贡献率计入单位变动成本，价格＝1＋0.5＝1.5元，在低价刺激下，两种产品各销11 000件，收入33 000元。扣除变动成本22 000元，所剩11 000元除补偿固定成本10 000元之外，获利1 000元。

目标贡献定价的关键在于贡献的确定。其步骤如下：

（1）确定一定时期内企业目标贡献。

年目标贡献＝年预计固定成本＋年目标盈利额　　(10.11)

（2）确定单位限制因素贡献。

$$单位限制因素贡献＝\frac{年目标贡献}{限制因素单位总量} \qquad (10.12)$$

其中，限制因素指企业所有产品在其市场营销过程中必须经过的关键环节，如劳动时数、资金占用等，也可根据企业产品自身特性加以确定。各种限制因素单位加总即为限制因素单位总量。

（3）根据各种产品营销时间的长短及难易程度等指标，确定各种产品在营销过程中对各种限制因素的占用数量（或比例）。

（4）形成价格。

$$价格＝单位变动成本＋\begin{matrix}单位限制因素\\贡献\end{matrix}\times\begin{matrix}单位产品所含\\限制因素数量\end{matrix} \qquad (10.13)$$

目标贡献定价法有以下优点：

(1) 易于在各种产品之间合理分摊固定成本。限制因素占用多，其价格中所包含的贡献量就大，表明该种产品固定成本分摊额较多。

(2) 有利于企业选择和接受市场价格。在竞争作用下，市场价格可能接近甚至低于企业的平均成本，但只要这一价格高于平均变动成本，企业就可接受，从而大大提高企业的竞争能力。

(3) 根据各种产品贡献的多少安排企业的产品线，易于实现最佳产品组合。

二、竞争导向定价

竞争导向定价以市场上相互竞争的同类产品价格为定价基本依据，以随竞争状况的变化确定和调整价格水平为特征，主要有通行价格定价、密封投标定价、竞争价格定价等方法。

1. 通行价格定价法

这是竞争导向定价方法中广为流行的一种。定价原则是使本企业产品的价格与竞争产品的平均价格保持一致。这种定价法的目的是：

(1) 平均价格水平在人们的观念中常被认为是“合理价格”，易为消费者接受。

(2) 试图与竞争者和平相处，避免激烈竞争产生的风险。

(3) 一般能为企业带来合理、适度的盈利。

这种定价方法适用于竞争激烈的均质产品，如大米、面粉、钢铁以及某些原材料的价格确定。在完全寡头垄断竞争条件下采用也很普遍。

2. 主动竞争定价法

与通行价格定价法相反，主动竞争定价法不是追随竞争者的价格，而是根据本企业产品的实际情况及与竞争对手的产品差异状况来确定价格。因而价格有可能高于、低于市场价格或与市场价格一致。一般为实力雄厚或产品独具特色的企业所采用。定价时首先将市场上竞争产品价格与企业估算价格进行比较，分为高于、一致及低于三个价格层次。其次，将本企业产品的性能、质量、成本、式样、产量等与竞争企业进行比较，分析造成价格差异的原因。再次，根据以上综合指标确定本企业产品的特色、优势及市场定位，在此基础上，按定价所要达到的目标，确定产品价格。最后，跟踪竞争产品的价格变化，及时分析原因，相应调整本企业产品的价格。

3. 密封投标定价法

密封投标定价法主要用于投标交易方式。投标价格是投标企业根据对竞争者的报价估计确定的，而不是按企业自己的成本或市场需求来制定的。企业参加投标的目的是希望中标，所以它的报价应低于竞争对手的报价。一般地，报价高，利润大，但中标机会小，如果因价高而招致落标，则利润为零；反之，报价低，虽中标机会大，但利润低，其机会成本可能大于其他投资方向。因此，报价时，既要考虑实现企业目标利润，也要结合竞争状况考虑中标概率。最佳报价应是使预期利润达到最高水平的价格。此处，预期利润是指企业目标利润与中标概率的乘积，显然，最佳报价即为目标利润与中标概率两者之间的最佳组合（见表 10-2）。

表 10－2　最佳报价分析　单位：元

报价 ①	成本 ②	目标利润 ③＝①－②	中标概率（%） ④	预期利润 ⑤＝③×④
9 700	9 500	200	80	160
11 000	9 500	1 500	35	525
12 000	9 500	2 500	10	250
13 000	9 500	3 500	1	35

由表 10－2 可知，报价 11 000 元时，预期利润最高，为最佳报价。报价 9 700 元时，虽中标概率高，但实现利润较低。其余两种报价中标概率均过低，极有可能落标而使实际利润为零，显然不可取。

运用这种方法，最大的困难在于估计中标概率。这涉及对竞争者投标情报的掌握。只能通过市场调查及对过去投标资料的分析大致估计。

三、需求导向定价

需求导向定价以消费者的需求强度及对价格的承受能力作为定价依据，是伴随营销观念更新而产生的新型定价方法。

1. 理解价值定价法

理解价值定价法也称觉察价值定价法，是以消费者对商品价值的感受及理解程度作为定价的基本依据。有些营销学家认为，把买方的价值判断与卖方的成本相比较，定价时更应侧重考虑前者。因为消费者购买商品时总会在同类商品之间进行比较，选购那些既能满足其消费需要又符合其支付标准的商品。消费者对商品价值的理解不同，会形成不同的价格限度。这个限度就是消费者宁愿付出货款而不愿失去这次购买机会的价格。如果价格刚好定在这一限度内，消费者就会顺利购买。

为了加深消费者对商品价值的理解程度，从而提高其愿意支付的价格限度，企业定价时首先要搞好产品的市场定位，拉开本企业产品与市场上同类产品的差异，突出产品的特征，并综合运用各种营销手段，加深消费者对产品的印象。使消费者感到购买这些产品能获取更多的相对利益，从而提高他们接受价格的限度。企业则据此提出一个可销价格，进而估算在此价格水平下产品的销量、成本及盈利状况，最后确定实际价格。

营销实践

认识理解价值

假设某公司有 A，B 两种同类产品，都在一个价值和价格线上，现假定该公司将 A 产品降价销售，则该产品的价值与价格比升高，这意味着在 A，B 价值相同的条件下，A 产品的理解价值比 B 高。因此，A 将挤占 B 的市场，B 将被迫降低价格或提高理解价值。而若采取后一种对策，该公司必须要设计更好的产品质量和服务，来维持其市场。如果这样做的费用支出小于因降价而损失的收入，公司就可以投资，借以提高其产品的理解价值。

2. 需求差异定价法

这种定价方法以不同时间、地点、产品及不同消费者的消费需求强度差异为定价的基本依据，针对每种差异决定在基础价格上是加价还是减价。主要有以下几种形式。

(1) 因地点而异。如果对饮料的需求在舞厅中呈现的强度要高于街边饮食店，那么即使是同样的饮料，在舞厅的价格可高于在街边饮食店的价格。

(2) 因时间而异。如果对快餐食品的需求在周末呈现的强度明显低于平时的工作日，那么即使是同样的食品，价格也要拉开档次。

(3) 因产品而异。有某种纪念标记的产品，往往会产生比其他具有相同使用价值的产品更为强烈的需求，价格也可相应调高。如在奥运会期间，标有会徽或吉祥物的产品的价格，比其他未做标记的同类产品的价格要高出许多。

(4) 因顾客而异。由于职业、阶层、年龄等原因，顾客有不同需求。企业在定价时给予相应的优惠或提高价格，可获得良好的促销效果。

实行差异定价要具备以下条件：市场能够根据需求强度的不同进行细分；细分后的市场在一定时期内相对独立，互不干扰；高价市场中不能有低价竞争者；价格差异适度不会引起消费者的反感。

延伸阅读

免费的背后

如今越来越多的企业通过免费的产品与服务来吸引客户，如QQ、微信免费为人们提供通信便利，360提供免费杀毒，百度提供免费搜索，以及在淘宝、天猫可免费开店等，摆在人们面前的免费大餐越来越多。然而天下真的有免费的午餐吗？没有。“免费是世界上最昂贵的东西”，这是马云在《赢在中国》中说的一句话。盈利是企业的本性追求，那么免费的背后到底存在什么样的盈利逻辑呢？

1. 交叉补贴模式

先通过某一产品的免费来吸引客户，然后通过其他产品达到盈利的目的。如众多游戏网站的游戏可以免费玩，但道具要付费。机顶盒是免费的，但看电视需要付费。

2. 第三方付费模式

企业的产品与服务对直接消费者是免费的，而收入来源于需要客户的第三方企业。企业实际上是一个资源对接平台。如商家通过百度进行宣传推广时，为了在站点排名靠前，就需要向百度支付费用，即所谓的搜索引擎竞价。

3. 体验模式

企业通过提供产品让客户先体验，获得客户的信任后，再进行收费。或者在一定的时间内是免费的，然后转变为收费模式。

4. 客户歧视模式

企业通过对一部分客户实行免费，而从另外一部分客户身上盈利。有些产品或者服务，早得到意味着能够早享受，有时甚至是高贵的象征。

5. 功能型歧视模式

一般性功能是免费的，对更高级的功能或服务进行收费。如产品的普通版可以免费获得，高级版本或个性化的产品则需要付费。

其实，免费模式的核心就是通过免费的项目来最大限度地吸引客户，然后通过其他产品或在下一个阶段赚取收入，实现企业的盈利；或者干脆由合作的第三方买单。

第4节 定价技巧

在根据适当的定价方法确定了基本价格以后，针对不同的消费心理、销售条件、销售量及销售方式，运用灵活的定价技巧对基本价格进行修改，是保证企业价格策略取得成功的重要手段。灵活的定价技巧是在具体场合将定价的科学性与艺术性相结合的体现。

一、心理定价

心理定价即依据消费者购货时的心理制定价格。主要有以下五种形式。

1. 整数定价

整数定价指采用合零凑整的方法，制定整数价格。如将价格定为10元，而不是9.9元。这样使价格上升到较高一级档次，借以满足消费者的高消费心理。顾客会感到消费这种商品与其地位、身份、所属群体等协调一致，从而迅速做出购买决定。

2. 尾数定价

尾数定价指保留价格尾数，采用零头标价。如将价格定为9.98元，而不是10元，使价格保留在较低一级档次。尾数定价一方面给人以便宜感，另一方面又因标价精确给人以信赖感。尾数定价用以满足消费者求实的消费心理，使之感到商品物美价廉。对于需求价格弹性较强的商品，尾数定价策略往往会带来需求量大幅度的增加。

3. 声望定价

声望定价指针对消费者“价高质必优”的心理，对在消费者心目中享有声望，具有信誉的产品制定较高价格。价格档次时常被当作商品质量最直观的反映，特别是在消费者识别名优产品时，这种心理意识尤为强烈。因此，高价与性能优良、独具特色的名牌产品配合，更易显示产品特色，增强产品吸引力，产生扩大销路的积极效果。

4. 习惯定价

习惯定价指按照消费者习惯价格心理进行定价。日常消费品的价格通常在消费者心目中已形成一种习惯性标准，符合其标准的价格被顺利接受，偏离其标准的价格则易引起疑虑。高于习惯价格常被认为是不合理的涨价；若低于习惯价格又使消费者怀疑是否货真价实。因此，这类商品价格要力求稳定，避免因价格波动带来不必要的损失。在必须变价时，应同时采取改换包装或品牌等措施，避开习惯价格对新价格的抵触心理，引导消费者逐步形成新的习惯价格。

5. 系列定价

系列定价指针对消费者比较价格的心理，将同类产品的价格有意识地分档拉开，形成价格系列，使消费者在比较价格中能迅速找到各自习惯的档次，得到“选购”的满足。

二、组合价格

对相关商品按一定的综合毛利率联合定价。对于互替商品，应适当提高畅销品价格，降低滞销品价格，以扩大后者的销路，使两者的销售相得益彰，增加企业总盈利。对互补商品，有意识降低购买频率低、需求价格弹性高的商品的价格，同时提高购买频率高而需求价格弹性低的商品的价格，会取得各种商品销售量同时增加的良好效果。如美国柯达公司推出一种与柯达胶卷配套使用的专用照相机，价廉物美，销路甚佳，结果带动了柯达胶卷销量大增，尽管其胶卷价格远较其他品牌的胶卷昂贵。

三、折扣定价

价格有基本价格（也称样本价格）与成交价格之分，前者指价目表中标明的价格，后者则是根据不同交易方式、数量、时间及条件，在前者基础上加入适当折扣形成的实际售价。灵活运用折扣定价技巧是企业争取顾客、扩大销售的重要方法。

1. 现金折扣

现金折扣即对按约定日期付款或提前付款的顾客给予一定的价格折扣，目的在于鼓励顾客按期或提前支付欠款，减少企业的利率风险，加速资金周转。折扣的大小一般根据付款期间的利息和风险成本等因素确定。

2. 数量折扣

数量折扣即根据购买数量或金额的差异给予不同的价格折扣。分为非累计数量折扣与累计数量折扣两种形式。前者是对一次购买超过规定数量或金额给予的价格优惠，目的在于鼓励买方增大每份订单购买量，便于卖方企业组织大批量产销；后者是对一定时期内累计购买超过规定数量或金额给予的价格优惠，目的在于鼓励客户建立长期固定的关系，减少卖方企业的经营风险。数量折扣的关键在于合理确定给予折扣的起点、折扣档次及每个档次的折扣率。

3. 交易折扣

交易折扣又称功能性折扣，即厂商依据各类中间商在市场营销中担负的不同职能给予不同的价格折扣，目的在于利用价格折扣刺激各类中间商更充分地发挥各自组织市场营销活动的功能。

4. 季节折扣

季节折扣指对在非消费旺季购买产品的客户提供的价格优惠。目的在于鼓励批发商、零售商淡季购买，减少厂商的仓储费用，以利于产品均衡生产、均衡上市。

5. 促销让价

促销让价指厂商对中间商为产品推广所进行的各种促销活动，如刊登广告、橱窗展示等，给予一定让价作为报酬。此方法尤其适用于新产品的引入期。

第5节　价格调整策略

企业处在一个动态变化的环境中，产品定价不可能一劳永逸。随着市场环境的变化，企业对价格也要不断进行调整。在竞争的市场上，企业的价格调整有两种情况：一是根据市场条件的变化主动调价；二是当竞争对手价格变动以后进行的应变调价。

一、根据产品的生命周期调整价格策略

根据生命周期理论，产品从进入市场到被淘汰将经历引入期、成长期、成熟期、衰退期四个阶段，每个阶段的市场需求特征和竞争状况不同，要求企业采取不同的营销策略，企业的定价目标、定价方法也要相应作出调整。

1. 引入期的价格策略

在产品刚刚投放市场的最初阶段，消费者对该产品缺乏了解，企业需要花大气力进行市场的开拓工作。就价格策略而言，可以根据产品的市场定位采取高、中、低三种价格。

（1）高价撇脂策略。在短期利润最大化的目标下，以远远高于成本的价格推出新产品。销售对象是那些收入水平较高的消费革新者或猎奇者。在中国家电市场上，VCD机、DVD机刚刚投放市场时，采用的就是撇脂策略。高价策略的好处是不仅在短期内迅速获取盈利，而且为以后的降价留出空间。缺点是较高的价格会抑制潜在需求，同时高价厚利易诱发竞争，从而缩短新产品获取高额利润的时间。

（2）低价渗透策略。以较低的价格投放新产品，目的是通过广泛的市场渗透迅速提高企业的市场占有率。低价策略的优点是能迅速打开新产品的销路，低价薄利不易诱发竞争，便于企业长期占领市场。缺点是投资回收期较长，价格变动余地小。相对而言，采取低价策略需要企业有比较雄厚的财力支持。

（3）满意定价。介于撇脂和渗透策略之间的中等价格策略，价格水平适中，同时兼顾生产厂家、经销商和消费者的利益。优点是价格比较稳定，在正常情况下盈利目标可按期实现。缺点是比较保守，不适合需求复杂多变和竞争激烈的市场环境。

2. 成长期的价格策略

随着消费者对新产品的逐渐了解，产品的销售会有较快的增长，竞争者陆续加入。企业应视市场增长和竞争情况在适当的时机调整价格。成长期企业营销的重点是扩大市场占有率，加强企业的市场地位和竞争能力，因而通常的做法是在不损害企业和产品形象的前提下适当降价。

3. 成熟期的价格策略

产品经过一段时间的快速增长，市场需求趋于饱和，市场竞争异常激烈，这时进入产品的成熟期。该阶段的定价目标多为维持原有的市场份额、适应价格竞争。由于一些实力薄弱的中小竞争者被迫退出，市场上多呈现寡头垄断竞争的格局，各企业在原有产品价格的调整上比较慎重，竞争更多地集中在其他方面。随着改良产品的出现，企业需

要为这些产品重新定价。总体而言，成熟期的价格策略呈现出低价的特点。

4. 衰退期的价格策略

随着市场的进一步饱和，新产品出现，消费者的兴趣开始转移，经过成熟期的激烈竞争，价格已降至最低水平，这是产品衰退期的主要特征。这一阶段的价格策略主要以保持营业为定价目标，通过更低的价格，一方面驱逐竞争对手，另一方面等待适当时机退出。

二、变价的发动者

在营销过程中，内外部环境的变化要求企业调整其价格。这时，企业需要决策的是：是否充当变价的发动者，即主动发动降价或提价。降价可能基于以下原因：

（1）企业的生产能力过剩，需要扩大销售，而通过其他营销策略（比如产品改进、加强促销等）来扩大销售的余地很小。

（2）在强大的竞争压力之下，企业的市场份额下降。

（3）企业的成本低于竞争者，降价可以扩大销售，提高市场占有率。

（4）技术的进步使得行业生产成本大大降低。

而在以下情况下企业可能会提价：

（1）由于通货膨胀，企业的成本提高，不得不提高产品价格。

（2）企业的产品供不应求，不能满足顾客的需要。

（3）产品的包装、款式、性能等有所改进。

企业提价的方式不一定都是提高基本价格，还可以通过减少价格折扣、减少某些货物或服务（或由免费改为收费）、在大类产品中增加高价项目或减少低价项目等方式来实现。

企业主动调价，会对消费者、竞争者、中间商等产生影响。因此，在调价前后，要对相关群体对企业调价的反应进行估计和调查，减少不利影响，实现调价目标。特别是作为变价的发动者，更要估计价格调整对企业形象所造成的影响及竞争对手可能做出的反应。

顾客的反应。对不同产品价格的变动，顾客的反应会有所不同。消费者一般对价值较高、购买频率也较高的商品价格变动反应较敏感，而对价值低、不经常购买的小商品价格变动反应不太敏感。此外，对降价或提价的反应还依赖于具体的商品及市场条件。需求价格弹性大的商品降价有可能带来销售额的大幅度上升，也有可能因消费者的等待心理及对产品的误解（产品是淘汰产品、有缺点或质量下降）而使销售额的增加难以达到预期目标。商品的提价既有可能使需求量下降，也有可能因消费者的价格预期升高而意外地使销量扩大。无论哪种情况，调价时附之以必要的说明、解释，对于消除顾客的误解和不满是非常有用的。

竞争者的反应。了解竞争者对企业调价的反应要比了解顾客的反应更为复杂。这是因为，企业所面临的主要竞争者可能是一两个，也可能是多个；竞争者对企业调价可能有全面的对策，也可能是对每次价格变化采取不同的对策。

假设竞争者有一套全面的价格对策体系，可以通过两种方法进行了解，一是收集有关情报，二是运用统计分析方法，研究过去的价格反应策略。用“推测的价格变动”

($V_{A,t}$) 概念来反映竞争者对本企业价格变动的反应，于是有

$$V_{A,t}=\frac{P_{B,t}-P_{B,t-1}}{P_{A,t}-P_{A,t-1}} \tag{10.14}$$

式中：$P_{A,t}-P_{A,t-1}$——企业A在t期间的价格变动；

$P_{B,t}-P_{B,t-1}$——竞争者B在t期间的价格变动。

为了更好地推测近期竞争者的价格反应，最好将过去若干期间的V值进行平均，对近期的V值给予较大的权重，于是，对竞争者下一次价格反应的估计公式为：

$$V_{A,t+1}=0.5V_{A,t}+0.3V_{A,t-1}+0.2V_{A,t-2} \tag{10.15}$$

需要注意的是，只有在竞争者有一套系统一致的价格反应对策时，上述公式才有意义。如果竞争者对每次价格变动有不同反应，就要根据具体情况调查了解竞争对手当时的财务状况、销售和生产能力、顾客忠诚情况以及企业的目标，并据此推测竞争者可能做出的反应。

预先估计和及时了解竞争者的反应是非常重要的，它关系到企业调价后市场竞争格局的变动。如果企业面对的竞争者不止一个，那么需要对其分别进行分析。

三、变价的应对者

在竞争的市场上，如果竞争对手率先调整了价格，那么企业要采取应变措施。

同质产品市场上，如果一个企业降价，其他企业只能随之降价；如果一个企业提价，其他企业若无必要可以不跟进，最终将迫使发动提价企业取消提价。

而异质产品市场上，由于各企业对自己的产品有一定程度的垄断，因而对竞争者价格变动的反应有更大的自由度。在综合分析了解了竞争者的变价意图、本企业的反应可能对市场竞争格局产生的影响以及竞争者对本企业反应的再反应等问题以后，可以对竞争者的价格变动做出以下反应。

(1) 维持原有的营销组合。这建立在以下认识的基础上：企业的市场份额不会下降太多，并且以后能够恢复。

(2) 保持价格不变，修改其他营销策略。企业认为运用非价格手段竞争比削价更合算。

(3) 同幅度或不同幅度的价格跟进。争取与竞争对手保持原有的竞争格局。

应当指出的是，企业的应变对策往往是在被动的情况下做出的，而且时间非常紧迫。为了提高企业的应变能力，减少因仓促应变而带来的不利影响，企业的价格决策中，除了包括本企业的定价和调价策略以外，还应当预料竞争者的可能价格变动，并准备适当的反应对策。这是企业在动态变化的环境中谋求生存和发展的基本本领之一。

营销实践

阿里云的价格调整策略

近日，AWS宣布将全面下调主力产品EC2的价格。其中，中国（北京）区域作为降价重点，最高降幅为10%。这是自2016年10月14日，阿里云抛出“中国区核心云产品最高降幅50%”的重磅炸弹后，又一云计算巨头采取降价跟随策略，以应

对愈发激烈的价格战。

阿里云多次降价使其成为云计算市场上的“价格标杆”。青云、腾讯云分别作出回应，后者于 2016 年 11 月 2 日宣布四个核心产品全面调价，这也成为“腾讯云史上力度最大的一次价格调整”。

降价策略在一定程度上刺激了云计算市场需求的井喷。“双 11”当天，阿里云官方公布的销售收入为 1.9 亿元，相当于 24 小时卖空一座超大规模的数据中心，为数万家企业节省超过 11 亿元的 IT 成本。

业界判断，这一波由阿里云带动的降价浪潮还将持续一段时间。德意志银行透露，根据对主要云计算厂商的调研，行业内主要厂商表示将跟随降价。对此，阿里云资深总监李津曾表示：“我们从来不怕价格战，怕的就是没有价格战。阿里云将继续下探市场价格底线，向云计算用户普惠新技术突破带来的规模效益。”

第 6 节　市场营销组合中的价格策略

价格策略是市场营销组合中的重要组成部分，与营销组合中其他策略良好的配合是价格策略及营销组合策略成功的必要条件。因此，在价格策略的形成过程中，必须考虑价格与产品、渠道、促销之间的相互影响。

一、价格策略对其他策略的影响

比较两个价格差别较大的同种商品的营销组合，我们不难发现价格策略的影响。

一般来说，高价格必定要求产品质量优良、性能稳定、包装精美及良好的服务（反过来则不一定）。这说明，作为营销组合基础的产品策略的形成，也不是孤立的过程。从产品构思的筛选、产品概念的形成，到产品的成型，每一步都要受营销目标及服务于目标的整体营销组合的制约，其中当然也包括价格策略。

价格对渠道的选择有一定的影响，比如，单位价值高是选择直接渠道的一个重要条件，价格较高的选购品（比如高档时装、鞋帽、家用电器等）大多采用选择性分销，以维护产品的良好信誉。而单位价值低、价格低廉的便利品则采用密集性分销，利用通过中间商的间接渠道来进行推销，与宽而长的渠道相对应。

价格对促销的影响在于，价格不仅本身是一种有效的促销手段，可以通过价格的变动及定价技巧来促进产品的销售；同时，价格的高低还会制约企业的促销功能与促销费用。一般来说，低价对制造商的促销功能与促销费用有一定的约束；而对中间商较低的折扣与折让意味着制造商要承担更多的促销工作；较高的折扣与折让则意味着中间商要相应承担一定的促销任务。

二、其他策略对价格策略的影响

产品策略是价格策略的基础。价格的高低不仅以产品的性能、质量、式样等因素为基础，而且产品的特色、优势及市场定位策略是价格差异的决定性因素。对大多数商品而言，市场定位策略本身就包含了产品的价格定位（价格对许多商品而言都是消费者很重视的属性之一）。

渠道策略及促销策略则主要通过营销费用对价格产生影响。不同的营销渠道，有着不同的成本。同样的产品，制造商自设门市推销与利用中间商进行推销会有不同的价格。正常情况下，多一层中间商会多一层加价，因而理论上，减少中间环节对制造商和消费者有利。但实践中，营销渠道效益的衡量取决于渠道总收益的高低而不是通过渠道销售的产品单价的高低。此外，与渠道相关的运输、储存费用还构成企业变动成本的一部分，影响价格的形成。促销费用也是变动成本的重要组成部分。假设其他条件不变，促销费用减少为产品降价提供了基础，比如衰退期的价格策略；而产品引入期的高价格也与高促销支出有关。

营销实践　茅台公司的促销让价

营销实践　森马为什么降价

营销实践　Burberry 的降价换市场

应当指出，营销组合中各个策略之间是相互影响、相互制约的关系。市场营销组合的实践意义在于，通过产品策略、价格策略、渠道策略、促销策略的配合，共同实现企业的营销目标。一个成功的价格策略应当既体现其他策略的要求，又有助于其他策略的顺利实施。

三、价格策略之误区

价格策略是营销组合中最灵活的一个策略，也是最常用的一个竞争手段。但是，在营销实践中，许多企业也恰恰容易在价格策略的运用上犯错误。以下是一些常见的错误。

（1）随意变价损害经销商的利益。

（2）随意变价错误估计竞争对手的反应。

（3）价格调整损害顾客利益，影响企业形象。

◎ 基本概念

撇脂定价	需求弹性	收入弹性	交叉弹性
加成定价法	损益平衡定价法	目标贡献定价法	交易折扣

◎ 思考题

1. 企业的定价目标主要有哪几种？
2. 企业定价时需要考虑哪些因素？
3. 试比较成本导向、需求导向和竞争导向三种定价方法。
4. 简述主要的定价技巧。

5. 假如你的主要竞争者把产品价格降低了20%，你应该如何应对？

◎案　例

乐视电视的低价策略

从乐视超级电视诞生的第一天起，贾跃亭就把它描述为“不靠硬件而靠生态盈利”的颠覆者，但这个想法被无情地嘲笑了两年。即使乐视超级电视的销量在2014年达到了150万台，2015年突破300万台，人们还只是认可乐视电视产品的成功，但对乐视生态究竟能够产生多大的价值仍抱着怀疑的态度。

“你花1 699元买台乐视超级电视，我们的成本是2 048元，卖一台赔400多元钱。”乐视致新总裁梁军用一个简单的例子来描述乐视的新策略。这近乎疯狂，当然，乐视的疯狂也不止这一次。

其实，乐视超级电视之前的价格已经为接近成本价的定价，因此几乎是传统电视机一半的价格，但是由于捆绑服务费销售，曾被友商攻击和诟病。

“除了低于量产成本销售，我们今天还做了一个重要的决定，就是既卖裸机又卖会员合约机。我们之所以敢于这样做的核心原因，就是我们依靠乐视生态本身所带来的后向收益和渠道获利机会来弥补硬件上的亏损，而且这不是未来，而是现在我们已经有收益了。”乐视致新总裁梁军说。

梁军对外界的质疑并不以为意，他认为不能以传统电视机厂商的思路去看待乐视，而是要用互联网的思维方式。毕竟互联网公司已经反复证明了“羊毛出在猪身上”的理论是行得通的，即通过硬件免费来获取大量用户，然后以增值服务来获取更多收益。

“过去传统电视机市场上的第一名在份额上一直没有超过20%，而第二、三、四、五、六名的份额都是在10%左右。现在互联网来了，互联网的生存模式实际上只有第一名，即使第二名和第三名都不一定能保住命。当互联网进入电视行业，有可能使之呈现一种完全不同的局面。未来中国的电视机市场有可能出现一到两家品牌占据大部分的市场份额。”

对于乐视超级电视虽然销量红火，但实际并未盈利的问题，梁军表示这是由乐视的商业模式决定的。

“乐视超级电视当前最重要的是尽快获得足够多的用户数，这也是互联网模式所要求的，因为互联网服务不同的用户数带来的商业模式有可能是根本性的不同，当用户线性增长，你在这些用户身上获得的商业价值有可能是指数形式的增长，甚至当用户数更多的时候，会产生新的、我们过去没有想到的商业模式。而且从另外一个层面上讲，当我们以最快的速度获得大量用户的时候，实际上留给竞争对手的喘息机会就很少了。”梁军说。

任何专业分析师的观点似乎都意义不大，只有销量和收入数据才具有真正的发言权。乐视生态能否成功？

事实上，乐视的硬件免费、内容付费开启了互联网电视先河，且独家版权内容(IP)在视频领域及电视生态中给市场和用户带来了差异化优势，但同时也带来了一定的反作用力，从而形成对自身生态的挑战。此前，乐视否定低价策略，还推出高端产品，会不会导致左右手互搏的情况？

乐视靠内容捆绑硬件的创新形式已经赢得了电视市场的一席之地。但电视作为一个硬件产品还需要过硬的品质。而现实是乐视缺乏研发能力，将硬件以分包形式外包给 TCL 等供应商，很难做到对品质和技术的把控。毕竟乐视自己声称不指望电视硬件本身挣钱。也正由于乐视生来不是做硬件的，其对电视的上下游依赖性极强。

乐视超级电视诞生三年多，靠内容收益补硬件低价的模式是弥补线下营销短板而迫不得已采取的“烧钱模式”，定价方面也不时突破业界底线。而一旦面板涨价，或供应紧张，将难以延续过去的高性价比优势，更无法与保守电视厂商比拼。因此，伴随着供应链压力、硬件低价策略遇到瓶颈，加上一向强势的超级电视此时又受限于乐视主体的第二阶段战略，这迫使超级电视提高了单品价格。

对于乐视而言，这无疑是生态的博弈挑战。

除了硬件的上下游依赖压力，伴随而来的还有版权开支越来越高。

“由于文化 IP 市场的火爆，版权价格直线攀升，使得乐视网在这方面的开支不可避免地持续上升。”

江磊表示，如果乐视不借助其前期已经获得的优势，解决好上下游带来的压力，其发展前景一定会逊于自己拥有硬件供应或者内容的竞争对手。

去年，小米电视 3s 系列发布，将腾讯视频的全部版权内容预置于小米电视中，进而让小米智能电视生态中包含了目前中国视频内容三大平台（爱奇艺、优酷、腾讯）。IT 资深分析人士孙永杰对《每日经济新闻》记者表示，乐视提出所谓的闭环生态模式之初就曾被质疑。

“在实际的竞争中，内容才是重中之重，这也是为何乐视与其最直面的竞争对手小米不遗余力打造内容。但两者采取了完全不同的方式，即乐视主要采用自采版权的模式，闭环打造乐视网独享的内容，小米则是以聚合开放作为核心。”孙永杰认为，电视内容版权水涨船高这一点在乐视资金压力期中表现最为明显，也影响了闭环模式的核心竞争力。

这一点乐视致新总裁梁军也予以证实：“在商言商，企业的目的始终是盈利，而在通过低价的策略快速取得一定市场份额后，公司将通过对策略的调整来实现盈利。”他表示，“在未来的三年战略里，依然不靠硬件挣钱，盈利全部要依赖于生态运营，而且生态运营会有快速的发展和大量的收入进来，在硬件上做的改变，从过去的亏损到逐渐减少亏损，到硬件本身小亏，不盈利。既然我们是这种生意模式，就要坚持到底。”

“乐视之前发起的硬件免费，只是一种促销手段，并不是商业模式。”奥维云网副总裁董敏分析认为，“相对于资金链紧张的问题，电视面板长达 11 个月的价格单边上涨，以及供应紧张，对于乐视造成的影响会更大。”董敏表示，硬件盈利和运营盈利是彩电行业的两种商业模式，可以相互独立、相辅相成，但并不是必须的取舍。当然，行业正在从单一的硬件盈利向运营盈利倾斜和发展。

目前，互联网电视早已占据了整个电视市场的半壁江山，乐视超级电视的竞争对手越来越多。

可以说，互联网电视已进入充分竞争阶段，仔细分析乐视超级电视的竞争对手，无论是用户体验、背后的资金支持还是内容供应，乐视原有的优势都没有那么突出了。

乐视电视一直宣称自己“硬件负利”，主要靠会员盈利。按照乐视的思路，乐视用户只要支付一定的会员费用，将会享受到一些特权——最新的热剧、海量的高清片源等，一旦电视销售出去，乐视要想在此方面持续盈利，依靠的不仅仅是会员费，还有电视的开机广告等，而这些盈利手段并不是用户乐于接受的。

一位用户告诉《每日经济新闻》记者，自己购买的是40英寸的乐视电视，当时也就1 000多元，送一年的乐视会员，当时的物流挺快，电视外观还可以，只是操作时反应速度慢，画质感不能同家中的一台索尼电视相比。等到会员资格到期，VIP的影视剧已经不能看，其他能够播放的也只是低画质的，因此他并没有打算继续买会员资格。

“硬件免费只是一种促销方式。”IHS中国区研发总监张兵说，彩电无论是硬件还是内容，都需要成本，一定要有人埋单。当前彩电硬件免费，将来通过会员服务费逐年收回成本，而现在就要向上游供应商支付电视制造费用，这需要很强的资本能力，“乐视这种模式将有所收缩”。

无论用户的体验感好与坏，互联网电视已占据了电视市场的半壁江山。而乐视电视的竞争对手非常多，2013年与小米、爱奇艺等品牌竞争，现在又增加了微鲸、酷开、PPTV、风行等。

“互联网电视的竞争，最终是用户及内容的竞争，而这两者之间，内容的优劣以及与用户的互动方式又尤其重要。”CIC灼识咨询创始合伙人江磊表示，鉴于目前电视机硬件的大规模生产以及技术的同质化，在没有突破性硬件技术产生和应用之前，硬件很难成为一个重要的差异化竞争工具。当然，低成本的硬件，能更好地帮助竞争企业获得用户，抢占入口。

根据乐视网公布的2016年年报，如果从收入增长来看，乐视超级电视的销售还是相当给力的。2016年，终端业务收入占乐视网总收入的46.09%，系乐视网第一大收入来源；同时，终端业务收入在2016年同比大增66.15%。

不过，电视业务的快速扩张也相应成为乐视网利润增长的绊脚石。乐视网在2016年年报中表示，新业务处于成长期造成利润总额下降。同时，因前期超级电视主要以高配置、高性能、极致体验、颠覆价格快速获取用户，以及公司快速发展带来的管理费用、销售费用等上升，使得公司营业利润同比降低。

“不幸的是，进入今年，无论是从自身策略的无奈调整，还是来自外部市场越来越大的竞争压力，乐视电视的核心优势都在无形之中被稀释。”IT资深分析人士孙永杰认为，这也很好地解释了梁军不再提及硬件成本定价，而是以所谓的“高配置、高性能”“生态开放战略，只为持续回馈用户，彰显大屏运营能力”等总结性的段落标题来取代。同时，市场的事实也佐证了这点，乐视电视的性价比优势已全面落后于对手。

在江磊看来，虽说互联网电视成为大势所趋，但智能电视市场重新回归理性是所有厂商不得不重视的一个现实。现在各品牌都开始走高端之路，靠品质取胜，尤其是乐视。

资料来源：http：//tech.163.com/17/0424/07/CIP7R8MA00097U7R.html；http：//yingxiao.tui18.com/201510/2997408.shtml.

【案例思考】

1. 如何评价乐视电视的低价策略？

2. 乐视电视的低价策略要想成功，需要具备哪些条件？

第 11 章

分销渠道决策

本章要点

- 理解分销渠道的含义与功能
- 掌握分销渠道的类型及分销渠道的设计流程
- 掌握渠道冲突的类型
- 掌握网络分销渠道的类型及选择
- 掌握国际分销渠道的类型及选择
- 理解物流的职能及物流管理的内容

分销渠道是市场营销组合中最重要的因素之一。企业只有熟悉分销渠道及其设计与管理决策，正确选择一个合理、高效的分销渠道，才能使产品顺利完成从生产领域到消费领域的转移。制造商可以将其产品直接出售给最终用户，也可以通过一些中间商（或中介机构）构成的分销渠道系统与最终用户之间达成交易。企业生产出的产品通过不同的分销渠道，经过一定的物流过程，在适当的时间、地点，以适当的价格供应给广大用户，满足市场需求，实现企业的市场营销目标。本章主要阐述分销渠道概述、分销渠道的设计与管理、网络分销渠道、国际分销渠道和物流决策。

第 1 节　分销渠道概述

一、分销渠道的含义

分销渠道是指产品或服务从生产者向消费者转移过程中所经过的、由各中间环节所联结而成的路径。这些中间环节包括批发商、零售商、代理商、中介机构等。

作为营销组合的一部分，分销渠道越来越显示出比其他三个成分（产品、价格、促销）更能为公司带来持久的竞争优势（见图 11－1）。

技术可以快速地从一个公司转移到另一个公司，而且全球竞争也使得竞争者容易获得产品设计、特性和质量相等的筹码，任何依赖于其产品好于或者区别于其他对手的这样一种能力已经变得极难维持了。

在全球经济中通过定价策略赋予持久竞争优势甚至比通过产品策略获取的灵活性更低。越来越多的企业有能力运营全球的生产设施，在不同的产品领域参与残酷的价格竞争，结果是，侧重于比竞争对手更低的成本战略是不可能持久的。

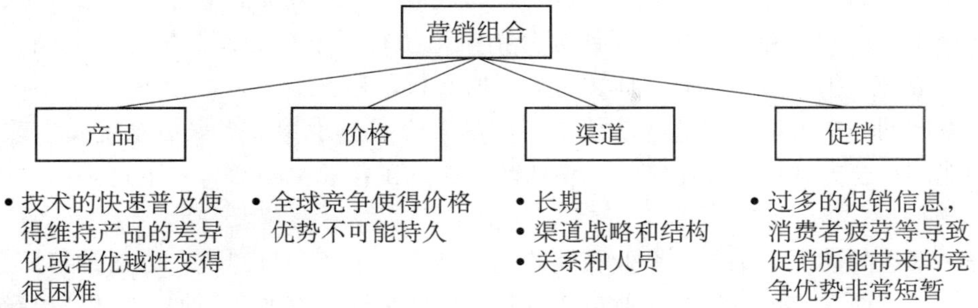

图 11-1　分销渠道在营销组合中的竞争优势

想通过促销获取持久竞争优势也是不可靠的。广告和其他每日向消费者传达的促销信息数以亿计，严重削弱了促销信息到达和影响消费者的能力。所以，面对密集的促销噪声，通过促销维持持久的竞争优势已经变得不可靠。

渠道能形成竞争对手难以在短时间内模仿的竞争优势。首先，渠道的构建是长期的系统工程；其次，渠道通常要求有一个包括组织和人员的实施机构，这些都是短时间内难以获得的；最后，渠道是由一群在不同组织中的人来具体执行的，因此渠道关系是不容易树立和维持的。以上特征决定了渠道能够为企业带来持久的竞争优势，也是越来越多的企业越来越重视分销渠道的原因所在。

二、分销渠道的功能

分销渠道主要有三种功能：便利搜寻、调节品种与数量差异和提供服务。

1. 便利搜寻

由于生产方和消费方各自存在不确定性——生产方不知道怎样接触最终用户，消费方不知道在哪里找到自己所需的产品，中间机构的存在就为两者搭起了一座桥梁，通过减少消费者的搜寻成本，提高顾客的让渡价值。

2. 调节品种与数量差异

单个生产厂家通常只批量生产一种或有限的几种产品，而消费方则对多个厂家的产品具有较小的需求量，这两者就构成了一对矛盾。特定厂家生产的产品种类与数量和特定需求的产品种类与数量之间的矛盾使得中间机构的出现成为必然。中间机构是通过以下方式来解决两者的矛盾的。

（1）归集。中间机构从不同的生产厂家进货，再销售给零售商或最终用户。

（2）分装。中间机构从生产厂家大批量进货，再分装成消费者所期望的较小数量出售。

（3）分级。中间机构将一次性大批量购进的商品分成不同的等级后再出售。

（4）汇总。中间机构从生产类似产品的多个厂家进货，再销售给零售商或最终用户。

3. 提供服务

中间机构提供的服务可以包括信用、物流、市场信息与研究、产品售后服务等。也有学者将渠道的功能进一步细化。比如，卡斯特力・兰根将渠道的功能分为八个方面：

产品信息、产品定制化、产品质量确定、产品规格、产品分类的集合、产品应用、售后服务和物流服务。菲利普·科特勒认为分销渠道执行了下列功能：信息、促销、谈判、订货、融资、承担风险、占有实体、付款和所有权转移。

在不同的分销渠道中，这些功能由不同的渠道成员承担。当渠道系统发生改变时，这些功能的结合方式也会发生变化，但所需承担的工作总量不变，只不过是由不同的渠道成员分担。

分销渠道的建立和维系是企业长期营运的结果。渠道一旦建成，可以带给厂家丰厚的回报。一方面，它可以作为企业持久竞争优势的来源，例如我国加入世界贸易组织前后中石油和中石化跑马圈地，争建和竞购加油站。另一方面，一条良好的分销渠道不仅可以自用，还可以对外出租，收取费用。

三、分销渠道的类型

分销渠道根据不同的维度可以分为不同的类型。

1. 依据渠道长度划分

分销渠道的长度是指企业商品在分销渠道中经过的中间环节数目的多少。商品在分销中经过的中间环节越多，分销渠道就越长；反之越短。具体可分为四种基本类型：零层渠道、一层渠道、二层渠道和三层渠道（见图11-2）。

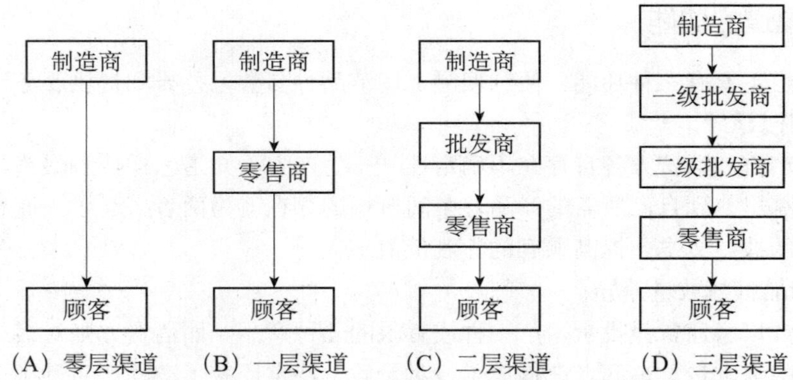

图11-2 渠道长度的类型

选择何种分销形式，需要视市场、产品、企业等各种因素而定，既不可固定不变，也不可随波逐流，理性分析与谨慎抉择十分重要。

2. 依据渠道宽度划分

分销渠道的宽度是指企业商品在分销渠道中经过的同类批发商数量、零售商数量、代理商数量的多少。产品供应市场的同类渠道网点越多，则渠道越宽，反之则越窄。一般来说渠道的宽度主要有三种类型：密集分销、选择分销和独家分销。

(1) 密集分销。它是指制造商在某一地区尽可能多地通过许多负责任的、适当的批发商、零售商销售其产品。消费者越是要求购买的大量性、高频性和方便性，就越有必要和可能选择密集分销方式。它是一种最宽的分销渠道。一般来说，密集分销主要有两类：零售密集分销和批发密集分销。

消费品中的便利品和工业品中的标准件、通用小工具多采用这种策略，为顾客提供购买上的便利。例如，软饮料、肥皂、纸、口香糖、汽油、糖块和阿司匹林等消费品，保养、维护和操作用品，如润滑油、钻头、灯泡等。

（2）选择分销。它是指制造商在某一地区只通过少数几个精心挑选的、最合适的中间商销售其产品。这样，既可以使产品取得足够的市场覆盖面，又可以比密集分销更易控制和节省成本。它的营销渠道比独家分销宽，比密集分销窄，是企业较普遍使用的一种策略。

选择分销适用于各类商品，尤其是消费品中的选购品、特殊品。工业品中的标准产品和原材料多采用这种策略，如家具用木板、电子式断路器等。与密集分销策略相比，选择分销可以使生产企业对中间商进行精选，使用效率高的中间商，降低销售成本。企业更容易与中间商保持良好的关系，使中间商更好地完成企业所赋予的营销职能。另外，这种策略还可使企业增强对营销渠道的控制力。

（3）独家分销。它是指制造商在某一地区仅仅选择一家中间商销售其产品。通常双方协商签订独家经销合同，规定经销商不得经营竞争者的产品，以便控制经销商的业务经营，调动其经营积极性，占领市场。独家分销可以使生产企业提高对销售渠道的控制力，刺激中间商努力为本企业服务，在卖主和二次卖主之间形成更为紧密的伙伴关系。但这种策略对企业来说风险极大，如果中间商选择不当，有可能失去这一地区的市场份额。

独家分销是最极端的形式，是最窄的分销渠道，适用于消费品中的特殊品，尤其是一些名牌产品，以及需要提供特殊服务的产品。它通常出现在商业空调设备，一些品牌服装、办公家具以及机床和农用机械行业中。渠道的结构同时也与市场互相影响，比如，使用大量批发中介经常会导致更严重的市场分散和随之而来的密集分销。反之则会出现更短、更直接的渠道。

3. 依据渠道广度划分

分销渠道广度是指厂商选择几条渠道进行某产品的分销活动，是宽度的一种扩展和延伸。主要有两种类型：一条渠道和多条渠道。

一条渠道指的是厂商仅利用一条渠道进行某种产品分销。

多条渠道指的是厂商利用多条不同的渠道进行某种产品的分销。在实际的分销渠道建立过程中，厂商大多建立多渠道系统。采用多条渠道可为企业带来许多好处：（1）增加市场覆盖面，如增加乡村代理商开拓农村市场。（2）降低渠道成本，如增加新渠道节省了费用。弗里德曼等认为，混合型渠道可使企业的销售成本降低 20%～30%。（3）更好地满足顾客需要，如使用专业推销员销售复杂的设备。（4）提高产品交易量，不少企业销售量的 70%～80%是由两三条渠道实现的。但采用多渠道也有不利的一面：首先，两条以上渠道对准一个细分市场时，容易产生渠道冲突；其次，新渠道独立性较强，合作困难，控制不易。

四、分销渠道的参与者

分销渠道的功能要通过渠道参与者的操作才能实现。准确地把握渠道中的参与者，能够使我们在进行渠道管理时更好地分析市场各方的作用，获得更多、更好的信息，做出更好的决策。

图11-3简要概括了基于是否参与谈判而对渠道参与者进行的基本分类，揭示了分销渠道系统的参与者。在图11-3中，分销渠道分成了四部分：（1）生产商（制造商）；（2）中间商；（3）最终用户；（4）辅助机构。其中，中间商又分为批发商和零售商；最终用户分为一般顾客和企业用户。下面就主要成员进行简要阐述。

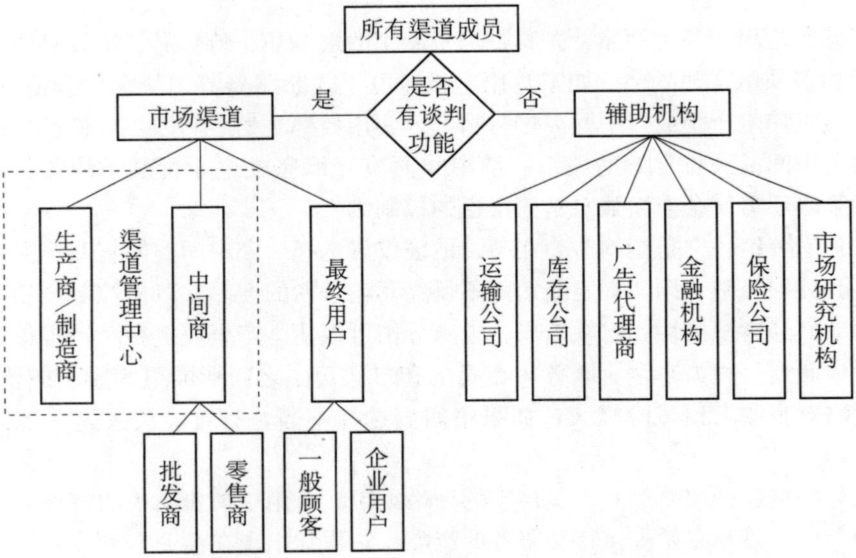

图11-3 渠道成员分类图

1. 生产商（制造商）

从事生产或制造的企业所包含的范围十分广，这一点不仅表现在产品的多样性上，还体现在这些企业的规模上。这些企业所生产的产品大到航空母舰，小到螺丝钉；企业规模也从只有一个人的小企业到巨型跨国企业大小不等。虽然存在这些差异，但它们都明白它们存在的理由是：满足市场的需求，将产品采取合适且有效的方式送到消费者手中。然而，大多数从事生产和制造的公司都不具有执行这些分销任务所必需的专业技能和规模经济。因此，产品生产或制造商必须要不断地寻找一些渠道成员，把分销任务交给它们去执行或者和它们一起去执行。

2. 中间商

中间商是能够帮助生产商或制造商执行谈判功能以及其他分销业务的独立单位，基本上按照下面两种形式来运作：批发商和零售商。

（1）批发商。批发商包括各种为转售而从事商品销售的企业，向零售的、工业的、金融的、机构的、专业的或者是农业的等各种企业提供转售业务的企业，其他批发商，以及代理商的经纪人。批发商可以分成三种类型：贸易批发商，代理商、经纪人和代销商，制造商开办的独立销售机构。

1）贸易批发商。贸易批发商指大量购进产品并储存，再把这些产品分成小数量来转售给零售商的批发商。贸易批发商能够为制造商执行六个分销任务（市场占领、销售联系纽带、保持一定的库存、订单处理、收集市场信息和顾客支持），为顾客执行六个分销任务（产品有效性、顾客服务、贷款和金融支持、分类便利、整批分零、建议和技术支持）。贸易批发商通过这些活动实现更有效益和效率的分销，从而获得相应的利润。

2）代理商、经纪人和代销商。代理商、经纪人和代销商只参与商品的交换，但是没有商品的所有权。他们参与买卖的谈判功能，只是他们的工作目的是为了其委托人的利益，在分销渠道中常用的形式为销售代理商。

3）制造商开办的独立销售机构。这种机构是由制造商开办并进行运作的，但是完全独立于制造商的工厂。它们主要批发制造商的产品，其中一些机构拥有仓库，并保持一定数量的产品储存。也有一些机构会批发销售从其他制造商购买的同类商品。

无论是哪种形式的批发商，只要这些批发商比制造商和顾客更能有效地执行分销任务，则其存在就是合理的，产生效益的；也只有更有效果、更有效率地完成分销任务的批发商才能保持并不断提高自己在分销渠道中的地位。

（2）零售商。零售商为家庭或个人消费而销售商品同时提供服务。其种类复杂，存在较大差异：小到夫妻店，大到巨型连锁商店如沃尔玛；从邮购公司、电视购物零售商到百货商场等。零售商执行的渠道职能因大小、规模、形式而有所不同，概括地讲，零售商的主要功能是在顾客需要产品的时候，在恰当的时间以恰当的方式在恰当的地方提供满足顾客需要的恰当商品。

3. 辅助机构

辅助机构指的是帮助执行购买、出售以及运输等分销任务的公司。不同的辅助机构其功能有所不同，下面介绍一些常见的辅助机构及其功能。

（1）运输公司。能提供运输服务的公司，包括所有基于公共设施提供运输服务的公司。由于能够达到巨大的规模经济，这些运输机构能够比制造商、批发商和零售商更为有效和低成本地提供运输服务。

（2）库存公司。专门从事场地出租进行货物储存的公共仓库。由于其能提供很多弹性服务，而且更专业，因而大大提高了渠道效益。

（3）订单处理公司。专门从事订单处理的公司。这些公司代替制造商/生产商、批发商以及零售商执行一些或者全部的订单处理，使这些公司从繁重的订单处理中解脱出来。

（4）广告代理商。专门向渠道成员提供销售策略，广告服务等。

（5）金融机构。包括银行、金融公司以及代理金融服务的公司。

（6）保险公司。转移渠道成员在业务进行中遇到的风险。

（7）市场研究机构。现在有许多市场研究机构提供广泛的市场研究服务。当渠道成员自己的公司缺少与分销有关的市场信息时，他们可以通过这些研究机构来获取。

延伸阅读　中国企业营销渠道建设的五个趋势

辅助机构在执行功能时，也在不断地为渠道成员提供新的服务，使得它们对分销渠道成员的作用得到了加强。

延伸阅读

如何提升渠道战斗力?

面对渠道商自主发起的“渠道自救”，作为生产企业，我们应该如何进行自救以提高自己在渠道中的战斗力呢?

选择合适的跨界渠道商

在过去的很长一段时间里，我们在渠道的开发方面都比较注重寻找与自己的产品匹配的渠道商。这个渠道商选择倾向主要是因为此类渠道商对我们的产品比较了解，与我们的分销渠道比较吻合，可以比较快速地将产品渗透到我们想渗透到的渠道之中，减少我们市场分销的开发阻力。

然而，随着消费市场的进一步扩大，信息化时代进程的发展，我们发现原有的渠道商因为可选择性越来越大，对产品的更新速度、款式等变得麻木，竞争性、政策性等因素造成他们的忠诚度开始弱化，销量也随着时间的推进而一步步被竞争对手挤压，或者因为产品更新不及时而被竞争对手补位，造成销售业绩不理想。尽管我们后来已经进行了部分政策上的弥补，以及产品的更新换代，但是该渠道商原有的分销商对我们的忠诚度已经大打折扣，致使推广不甚理想，效果也不明显。

所以，对于渠道商的选择，非常有必要进行渠道的改革。同时，因为是选择跨界渠道商，所以在政策的支持方面，我们很有必要拿出当年我们创业时候的那种斗志，根据实际情况制定出更适合该渠道商的政策，也就是在对渠道商的政策方面，有必要进行“一商一策”，而不是过去的“统一政策”。只有这样，我们才能更好地寻找到合适的跨界渠道商。

终端宣传+自建媒体结合，内容制胜

渠道商的变化和信息化时代的变革造成我们与新的跨界渠道商开展合作后所要做的工作将会更加艰巨。

现在我们无论去综合批发市场、大型超市，还是去小型的零售店，基本上都会见到一个简单得不能再简单的易拉宝，几乎所有易拉宝上面都会印有一个大大的二维码，然后标注“扫码有奖”，以吸引顾客参与互动。

在过去的印刷品宣传方面，我们一向都是注重户外广告、墙体广告、官方网站、车身广告等投入费用高、收效难以预测的广告方式。但是近年来，随着自建媒体的快速发展，我们发现企业APP等投入少、收效可测、效果明显的广告越来越多，特别是与消费者的互动性越来越强，对潜在消费的拉动非常大。也就是在这个时候，我们发现，要想做好对自建媒体工作，内容起到了决定成败的作用。

俗话说专业的问题就要交给专业的人去做。但是，对自身企业和产品的了解，还是需要企业人来进行。所以，要想自建媒体的内容完胜，最好的办法就是让专业的人来培训企业人。当然，这对企业人力资源提出了更高的要求。也只有通过对人才进行高要求的培养，企业才能够在新时代的竞争中走得更稳健、更长远!

产品线多样化，赋予时代感

也许我们所选择的跨界渠道商对我们的产品并不是很了解，也许对渠道扩展的信心不是很充分，也许对我们的品牌力持有怀疑甚至否定的态度……总之，并不是如我们所预期的那么理想。而且，为了避免与原有渠道商产生冲突，在这种情况下，丰富我们的产品线就显得比以前更加重要。

虽然在过去的几年里我们基本上会保持每年至少开发出一到两个系列的产品，但是随着对渠道商的选择进入跨界时代，我们对产品的研发提出了更高的要求，即每年至少要开发出三到四个系列的产品，而且，为了更好地接地气，迎合消费需求，还要让我们所有的新产品无论在产品款式还是科技感方面，都要具有时代感。

举一个很简单的例子，一个产品仅凭一个款式在过去可能可以卖十年八年，比如牙膏、开关、灯管。但是，随着消费者品位的提升，对健康、自然的需求增加，牙膏的功能就不能仅停留在美白，还要能杀菌、护齿等。所以，虽然对产品的改变并不是很多很大，但就是因为你已经作出了改变，消费者就会认为这个是目前“最先进”的，你的产品就能在不知不觉中起到引导消费者需求的作用！

团队协作平台，集中作业推进渠道下沉

马云在十多年前说过这样一句话：没有人能够伟大到独自建立一个像阿里巴巴这样的企业，是团队和制度使公司能够不断发展，而不是个人，文化是把伟大的人团结起来的红线。

确实，一支好的营销团队能够促使我们的市场销量迅速提升。所以，随着我们对渠道进行重新选择，对跨界渠道的界定、对跨界渠道的政策制定、对跨界渠道的开发等都需要营销团队加以协作和完善。

在选择了合适的跨界渠道商之后，我们还要发挥营销团队对新渠道的市场开发、分销开发作用。这个时候，营销团队的集中作业起到了很好的协调作用。因为任何渠道的下沉都需要人与人之间的沟通和协调，所以，在对新的跨界渠道商的掌控方面，集中作业团队需要做好协作和深入了解。从群众中来，到群众中去。用我们专业的知识去攻坚和教育新渠道，培育和培养新渠道。尽管开始的时候可能比较困难，但是只要我们能够深入下去，渠道下沉工作就会做得很扎实，渠道的忠诚度也将越来越高，战斗力也将越来越强。

资料来源：黄利鸿．如何提升渠道战斗力？．(2016－07－18). http: //www.emkt.com.cn/article/647/64744.html.

第 2 节　分销渠道的设计与管理

一、分销渠道的设计

分销渠道的设计是指在创建全新市场营销渠道或改进现有渠道的过程中所做的决策。渠道设计应该是企业为在市场上获得竞争优势而进行的各项努力中必不可少的一部分。渠道设计问题的中心环节，是确定到达目标市场的最佳途径。

生产者在设计其分销渠道时，需要在理想渠道与可用渠道之间进行抉择。一般来讲，新企业在刚开始经营时，总是先采取在有限市场上进行销售的策略，以当地市场或某一地区的市场为销售对象。因其资本有限，只能选用现有中间商。而在某一地区市场内，中间商的数量通常是有限的，所以，到达市场的最佳方式也是可以预知的。问题是如何说服现有可用的中间商来销售其产品。

分销渠道的设计流程包括以下几个步骤。

1. 确认渠道设计决策的必要性

在许多情况下做出渠道设计决策是很有必要的。

（1）开发新产品或产品系列。如果现有的其他产品的渠道不适合新产品或产品系列，则必须为此新产品或系列设立或改进现有渠道。

（2）为现有产品确立新的目标市场。常见的情况是，企业将已在产业市场上出售的某产品投放到消费者市场。

（3）对其他营销组合的组成部分做出重要变革。例如，一种全新的强调低价的价格政策可能需要企业转向以低价销售的分销商，如折扣零售商等。

（4）从头开始建立新企业，或建立兼并或购置后的新企业。

（5）中间商的政策发生变化，而新政策会妨碍企业达成其分销目标的情况下，应更换中间商。例如，如果中间商开始强调自己的品牌，制造商就需要挑选新的分销商，以更好地为产品促销服务。

（6）适应特定种类中间商的变化。例如，一些法国高档商品制造商，在美国市场上面临着渠道设计决策，因为零售业中的购置和兼并浪潮使得高档百货商店的数量大大减少。

（7）开拓新的市场营销区域（领域）。

（8）主要环境发生变化，包括经济、社会文化、竞争、技术或法律领域的变化。

（9）面临冲突或其他行为问题。例如，在某些情况下，冲突会变得十分激烈，要解决该冲突，唯有依靠改进渠道。如果一个制造商对其分销商失去影响力，就需要设计一套全新的渠道。此外，地位的变化和沟通困难都要求市场营销主管做出渠道设计决策。

（10）回顾与评估。一个企业的阶段性回顾和评估都会产生改进现有渠道和创建新渠道的需求。

2. 设立并调整分销目标

为使分销目标与其他市场营销以及企业的目标、策略相一致，渠道管理者应该做到以下三点。

（1）他们应该熟悉营销组合中其他领域的目标、策略，以及企业其他相关的目标与策略。负责设立分销目标的人员应该了解公司现有的哪些目标与策略会影响分销目标的确立。事实上，往往是设立营销组合中其他领域目标的人员负责设立分销目标。但是，即便如此，也有必要仔细考虑各类分销目标与政策间的相互关系。

（2）他们必须确立分销目标，并对其进行明确阐述。分销目标从根本上反映了分销应在达成企业整体市场目标的过程中所起的作用。

（3）他们必须检查其设立的分销目标是否与企业的市场营销和其他整体目标相一致。渠道设计过程中的协调性审查包括，证实分销目标不与营销组合中其他领域（产品、价格和促销）的目标以及企业的整体目标和策略相冲突。为了做好这项审查工作，应仔细考察企业中各部门间的相互关系和各类目标与策略间的等级关系。

3. 明确分销任务

在设立分销目标并已做好协调后，为达到此目标，就必须执行一系列的分销任务。因此，渠道管理者应该将所有任务都明确化。渠道管理者需要将分销作用或任务更加详细化和实用化，为达到具体分销目标而设立的各项任务必须被准确无误地阐述。

例如，生产钢材或金属产品的生产商，由于其目标市场中包含许多小型客户，因此，其分销任务会包括销售、沟通、运输、仓储、风险承担和融资等方面。除此之外，为了服务于更小型的客户，该生产商还可能执行一些更细化的任务。

4. 设立各类可行的渠道结构

在设定好为达到分销目标所需完成的各项具体任务之后，接下来，渠道管理者应考虑分派这些任务的各类可行的方法。这些可行的分派方法（即可行的渠道结构）涉及三方面：渠道的长度（层次数）、各层次的宽度和各层次的中间商种类。

（1）层次数。在实际业务中，供渠道管理者考虑的可行的渠道结构一般为 2～3 种。例如，使用直销法，或使用一层中间商乃至两层中间商都是可行的。造成限制的各类因素有特定的行业操作过程、市场特性以及其他因素等。在一些情况下，同一行业中所有制造商的渠道结构中的层次数完全相同，并且可能会持续相当长的一段时间。而在另一些行业中，各制造商的渠道结构层次数各不相同，且在较短时间内就发生变化。

（2）各层次的宽度。宽度的选择有密集分销型、选择分销型和独家分销型。分销范围中的宽度是渠道结构中的一个重要部分，因为它通常是企业基本市场营销策略中的主要因素，同时也将反映出企业的整体目标与策略。

如果一个企业基本的市场营销策略强调大范围推广其产品，它就很可能设立一种高密度的分销渠道结构；相反，强调小部分特定市场的策略则会要求设立一个精挑细选的渠道结构。

（3）中间商种类。渠道结构的第三部分是有关渠道的各个层次中应分别使用何种中间商。在渠道设计的这一阶段，渠道管理者通常应该大体了解可服务于其行业的各类中间商。在这一阶段中，渠道管理者分析的重点是这些中间商应该完成的各类基本分销任务。

（4）可行的渠道结构数。即便渠道管理者已考虑到创立可行渠道结构的三个方面（即长度、宽度和中间商种类），从理论上讲，他还是面临众多的选择。如果他拥有的渠道层次数为 3、各层次的宽度为 3 和中间商的类型为 5，那么，可能组成的渠道结构有：

$$3\times3\times5=45(\text{种})$$

事实上，这些可行的渠道结构通常不会被考虑，除非使用特定的管理学方法。在实践过程中，每个阶段的可行方法都是有限的。因此，也无须从一大堆选项中做出选择，通常可选的方法只有几种。

5. 评估影响渠道结构的因素

在设计出几种可行的渠道结构之后，渠道管理者应该评估一系列将会影响到各类渠道结构的因素。尽管此类因素不计其数，但是，仍然存在对可行性渠道结构进行分析的六类基本因素。

（1）市场因素。包括渠道管理在内的所有现代市场营销管理都建立在一项根本的市场营销概念基础上，这一概念强调以客户（市场）为主导。因此，在发展和调节营销组合的过程中，市场部经理们应该将满足目标市场的需求作为其根本的努力方向，从而使企业提供的产品、价格，使用的促销方法，乃至市场渠道结构都能反映出目标市场的需求。因此，在设计市场渠道的过程中，市场因素成了应该揣摩的关键。

市场因素中有四类基本因素对渠道结构有重要影响，它们是：

1）市场区域。市场区域是指市场的地理规模、位置，以及生产商或制造商间的距离。从渠道设计的角度来看，有关市场区域的基本任务是发展一种渠道结构，使之能有效地覆盖目标市场，并向这些市场快速有效地供货。

市场区域与渠道设计间的总体关系如下：制造商与其市场间的距离越远，使用中间商的成本比使用直销方式的成本低的可能性越大。

2）市场规模。一个市场（消费者市场或工业市场）中的客户数量决定了市场规模。从渠道设计的角度来看，独立客户的数量越多，市场规模就越大；如果市场较大，则很可能需要使用中间商；相反，如果市场较小，企业就会尽可能避免使用中间商。

3）市场密度。每一单位区域内购买单位（消费者或工业企业）的数量决定了市场密度。一个面积100平方公里、拥有1 000名客户的市场的密度就比拥有同样数量的客户但面积为500平方公里的市场的密度高。总体上讲，市场密度越低，分销的难度越大，在产品流动方面尤其如此。这一原则也适用于信息流动。因此，市场密度与渠道结构间的关系为：市场密度越低，使用中间商的可能性越大；相反，市场密度越高，使用中间商的可能性越小。

4）市场行为。市场行为指的是以下四类购买行为：客户如何购买；客户何时购买；客户在何处购买；谁购买。每一种形式的购买行为都会对渠道结构产生重要影响。

（2）产品因素。产品因素是在考虑各类渠道结构的过程中，必须重视的重要因素。最重要的产品因素包括体积与重量、易腐性、单位价值、标准化程度（定做产品和标准化产品）、技术性和非技术性，以及崭新度。

1）体积与重量。体积大且分量重的产品相对应的装卸和运输费用也高，此类产品的生产商应努力通过向少数几处大批量运输的方式来降低费用。因此，这类产品的渠道结构通常应该越精简越好——一般由生产商直接供货给用户。只有当客户所需量少且要求快速交付时，才会采用中间商等形式的其他方法。

2）易腐性。容易腐烂的产品（如新鲜食品），以及容易过期的产品属于易腐产品。其相对应的渠道设计是迅速将此类产品交到最终用户手中，以降低因易腐性而产生的风险。如果生产商与消费者相距很近，此类渠道结构会很短；如果两者相距很远，唯一能够实现快速、经济、有效的交付的方式是在渠道结构中采用几家中间商。

3）单位价值。总的来说，产品的单位价值越低，其所需的渠道就越长，这是因为低单位价值所能提供的分销费用也较低。此类产品在消费者市场中，通常为日常便利商品，而在产业市场上则为产业用品。通常，在此类产品的渠道结构中包含一个或一个以上的中间商，以便于中间商通过销售其他产品来分担其分销费用，并最终产生一定的规模与范围效益。

4）标准化程度。产品的标准化程度越高，其对应的渠道就越长，所需的中间商也越多。例如，完全需定做的产品，如工业机械等，通常由制造商直接提供给用户。半定做产品，如产业市场中的配件和消费者市场中的家具等，通常需要一个中间商。相反，高度标准化的产品，如产业市场上的产业用品和消费者市场上的日常便利商品，通常需要一个以上的中间商。

5）技术性和非技术性。在产业市场中，高技术性的产品通常采用直接分销的方式。这主要是因为制造商需要一些有能力将其产品的技术性介绍给潜在客户，并能在产品出售以后，继续提供联系、建议和服务的销售服务人员。同样，在消费者市场中，一些相对技术含量较高的产品，如个人电脑等，也采用短渠道的方式分销。

6）崭新度。无论是在消费者市场还是在产业市场中，许多新产品都需在初上市阶段采用大规模、强有力的促销活动，以初步建立市场需求。通常情况下，渠道越长，越难通过所有的渠道成员达到此促销目标。因此，在初上市阶段，简短的渠道常常能使产品更好地被市场接受，并且新产品的选择度也较高。这是因为，为促销新产品而精心挑选出来的中间商更可能提供强有力的促销活动。

（3）公司因素。影响渠道设计的最重要的公司因素是：规模、经济实力、管理才能和目标与策略。

1）规模。总的来说，企业规模的大小决定了它对渠道结构的选择范围。大企业有实力（尤其是报酬、控制和专业方面的实力）对渠道进行强有力的管理，在选择渠道结构时比小企业有更多的余地。因此，大企业在发展渠道或合理分配分销任务上，通常会比小企业做得更好。

2）经济实力。总体上，公司的资本越雄厚，对中间商的依赖性就越小。为了能直接向最终消费者或产业用户销售产品，企业通常需要拥有自己的销售队伍和各项支持性服务，或零售商店、仓储和订单处理能力。大企业更有能力承担所有这些项目的高额费用。当然，也存在例外。例如，使用直接邮购渠道或使用国际互联网这一电子渠道进行分销时，情况便会不同。因为在这些情况下，经济能力有限的小企业也能直接向最终消费者出售产品。

3）管理才能。一些企业缺乏完成分销任务的管理才能。在这种情况下，渠道设计中必须包含中间商的服务，即批发商、制造商代表、销售代理商和中间商等。一段时间以后，如企业获得了一定的管理经验，就可以修改渠道结构，以减少对中间商的依赖。

4）目标与策略。市场和整体目标与策略（例如，试图高度控制产品和服务的目标与策略）可能会限制中间商的使用。而且，那种强调有力促销和对市场条件的变化迅速做出反应的策略会使相关企业渠道结构的选择范围变得十分狭窄。

（4）中间商因素。与渠道结构相关的主要中间商因素为：可得性、成本和所提供的服务。

1）可得性。在一些情况下，能否得到适宜的中间商将会影响到渠道结构。由于缺少适宜的中间商，戴尔电脑公司的创始人迈克尔·戴尔设计了一套直接邮购的渠道，以提供强有力的技术服务和定做各种电脑。

2）成本。使用中间商所需的成本一直是选择渠道结构时必须考虑的内容。如果渠道管理者认为为提供一定的服务而使用中间商所付出的成本过高，在渠道结构中就可能减少使用中间商。

3）服务。对中间商服务进行评估的基本方法，包括评估特定中间商所提供的服务，并以此判断哪些中间商能以最低的成本、最有效地完成指定的任务。

（5）环境因素。环境因素可能影响到渠道建设与管理的各个方面，经济、社会文化、竞争、技术和法律等都会对渠道结构产生重要影响。事实上，环境因素也是影响渠道设计决策的重要因素之一。

（6）行为因素。在选择渠道结构时，渠道管理者应该预期渠道成员在各种情况下可能的行为，行为产生的后果，以及如何应对等。只有给渠道成员安排好各自适宜的职责，才能大大减少冲突的发生。也只有将这些重点内容牢记在心，渠道管理者才能保证最终设立的渠道结构能最有效地对渠道成员进行管理。例如，如果一家小型专业制造商打算在其渠道结构中采用大型连锁零售商，它就无法通过强制手段对其产生很大的影响或实施控制。但是，如果它拥有很强的专业能力，就有可能做到这一点。想对其分销目标拥有高度控制的渠道管理者会发现，法律能力（它可展现在一份强有力的特许合同上）应该作为渠道结构的基础。法律能力以及其他许多有关行为因素的内容在特定情况下都与选择适宜的渠道结构密切相关。

营销实践　全渠道零售模式实现路径研究——基于天虹商场的案例分析

6. 选择“最佳”渠道结构

从理论上讲，渠道管理者应该从各选项中选出最佳的渠道结构。这一结构应该能在最低的成本基础上有效地完成各项分销任务。如果企业的目标是获得最大的长期效益，最佳的渠道结构就应该与此目标完全一致。

二、分销渠道的管理

企业管理人员在进行渠道设计之后，还必须对渠道成员进行选择、激励与定期评估。

（一）选择渠道成员

选择渠道成员首先要广泛搜集有关分销商的声誉、市场经验、产品知识、合作意愿、市场范围和服务水平等方面的信息，确定审核和比较的标准。选定了分销商还要努力说服对方接受你的产品，因为并不是所有的分销商都对你的商品感兴趣。实力雄厚的名牌企业要做出选择分销商的决策并不难，对于那些刚刚成立的中小企业来说就不是一件容易的事了。

一般情况下，选择渠道成员时必须考虑以下几方面的因素。

1. 市场覆盖范围

市场是选择分销商涉及的最关键因素。首先，要考虑所选分销商的经营范围所包括的地区与企业产品的预期销售地区是否一致。例如，产品在华北地区，分销商的经营范围就必须包括这个地区。其次，分销商的销售对象是不是企业所希望的潜在顾客。这是最基本的条件，因为生产企业都希望所选的分销商能打入自己选定的目标市场，并最终说服消费者购买自己的产品。

分销商并非越大越好，有一个适度和分销商能力的问题。常见的情况是：产品在大分销商那里得不到足够的重视，而那些具有发展潜能的中等分销商，深知你为其提供的不仅仅是利润，更是美好的发展前景。选择和培养后一类分销商是明智之举，因为它们常常是你真正的合作伙伴。

2. 声誉

在目前市场游戏规则不甚完善的情况下，分销商的信誉显得尤其重要。它不仅直接影响回款情况，还直接关系到市场的网络支持。一旦分销商中途有变，企业就会欲进无力，欲退不能，不得不放弃已经开发的市场。而重新开发往往需要付出双倍的代价。多数制造商通常会回避与当地声誉不佳的分销商建立关系。

3. 中间商的历史经验

许多企业在决定某分销商是否可以承担分销商品的重任时，往往会考察分销商的一贯表现和盈利记录。若分销商以往经营状况不佳，则企业将其纳入营销渠道的风险较大。而且，经营某种商品的历史和成功经验，是分销商自身优势的一个来源。首先，分销商长期从事某种商品的经营，通常会积累比较丰富的专业知识和经验，因而在行情变动中，能够掌握经营主动权，保持销售稳定或乘机扩大销售量。其次，经营时间较长的分销商早已为周围的顾客或消费者熟悉，拥有一定的市场影响力和一批忠实的顾客，多为周围顾客或消费者光顾购物的首选之地。

许多分销商之所以得到规模巨大、有名牌产品企业的青睐，往往是因为它们对销售某种产品很有经验。选择对产品销售富有经验的分销商可很快打开销路。因此，生产企业应根据产品的特征选择有经验的分销商。

4. 合作意愿

倘若分销商不愿销售你的产品，即便其再有实力，声誉再好，对你而言也没有任何意义。所以，合作意愿是选择分销商时必须考虑的因素。分销商与企业合作得好就会积极主动地推销企业的产品，这对双方都有利。有些分销商希望生产企业也参与促销，以扩大市场需求，它们认为这样会获得更高的利润。因此，生产企业应根据产品销售的需要，确定与分销商合作的具体方式，考察分销商对企业产品销售的重视程度和合作态度，然后再选择最理想的分销商进行合作。

5. 产品组合情况

许多企业希望分销商只销售自己一家的产品，集中精力以重拳出击。但在市场运作中，产品线的多少往往决定着顾客的多少，也决定着产品销售机会的多少，所以产品线较多并不一定是坏事。在经销产品的组合关系中，一般认为，如果分销商经销的产品与自己的产品是竞争品，应避免选用；而实际情况是，如果其产品组合有空当（如缺少中档品），或者自己产品的竞争优势非常明显，也可选取。这需要区域市场经理及相关人员进行细致、翔实的市场考察。

6. 分销商的财务状况

生产企业倾向于选择资金雄厚、财务状况良好的分销商，因为这样的分销商能保证及时付款，还可能在财务上向生产企业提供一些帮助，如分担一些销售费用，提供部分预付款或者直接向顾客提供某些资金融通，如允许顾客分期付款等，从而有助于扩大产品销路和发展生产。反之，若分销商财务状况不佳，则往往会拖欠货款。

7. 分销商的区位优势

区位优势即位置优势。理想的分销商的位置应该是顾客流量较大的地点。批发分销商的选择则要考虑他所处的位置是否利于产品的批量储存与运输，通常以交通枢纽为宜。

8. 分销商的促销能力

分销商推销商品的方式及运用促销手段的能力，直接影响其销售规模。有些产品广告促销比较合适，有些产品则适合通过销售人员推销；有些产品需要有效的储存，而有的则应快速地运输。要考虑到分销商是否愿意承担一定的促销费用，有没有必要的物质、技术基础及相应的人才。选择分销商之前，必须对其所能完成某种产品销售的市场营销政策和技术的现实可能程度做全面的评价。

（二）激励渠道成员

激励渠道成员是指制造商激发渠道成员的动机，使其产生内在动力，朝着所期望的目标前进的活动过程，目的是调动渠道成员的积极性。美国哈佛大学的心理学家威廉·詹姆斯在《行为管理学》一书中认为，合同关系仅仅能使人的潜力发挥20%～30%，而如果受到充分激励，其潜力可发挥80%～90%，这是因为激励活动可以调动人的积极性。所以，激励渠道成员是渠道管理中不可缺少的一环。

产品从制造商到用户的整个过程需要催化剂，有效的激励措施就是这种催化剂。对于制造商而言，催化剂的目的无非是希望中间商多提货、早回款，希望现有的渠道增加抵御风险的能力等。因此，了解中间商需求只是激励的第一步，然后应该做的是采取有效的激励措施。

激励中间商的形式多种多样，但大体上可以分为两种：直接激励和间接激励。直接激励指的是通过给予中间商物质、金钱奖励来激发中间商的积极性，从而实现企业销售目标。间接激励指的是通过帮助中间商获得更好的管理、销售的方法，从而提高销售绩效。

（三）化解渠道冲突

渠道冲突是指分销渠道中的一个成员将另外一个成员视为对手，且对其进行伤害、设法阻挠或在损害该成员的基础上获得稀缺资源。我们必须对渠道冲突加以重视，防止渠道关系恶化，甚至是整个渠道体系的崩溃。

渠道冲突的类型可以分为三种：水平渠道冲突、垂直渠道冲突和多渠道冲突。

水平渠道冲突是指某渠道内同一层次中的成员之间的冲突。如同级批发商或同级零售商之间的冲突，表现形式为跨区域销售、压价销售、不按规定提供售后服务或提供促销等。

垂直渠道冲突是指同一条渠道中不同层次之间的冲突。如制造商与分销商之间、总代理与批发商之间、批发商与零售商之间的冲突，表现形式为信贷条件的不同、进货价格的差异、提供服务（如广告支持）的差异等。

一直以来，消费包装商品的制造商相对于零售商拥有较强的市场力量。这是因为制造商推出大量广告以建立消费者的品牌偏好，结果使零售商被迫经营它们的品牌。但是，现在零售商对制造商的力量对比已经发生转移。零售商力量的日益增长使它们可以向制造商收取新产品进店时的货位费，弥补货架成本的陈列费，用于晚交货或交货不齐的罚金、制造商要求停止销售商品时的退场费等。

多渠道冲突（也称交叉冲突）是指两条或两条以上渠道之间的成员发生的冲突。当制造商在同一市场或区域建立两条或两条以上的渠道时，就会产生此类冲突。如直接渠道与间接渠道形式中成员之间的冲突，代理分销与经销分销形式中渠道成员之间的冲突。表现形式为销售网络紊乱、区域划分不清、价格不同等。

渠道冲突的存在是客观事实，不能消灭，不能根除，只能辩证分析，区别对待。

并非所有的冲突都会降低渠道效率。低水平的渠道冲突可能对分销效率无任何影响，中等水平的渠道冲突有可能提高渠道的分销效率，只有高水平的渠道冲突才会降低渠道的分销效率。适当的冲突会增强渠道成员的忧患意识，刺激渠道成员创新。例如，尽管多渠道销售产品会增加产生冲突的可能性，然而这一策略也可能使各渠道之间互相竞争，从而带来销售额的最大化、使顾客购买更加便利以及迫使渠道成员不断创新。所以，应该把渠道冲突控制在一个适当的可控范围之内，善加利用。同时，坚决制止会导致渠道成员关系破裂的高水平渠道冲突。

（四）评估渠道绩效

评估渠道绩效是指厂商通过系统化手段或措施对其营销渠道系统的效率和效果进行客观的考核和评价。

渠道绩效的评估可分为宏观层面和微观层面。从宏观层面来说，渠道绩效是指渠道系统表现出来的对社会的贡献，是站在整个社会的高度来考察的；从微观方面来说，渠道绩效则是指渠道系统或渠道成员对厂商所创造的价值或服务增值，是从厂商的角度来考察的。从制造商的角度对渠道绩效进行评估，评估的对象既包括整个渠道系统，也包括渠道系统中某个层级的渠道成员。在营销实践中，不少厂商同时对某个层级的渠道成员及整个渠道系统进行评估。尤其是在扁平化的发展趋势下，厂商更多地加强了对渠道系统中具体渠道成员的绩效评估，以利于厂商决定是否对某些层级的渠道成员进行扁平化管理。

如果某一渠道成员的绩效过分低于既定标准，则需找出主要原因，同时还应考虑可能的补救方法。当放弃或更换中间商将会导致更坏的结果时，生产者只好容忍这种令人不满的局面。当不致出现更坏的结果时，生产者应要求业绩欠佳的中间商在一定时期内有所改进，否则，就要取消它的资格。

测量中间商绩效，主要有两种方法。

（1）将每一中间商的销售绩效与上期的绩效进行比较，并以整个群体的升降百分比作为评价标准。对低于该群体平均水平的中间商，必须加强评估与激励措施。如果对后进中间商的环境因素加以调查，可能会发现一些可原谅因素，如当地经济衰退、某些顾客不可避免地流失、主力推销员的辞职或退休等。其中一些因素可在下一期弥补，制造商不应由于这些因素而对经销商采取任何惩罚措施。

（2）将各中间商的绩效与该地区基于销售潜量分析所设立的配额相比较。即在销售期过后，根据中间商的实际销售额与其潜在销售额的比率，将各中间商按先后进行排列，企业的调整与激励措施可以集中用于那些未达既定比率的中间商。

延伸阅读

渠道冲突管理的"生命周期观"——机会主义及其治理机制

冲突的发生要经历渐进的过程。渠道冲突过程一般包括冲突酝酿、渠道冲突契机出现、渠道冲突行为、渠道冲突的结果等阶段。传统的以结果为导向的渠道冲突管理方式只是在渠道冲突发生后才开始导入，即使管理策略和手段能够起作用，但冲突已经发生，对渠道关系造成的影响和危害依然存在。而如果在渠道关系确立时就导入冲突管理机制，即在冲突酝酿阶段启动分析产生渠道冲突的机会主义行为机制，通过对机会主义行为和动机的监控，掌握渠道冲突契机出现的准确时点，并在渠道关系的持续期进行密切关注，即使渠道冲突行为因为机会主义而最终发生，我们也可以明确冲突产生的前因甚至演变过程，可以将渠道冲突行为造成的对渠道的影响降至最低，防止渠道冲突的恶性后果，直至渠道关系的正常结束，并根据渠道中的机会主义行为和动机类型，分析渠道冲突产生、发展乃至结束这样一个生命周期的演变过程，从而树立对渠道冲突进行管理和全程跟踪的生命周期意识。基于机会主义治理的渠道冲突管理观认为，通过在渠道关系初期进行渠道成员的选择、渠道关系持续期谋求长期导向、渠道关系结束时的协商和互动的开放关系，可以确保渠道冲突管理和防范，树立全程的"生命周期观"，不仅防冲突于未然，而且适时跟踪，在渠道关系的生命周期中关注渠道动态，从而良性地进行渠道冲突的有机治理，保持渠道关系的生态系统柔性运转，实现渠道系统的整体利益最大化。一般认为，机会主义的治理机制有市场机制与非市场机制。从防止渠道冲突、保持渠道和谐这个层面分析，最有效的机制应是非市场机制中的双边治理和复合机制。

1. 市场机制

市场机制就是单个交易的同义语。对于渠道关系而言，市场机制意味着渠道成员总是随机选择自己的渠道交易对象，进行的是简单的买与卖，职责角色仅以完成交易的最低水平而定。每个渠道执行人按照企业既定的购销计划完成交易，到下一次需要交易时，再重新选择，因而，每次交易都是一次性导向，交易完成即可以进行质量评判，这导致在市场交易中机会主义行为频繁出现，而一旦出现机会主义行为，主要依靠外部的法律法规进行责任的裁定和相应冲突的处理，这对社会总体的诚信环境要求很高，在一个各种规定不健全的社会，可以想象的是渠道冲突此起彼伏，同时伴生的是各种无法回避的治理成本，不仅机会成本高昂，而且各种交易成本也居高不下。

如果单期交易完成，通过不断的互动和磨合，新的交易在同一渠道交易各方之间继续进行，渠道交易治理就进入单边治理、双边治理或复合机制分析的框架。

2. 单边治理——准一体化

单边治理即企业启用准一体化渠道，通过较严格的技能审核，将渠道纳入企业的同一架构之中，企业内部的技能培训和企业文化认同促使一体化渠道确定自身的功能定位，按照内部的流程相机处理渠道中的不和谐声音，以行为和结果为导向，借助内部结算和终期考核提供渠道表现优劣的标准，每项渠道关系职能的开始与完成都有明确的条款说明，主要凭借内部的行政权威和准企业文化来获得渠道关系继续的认同。渠道关系确定、关系计划的制定、关系持续的激励都是从上至下，故而发生于企业内部的渠道风险主要是员工的事后道德风险，渠道可以通过对员工行为和结果的监控进行这种来自信息不对称的机会主义风险的防范和治理，而无法处理由于环境改变带来的各种机会主义风险和伴生的渠道冲突，而下文的双边治理和复合机制可以解决这个困境。

3. 双边治理——关系契约

渠道成员之间不间断互动，依靠详细、严格、规范的知识、态度和价值观，培育和积淀专用性关系资产，从而确立关系导向的渠道结构。关系契约下的渠道成员联系要比市场机制复杂得多，双向沟通频繁，渠道成员之间关系相互连接，会形成一种超出企业边界的嵌入式结构。本质上，关系契约下的渠道计划与单边治理一样，主动性明确，但不同的是双边治理更宽泛，民主化程度更高，而不是单纯的职责限定，相机调整的成分很大。渠道关系成员立足于相互的整体利益，求同存异，获得行为和态度趋同，不断加深双方间的关系。而不断加深的关系将进一步积淀更大规模的关系专用资产，必将进一步加深双方的互动联系，共享的价值观和共同愿景促使渠道伙伴主动自我约束，履行关系职责。关系规范反映渠道成员的态度与行为期望，渠道成员分享渠道关系的价值观和驱动认同内部化的共同目标，指引和规定交易标准和行为范式，促使目标趋同，实现渠道的个体及整体目标。因而，双边治理营造的和谐氛围会限制机会主义的产生，尤其是来自专用性资产锁定的机会主义风险，因为长期的利益会远远超过短期机会主义获益，实证表明，高效运作的双边治理还可以处理某些不确定性风险。这样，渠道冲突将被限制在一定的程度之内，保证渠道的正常运行。

4. 复合机制

复合机制是指综合运用渠道成员选择、设计激励条约、行政监控以及构建长期关系的渠道机会主义治理机制。有研究者先后通过产业数据实证表明以上各种方式能够相互补充，完善渠道间机会主义行为的治理。通过渠道成员的选择，对渠道成员进行资格认证，考察渠道伙伴的履约动机和可靠性，分析渠道伙伴历史经营行为、经营哲学的善意程度及进行渠道关系投资的意愿程度；通过进行缔约前审计，筛选具有相应技能、特质和动机的合适渠道伙伴，选择合作性强、机会主义倾向弱的渠道伙伴是控制机会主义最直接的途径；精心设计激励条约，事先遴选履约可靠度高的渠道伙伴，在关系持续期，双方通过抵押品投资、价格溢价或边际收益等形式，防止机会主义的出现，稳定长期的渠道交易关系；通过确立渠道间的关系规范，渠道上下游可以达成共识，确保渠道和谐共存；置身社会、政治和经济环境中的渠道成员认同关系规范，压力和社会允许会调节逃避责任的行为和机会攫取行为，即使在信息不对称和锁定威胁中，关系规范也能有效规避机会主义行为；渠道各交易方会慑于对方的冷酷策略，都着眼于长期，保持合作有利于整体利益的增加，而一旦偏离合作的均衡，则会受到无情的惩罚，长期利益的权衡会使得渠道双方保持渠道的联盟状态，迫于未来损失的压力而趋于合作。

资料来源：高维和，黄沛，王震国．渠道冲突管理的“生命周期观”——机会主义及其治理机制．南开管理评论，2006（3）：28-33.

第3节 网络分销渠道

网络分销是指建立在互联网技术之上，借助互联网渠道来实现一定营销目标的分销活动过程。一般而言，企业建设自己的网站应该以网络营销为基本目的；而实现企业产品或服务的电子购买过程不是企业网站必备的功能。介绍和说明企业产品或服务、扩大企业影响、促进销售、拓宽售后服务途径、增强供需交流是大部分企业网站的核心思想。

一、网络分销渠道与传统渠道的比较

从渠道的作用上看，网络分销渠道具备传统渠道所不及的大容量信息传递、快捷的产品销售与理想的售后服务“场所”等特点。首先，在企业的网站上，如果愿意，客户可以找到从企业概况、企业最新动态到企业各个种类、型号、价格的几乎所有产品甚至企业主动透露的关于其经营状况的全面信息；而这显然是传统渠道所难以办到的。其次，网络分销为客户提供了快捷、足不出户的产品销售流程。这相当于为客户节省了时间、体力、精力等各种成本。最后，在企业的客户服务部门将各种客户常见问题放到网站上，并成功劝说客户去网站的自助系统寻求答案后，企业网站将成为舒缓售后服务人员工作压力和提高他们工作成就感的有力工具。同时，客户也将逐渐发现，在售后服务这个角度，企业网站会帮助他们减少金钱和时间的支出。

从渠道的构成来看，尽管网络分销也可分为直接销售和间接分销渠道，但是相对于传统渠道，网络分销渠道的构成要简单明了得多。如图11-4所示，从属于网络分销的“批发商（甚至是它的多重组合）”“零售商”的概念由“商务中介网站”[①] 所全部涵盖了。

从企业整体成本来看，网络分销流通环节的减少带来了渠道成本的降低，同时还能节省客户管理的成本。

（1）网络分销将传统渠道中一般不可缺少的中介机构变为并列关系（不会增加渠道成员数目，进而不会提高商品价格）的各个商务中介网站，甚至没有中介机构。这样一来，代表一种交易的一条完整的渠道总是包括不超过三个渠道成员：制造商（或其网站）—某个商务中介网站—消费者，或是制造商网站—消费者。由此导致的流通成本的

① 本节所指商务中介网站是指那些利用自身的知名度、软硬件资源为企业提供互联网交易平台，并主要在其自身网站的范围内负责企业产品的营销、销售、配送甚至部分售后服务工作的营利性站点。商务中介网站通常的表现形式为网上商城、集中经营某一类产品的电子商店等。

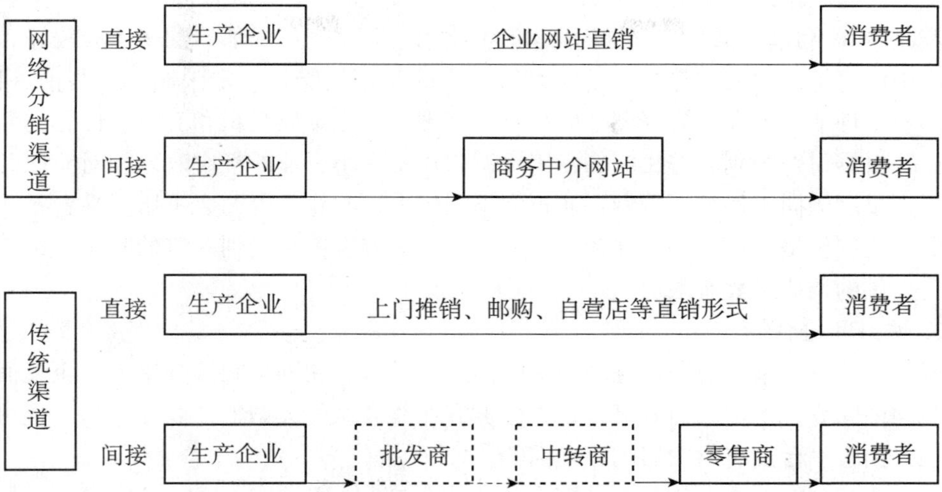

图 11－4　渠道构成的比较

减少是显著的。

（2）企业网站以及一切网站配套软件、措施带来的客户成本的节约有可能是巨大的。

（3）网络分销比传统媒体（电视、广播、报纸、杂志）的营销手段具有更高的经济性。

二、网络分销渠道的类型

企业有如下四种基本类型的互联网分销渠道可供选择。

1. 企业网站直销

企业网站直销指企业通过自己的网站直接取得客户或消费者的订单。在企业网站直销中，企业面对的客户类型可能是公司或政府客户、互联网中间商、线下中间商、终端消费者等，即企业网站直销的商务模式可以是 B2B，B2C，O2O 等。

企业网站直销的主要优势是：企业对网站具有完全的控制权，可以自由灵活地进行规则的制定和创新，全面详尽地展示企业产品，举办各种规模和形式的促销活动，由于中间费用少因而控制价格和利润的余地较大，方便企业获取顾客信息、进行多角度的消费者分析和调研等。

企业网站直销的主要劣势是：相关软硬件、广告、人员等的投入较大，访问量相对较低，消费者选择的余地较小等。

2. 店中店直销

店中店直销指企业利用第三方销售平台开设店铺，直接取得客户或消费者的订单。在店中店直销中，企业可以选择 B2B，B2C 分销平台或是二者兼具的平台，根据所选平台的不同，企业面对的客户类型可能是公司或政府客户、互联网中间商、线下中间商、终端消费者等，即店中店直销的商务模式可以是 B2B，B2C，O2O 等。

店中店直销的主要优势是：资金投入相对较少；交易规则较为成熟、兼顾买卖双方的权益从而有利于建立网际信任和降低交易风险；访问量相对较高；产品种类款式全面、产品展示格式较为统一、便于顾客集中比较、购物气氛浓郁、购物体验较好。

店中店直销的主要劣势是：企业对店中店的支配权受到一定限制，在售前、售中、售后的各个环节需要在较大程度上服从统一管理，比较难以组织和实施个性化的营销活动；往往根据付费级别获得相应的营销资源，对于中小企业的推广效果相对有限；某些交易规则过度倾向于保护消费者，非正常损失较多；与竞争者的店中店同平台销售，竞争激烈，控制价格和利润的余地较小；能够获取的顾客信息受到一定的限制，第三方销售平台提供的调研工具有限等。

3. 网络间接分销

网络间接分销指企业通过互联网中间商进行销售。在网络间接分销中，企业面对的是互联网中间商；而中间商既可以是整体拥有在线商城的大型电子商务网站，也可以是在第三方销售平台拥有店中店的代理商等。

网络间接分销的主要优势是：资金投入少；交易规则较为成熟；访问量相对较高；产品种类款式全面、产品展示格式统一、便于顾客集中比较、购物气氛浓郁、购物体验较好；由于大多采用向中间商批量供货的方式，物流配送成本较低。

网络间接分销的主要劣势是：企业对渠道的控制力较弱，尤其是当中间商的规模、实力或行业影响力超出企业的时候，因而在售前、售中、售后的各个环节企业通常只起到配合作用，难以组织和实施个性化的营销活动；难以控制价格、竞争激烈、利润较低；由于和顾客缺乏直接接触，难以通过中间商渠道获取顾客信息和进行相关调研。

4. 复合型网络分销

复合型网络分销指企业既采用网络直销，又采用网络间接分销，取长补短。比如，某知名手机生产企业同时运作三种网络销售渠道：第一，官网商城直销，主要销售最新手机产品及原厂手机附件；第二，企业在第三方销售平台开设店铺，销售全系列手机产品；第三，企业将一些优惠机型、老机型批发给网络中间商。

三、网络分销渠道的选择

在了解了网络分销渠道的四种基本类型之后，企业该如何做出最有利的选择？

第一，根据产品属性。一般而言，具备大部分下列属性的产品比较适合网络间接分销渠道：技术含量较低，价值相对较小，大规模量产，不易变质或破损，购买过程中无须慎重比较，售后服务比较容易。比如，假设企业主要制造家纺类产品，则很可能企业利用的间接分销渠道越多销量就越大；若企业的产品是专业性和技术性很强、对售前咨询和售后服务水平要求较高的木工机械类产品，企业更应该考虑开展店中店直销或是企业网站直销。

第二，根据企业自身条件。企业应该紧密结合自身情况，充分考虑各种渠道类型的优劣势，选择最适合的渠道。举例来说，如果企业拥有知名品牌、财力雄厚、具备丰富的市场营销和企业管理经验，则企业可以考虑开展店中店直销或是企业网站直销，并且可以同时选取实力强、业绩好的互联网中间商来进行网络间接分销，从而进一步提升销量。

第三，参考竞争对手策略。一般而言，行业领袖的营销策略包括其网络分销渠道的选择策略具有较大的前瞻性，而同级别优秀竞争对手的策略则具有较大的实用性和参考性。互联网为企业收集竞争者情报提供了一条较为便捷的途径，并且显然是调查竞争对手网络分销渠道的最佳途径。

企业在确定了要采用的网络分销渠道基本类型之后，还需要进一步选择具体的渠道商，企业可以根据如下因素来确定选择渠道商的具体依据：从企业自身着眼，应该考虑企业的产品定位和品牌策略、产品生命周期等；从渠道商着眼，应该考虑渠道商的互联网分销从业年限、销售业绩、经营的产品品种和代理的品牌、资金实力、合作态度和声誉等。

营销实践

迎难而上：传统品牌的电商渠道规划与建设

1 207 亿元！2016 年阿里“双 11”的销售额再度刺激了传统企业的神经！海尔、美的、宝洁、欧莱雅……这些传统品牌中的佼佼者终于醒悟过来，争相在“双 11”各大排行榜中处于数一数二的地位。这些线下销售渠道强大的传统品牌，在一番痛苦抉择后，纷纷触网，并后发制人。

但是，更多的传统制造业品牌，或仍在犹豫，或尝试网络销售，真正系统性、战略性、前瞻性布局的电商渠道并不多见。

在维持线下线上相同品牌、相同产品、相同价格体系假设的前提下，合理规划电商渠道对传统品牌来说非常重要。

电商渠道特性与传统品牌线下模式有明显的区别：网络销售无区域的限制，一店开天下，顾客点点鼠标店与店之间只有 1 秒钟的距离；网购顾客习惯于按价格排序选择同牌同款的商品，传统品牌的区域价格保护政策受到严重的挑战；电子商务的销售策略调整以分钟为单位，传统销售策略以周乃至月/季为单位。

传统品牌不应对革命性的电子商务视而不见，也不能照搬线下的销售模式到线上，电商渠道的建设架构应有系统且长远的谋划。

传统品牌的界定

与网络原创品牌相对应，传统品牌特指服饰鞋包、食品饮料、日化用品、家纺家具、家用电器等领域有一定影响力的大众知名消费品品牌。这些行业内传统品牌有以下共性：生产标准化，产品力求规模效应，线下有完善的销售渠道，有数量众多的线下销售终端，有庞大的线下销售人员及管理团队。

在电子商务时代，这些传统品牌的网络销售面临着众多困惑：相同产品，如何协调或区隔线上线下的零售价格？如何实现线上加线下 1+1>2 的增量销售效果，而不是简单的线上对线下需求的存量替代？网络销售如何既增加销量又扩大品牌影响力？在网络销售一定的前提下，如何实现利润最大化？

没有一种网络销售渠道模式能够全面满足传统品牌在价格管控、增量销售、强化品牌、利润最大化等方面多维度的目标。不同的网络销售渠道建设模式，有各自的优劣势，取舍的关键在于传统品牌企业网络销售能力的积累和决策者的核心目标。

三大电商渠道建设模式

1. 网络经销制

传统品牌与网络批发商/零售商签订经销合同，企业与网络批发商/零售商之间是单纯的商品买卖关系，这与线下的经销商赚取批零差价模式没有本质区别，网络销售渠道仅是线下渠道的补充。网络经销制又分为多家分销和独家经销两种，品牌越强势越倾向采用多家分销，反之则采用独家经销。

2. 网络代运营托管制

传统品牌与网络零售平台（包括天猫商城、京东商城等）签订网络直营旗舰店入驻协议，同时将网络旗舰店的运营（包括店铺装修、客服接单、仓储发货等）外包给专业电商托管公司运营。电商托管公司获取月度托管服务费及销售佣金，销售佣金一般按网络零售额的5%～10%提取。

3. 网络零售直营制

传统品牌组建网络销售部门（事业部或独立电子商务子公司形式），与天猫/京东等各大网络零售平台直接合作，开设网络直营旗舰店，自主负责网络旗舰店的装修、定价、客服、售后、促销推广等日常运营工作。部分激进的财大气粗的传统大品牌企业直接建垂直B2C零售商城（如海尔电器等），采用全方位网络零售直营制。

资料来源：罗建幸．迎难而上：传统品牌的电商渠道规划与建设．（2016-11-17）. http：//www.emkt.com.cn/article/652/65236.html.

第4节 国际分销渠道

现在市场的概念已不再限于一国，而是以区域论之，如欧盟、东盟、北美自由贸易区等，甚至可将全球视为一个统一的市场。企业不再只是面向国内市场的需求刺激，面对的是一体化趋势下的全球市场的需求压力及来自全球各地同行业内企业的竞争压力。要想在未来的市场竞争中站住脚，企业必须走出国门，建立国际分销渠道，开展国际营销。

国际分销比国内分销困难得多。国际环境复杂，市场的不确定性程度高，交易障碍多，这些因素无疑使决策、计划、执行、控制的难度增大。此外，海外营销人员远离企业总部，在信息沟通条件差的情况下，与企业保持有效联系、正确理解和执行国际市场分销策略也存在困难。为了搞好国际市场分销，企业必须实行符合国际惯例的切实有效的国际分销管理体制、政策和策略。

一、国际分销渠道的特征

企业的国际分销渠道应具备下列特征。

（1）快速适应。开拓国际市场往往需要比开拓国内市场支出更多的成本，因此，进入国际市场和进行扩张的速度是一个非常重要的因素。利用熟悉国际市场环境和商业关系的中间商，或者聘用当地经营人才从事相关的市场开拓工作，能够加快对市场的适应。

（2）按照国际惯例办事。不论是与国外中间商建立合作关系，还是履行对顾客的承诺，都可能产生权利界定方面的问题，关系到有关各方的责任分担和利润共享。这就需要按国际惯例办事，采用对双方都有利的双赢的国际分销渠道策略。

（3）多元结构。出口贸易极易受各国政治、经济环境变化和国家关系变化的影响。为了稳定国际分销网络，牢固占领国际市场阵地，应当建立多元化的国际分销渠道。这种国际分销渠道就是以多个国家市场为目标市场，发展与多个国家进出口商、商业机构的联系和贸易关系。

（4）可控性。国际分销渠道应该是为销售企业的商品服务的。建立和管理国际分销渠道，应当把重点放在凝聚力或控制力的形成、运用和调节上，以便企业能够有效地激励渠道成员，加强合作，推动商品流通。

（5）高分销效率。在适应国际市场环境的前提下，国际分销渠道建设应当按照“少环节、低内耗、高效能”原则，对渠道的长度、宽度以及每个渠道成员进行认真选择和组织，并激励他们有效地发挥其分销功能。

（6）有应变弹性。国际分销渠道应当能够加强国际市场调研和内部的信息沟通，以便国内生产商以及每个渠道成员能够及时有效地做出调整，适应国际市场环境和顾客需要的快速变化。

为了建立一个合理的国际分销渠道体系，企业管理者必须重视调查研究，在获得充分资料和信息的基础上，认真研究国际市场环境和目标市场条件，必要时应当与政府的国际贸易管理部门、行业协会和有关专家多多沟通，听取各方面的意见，以便对各个可行的国际分销渠道方案进行恰当的评估和选择。

二、国际分销渠道的选择

产品国际分销有两种基本形式：一是间接出口；二是直接出口。间接出口指企业将产品卖给国外出口商或委托出口代理商代理出口。直接出口指企业不通过国内中间商（机构），直接将产品销给国外客户。

1. 间接出口

采取间接出口的优势有：第一，利用出口商或出口代理商的国外渠道和外销经验，迅速打开国际市场；第二，不必增设外销机构和人员，节省直接渠道费用；第三，减轻资金负担和减少风险。但是，对企业来说，间接出口也有不利之处：第一，对产品流向和价格控制程度较低，甚至不能控制；第二，难以迅速掌握国际市场信息，从而不利于提高产品对国际市场的适应性和竞争力；第三，无法获得跨国营销的直接经验；第四，难以建立企业在国际市场上的声誉。

间接出口有两种基本形式：一是利用出口商；二是利用出口代理商。所谓出口商，指以自己的名义在国内购进产品，向国外市场销售，承担产品从购进到售出的风险，赚取商业利润的企业（中间商）。所谓出口代理商，指接受国内企业委托，在协定条件下，代委托人向国外市场销售产品，以佣金为其收益的企业（中间商）。出口代理分为间接代理和直接代理两种。间接代理指出口代理商以自己的名义出口委托人的产品，并承担风险。直接代理指出口代理商以委托人的名义出口委托人的产品，不承担风险。中国的出口代理一般采取间接代理的形式。

就企业的营销实践来看，间接出口主要有以下几种具体形式。

（1）专业外贸公司。专业外贸公司拥有人才、资金、广泛的渠道联系、多年积累的信誉、灵敏的信息网络、一定的政策优惠等优势，迄今为止，仍然是中国的出口主力军。但是，随着中国改革开放的深入，越来越多的生产企业获得了出口自主权，加上外资企业的介入，这种主力军的地位正在被动摇。专业外贸公司一般既从事进口，也从事出口。就从事出口而言，它们既扮演出口商的角色，又扮演出口代理商的角色。

（2）国际贸易公司。国际贸易公司的早期代表是英国的东印度公司，现代的典型则是日本的综合商社。日本的综合商社资金雄厚，人才济济，尤其是信息网四通八达，24小时运转。它们内外贸兼营，从事从营销调研到市场开拓，从营销、管理咨询到外汇的套期保值和信贷，从参与制造到负责分销等多种多样的业务，在促进日本产品的出口方面取得了很大成功。日本的许多中小企业，甚至一些大企业的产品都是通过它们打入国际市场的。它们控制近60%的日本对外贸易，是除汽车和电子产品以外几乎所有产品的主要出口者。随着改革开放的深入，中国也出现了类似的国际贸易公司，中国的许多专业外贸公司正朝这一方向发展。

（3）出口管理公司。这是一种专门为生产企业从事出口贸易的公司，一般采取直接代理的方法，这种公司的优势在于拥有外贸营销人才以及渠道和信息联系，弱点在于一般规模较小，熟悉的市场有限，往往只代理几种产品，很少能包办生产企业在全球市场的出口业务。这种公司在美国比较多见，在中国则较为少见。

（4）合作出口。合作出口有两种形式：一是由若干小企业组成松散的合作组织，以该组织名义从事出口业务，包括营销调研、贸易洽谈、统一定价和联合运输等；二是一家生产企业或者为了发挥规模效益，或者因为产品的互补性而利用自己的出口力量和海外渠道为另一家生产企业出口产品。两者之间的关系可以是买卖关系，也可以是委托—代理关系。这两种形式都不是企业间接出口的主要渠道，在中国则更少见。

（5）外国企业驻本国采购处。西方国家的一些大型批发商和零售商往往在其他国家设有采购处或采购中心，主动寻求合适商品销往本国或海外市场。

2. 直接出口

直接出口具有的优势是：第一，能较迅速地掌握国外市场动向，从而有利于企业改进产品，提高产品对国际市场的适应性和竞争力；第二，有利于积累跨国营销经验和树立企业在国际市场上的声誉，从而有利于开拓国际市场；第三，增加了企业对产品流向和价格的控制能力。直接出口对企业的不利之处在于：第一，需要增设专门的外销机构和人员，承担直接渠道费用；第二，加重了资金周转的负担，增加了风险；第三，对一个初次进行直接出口的企业来说，总会遇到如何寻找国外客户，建立自己的国外渠道这样一个困难。如果解决不好，企业将无法顺利进入国际市场。

直接出口有四种主要形式或途径：第一，将产品直接卖给国外最终用户；第二，将产品卖给国外中间商或委托国外中间商代理在国外市场上的销售业务，包括进口商、国外代理商和经销商等；第三，通过国际经纪人联系国外客户，包括最终用户；第四，直接在国外销售，包括不定期地派出旅行推销员（小组）、在国外设办事处，在国外成立销售公司等。

三、国际中间商的选择

国际中间商的选择直接关系到分销渠道的运营效率和市场整体营销计划的实现。中间商的选择应符合市场营销导向，以满足消费者需求为前提来分析中间商所应履行的职能，因为不管使用什么样的中间商，目的都是把产品从生产厂商那里转移到消费者手中。比如某监测仪器制造商开发了一种超声波探测仪，用于探测机器运转部分的不良连接点。公司经理认为该产品适用于许多行业，但公司自身的销售队伍太薄弱，必须使用一定的分销渠道系统。

生产厂商为满足消费者的各种要求需要采用直销或间接销售。

（1）提供产品信息要求。当顾客为购买商品而渴求全面系统地了解商品信息时，应侧重于直销。

（2）对产品的特殊要求。顾客对定做产品的要求越强烈，直销就越适合。

（3）质量保证要求。顾客对不同种类产品的质量要求是不一样的，质量保证程度越高，直销就越适合。

（4）大量订货要求。顾客订货的数量和金额越大，直销就越适合。

（5）产品型号要求。顾客对产品型号齐全的要求越强烈，间接销售就越适合。

（6）持续购买要求。当顾客的长期稳定供货要求越强烈，生产厂商越应发挥中间商的储存功能，因而间接销售就越适合。

（7）售后服务要求。由于生产厂商不可能在任何地方都设立自己的办事机构，为满足顾客对售后服务的要求，应选择间接销售。

（8）物流服务要求。当顾客对提供运输等物流服务的要求比较复杂时，企业应采取直销方式。通过对这些职能的认真分析，企业便可确定使市场营销活动效果最大化的中间商类型。

实践证明，国际分销渠道的成功主要取决于中间商的努力，选择到分销能力强、高质量的中间商，将有助于企业营销活动的顺利开展。

延伸阅读

基于云计算的国际物流分销综合服务平台构建

（一）基于云计算的国际物流分销综合服务平台概述

1. 云计算的内涵与特点

云计算是一种计算模式。在这种模式中，通过网络系统，将具体的应用、数据和资源以服务的方式提供给用户使用。云计算也是一种基础架构管理的方法论，通过这种基础架构，将大量的计算资源组成资源池，然后通过动态的方式创建高度虚拟化的资源提供给用户。实现云计算的关键技术是虚拟化技术。云计算最大的特点是它具有海量存储、高扩展性、高可靠性、通用性、虚拟化、自治性。

2. 国际物流分销综合服务平台的含义

这里的国际物流分销综合服务平台设定为进口模式下的国际物流、分销及其增值服务相结合的企事业单位提供服务的平台。当前，物流分销的各参与方已充分认识到了平台的重要性，积极建立了各种各样的信息平台。这种平台可以分为两大类：一类是企业建立的作业功能平台，如中远、中海等各大船公司建立的集货代、船代等功能于一体的综合服务平台；另一类则是政府部门为了便于本区域内的物流企业协同作业而建立的物流信息服务平台，这些平台目前停留在简单的信息交流与发布、查询状态，没有发挥应有的作用。

运用云计算技术架构的国际物流分销综合服务平台是全面整合物流、分销及其相关组织的信息的综合性平台。在这个平台上，各参与方不但可以实现信息互通，彻底消除“信息孤岛”，还可以将不同组织的应用平台直接搬入云端，实现云端化办公，从而消除各参与方之间的信息化水平差距，同时最大限度地降低成本，节约社会资源。

（二）云计算构建国际物流分销综合服务平台的优势

1. 实现资源共享，消除“信息孤岛”

国际物流分销涉及的子行业多且散，信息系统功能各异、结构复杂。就当前的情况看，各参与方虽然不同程度地自建了信息平台，但基本上处于独立运作状态，无形中造成了一个个“信息孤岛”，这与物流的最终目标——“物畅其流”不一致，这是其一。其二，国际物流分销中心最大的目的是通过更有效的存货管理、更短的产品周转时间和更快的交货时间提供对最终用户更细致的服务，这对物流分销相关环节信息的准确性、即时性、完整性提出了更高的要求。

基于云计算的海量存储和通用性、虚拟化等特点，云计算构建的国际物流分销综合服务平台能够借助虚拟化资源池实现各参与方的数据整合和应用共享，使各参与方之间的信息实现互相流通，使物流分销相关的装配、仓储、物流、分销、展览等各个环节的信息透明化，从而加快整个物流分销系统的流通速度，真正实现从生产到消费的整个流程的无缝衔接，实现资源共享，消除“信息孤岛”。

2. 技术性能优异，保障系统安全

国际物流分销综合服务平台对系统运行的安全性、可靠性、稳定性有非常高的要求。采用分布式存储方式的云计算技术可以很好地解决这一问题。由于云计算技术具有依据策略自动分配计算节点以及实现计算任务转移的功能，当硬件错误（包括存储设备或存储节点的故障）发生时，在云计算技术下，不再被认为是异常的情况，而是将其计算任务转移到其他节点，从而保证了系统运行的稳定性。同时，云计算技术具有强大的容错、容灾和故障恢复能力，这在物流分销综合服务平台的运行中非常重要。物流分销综合服务平台数据庞大，结构复杂，计算任务非常繁重，再加上访问端口多，运行在普通硬件上的平台出现系统灾难和故障的概率也高，而平台的业务性质决定了该系统不能出现传统的系统灾难，云计算技术很好地解决了这一问题，保障了系统的安全运行。

3. 节约社会资源，提升行业信息化水平

物流分销是以分销为目的，以物流及其增值服务为支撑的产业模式，涉及装配、仓储、物流、分销、展览、广告等不同的行业。这些行业目前信息化水平参差不齐，究其主要原因是信息平台的构建对资金、技术等的投入要求较高，大部分参与方无力独立承担。云计算技术所具有的虚拟化、自治性等特点可以将投入的基础设施进行规模化共享，一方面可以有效提高平台硬件资源的运行效率，另一方面可以通过将大量的中小物流分销企业搬入云端的方式，实现行业整体信息化水平的均衡布局。同时，由于云计算技术的自治性可以实现按需分配、依实计费的特点，最大限度地节约了社会资源。

资料来源：王美英．基于云计算的国际物流分销综合服务平台构建．商业时代，2014（35）：29－31.

第 5 节　物流决策

物流的英文为 physical distribution，源于美国。企业无论使用哪种类型的分销渠道，都必须在一定程度上负责组织向中间商或最终消费者供应实体产品，即完成商品的实体分配。

一、物流的含义与职能

作为经济活动的基础环节——交换必然会产生商品的让渡，而这种让渡在发达的市场经济阶段往往会遇到时间阻隔（生产时间与消费时间的不一致）和场所阻隔（生产场所与消费场所的不一致）。为了解决这种商品让渡过程中的问题，物流作为将商品有效地从生产者转移到消费者手中的一种职能，创造了渠道的场所和时间价值。由此看来，物流是一种追加的生产过程，它通过时间和空间等非物质形态的服务来创造效用。

所谓物流，是指通过有效地安排商品的仓储、管理和转移，使商品在需要的时间到达需要的地点的经营活动。物流的任务涉及原料及最终产品从起点到最终使用点或消费点的实体移动的规划与执行，并在取得一定利润的前提下满足顾客的需求。

物流的职能，就是将产品由其生产地转移到消费地，从而创造地点效用；将产品的生产时间与消费时间有机连成一体，从而创造时间效用。物流作为市场营销的一部分，不仅包括产品的运输、保管、装卸、包装，还包括在开展这些活动的过程中所伴随的信息的传播。它以企业销售预测为开端，并以此为基础来规划生产水平和存货水平。

传统的物流以工厂为出发点，并通过有效措施，将产品送达消费者。而从市场营销观点来看，物流规划应先从市场开始考虑，并将所获得的信息反馈到原料的需求来源。企业首先应考虑目标消费者的位置以及它们对产品运送便利性的要求。其次，企业还必须知道其竞争者所提供的服务水平，然后设法赶上并超过竞争者。最后，企业要制定一个综合战略，其中包括仓库及工厂位置的选择、存货水平、运送方式，进而向目标顾客提供服务。

物流管理为企业增加利润提供了潜在机会。事实上，在很多行业，分销成本可能占总成本的 30%～40%；在生产制造层次，它超过整个销售额的 25%，分销所需的资本占公司资产的 30%以上。采用综合物流系统能够降低运输、仓储和存货管理的成本。

二、物流管理的目标

根据市场营销的观点，物流的实质是为了满足顾客的效用最大化服务的，从而产生时间效用和空间效用，是一种生产性活动。故物流的一项基本产出就是对顾客的服务水平。顾客服务水平是用来吸引潜在顾客的重要策略之一。其基本内容包括：

- 产品的可得性。
- 订货及送货速度，包括普通订货速度和紧急订货速度。
- 存货或缺货的比率。
- 送货频率。
- 送货可靠性，包括小心照护、轻拿轻放以及损坏补偿等。
- 安装、试车及修理服务。
- 运输工具及运输方式的选择。
- 免费修理或分别计价。

企业一般根据竞争者的现行顾客服务水平来确定自己的顾客服务水平，因为如果它所提供的服务水平低于目前的普遍水平，则有失去顾客的风险；而如果它提供的服务水平较高，则其他竞争者也会提高服务水平，这样每个企业都会面临成本提高的威胁。

为了提供顾客服务，企业必须承担某些费用，如运送、存货费用。由于许多企业通常对物流不实行集权式管理，同时也缺乏账目的记载，以致很难了解真实的全部成本。因此，为了评估物流的效率，企业应重视成本数据，并注意采取必要的审计手段。

在维持现有服务水平的情况下，如果没有任何投入因素的重新组合能进一步降低物流成本，则现有物流系统就可以称为有效的物流系统。不少企业往往认为自己的物流系统已达到高效率水平，因为存货、仓储和运输单位的决策中心的经营状况良好，并且都能降低各自的成本。然而，如果仅能降低个别单位的成本，而各部门间却不能互相协调，那么总系统的物流成本还不一定能降到最低。

一般来讲，企业往往将其物流目标确定为：对产品进行适时适地的传送，兼顾最佳顾客服务与最低配送成本。实际上，这个目标隐含着内在的矛盾。最佳顾客服务要求最大的存货、足够的运力、充分的仓容，而所有这些势必增加销售成本。最低的配送成本要求低廉的运费、少量的存货和仓容，而这又势必会降低服务水平。

合理的物流目标，应是通过有效的选择，适当兼顾最佳顾客服务与最低配送成本。具体要求是：

（1）将各项物流费用视为一个整体。在致力于改善顾客服务水平的过程中，重要的是努力降低物流总成本，而不只是个别项目成本费用的增减。

（2）将全部市场营销活动视为一个整体。在各项市场营销活动中，必须考虑物流目标，联系其他活动的得失进行权衡，避免因孤立地处理某一具体营销业务而导致物流费用不适当地增加。

（3）善于权衡各项物流费用及其效果。对为维持或提高顾客服务水平而增加的某些成本项目应视为必需，而不能使消费者受益的成本费用则应坚决予以压缩。

三、物流管理的内容

物流管理的内容涉及仓储、库存、运输等多个方面，各自有一套完整的管理理论，下面对它们的一些基础管理方式和原则进行阐述。

（一）仓储管理

仓储活动实际上包括保管作业、仓库管理和装卸作业三大部分。

1. 保管作业

企业在进行保管作业时一般应遵循以下原则。

（1）面向通道。为了方便物品在仓库内移动、存放和取出，需将物品面向通道储存保管。

（2）分层堆放。为了提高仓库的利用效率，同时也为了保证作业的安全性、防止物品受损，需要利用货架等保管设备进行分层堆放保管。

（3）先进先出。先入库的物品应先发货送出，以防止库存物品因保管时期过长而发生变质、损耗、老化等现象，对于感光材料、食品等产品保质期较短的商品来说这一原则非常重要。

（4）周转频率对应。依据物品进货发货的频率来确定物品的存放位置。比如进货发货次数频繁的物品应放置在靠近仓库进出口的位置。

（5）同一性。相同类型的物品需存放在相同的位置便于提高物流效率。

（6）相似性。相类似的物品需存放在相邻的位置便于提高物流效率。

（7）重量对应。根据物品的重量确定物品存放的位置和保管方法。具体地说从方便搬运和安全作业的角度出发，比较重的物品应放置在地上或货架的底层，比较轻的物品应放置在货架的上层。

（8）形状对应。根据物品的形状确定物品存放的位置和保管方法。包装标准化的物品应放置在货架上保管，非标准化的物品根据形状进行保管。可通过特殊的保管机械设备尽量使非标准化物品（特殊形状的物品）成为标准化物品（包装上的标准化），以提高保管效率。

2. 仓库管理

以前，仓库被看成是一个无附加价值的成本中心，而现在仓库不仅是形成附加价值过程的一部分，而且是企业成功经营涉及的一个关键因素。仓库是连接供应方和需求方的桥梁。从供应方的角度来看，作为流通中心的仓库从事有效率的流通加工、库存管理、运输和配送等活动。从需求方的角度来看，作为流通中心的仓库必须以最大的灵活性和及时性满足各类顾客的需要。

仓库管理系统（WMS）技术为作为流通中心的仓库完成相应功能提供了支持和保证。仓库管理系统技术由条形码技术、无线通信技术、计算机系统和其他附属设备四个部分组成。将条形码技术和无线通信技术结合在一起使用，能及时获得准确的信息，这是 WMS 的基础。简单地说，就是通过扫描仪读取条形码数据，经过无线通信，传送给计算机管理控制系统，由计算机管理控制系统进行信息处理并启动下一个作业。仓库管理系统的附属设备包括自动识别技术、计算机平台、打印机和扫描仪等，这些附属设备往往与企业的局域网系统连接在一起。仓库管理系统有计划和执行两个功能。计划功能包括订货管理、运送计划、员工管理和仓库面积管理等。执行功能包括进货接收、分拣配货、发货运送等。

3. 装卸作业

装卸作业包括卸货和搬运分拣堆垛以及拆垛配货活动中的装卸作业，发货活动中的搬运、装货等装卸作业。具体来说，装卸作业按作业内容分为：

（1）装货卸货。向卡车、火车、船舶、飞机等运输工具装货，以及从这些运输工具上卸货的活动。

（2）搬运移送。对物品进行短距离的移动活动，包括水平、垂直、斜行搬运或由这几种方式组合在一起的搬运移送活动。

（3）堆垛拆垛。堆垛是把物品从预先放置的场所移送到运输工具或仓库内的指定位置，再按要求的位置和形状放置物品的作业活动。拆垛是与堆垛相反的作业活动。

（4）分拣配货。分拣是在堆垛、拆垛作业前后或配货作业之前发生的作业。把物品按品种、出入库先后顺序进行分类整理，再分别放到规定位置的作业活动。配货包括把物品从所定位置，按品种、下一道作业的内容和发货对象整理分类所进行的堆放、拆垛作业。把分拣出来的物品按规定的配货分类集中起来的作业和以一定的批量移动到一端的分拣场所分别送到指定位置的作业。

（二）库存管理

基本的库存管理技术是以单个企业为对象，主要目的是对企业的库存进行分类及重点管理，同时确定订货的时间以及订货数量，使企业的库存总成本最少。

1. 库存的分类管理——ABC分类管理方法

ABC分类管理方法就是将库存物资按重要程度分为特别重要的库存（A类库存）、一般重要的库存（B类库存）和不重要的库存（C类库存）三个等级，针对不同的级别分别进行管理和控制。ABC分类管理方法包括两个步骤：一是分类；二是管理。

（1）分类。对库存物资通常按库存物资所占总库存资金的比例和所占库存总品种数目的比例这两个指标来分类，可将库存物资划分为ABC三类。具体来说，A类库存品种数目少但资金占用大，即A类库存品种约占库存品种总数的5%～20%，而其占用资金金额占库存占用资金总额的60%～70%。C类库存品种数目大但资金占用小，即C类库存品种约占库存品种总数的60%～70%，而其占用资金金额占库存不到资金总额的15%。B类库存介于A类库存和C类库存两者之间，B类库存品种约占库存品种总数的20%～30%，其占用资金金额大约占库存占用资金总额的20%。

以上按所占金额比例大小来分类的方法有一定的缺陷，例如，按金额来分类，可能出现某个品种被归为C类物资但却是生产过程中不可缺少的重要部件的现象。一旦发生缺货则会造成生产的停顿。为了弥补按金额大小分类方法的不足，发展出了重要性分析方法。这种方法的基本点是按照工作人员的主观认定对每个库存品种进行重要度打分，评出的分数称为分数值，再依据分数值的高低将物资品种划分为三至四个级别，即最高优先级、高优先级、中优先级、低优先级。

（2）管理。在对库存进行 ABC 分类之后，便是根据企业的经营策略对不同级别的库存进行不同的管理和控制。

A 类库存。这类库存物资品种虽少但对企业却最为重要，是最需要严格管理和控制的库存。企业必须对这类库存定时进行盘点，详细记录及经常检查分析物资使用、存量增减、品质维持等信息，加强进货、发货、运送管理，在满足企业内部需要和顾客需要的前提下维持尽可能低的经常库存量和安全库存量。

B 类库存。这类库存属于一般重要的库存，对于对这类库存的管理强度介于 A 类库存和 C 类库存之间。对 B 类库存一般进行正常的例行管理和控制。

C 类库存。这类库存物资品种多但对企业的重要性最低，因而被视为不重要的库存。对于这类库存一般进行简单的管理和控制。

2. 订货方式的选择

企业存在多种订货方式，每种订货方式各有其特点和适用范围。这里介绍两种常见的订货方式，即定量订货方式和定期订货方式。

定量订货方式是指当库存量下降到预定的最低库存数量（订货点）时，按规定数量进行订货补充的一种库存管理方式。当库存量下降到订购点时马上按预先确定的订购量发出货物订单，收到订货后，库存水平上升。采用定量订货方式必须预先确定订购点和订购量。

定量订货方式的优点有：由于每次订货之前都要详细检查和盘点库存（看是否降到订货点），能及时了解和掌握库存的动态。因每次订货数量固定，且是预先确定好了的经济批量，方法简便。这种订货方式的缺点是：经常对库存进行详细检查和盘点工作量大且需花费大量时间，增加了库存保管维持成本。这种方式要求对每个品种单独进行订货作业，这样会增加订货成本和运输成本。

定期订货方式是指按预先确定的订货间隔期间进行订货补充库存的一种库存管理方式。企业根据过去的经验或经营目标预先确定一个订货间隔期间。每经过一个订货间隔期间就进行订货。每次订货数量都不同。

定期订货方式的优点是：由于订货间隔期间确定，因而多种货物可同时进行采购，这样不仅可以降低订单处理成本还可降低运输成本；这种方式不需要经常检查和盘点库存，可节省这方面的费用。缺点是：由于不经常检查和盘点库存，对货物的库存动态不能及时掌握，遇到突发性的大量需要，容易造成缺货带来的损失，因而企业为了对应订货间隔期间内需要的突然变动，往往库存水平较高。

3. 最佳订购量的确定

最佳订购量，又叫经济订购量，可以用图解法或数学公式求得。图 11－5 表明，订货处理成本与存货占用成本随着订购量的不同而改变。单位订购成本随订购量的增加而降低，单位占用成本随订购量的增加而提高，因为订购量越多，每单位的存储时间越长。这两条成本曲线垂直相加，即为总成本曲线。总成本曲线弯向横轴的最低点就是最佳订购量 Q^*。

最佳订购量 Q^* 也可以用数学方法求得。假定成本取决于：订购量 Q（数量），单位成本 C（金额），每年的占用成本占单位成本的百分比 I（%），每次订购处理成本 S

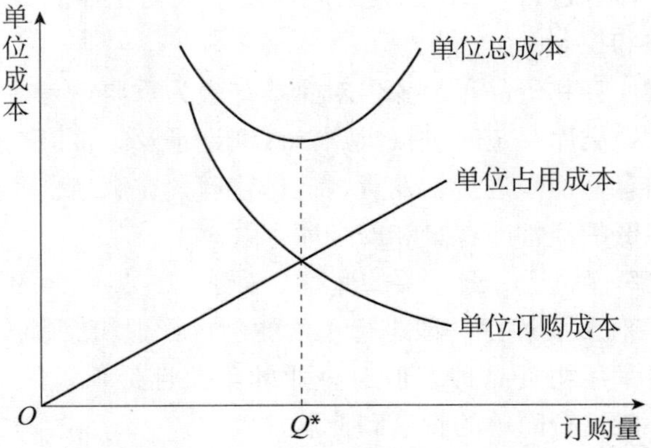

图 11-5　最佳订购量的确定

（金额）和每年需要量 D（数量）。可以得出三个变量：平均存货量 $Q/2$，每年订货次数 D/Q 和每年每单位占用成本 IC。则成本 T 为：

T＝每年订购成本＋每年占用成本

T＝每年订购次数×每次订购处理成本＋平均存货量×每单位占用成本

$$T=\frac{D}{Q}\cdot S+\frac{Q}{2}\cdot IC$$

利用微分，可得总成本最低的最佳订购量 Q^*：

$$Q^*=\sqrt{\frac{2DS}{IC}}$$

（三）运输管理

企业选择何种运输工具会影响到产品定价、准时交货和物品到达目的地时的情况，所有这些都关系到顾客的满意程度。

目前主要的运输方式有以下五种。

1. 铁路运输

铁路运输是最重要的货运方式之一。铁路可以用来整车装运大宗散装产品，如长途运输煤、沙、矿物和农林产品等。铁路运输的收费标准比较复杂。一般来说，整车运输收费标准最低，而零担运输收费较高。因此，制造商可将发往相同目的地的物品合并配载运输，以利用整车运输费用低的优势。

2. 水运

水运主要包括轮船运输及沿海驳船和内陆水路驳船运输。水运适合运输体积大、价值低、不易腐烂的产品，如沙、煤、粮食、石油和金属矿石等。水运的成本很低，但速度慢，容易受气候条件的影响。

3. 卡车运输

卡车运输在运输业中所占的比重一直在稳步上升。与城市间的运输不同，卡车在市内运输中所占比重最大。卡车在运输路线的时间安排上有很大的灵活性，并可以挨家挨户送货上门，这样发货人就不必将物品由卡车转装上火车，再由火车卸货装上卡车，因此节约了时间，也避免了物品被偷盗或损坏的风险。对于价值高的商品的短途运输来说，卡车是一种有效的运输方式。在许多情况下，与铁路运输的运费相比较，卡车运输的运费具有较强的竞争力，而且卡车运输所提供的服务速度一般更快。

4. 管道运输

管道运输是一种专门由生产地向市场输送石油、煤和化工产品的运输方式。管道运输石油产品运费比水运费用高，但比铁路运输费用便宜。大部分管道都是由其所有者用来运输自有产品的。

5. 空运

空运在运输业中所占的比重较低，但其重要性越来越突出。虽然空运费用比铁路或卡车运输高得多，但是，当要求快速交货，或者要将物品运送到遥远的市场时，空运是理想的运输方式。经常空运的产品有易腐产品（如鲜鱼、鲜花）和价值高、体积小的产品（如精密仪器、珠宝等）。

企业在给仓库、经销商和顾客发货时，要在上面的五种运输方式中进行选择。发货人员在为某种产品选择运输方式时，要考虑速度、频率、可靠性、运载能力、可用性和成本等因素。如果发货人要求快速，空运和卡车是主要选择对象；如果目的是谋求低成本，那么水运和管道运输就是主要考虑对象。在所有这些运输方式中，卡车运输在上述大部分标准方面名列榜首，因此，其使用率越来越高。而在实际的运输管理过程中，目前多采用复合一贯制运输方式。

复合一贯制运输是吸纳铁路、汽车、船舶、飞机等所有运输方式的长处，把它们有机地结合起来，实行多环节、多区段、多工具相互衔接进行商品运输的一种方式。这种运输方式的主要方向是杂货运输的现代化。集装箱作为联结各种运输工具的通用媒介，起到促进复合直达运输的作用。复合一贯制运输的优势一方面表现在它克服了单个运输方式或手段所固有的缺陷，从而在整体上保证了运输全过程的最优化和效率化；另一方面，从流通渠道来看，复合一贯制运输有效解决了由于地理、气候、基础设施建设等各种市场环境的差异而造成的商品在产销空间、时间上的分离，促进了生产与销售的紧密结合以及企业经营机制的不断循环、有效运转。

主要的复合一贯制运输可分为以下几种方式。

（1）水陆联运。水陆联运是指船舶运输与铁路运输相衔接的一种形式，按距离可以划分为陆水、水陆两段联运，水陆水、陆水水三段联运，以及水陆水陆四段联运等多种形式。如上海—大连—吉林的运输形式就是水陆联运。此外，还有水路、铁路、公路联运，如南通—上海—漳州—吉安就属于这种形式。

（2）水上联运。水上联运是指同一水系不同路线，或同一水运路线不同类型船舶之间的接力运输形式。具体形式有：江海联运，如南通—上海—大连；秦皇岛—上海—汉口；江河联运，如上海—汉口—常德（内河驳船）；河海联运（江轮与海轮联运）；海江河（海轮—江轮—内河驳船）之间的联运，如天津—上海—九江—南昌。

（3）陆陆联运。陆陆联运是指铁路与公路相互衔接的运输形式。

（4）陆空联运。陆空联运是指公路与飞机相互衔接的运输形式，一般形式为汽车—飞机—汽车（航空集装箱）。

营销实践

京东商城的物流模式

京东商城于2007年开始建设自有物流体系，2009年斥巨资成立物流公司，建立覆盖全国的物流配送体系。京东商城先后在北京、上海、广州、成都、武汉、沈阳建立六大物流中心，并在个别城市建立二级库房。2010年建立的“华东物流仓储中心”现如今承担京东商城一半以上的物流配送任务，成为京东商城目前最大的仓储中心。随着物流市场的不断壮大，京东商城应运推出“211限时达”的物流配送服务，使物流配送更加高效。京东商城的物流配送服务分为四种模式。

1. FBP模式

FBP模式是一种全托管式的物流配送模式。与京东商城确定合作后，商家在京东商城上传店铺信息和标价并进行备货，京东商城在消费者产生订单后从仓库调货、打印发票，同时进行货物的配送，京东商城结束交易后与商家进行结算。京东商城根据消费者订单进行货物配送和开具发票，商家查看库存信息及时进行补货，从而在配送过程中减少货物运输的成本，减少物流配送成本。由于商家提前备货，京东商城能够第一时间进行货物配送，缩短配送时间，做到京东提出的“211限时达”服务。

2. LBP模式

LBP模式是一种无须提前备货的配送模式。与京东商城确定合作后，商家无须备货，只需在12小时内对订单进行包装和发货，36小时内到达京东配送中心，由京东商城进行货物的配送和发票的开具。京东商城与商家合作时，只提供配送和客服两项服务，减轻了京东库存压力。运用LBP模式的优势在于，产生订单后，商家能够第一时间进行配货，发货相对方便。但是货物在配送时需经过京东仓库，所以运输速度有所下降，配送周期有所增加。同时，加大了商家的配送运输成本，降低了京东的配送效率。

3. SOPL模式

SOPL模式与LBP模式相似，在配送过程中无须提前备货，直接从商家库房发货。与京东商城确定合作后，商家无须备货，只需在12小时内对订单进行包装和发货，36小时内送达京东配送中心，由京东进行货物的配送。与LBP模式不同的是，SOPL模式的发票开具环节由商家完成，京东商城在整个物流过程中只发挥仅有的配送服务，其他的工作都由商家自己完成。SOPL模式的运用一定程度上减轻了京东仓储的压力，减少物流配货过程中的配货成本。与LBP模式相同，SOPL模式订单的生成和发货从商家开始，会影响货物的发货速度和运输时间，降低配送效率，导致客户满意度下降。

4. SOP模式

SOP模式是一种直接由商家发货的物流配送模式，京东商城在物流过程中不起任何作用。商家与京东商城合作，京东商城只提供可操作的后台，物流配送的工作以及后期服务全部由商家自己完成。京东商城只要求商家在订单产生12小时内进行配货发送。SOP 模式的整个物流配送过程都由商家独自完成，大大降低了京东商城的物流配送压力，减少了配送支出和运输成本，减轻了京东商城的库存压力。SOP 模式的优势在于商家已有成型的团队同时操作京东平台。

资料来源：吴琼．京东商城的物流模式．企业管理，2015（8）：79－80.

◎ 基本概念

分销渠道	密集分销	选择分销	独家分销
渠道冲突	网络分销渠道	国际分销渠道	物流

◎ 思考题

1. 简述分销渠道的含义与职能。
2. 分销渠道的类型有哪些？
3. 分销渠道的设计流程包括哪些？
4. 选择渠道成员必须考虑的因素有哪些？
5. 渠道冲突的类型有哪些？
6. 网络分销渠道的类型有哪些？
7. 国际分销渠道的类型有哪些？
8. 简述物流的含义与职能。
9. 物流管理的内容包括哪些？
10. 简述库存的分类管理——ABC 分类管理方法。

◎ 案　例

宝洁和沃尔玛：对手变盟友

一份战略联盟协议让沃尔玛和宝洁化干戈为玉帛，成为供应链中的合作伙伴，从而结束了二者长期敌对的局面。

宝洁是消费型产品的全球领导者，零售巨擘沃尔玛是它最大的客户之一。在 20 世纪 80 年代中期，这两家巨型企业之间的关系变得剑拔弩张。宝洁的促销力度很大，给零售商很大的折扣优惠。沃尔玛趁机以超出常规的购买量大量吃进并囤积宝洁的产品。

这就给宝洁造成了很多麻烦，它生产太多，伤害了现金流。为了增加现金流，宝洁最提供更多的推广优惠，而沃尔玛的反应是买得更多，于是这两家公司之间的恶性循环就这样持续下去。

凯梅尼和亚诺威茨在《反省》一书中对此的描述是：“两家公司所采取的应对措施都在尽力破坏对方成功的可能性。”

最后，宝洁下决心要化敌为友，向沃尔玛抛出了成立战略联盟的橄榄枝。

“第一个难题是如何组建一支由双方的管理人员所组成的运作团队，”凯梅尼和亚诺威茨说，“他们举行了数天的研讨会，通过运用系统思维工具，在共同的商业活动将会给双方带来的结果方面达成了共识。来自宝洁和沃尔玛的管理者们发现，彼此的举措原来可以是合理的，而不是自利的行为。”

充分理解对方的需要之后，这两家公司在双赢战略的基础上开始合作，而宝洁也无须再向沃尔玛提供折扣。“这个战略实施非常成功，于是被推而广之——宝洁甚至几乎停止了所有的降价推广活动，为此它几乎得罪了整个零售业。这样做的结果是，宝洁的盈利大幅攀升。”

为了使合作可以运转，这两家公司把软件系统连接到一起，很多信息都实现了共享。据报道，现在，当沃尔玛的分销中心里宝洁的产品存货量低时，它们的整合信息系统会自动提醒宝洁要补货了。

该系统还允许宝洁通过卫星和网络技术远程监控沃尔玛每个分店的宝洁产品专区的销售情况，而网络会把这些信息实时反映给宝洁的工厂。宝洁的产品无论何时在收银台被扫描，这些工厂都可以知道。这些实时信息使宝洁能够更准确地安排生产、运输，并为沃尔玛制定产品推广计划。

资料来源：分销渠道策略案例．http：//www.gk-stk.com/article/wk-78500000851759.html.

【案例思考】

1. 宝洁和沃尔玛是怎样从制造商和零售商的敌对关系转化为双赢的合作关系的？

2. 此案例对中国企业有何借鉴意义？

第 12 章

促销组合决策Ⅰ：销售促进、公共宣传与直复营销

本章要点

- 了解促销组合与整合营销传播的含义
- 熟悉促销沟通的基本方式
- 理解促销沟通组合需考虑的因素
- 掌握销售促进决策
- 了解公共宣传决策
- 理解直复营销决策

促销组合是市场营销组合中很灵活也极具风险的因素，当然也是有才华的企业家能大显身手的领域。每家企业、每个企业家都可以在这一领域中展示其独特个性和奇思妙想，以创造市场销售的奇迹。促销的成功与否直接决定着企业在市场竞争中的命运。美国 IBM 公司创始人沃森（T. J. Watson）说过："科技为企业提供动力，促销则为企业插上翅膀。"本章将对促销组合与整合营销传播、销售促进、公共宣传和直复营销等促销方式进行阐述，广告和人员销售将在下一章讨论。

第 1 节　促销组合与整合营销传播

一、促销的含义

所谓促销是指企业向目标客户传递产品信息，促使目标客户做出购买行为而进行的一系列说服性沟通活动。

促销（promotion）一词来自拉丁语，原意为"前进"。有人把促销和销售促进（sales promotion）混为一谈，还有人把促销简单地理解为派人员去销售，这些都是不准确的认识。实际上，销售促进和人员销售都只是促销的组成部分，促销有着更加广泛的含义。

促销的实质是沟通。在社会化大生产和市场经济条件下，企业必须与其客户、供应商、金融机构、政府和社会公众进行广泛的信息沟通活动。在这些沟通活动中，企业最为关注的是与其目标客户之间进行的说服性沟通。所谓说服性沟通是指沟通者有意识地

安排有说服力的信息，通过特定的渠道，以便对特定沟通对象的行为与态度进行有效的影响。促销在把产品及相关信息传递给目标客户的同时，试图在特定目标客户中唤起沟通者预期的意念，从而对目标客户的行为和态度产生有效的影响。

二、促销沟通决策

一个有效的促销沟通过程，要求营销沟通者必须作出如下决策：确定沟通对象、决定传播目标、设计沟通信息、选择沟通渠道、建立反馈系统。

1. 确定沟通对象

营销沟通者必须从一开始就明确其目标沟通对象是谁，因为目标沟通对象将会极大地影响营销沟通者实现有效营销沟通的一系列决策。在营销沟通中，目标沟通对象可能是企业产品的潜在购买者或现有使用者，也可能是购买决策过程的决定者或影响者，还可能是某些个人、团体、特殊公众或一般公众。目标沟通对象是由沟通者运用市场细分原理确定的。

在目标沟通对象确定之后，沟通者还必须调查研究目标沟通对象的特征，作为确定信息传播目标的前提。沟通者的首要任务是调查目前的企业形象，分析评价沟通对象对企业产品及竞争产品的印象。沟通者还须调查特殊的目标沟通对象如何处理收到的信息。西方学者一直在寻找与可说服性有关的沟通对象特征，如：一般认为智力与可说服性负相关；有人指出，女人比男人更容易被说服；也有人认为，自信心与可说服性呈曲线关系，那些适度自信的人最容易被说服。沟通者应注意寻找与可说服性相关的沟通对象特征，并利用这些特征来指导信息及媒体的选择。

2. 决定传播目标

营销沟通者在确定了目标沟通对象之后，必须确定试图期待目标对象做出何种反应行为。当然，最终反应是购买行为，但在决定购买某一产品之前，客户大多经过一系列准备阶段，如认识阶段、情感阶段和行为阶段，相应地形成一系列的认识、情感和行为反应层次。营销人员可能期待从目标沟通对象那里得到认识反应、情感反应或行为反应。但是，目标沟通对象的反应模式、反应组合是不一样的。

3. 设计沟通信息

在了解到目标沟通对象的反应后，沟通者应当进而设计一个有效的信息。有效的信息设计必须将引起购买者注意、唤起其兴趣、激发其欲望、导致其行动的意识贯穿整个设计过程。沟通者必须解决以下几个问题：表述什么（确定信息内容）？如何合乎逻辑地表述（确定信息结构）？以什么信息符号进行表述（确定信息格式）？由谁来表述（确定信息源）？信息设计是将沟通者的意图用有说服力的、合乎逻辑的、有情感的、个性化的信息表达方式表现出来的过程，这是一个实践性和操作性极强的问题。

4. 选择沟通渠道

营销沟通者必须选择有效的信息沟通渠道来传递信息。信息沟通渠道可分为两大类，即人员信息沟通渠道和非人员信息沟通渠道。人员信息沟通渠道是指两个或两个以上的人相互之间直接进行信息沟通。他们可能面对面，或通过电话、电视媒介，甚至邮寄个人函件等进行信息沟通。人员信息沟通渠道可进一步分为提倡者渠道、专家渠道和社会渠道。提倡者渠道由企业的销售人员在目标市场上与购买者接触所构成；专家渠道由具有专门知识的独立个人对目标购买者进行讲述所构成；社会渠道由邻居朋友、家庭成员与目标购买者的交谈所构成。

非人员信息沟通渠道是指不需要人与人的直接接触来传递信息或影响的媒体。非人员信息沟通渠道又可分为大众性的和有选择的媒体、气氛和事件。大众性的和有选择的媒体由印刷媒体（报纸、杂志、直接邮寄）、电子媒体（广播、电视、互联网）和展示媒体（广告牌、招牌、招贴等）所构成。气氛是为产生或加强购买者对购买产品的了解而设计的环境。事件是偶然用来对目标沟通者传递特别信息的手段，如举办新闻发布会及开业庆典等。

5. 建立反馈系统

营销沟通者在传播信息后，还必须调查研究这些信息对目标沟通对象的影响。这种调查通常须与目标沟通对象中的一组样本人员接触，询问他们对信息的反应、对产品的态度和购买行为的变化等。营销人员根据反馈信息，决定是否需要调整整体营销策略。

三、促销沟通的基本方式

企业促销沟通的工具多种多样，但归纳起来主要有五种基本方式，即人员销售、广告、销售促进、公共宣传和直复营销。

1. 人员销售

人员销售是指企业派出销售人员亲自向目标客户进行产品介绍、推广、宣传与销售，与消费者或用户进行面对面的口头洽谈交易的促销方式。

在现代营销观念指导下，人员销售的作用不仅体现在出售现有货物，而且体现在配合企业的整体营销活动来满足客户需要。销售人员在与客户面对面、无拘束地洽谈的过程中，能更具体、更全面地了解客户的要求，收集到更准确的信息。另外，销售人员与客户的关系可从原先单纯的买卖关系向人际友谊与感情方面发展，建立一种亲密的长期合作关系，这是其他促销方式所不能及的。

2. 广告

广告是指企业按照一定的预算方式，支付一定的费用，通过一定的媒体把商品信息传送给广大目标客户的一种促销方式。

在信息化程度越来越高的现代社会中，广告是企业促销活动中最有效和最常用的手段。广告能够迅速广泛地向消费者和用户提供产品信息，因为广告媒体是大众化的传播工具。广告媒体很多，包括广播、电视、报纸、杂志及其他醒目的有形物体等。

营销实践　脑白金——吆喝起中国礼品市场

3. 销售促进

销售促进是指企业运用各种短期诱因，鼓励购买或销售企业产品或服务的一种促销方式。销售促进源于英文 sales promotion。美国市场营销协会定义委员会认为，销售促进是指除了人员销售、广告和宣传报道以外的，刺激消费者购买和经销商销售的种种企业市场营销活动，例如陈列、演出、展览会、示范表演以及其他非经常发生的销售努力。

销售促进方式包括以消费者或用户为对象的推广方式、以中间商为对象的推广方式以及以销售人员为对象的推广方式。销售促进的最大特点是即期效果明显，在企业销售新产品和服务时，或为了与竞争对手进行直接竞争时，销售促进的作用非常显著。

4. 公共宣传

公共宣传是指企业以非付款的方式通过第三者在报刊、电台、电视、会议、信函等传播媒体上进行有关企业产品的有利报道、展示或表演，以刺激人们需求的一种促销方式。

公共宣传的主要活动方式是与政府机构、中间商、零售商和社会有影响的专家、学者以及有关的社会团体建立联系，制造各种新闻素材，提供各种咨询服务，通过传播媒体的宣传报道，说明企业对国家、社会及消费者所作的贡献，使社会公众对企业产生良好的印象，提高企业产品的知名度和美誉度。公共宣传的最大特点是潜在效用明显，每一次有利的公共宣传不一定带来企业产品销量的陡增，但它能强化企业产品在社会公众中的形象，使企业长期受益。

5. 直复营销

直复营销源于英文 direct marketing，即“直接回应的营销”。它是以盈利为目标，通过个性化和大众沟通媒介向目标市场成员发布发盘信息，以寻求对方直接回应（问询或订购）的社会和管理过程。直复营销的定义有许多种，其中最具权威性和被普遍接受的当属美国直复营销协会的定义。该协会的定义是：直复营销是一个与市场营销相互作用的系统，它利用一种或多种广告媒介对各个地区的交易及可衡量的反应施加影响。

四、确定促销沟通组合需考虑的因素

促销沟通组合是企业将主要的促销工具广告、人员销售、销售促进、公共宣传和直复营销有机地结合起来的过程。促销组合最佳化是企业促销决策的追求目标。一般来讲，企业在确定促销组合时，需考虑如下多种因素。

1. 促销目标

企业在不同时期及不同的市场环境下有不同的具体的促销目标。目标不同，促销组合就会有差异。如果在一定时期内，企业的促销目标是某一特定市场迅速增加销售量，扩大市场份额，则促销组合应更注重广告和销售促进，强调短期效益。如果企业的目标是树立企业在消费者心目中的良好形象，为其产品今后占领市场、赢得有利的竞争地位奠定基础，则促销组合应更注重公共宣传辅之以必要的公益性广告，强调长期效益。

2. 产品类型

产品类型不同，购买者的购买要求也是不同的，企业所采取的促销组合也会有所差异。从西方国家市场营销发展史来看，消费品与产业用品的促销组合是有区别的（见图12-1）。广告一直是消费品市场营销的主要促销工具，而人员销售则是产业用品市场营销的主要促销工具，销售促进在这两类市场上具有同等重要的地位。

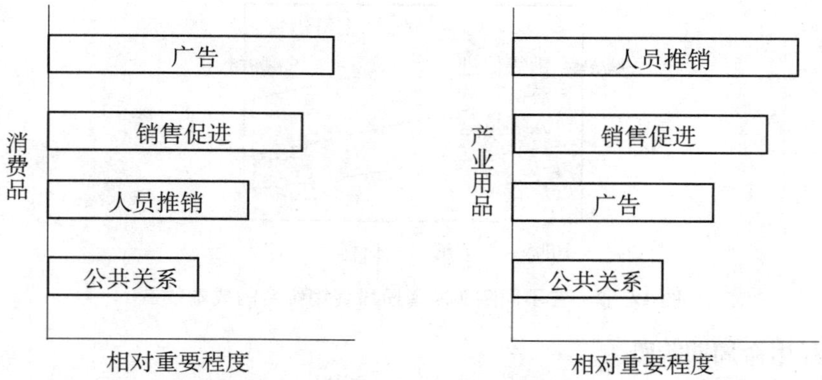

图 12－1　在消费品市场与产业用品市场上各种促销工具的相对重要程度

3. 市场特点

目标市场的特点不同，需要采取的促销策略也有不同。

市场范围不同，促销方式应有所区别。一般来讲，如果目标市场地域范围大，应多采用广告进行促销；如果在小规模的本地市场销售，则应以人员销售或商品陈列等为主。假如产品在中等规模的范围内销售，则可以一种促销方式为主，兼用其他方式。

对于不同类型的市场，促销方式也应不同。如城市居民一般比较相信广告，而乡村居民对商品陈列、展示更容易接受。如果目标市场消费者文化水平较高，经济状况比较宽裕，应较多地运用广告和公共关系；反之，则应多运用人员销售和销售促进。所以，企业应考虑潜在消费者的年龄、性别、文化程度、价值观念、风俗习惯等，选择适当的促销策略。如可口可乐公司在南美一些国家销售时，就采用人员销售与现场广告相结合的方式，销售员开车到现场去销售，并配合以电影广告；同时以各种优惠津贴、奖券等鼓励批发商和零售商大量进货。这种有效的促销组合使可口可乐在南美迅速打开了销路。

另外，潜在市场规模大小不同，促销组合也应有所区别。一般来讲，市场潜量大，应更多地利用广告来开发需求；市场潜量小，则可采用人员销售直接接触顾客。

4. 不同购买准备阶段

相同的促销工具在购买者的不同购买准备阶段，其成本效益会有所不同（见图 12－2）。在建立购买者知晓方面，广告、销售促进和公共关系比人员销售的成本效益好得多。在促进购买者对企业及其产品的了解方面，广告的成本效益最好，人员销售居其次。购买者对企业及其产品的信任，在很大程度上受人员销售的影响，其次才是广告。购买者订货与否以及订货多少主要受人员销售的影响，销售促进则起辅助作用。上述研究发现具有十分重要的实践价值。企业在销售工作的最初阶段派出少量销售人员，而在购买者订货阶段则可大量投入销售力量，这样可以提高促销的经济效益。当企业试图利用广告这一促销工具去实现更多的促销目标时，应注意采取不同的形式，有些用来建立产品知晓，有些则用来促进购买者对企业及其产品的了解。这样能克服促销工作的盲目性，以有限的投入取得最大的产出。

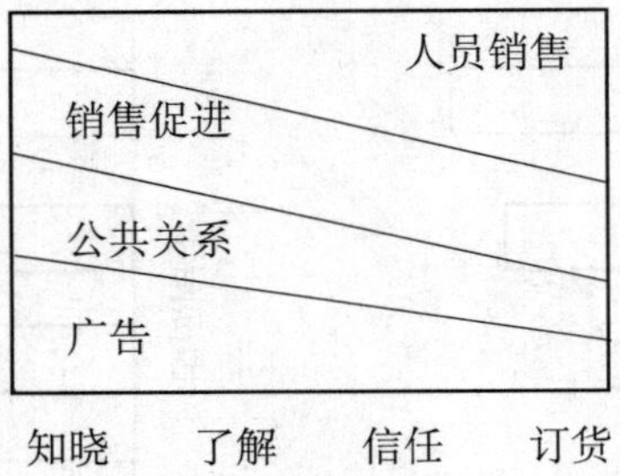

图 12-2　在不同购买准备阶段促销组合的成本效益

5. 产品生命周期阶段

在产品生命周期的不同阶段，应该实行不同的促销组合策略。

在介绍期，促销的重点是提高产品的知名度，为此，应利用各种广告，大力宣传新产品的品牌，让购买者了解、熟悉该产品；同时，辅以销售促进来促成消费者的早期试用。此外，利用人员销售说服中间商进货也是必要的。

在成长期，促销重点应从一般介绍转向着重宣传企业产品的特色，树立品牌形象，巩固其在市场上的地位。这时广告仍是重要的促销形式，应继续加强促销攻势，增加预算；同时还要配合人员销售和公共关系等手段，以扩大销售。

在成熟期，促销的重点在于树立消费者对本企业产品的偏好，力争在竞争中占有优势。企业为了与竞争对手相抗衡，必须增加促销费用。此时，运用销售促进工具比单纯的广告活动更有效，因为这时的顾客只需提醒式广告即可。

在衰退期，企业应把促销规模降到最低限度，以保证足够的利润收入。此时，只需少量的广告活动来保持老顾客的记忆，人员销售也可减至最小规模，公共宣传则可全面停止。

6. 推式与拉式策略

企业是选择推式策略还是选择拉式策略，对促销组合具有重要影响。

推式策略，主要是运用人员销售和销售促进手段将产品推向市场，从制造商推向批发商，从批发商推向零售商，直至最终推向消费者或用户。实行这一策略的企业大多拥有较雄厚的销售人员队伍，或者产品的声誉较高；或者采购者的目标比较集中。这种策略通常以中间商为主要促销对象，要求销售人员针对不同的商品、不同的客户，采用不同的方式和方法。

营销实践　小米，该和饥饿营销说再见了？

拉式策略则主要是运用广告和公共宣传手段，着重使消费者产生兴趣，刺激购买者对产品的需要，进而推动消费者向中间商订购产品，然后由中间商向企业订购产品，以此达到向市场销售产品的目的。实行这一策略的企业一般是产品的销售对象比较广泛，或者是新产品初次上市，需要扩大知名度。

7. 营销组合策略

确定促销组合还需要与其他营销策略相配合。如品牌策略，如果企业采用制造商品牌，那么不但需要利用人员销售访问中间商，还需要利用广告和其他促销方式直接向目标顾客传递产品信息；如果企业采用中间商品牌，则利用人员销售就可以了。又如价格策略，如果企业实行薄利多销的低价策略，就无力承担较多的促销费用；反之，企业实行高价撇脂策略，则可以进行更多的促销活动。再如渠道策略，企业若选择直接渠道模式，则主要由人员销售来完成促销过程，同时辅以少量广告即可；反之，若选择间接渠道模式，则以广告为主要信息传播方式，同时辅以其他促销方式。

营销实践　农夫山泉有点甜

8. 经济前景

企业还应考虑经济前景的变化，及时调整促销组合决策。例如，在通货膨胀时期，购买者对价格十分敏感。此时，企业可增加销售促进相对于广告的分量，多派出销售人员提供信息咨询，帮助顾客明智地挑选物有所值的商品。

五、网络营销的运用

互联网的发展日新月异，互联网用户从最初上网浏览新闻资讯、查找资料以及上论坛发帖子，到如今建立博客、收发邮件、参与社交网络、利用搜索引擎进行营销，互联网的价值正慢慢被发掘。

1. 博客与微博、微信营销

博客最初的名称是 Weblog，由 web 和 blog 两个单词组成，现在英文单词为 blog（web log 的缩写），按字面意思就是网络日记，后来喜欢新名词的人把这个词的发音故意改了一下，读成 we blog。由此，blog 这个词被创造出来。企业进行博客营销，需要建立自己的博客，根据自己的实际情况，搭建自己的博客平台。根据博客的目的和写作者身份不同，博客可分为企业领导人博客、企业官方博客、产品博客、用户博客和企业员工博客。而微博为微型博客的简称，它通过关注机制分享简短的实时信息。与博客相比，微博更注重时效性与随意性，更能表达出每时每刻的思想和最新动态。微信（WeChat）则是腾讯公司于 2011 年 1 月 21 日推出的一个为智能终端提供即时通信服务的免费应用程序，支持跨通信运营商、跨操作系统平台，通过网络快速发送免费语音短信、视频、图片和文字。

博客与微博、微信营销是通过博客网站与微博、微信账号开展网络营销的工具，利用账号拥有者个人的知识、兴趣和生活体验等传播商品信息的营销活动，密切关注和及时回复平台上客户对企业等的相关疑问或咨询。博客、微博、微信营销有其独有的特点。

（1）目标更为精准，能够针对目标客户进行定向准确的营销活动。

（2）广告具有交互性，可以通过博客/微博进行互动交流，信任程度高，口碑效应好，并能得到即时的问题回馈。

（3）博客、微博、微信是信息发布和传递的工具，能够更快更便捷地发布企业最新动态、产品信息。

（4）与企业网站相比，博客与微博、微信文章的内容题材和发布方式更为灵活，影响力大，可引导网络舆论潮流。

（5）与搜索引擎营销无缝对接，整合效果好。

2. 搜索引擎营销

搜索引擎营销（search engine marketing）简称为SEM。简单来说，基于搜索引擎平台的网络营销，就是根据用户使用搜索引擎的方式，利用用户检索信息的机会尽可能将营销信息传递给目标用户。搜索引擎营销追求最高的性价比，以最小的投入获得最大的来自搜索引擎的访问量，并产生价值。

搜索引擎营销主要的实现方法有：竞价排名（如百度竞价）、分类目录登录、搜索引擎登录、付费搜索引擎广告、关键词广告、TMTW来电付费广告、搜索引擎优化（搜索引擎自然排名）、地址栏搜索、网站链接策略等。该类营销方式具有以下特点：

（1）搜索引擎营销方法与企业网站密不可分。

（2）搜索引擎营销是用户主导的网络营销方式。

（3）搜索引擎营销可以实现较高程度的定位，具有精准匹配性。

（4）搜索引擎营销具有广泛覆盖性，表现为网站访问量的增加。

（5）搜索引擎营销具有强大的信息聚合性。

营销实践

搜索引擎的关键词排序

搜索引擎的关键词排序，主要有自然排序和商业排序两种。自然排序也称自然排名，它是搜索引擎通过技术手段，以相对科学的算法评估每一个网页，当用户输入关键词搜索后，由搜索系统程序从网页索引数据库中找到符合该关键词的所有相关网页，然后针对该关键词的相关度数值排序，相关度越高，排名越靠前，这是一种纯技术上的自然排位。商业排序则是另外一种情况，我们熟知的竞价排名就是一种商业排序，它提供的搜索结果由“人工干涉结果”加上“自然排名结果”两部分组成，竞价排名就是通过人工干涉自然搜索结果的方式对排名进行控制，从而对最终输出结果进行人为干涉。

3. 电子邮件营销

电子邮件营销也即EDM营销、E-mail营销。

电子邮件营销是在获得用户事先许可的前提下，企业以互联网为载体，以发送邮件的方式向目标用户传递价值信息，与用户和潜在用户沟通，实现企业经营战略的一种营销技术。电子邮件营销有三个基本因素：用户许可、电子邮件传递信息、信息对用户有价值。三个因素缺少一个，都不能称为有效的电子邮件营销。电子邮件营销具有以下几种方式：电子刊物、新闻邮件、顾客关系邮件、注册会员通讯、顾客定制信息等。该类营销方式具有以下特点：

（1）覆盖面广。全球上网人数众多，面对庞大的用户群，作为现代广告宣传手段的电子邮件营销日益受到人们的重视。只要拥有足够多的电子邮件地址，就可以在很短的时间内向数千万目标用户发布广告信息，营销范围覆盖面广。

（2）操作简单。使用专业邮件群发软件，单机可实现每天数百万封的发信速度。不需要懂得高深的计算机知识。

(3) 成本低廉。电子邮件营销是一种低成本的营销方式，所有的费用支出就是上网费，成本比传统广告形式低得多。

(4) 应用范围广。广告的载体就是电子邮件，所以具有信息量大、保存期长的特点。具有长期的宣传效果，而且传阅简单方便。内容不受限制，适合各行各业。

(5) 针对性强。电子邮件本身的定向性，使其可以针对目标客户进行广告邮件群发，使宣传一步到位，这样做可使行销目标明确，效果非常好。

4. 社交网络

社交网络源自网络社交，网络社交的起点是电子邮件。BBS 把网络社交推进了一步，从单纯的点对点交流的成本降低，推进到了点对面交流成本的降低。其后出现面向社交网络的互联网服务，进行网络社交拓展，形成所谓的 SNS 网络。

美国最著名的 Facebook 就是最典型、最成功的 SNS 网站，中国的人人网、开心网也曾是比较成熟的 SNS 网站。借助 SNS 网站对用户资源进行开发，可进行整合营销、互动体验营销、口碑营销的开发。SNS 网络营销的优点包括：

(1) 资源丰富。SNS 网络中的人员分布广泛，涉及全国各地、各行各业，所以，给 SNS 网站以无限的资源，广大用户在使用中慢慢地帮助 SNS 网站积累了资源。

(2) 用户依赖性高。由于 SNS 网站积累了较多的资源，用户可以更容易地在网站上找到自己想要的资源，比如，有些人希望找老乡、找些自己喜欢的东西。通过其他用户提供的资源可以解决这个问题。

(3) 互动性极强。SNS 网站虽然不是即时通信工具，但也具有一定的即时通信效果。在 SNS 网站，人们可以就自己喜欢的、当下热点的话题进行讨论。

5. 网络营销的未来发展

网络营销未来的发展趋势可以总结为以下几点：

(1) 效果营销日趋重要，搜索引擎发展迅猛。互联网技术的发展使效果营销成为可能，广告主初步尝到了广告效果最大化的甜头，搜索引擎也因为其广告的效果较好成为企业投放网络广告的首选。

(2) 网络营销竞争的核心驱动力是创意。网民的媒体选择多样，为了更好地使企业信息到达受众，企业的品牌营销必须做到多元化，创意是网民选择点击网络广告的首要原因，网络营销的创意应做到醒目、易于记忆。

(3) 整合营销是网络营销发展的必然趋势。网民的媒体接触习惯日趋多元化，广告主的媒体选择日趋复杂，媒体多样化发展，这些使得营销更为复杂，但同时到达用户也更为精准，因而整合营销成为网络营销发展的必然趋势。

(4) 口碑营销成为网络公关的重要手段。社区是网民购物前寻求信息的重要渠道之一，社区口碑营销也因此发展迅速，成为广告主品牌宣传的重要手段。

(5) 移动互联网营销潜力无限。中国移动互联网的用户规模预计在 2020 年突破 9 亿人，庞大的用户群为移动营销奠定了基础。目前移动营销手段多元化，可拓展性强，必定会成为未来互联网营销的亮点。

六、国际市场营销的促销沟通策略

国际市场营销中的促销是企业同国外消费者的一种信息沟通行为，它是企业通过传播媒介帮助消费者认识产品或服务所能带来的利益，从而引起消费者购买欲望，以实现销售的一种活动。同国内市场促销一样，国际市场促销也要通过广告、人员推销、销售促进和公共关系等手段，把产品的存在和价值传递给目标顾客，但国际环境的种种特殊因素会给国际营销人员的信息沟通带来某些限制。

（1）语言障碍。影响国际市场促销的一个重要因素是文化差异，而文化差异又以语言对促销的影响最为显著。比如可口可乐的世界性广告主题“挡不住的感觉”，在日本译为“我感觉到了可口可乐”；在意大利译为“独一无二的感觉”；在智利译为“生活的感觉”；在德国则直接使用英语的原文主题。在广告主题的表达中，因翻译不当而引起误解和歧义的事例在国际营销实践中不胜枚举。有说服力的语言往往是当地的俗语，为了追求沟通效果，许多出口企业不得不依靠当地广告代理商，以使市场营销推广获得最佳效果。

（2）政府控制。影响国际促销活动的另一个重要因素是各个国家在这方面都建立了相应的规章制度，大多数国家的政府对进入其国境的国外广告宣传都有程度不同的控制。有些国家对广告支出征税，依照不同广告媒体课征不同比例的税。有的控制表现在时间上，某些国家把电视广告和电视节目截然分开，而且电视广告只能在规定的时间段播放。有的控制体现在促销内容方面：有的国家不许做药品广告，有的国家（如一些西欧国家）对香烟和酒类广告控制得比较严格，有的国家禁止做比较广告，还有的国家在广告用语上有具体的规定（如德国禁止使用形容词最高级形式）。有些国家对促销费用也有限制，目的是降低产品售价，减轻消费者负担。上述限制对国际企业来讲属于不可控的环境力量，企业的促销策略只能针对这些限制做出适应性调整。

（3）媒体的可用性。这是国际市场促销需要认真考虑的一个问题，因为在本国可普遍使用的宣传媒体往往在国外市场上却不能使用。媒体的选择随市场的不同有较大的差异，它与一国的经济发展水平、国民受教育程度等因素有很大关系。如北欧的丹麦和挪威等国，没有商业性电视和广播节目，企业利用这些媒介做广告就受到了限制；在一些发达国家，广告媒体往往太多，企业要针对所推销的商品考虑媒体传播的范围、媒体的费用水平及信誉高低，在众多的广告媒体中进行选择，并加以适当的结合；而在一些发展中国家，媒体往往太少，企业缺乏选择余地。此外，有些国家识字人数所占比率较低，企业在这些国家可少做报刊广告而多做电视、广播及标牌广告。

总之，国际市场促销策略与国内市场促销策略大致相同，就其产生的作用来看，无非推动和拉动两种效果。

实际上，企业国际市场营销组合策略的内容与国内市场营销并无本质区别，其涉及的最基本的决策是：采取与国内营销完全相同的4P策略，还是与国内完全不同的4P策略，抑或是某些策略相同，某些策略不同的4P策略。现实中，大多数公司都采取了第三种做法，即在可能的条件下，尽量在不同国家采取相同或相近的营销组合策略，以减少开支，获得规模效益；但又照顾到不同国家社会文化、消费行为等方面的差异，采取有差异的产品、定价、渠道和促销策略。

七、整合营销传播

整合营销传播（integrated marketing communications，IMC）是指企业在经营过程中，以由外而内的战略观点为基础，为了与利害关系者进行有效的沟通，以营销传播管理者为主体所展开的传播战略。为了对消费者、从业人员、投资者、竞争对手等直接利害关系者和社区、大众媒体、政府、各种社会团体等间接利害关系者进行密切、有效的传播活动，营销传播管理者应该了解他们的需求，并反映到企业经营战略中去，应先决定符合企业实情的各种传播手段和方法的优先次序，通过计划、调整、控制等管理过程，有效地、阶段性地整合诸多企业传播活动。

整合营销传播的观点发源于 20 世纪 80 年代中期以来具有战略意义的“传播合作效应”概念，但直到 90 年代才得到广泛的关注。与以往的许多营销理论一样，整合营销传播理论的提出也是受市场环境变化影响的结果。当消费者获得市场信息的渠道越来越宽，产品质量指标的透明程度越来越高的时候，他们的需求差异就比以往更为显著，变化的速度也更快。许多曾经有效的营销手段渐渐失去作用。传统的营销传播手段就像是无法准确瞄准目标的冲锋枪，在花费了经营者大量的时间与金钱之后，结果却难以令人满意。产品的供应者需要对目标客户进行有效的聚焦，并准确地计算聚焦的成功率，这正是整合营销传播要完成的工作。

整合营销传播注重的并非营销的所有环节，而是营销信息传播手段的整合以及对传播效率的评价。如果将企业的营销活动比作一场战役，那么整合营销传播要解决的就是选择一系列战斗中有效的武器以及运用它们的时机，同时对战果进行定量评估，以不断挑战武器组合，提供战斗效率。

整合营销传播从根本上是要达成传播目标，这与促销的预期实质上是一样的。所以下面还是围绕促销的基本方式来阐述。

营销实践

特斯拉整合营销的成功关键

2013 年，在外界普遍不看好的情况下，特斯拉首次转亏为盈，此后销售量持续成长。尽管一路走来非议不断，特斯拉仍成功地捕获消费者关注的目光，这归功于该公司有效的整合营销策略。

一、互联网思维

特斯拉将互联网思维——对市场、用户、产品、企业价值链乃至对整个商业生态进行重新审视的思考方式——运用到汽车的生产制造中。从表面上看，电动车就是一块电池、一个电脑与四个轮子的组合，这与传统意义上的真正汽车的概念相去甚远。然而特斯拉却用电动车创造了极致的用户驾车体验：没有发动机，却拥有法拉利的速度；不用加油，充一次电能行驶 500 公里。

二、相辅相成的 O2O 模式

特斯拉的经营采取线上线下分工合作的方式。线下的功能主要在展示产品，塑造与增强消费者体验，而所有的购买全部通过网上直销完成，没有经销商网络。在网上，消费者可以选择标准化菜单或个性化定制。良好的O2O模式不仅提高了用户体验，同时减少了中间商的成本。

三、创始人的魅力

特斯拉的创始人马斯克极具个人魅力，除特斯拉以外，他还创办了在线支付服务公司贝宝（Paypal），以及世界第一家私人太空运输企业太空探索技术公司(SpaceX)。马斯克本人就是最好的代言人，对公司的品牌推广极有帮助。

四、意见领袖的推广

特斯拉的顾客包括当今中外的许多名人，例如谷歌的联合创始人布林、阿诺德·施瓦辛格、新浪CEO曹国伟、央视电视制作人张涵、小米CEO雷军等。他们都是各行业的关键意见领袖，是社会上具有影响力的人物，他们的购买对特斯拉的推广起到了强有力的推动作用。

五、粉丝社群与会员直复营销

特斯拉在官网上建立粉丝专区，除了一般的活动通知、产品图片视频外，还有粉丝的用户故事、论坛，也能连接到博客。官方博客用来发布产品或活动的最新动态、用户故事，让粉丝现身说法分享体验、图片与视频展示产品细节。此外，特斯拉也对在官网注册的会员推送邮件与短信来进行数据库营销。

六、新媒体的运用

在特斯拉中国官网内可找到新浪微博与微信公众号等当前最流行的社交网络平台的特斯拉官方账号，特斯拉通过这些平台向潜在消费者发起热门话题、传达产品最新信息并建立交流互动。

资料来源：杨涛．特斯拉新媒体整合营销九大关键点．(2014-04-25). http://www.chinaadren.com/html/file/2014-4-25/2014425151746.html.

第2节　销售促进决策

销售促进是企业销售的开路先锋与推进器，历来被各企业视为促销利器。由于市场竞争的日趋激烈，企业越来越多地运用一些销售促进的手段来刺激中间商和消费者的购买行为，达到带动销售的目的。销售促进在鼓励试用、改变购买习惯、刺激购买数量、刺激潜在需求、吸引中间商、推广新产品、宣传附送品、防范竞争者、巩固品牌形象等方面具有独特的功效。

一、销售促进的特征

销售促进与其他促销方式相比较，具有下列明显特征。

1. 非连续性

销售促进一般是为了某种即期的促销目标专门开展的一次性促销活动。它不像广告、人员销售、公共宣传那样作为一种连续的、常规性的促销活动出现，往往着眼于解决更为具体的促销问题，因而往往是非规则、非周期性地使用和出现的。

2. 形式多样

销售促进的方式多种多样，如优惠券、竞赛与抽奖、加量不加价、集点优待、折价优待、包装促销、回邮赠送、付费赠送、退费优待、零售补贴、免费样品、POP 广告等。这些方式各有其长处和特点，企业可根据不同的产品特点、不同的市场营销环境、不同的客户心理等条件灵活地加以选择和运用。

3. 即期效应

销售促进往往是在一个特定的时间里，针对某方面的消费者或中间商提供一种特殊优惠的购买条件，能给买方以强烈的刺激作用。只要方式选择运用得当，其效果能很快地在经营活动中显示出来，而不像其他促销方式那样需要较长的周期。因此，销售促进比较适合那些突击式的、需要短期见效的促销目标。

二、销售促进的功能

销售促进具有如下几方面的功能。

1. 沟通功能

卖主可通过各种销售促进方式，使消费者尤其是潜在消费者体验到产品的实际效用，获得对该产品的了解，达到加强与消费者沟通的目的。在传递商品信息方面，广告的作用固然不可低估，卖方可以通过广告媒介把商品信息传递给在家中、在工作场所以及在旅途中的广大潜在客户。但是，在购买行为发生的特定时间和空间，广告的效果可能消失。在这种情况下，卖主如果在特定的购买地点和购买时间及时运用适当的销售促进手段来通知、提醒、刺激可能的买主，就可以促使他们立即购买，实现现实交换。也就是说，销售促进比广告在销售上能产生更快的反应。

营销实践　亚航的“免费座位”活动

2. 激励功能

卖主可以运用销售促进手段来吸引产品的新试用者和报答忠于本企业的老客户。这是因为卖主可向买主提供某些额外的利益，如样品的赠送和价格上的让利，从而刺激消费者试用和购买。在品牌繁多、竞争激烈的产品促销和新产品进入市场的过程中，销售促进手段的运用是十分必要的。有的企业采取欲取先予的战术，先让消费者免费试用新产品样品，以引起消费者对新产品的兴趣。这种方式虽然成本较高，但往往收效也较快。还有的企业采取退款优待的方式来鼓励消费者对新产品的第一次购买，即消费者从零售店按正常价格购买商品，然后把某种购买凭证（如标签）寄给制造商，便可以收到制造商寄回的一定数额的退款。实践证明，这些方法是行之有效的。

营销实践　DHC 的会员激励机制

3. 协调功能

制造商在销售产品的过程中与中间商保持良好关系，取得它们的合作是至关重要的。制造商可以运用多种销售促进方式来影响中间商，协调与中间商的关系。如通过向中间商提供购买馈赠、陈列馈赠来鼓励订货；通过向零售商提供交易补贴来弥补零售商制作产品广告、张贴商业通知或布置产品陈列时所支出的费用；通过批量折扣、类别客户折扣、经销竞赛等方式来诱导中间商更多地购买，等等。这些措施能调节中间商的交易行为，使中间商作出有利于自身的经营决策，与制造商保持稳定的购销关系。

4. 竞争功能

销售促进可以有效地抵御和击败竞争者。当竞争者大规模地发起促销活动时，如不及时采取针锋相对的措施，往往会大面积地失去已有的市场。在应付竞争方面，有许多销售促进工具可供选择，如采用减价赠券或减价包装的方式来增强企业经营的同类产品对客户的吸引力，以稳定和扩大自己的客户队伍；采用购货累计折扣优待的方式来促使客户增加购物数量和提高购货频率，等等。

三、销售促进的方式

销售促进方式可以分为以消费者或用户为对象的促销方式，以中间商为对象的促销方式以及以销售人员为对象的促销方式。

1. 消费者促销方式

营销实践　“小样”的营销价值

包括样品、优惠券、现金折扣（折让）、赠奖（礼物）、竞赛（包括竞赛、抽奖以及游戏）、惠顾回报、免费试用、产品保证、连带促销以及购买现场（POP）陈列和示范表演等一系列方式。这类促销活动的对象是消费者，也是最终购买者，因此这类促销活动是最直接的促销方式，使用频率非常高。采用消费者促销方式的直接作用是促进消费者的购买，增加销售量。

2. 中间商促销方式

包括批量折扣、现金折扣、购买折让、合作广告津贴、经销商销售竞赛、免费咨询服务、为经销商培训销售人员、展览会、联合促销等。采用这种方式的目的主要是，调动中间商的销售积极性，以期进一步扩大产品销售。对于一次购买数量巨大或多次购买数额达到一定水平的中间商可免费提供一定的产品，通过让利来刺激中间商更多地进货。对中间商开展销售竞赛，通过设立销售奖金，奖励购买额领先或比例增加最大的经销商，推动中间商大量进货，多次进货。制造商还经常给中间商一些交易馈赠和礼品，以鼓励订货。在举办商品展览会以后，可将部分展览品馈赠给零售商。有的厂商还给予经销商交易补贴，用以弥补零售商在制作产品零售广告、张贴商业通知或布置产品陈列时所支出的费用。另外，制造商有时会提供商品使用手册、示范影片及派人辅导等方式的促销资助。这种资助一方面替零售商支付了额外费用；另一方面加深了中间商对商品的了解，使中间商能更好地销售其产品并回答客户的问题。这些措施能有效地协助中间商，加强制造商与中间商的关系，达到共存共荣的目的。

3. 销售人员促销方式

主要有销售竞赛、红利提成、特别销售奖金、免费旅游奖励等。采用这种方式的目的是，鼓励销售人员积极销售新产品，开拓新市场；促进对过时、积压和滞销商品的销售。

营销实践

碧桂园：成就共享计划

2012 年底，碧桂园集团开始实行成就共享计划激励制度，通过高额奖励与权力下放让公司与员工实现利益共享、风险共担，为推动 2013 年碧桂园的千亿销售额立下了汗马功劳。成就共享计划是碧桂园董事局首创的革命性激励制度，其实质是合伙人制度，秉承“利益共享，风险共担”的原则，对销售上取得成功的项目和区域实行强激励制度。如果销售团队满足两大前提：一年之内实现集团自有资金投入（指集团以任何形式向项目投入的资金）全部回笼和项目累计回笼资金大于自有资金投入和年化自有资金标准收益的总和，团队将获得高额奖励。

碧桂园成就共享计划的奖金计算方法如下：

（1）区域主导拓展的项目：成就共享股权金额＝（净利润－自有资金按年折算后的金额×30%）×20%。

（2）集团主导拓展的项目：成就共享股权金额＝（净利润－自有资金按年折算后的金额×30%）×（10%～15%的系数）。

达成奖励条件后，团队所获得的成就共享股权金额每半年度将按以下方式（见表 12－1）以现金奖励和支付购股权两种形式分配给销售团队。

表 12－1　　成就共享计划奖金分配形式

员工职级	分配比例	分配构成	
		现金奖励	支付购股权
区域总裁	30%～70%	30%	70%
项目总经理	由区域总裁确定	50%	50%
项目团队	由区域总裁确定	100%	
区域团队	由区域总裁确定	100%	
参与团队	10%	100%	
总计	100%		

资料来源：详解碧桂园的“成就共享计划”激励制度．（2014－11－16）. http：//chuansong. me/n/915032.

四、销售促进决策的内容

企业在运用销售促进的过程中，需要进行一系列的决策，其中主要包括：确定销售促进目标；选择销售促进工具；制定销售促进方案；试验、实施和控制销售促进方案以及评估销售促进效果。

营销实践　另一种激励——奖励旅游

1. 确定销售促进目标

一般来讲，销售促进目标是从总的促销组合目标中引申出来的，而它在总体上又是受企业市场营销总目标制约的，表现为这一总目标在促销策略方面的具体化。在不同类型的目标市场上，销售促进的具体目标是各不相同的。就消费者而言，目标可以确定为鼓励大量购买和重复购买；吸引潜在购买者试用；说服竞争者的品牌使用者放弃原有品牌而改用本企业产品。就中间商而言，销售促进的目标可以确定为吸引中间商购买新的产品项目和提高购买水平；鼓励非季节性购买；对抗竞争者的促销活动；建立零售商的品牌忠诚和获得进入新的零售网点的机会。就销售人员而言，销售促进的目标可以确定为鼓励对新的产品或型号的支持；刺激非季节性销售；鼓励更高的销售水平等。企业促销部门要通过多种因素的分析，确定一定时期内销售促进的特定目标，并尽可能使其量化且现实可行。

2. 选择销售促进工具

销售促进的工具多种多样，各有其特点和适用范围。一个特定的销售促进目标可以采用多种销售促进工具来实现，所以应对多种销售促进工具进行比较选择和优化组合，以实现最优的促销效益。在选择销售促进工具时主要应考虑以下因素：

（1）市场类型。不同的市场类型对销售促进工具有不同的要求。如消费者市场和中间商市场的需求特点和购买行为就有很大差异，所选择的销售促进工具必须适应企业所处的市场类型的特点。

（2）销售促进目标。特定的销售促进目标往往对销售促进工具有着较为明确的条件要求和制约，从而规定着销售促进工具选择的范围。

（3）竞争情况。应考虑企业自身的实力、条件、优势与劣势以及企业外部环境中竞争者的数量、实力、竞争策略等因素，选择最适合自己的、最有效的销售促进工具。

（4）促销预算及每种销售促进工具的成本效益。企业市场营销费用中有多少用于促销，促销预算中又有多大份额用于销售促进，往往对销售促进工具的选择形成一种硬约束。另外，每种销售促进的成本效益以及不同种销售促进工具组合的综合效益也是有差别的。

3. 制定销售促进方案

在确定了销售促进目标和工具后，接下来就要制定具体的销售促进方案。在制定具体方案时要做出如下几方面的决策：

（1）激励规模。销售促进对象的激励规模要根据费用与效果的最优比例来确定。要获得销售促进活动的成功，一定规模的激励是必要的，关键是要找出最佳的激励规模。最佳激励规模要依据费用最低、效率最高的原则来确定。只要销售促进工具选择适当，有一定的激励规模就可以了，如果激励规模过大，虽然仍会促使销售额上升并产生较多的销售利润，但效率将相对递减。

（2）激励对象。这种激励是面向目标市场的每一个人还是有选择的某部分人？这种范围控制有多大？哪类人是主攻目标？这些选择的正确与否会直接影响到销售促进的最终效果。通常，某种赠品可能只送给那些寄回包装物的购买者；抽奖可能限定在某一范围内，而不允许企业员工的家属或一定年龄以下的人参加。企业在选择激励对象时，要尽量限制那些不可能成为长期客户的人。

（3）送达方式。企业营销人员还必须研究通过什么送达方式让激励对象来参与，才能达到理想的效果。企业要根据激励对象，以及每一种渠道方法的成本和效率来选择送达方式。如赠券这种促销工具就有四种送达方式：附在包装内、邮寄、零售点分发和附在广告媒体上。每一种途径的送达率和费用都不相同。

（4）活动期限。任何销售促进方式，在实行时都必须规定一定的期限，不宜过长或过短。如果销售促进活动的期间过短，可能使一些潜在客户错过机会而无法获得这项利益，这时他们可能无暇顾及或来不及重新购买该产品，达不到预期的效果。如果持续时间过长，又会引起开支过大和损失刺激购买的力量，并容易使企业产品在客户心目中降低身价。具体的活动期限应综合考虑产品的特点、消费者购买习惯、促销目标、竞争者策略及其他因素，依实际需求而定。

（5）时机选择。从何时开始以及具体的销售促进日程的安排也是值得研究的问题。一般来讲，销售促进时机的选择应根据消费需求时间的特点，结合总的市场营销战略来定，日程的安排应注意与生产、分销、促销的时机和日程协调一致。在不同地区推出销售促进活动应与地区营销管理人员一道根据整个地区的营销战略来研究与决定。

（6）预算及其分配。销售促进活动需要较大的支出，事先必须进行筹划预算。销售促进预算可以通过两种方式来确定。

1）自下而上的方式，即营销人员根据全年销售促进活动的内容、所运用的销售促进工具及相应的成本来确定销售促进预算。销售促进成本由单位管理成本（如印刷费、邮寄费和促销活动费）加单位激励成本（如赠奖或减价等成本）乘以在这种交易中售出的预期单位数量而组成的。

2）确定销售促进预算的方式，是按照习惯比例来确定各项销售促进预算占总预算的比例。在不同市场上对不同品牌的费用预算百分比是不同的，并且要受产品生命周期的各个阶段和竞争者销售促进预算的影响。

4. 试验、实施和控制销售促进方案

销售促进方案制定后一般要经过试验才予以实施。通过试验明确所选用的销售促进工具是否适当，刺激规模是否最佳，实施的方法效率如何，等等。一些大公司常在选定的市场区域中，对不同的策略进行试验。面向消费者市场的销售促进能够较容易地进行试验，可邀请消费者对几种不同的可能优惠办法作出评价，给出评分，也可以在有限的地区范围内进行试验。

对于每一项销售促进工作都应该确定实施和控制计划。实施计划必须包括前置时间和销售延续时间。前置时间是从开始实施这种方案前所必需的准备时间，主要包括：最初的计划和设计工作，包装修改的批准以及材料的邮寄或者分送到家；配合广告宣传的准备工作和销售点材料；通知现场销售人员；为个别分销店建立地区的配额；购买特别赠品或印刷包装材料；预期存货的生产及发放等。销售延续时间是指从开始实施优惠措施起到大约 95%的采取此优待办法的商品已经到达消费者手中为止的时间。这段时间可能是一个月至几个月，主要取决于活动持续时间的长短。在实施计划的制定及执行过程中，应有相应的监控机制作保障，应有专人负责控制事态的进展，一旦出现偏差或意外情况应及时纠正解决。

5. 评估销售促进效果

对销售促进效果评估的方法依市场类型的不同而有所差异。企业评估对零售商销售促进的效果时，可根据零售商销售量、商店货架空间的分布和零售商对合作广告的投入等进行测定。企业在评估对消费者销售促进活动的效果时，可用以下四种方法进行测定。

（1）销售绩效分析。它是最普通、最常用的一种方法，即对销售促进活动前、活动期间和活动后的销售额或市场份额进行比较分析，根据数据变动来判别。在其他条件不变的情况下，增加的销售额或市场占有份额就归因于销售促进活动的影响。

（2）消费者固定样本数据分析。它也可用来评估消费者对销售促进的反应。多德森（Joe A. Dodson）、泰伯特（Alice M. Tybout）和斯特恩塔尔（Brian Sternthal）曾对消费者固定样本数据进行了专门研究，发现优待通常促进了品牌转移，其比率则视具体的优待形式而定。通过媒体送出的赠券引起了大量的品牌转移；降价的效果就没这样明显；而附在包装内的折价券则几乎对品牌转移没什么影响。尤为引人注意的是，在优待活动结束之后，消费者通常会恢复购买原来偏好的品牌。

（3）消费者调查。它是在目标市场中找一组样本消费者面谈，以了解事后有多少消费者能回忆起这项销售促进活动，他们如何看待这次活动，有多少人从中受益，对他们后来的品牌选择行为有什么影响等。可以进一步采用某些标准对消费者进行分类来研究更为具体的结果。这种方法常用来研究某种销售促进工具对消费者的影响。

（4）实验研究。它是指通过变更刺激程度、优待期间、优待分配媒体等属性来获得必要的经验数据，供比较分析和得出结论。优待属性的改变与地理区域的变换相搭配，可以了解不同地区的销售促进效果；同时，运用实验研究还需作一些客户追踪调查，以了解不同优待属性引起消费者的不同反应水平的原因及其规律，为改进销售促进活动、提高其效果提供依据。

第 3 节　公共宣传决策

公共宣传作为促销的重要手段之一，在树立企业形象、提高产品的知名度、刺激目标客户对企业产品的需求、增加销售等方面起着十分重要的作用。

一、公共宣传的特点

公共宣传实际上是另外一个较大概念——公共关系的一部分。公共关系部的员工一般都忙于与各种公众打交道，包括股东、雇员、政府机构、民间团体、地方公众等，因而可能会忽略支持产品营销目标的公共宣传。由于公共宣传必须借助某种媒介或公开展示的机构来实现，因此其使用次数是有限的，公共宣传也是突发性的，但其作用十分显著。具体说来，与其他促销工具相比，公共宣传具有如下特点：

（1）可信度很高。由于公共宣传是由第三者写出来的，在新闻媒体上进行报道，体现了企业外公众的利益和看法，客户认为它是客观真实的，所以，在客户心目中其可信度很高。

（2）影响面较广。企业的公共宣传会随着新闻媒体的传播而扩散。如果企业的宣传真正具有新闻价值，所有的新闻媒介会抢着报道，效果比广告要好得多。如北京第一家搬家公司——利康搬家公司经过新闻媒介报道后，在北京的知名度相当高。

（3）促销效果好。对广告或人员销售不予理睬的客户，一般不会对企业的新闻报道有反感，因为它是一种新闻活动，在心理上不必担心上当受骗。如新产品投放市场之前先以公共宣传的方式披露，就便于帮助销售人员将产品销售给零售商或直接买主。

（4）费用水平低。企业无须花钱购买媒介的版面或时间，虽然撰写新闻素材及说服媒介予以采用要有所花费，但这些费用微乎其微。而公共宣传所产生的价值可能花几百万元的广告费用才能得到。与其他促销工具相比，公共宣传的费用水平是最低的。

二、公共宣传决策的内容

在考虑公共宣传的使用时机和使用方法时，企业促销部门应该作出如下决策：确定公共宣传目标；选择公共宣传的信息与工具；实施公共宣传方案和评估公共宣传效果。

（1）确定公共宣传目标。企业首先应根据自己产品的特点确定公共宣传的具体目标。如美国加州葡萄酒制造商曾委托一家公共关系公司为其进行公共宣传，以使美国人确信喝葡萄酒是快乐生活的一部分，并要提高加州葡萄酒的形象和增加市场份额。为此确定了以下公共宣传目标：撰写有关葡萄酒的文稿，并设法刊登在最著名的杂志和报纸上；从医学观点出发，指出葡萄酒对身体健康的益处，并请医疗单位予以宣传；分别针对年轻人市场、大专院校市场、政府市场及各种团体拟出特定的公共宣传方案。

（2）选择公共宣传的信息与工具。接下来促销部门应确认企业产品有哪些具有新闻价值的内容可供报道。如果企业可供报道的事件不够充分，宣传人员就应该搞几次有新闻价值的活动，这时宣传人员所做的与其说是找新闻，不如说是创造新闻。这类活动包括举行周年庆典、展览会、博览会、时装表演、捐赠物品、学术讨论会、记者招待会和邀请名人讲话等。有时平凡的创意也能成大新闻。如北京某商场在雨天免费给客户提供雨伞，要求客户只是凭觉悟下次光顾商场时将雨伞送还。尽管会有个别客户带走两把雨伞，后来送回的雨伞也不多，但这一事件经电视新闻报道后，其意义就十分重大，而这正是商家所重视的。

（3）实施公共宣传方案。从事宣传工作必须慎重。从新闻媒体上发表的事件来看，一般重大新闻很容易被新闻媒介刊登出来。但企业有分量的重要新闻并不多，不一定都能被编辑所采用。所以，宣传人员应与新闻编辑加强联系，了解编辑所需。如果宣传人员把媒介编辑看做一种市场，并满足其需要，编辑自然会采用他们所提供的新闻。

（4）评估公共宣传效果。测定公共宣传的效果是一件比较困难的事情，因为公共宣传通常与其他促销工具一起使用，很难分清哪些是公共宣传的贡献。但如果在使用其他促销工具之前开展宣传活动，再评价其贡献就容易多了。公共宣传是根据某些沟通对象的反应目标而设计的，所以这些目标可以作为测量其活动效果的基础。一般说来，企业可根据展露次数、知晓—理解—态度方面的变化以及销售额和利润额的变化等来测定宣传效果。具体测定可参照广告效果测定方法。

三、公共宣传活动策划

公共宣传活动是指企业经过精心设计和周密计划而开展的具有新闻价值的活动。在当今社会，随着经济的发展、市场竞争的加剧、消费者的日益成熟，公共宣传活动受到越来越多的企业的重视，策划公共宣传活动已成为公共宣传人员的一项重要工作任务。

企业开展公共宣传活动应注意与社会热点和公众的心理动向结合起来，这样更容易使活动深入人心。企业可通过开展重大的、专门性的公共宣传活动制造新闻，只要活动本身符合新闻制造的要求，其形式可多种多样，不拘一格。一般说来，企业开展公共宣传活动主要有以下几种形式：

（1）新闻发布会。新闻发布会又称记者招待会，是企业举行的公开传播重要新闻事件，邀请有关新闻机构的记者参加，让记者就此提问，然后由召集者回答的一种特殊会议。会议材料的形式有口头发言稿、新闻文稿、背景材料、照片、录像以及实物展示等，有的还当场分发新闻资料。会议地点的选择应主要考虑为记者采访提供各种方便，如录像、拍摄的辅助灯光、视听辅助工具、幻灯片、视频的播放设备等。

（2）赞助活动。赞助是资助的现代形式，赞助活动不仅对社会有利，而且能赢得社会对组织的好感，树立企业的美好形象。赞助活动的主要类型有：

- 赞助体育运动。
- 赞助文化娱乐活动。
- 赞助教育事业。
- 赞助社会慈善事业。
- 赞助宣传用品的制作。
- 赞助其他活动，如赞助职业奖励、竞赛活动等。

企业赞助的形式有两种，一种是由企业主动选择对象进行赞助，一种是企业接到请求后再做出反应。企业要想获得更好的信誉投资，应采取积极主动的形式，选择对象进行赞助。

企业的赞助活动应有计划地进行。应根据企业的赞助方针和政策，制定年度赞助计划，如赞助对象的范围、费用预算、赞助形式等。有了具体的赞助计划才能有的放矢，控制赞助范围和赞助规模。对赞助项目要进行审核评定，确定可行性，决定具体的赞助方式和款额，选择赞助的最佳时机，制定具体的实施方案，同时必须对每项赞助活动进行效果测定。如果无计划地随意搞一些赞助活动，效果可能适得其反。

营销实践　阿联酋航空：足球界最闪耀的品牌

营销实践　“京东6.18”：从店庆到全民购物狂欢节

（3）特殊纪念活动。每个企业都有一些值得特殊纪念的活动，如开业典礼、周年纪念日、产品获奖、新产品试制成功等。利用特殊纪念日制造新闻，是影响公众的极好机会。

（4）展览会或展销会。展览会或展销会是典型的综合运用多种传播手段，并被公共宣传活动经常采用的形式之一。它主要通过实物、文字、图表来展现企业的成果、风貌和特征。展览会和展销会是一种直观、形象和生动的传播方式。它综合了多种传播媒介的优点，能以讲解、交谈、宣传手册、介绍材料、照片、录像、幻灯片、广播等不同形式吸引观众，达到与公众的双向沟通。它还可以运用实物展示和现场示范表演来进行公共宣传，容易给公众留下深刻的印象。它能当场收到公众的反馈信息，迅速调整自己的活动或行动。展览会或展销会容易造成较大的社会影响，是新闻媒介追踪的对象，很可能成为新闻报道的题材。企业无论是独立举办展览会或展销会，还是参展，都要充分利用机会制造新闻，扩大影响，广泛与媒介接触，达到树立形象、促进产品销售的目的。

此外，企业还可以组织消费者座谈会、用户洽谈会、企业商品研讨会、企业新产品介绍会等开展公共宣传活动，制造新闻。

第 4 节　直复营销决策

在西方发达国家，直复市场营销已发展成为一种趋势。范围越来越广的产品和服务都可以通过直复营销来购买，将直复营销作为一种促销方式与传统营销方式相结合销售商品的公司，已遍布各个行业。

一、直复营销的特点

由于直复营销人员直接针对每一个目标客户开展营销活动，因此，它具有广告等促销方式无法比拟的优越性。其特点概括起来有以下几方面：

（1）目标客户选择十分准确。直复营销人员可以从客户名单和数据库的有关信息中，挑选出有可能成为自己客户的人作为目标客户，然后与单个目标客户或特定的商业用户进行直接的信息交流。

（2）强调与客户的关系。直复营销活动中，直复营销人员可根据每一个客户的不同需求和消费习惯进行有针对性的营销活动。这使直复营销人员更注重与客户保持良好的关系。

（3）激励客户立即反应。直复营销人员总是集中全力激励广告接收者立即采取某种特定的行动，并为客户的即时反应提供尽可能的方便。

（4）隐蔽的营销策略。直复营销策略不是大张旗鼓进行的，因此不易被竞争对手察觉。即使竞争对手察觉了自己的营销策略也为时已晚，因为直复营销广告和销售是同时进行的。

（5）效果可测性。在直复营销活动中，客户产生的直接反应很容易测定，直复营销人员可立即根据客户的反应了解产品的不足并不断改进产品。因此直复营销具有很高的效率，可以避免无谓的浪费。

二、直复营销的方式

直复营销媒介是直复营销者投放其发盘以获得其目标市场成员回应的途径或载体。实际上，媒介就是直复营销者进行直复营销广告的载体或通道。与一般营销广告不同的是，直复营销广告是一种直接回应广告。与一般营销广告相似，几乎各种媒介都可以为直复营销所用，只不过直复营销的使用和效果评价方式与一般营销广告不同。

典型的直复营销主要有以下几种：电话营销、直邮营销、电视营销、印刷媒介营销、广播营销。

1. 电话营销

电话是消费品和产业用品直复营销不可或缺的工具。随着信息技术的发展，电话已超越了其传统的功能。如今，一些发达国家的企业已经广泛运用各种通信硬件和软件、数据库技术、拨入和拨出 WATS、呼叫中心和自动拨号等新兴技术。电话营销也发展成为对电信和信息处理技术综合运用的工具，在优化企业营销组合中扮演着重要角色。

2. 直邮营销

直邮营销是通过向目标市场成员直接寄发载有企业产品或服务发盘的邮件进行信息沟通，目标市场成员通过寄回邮件或打订购电话进行购物。从广义上说，直邮营销包括所有以邮寄发盘信息载体为手段寻求目标市场成员反应（订购或问询）的活动。具体地说，直邮主要包括单独的产品或服务发盘信息的小册子和同时包含众多商品的目录两种形式。

3. 电视营销

电视营销是指通过在电视媒介发布直接反应发盘信息，以寻求目标市场成员作出回应的直复营销活动。

从商业属性上看，直接反应电视广告与普通电视广告是截然不同的。首先，普通电视广告的目标旨在通知和说服，并不寻求立即反应，而直接反应电视广告除了需要沟通和说服，最重要的是要寻求目标受众的立即行动。其次，普通电视广告的目标受众是大众，而直接反应电视广告的目标受众一般是某个特殊群体，而且通常会附带电话号码，鼓励目标受众打电话订购或问询。

4. 印刷媒介营销

印刷媒介营销是指在杂志、报纸和其他印刷媒介上做直接反应广告，鼓励目标市场成员通过打电话或者回函订购的直复营销活动。这类广告通常又称为直接反应平面广告，一般包括至少一种反应机制，例如订购单回执或订购电话等。

杂志是最古老的直接反应媒介之一，许多产品或服务的营销者利用杂志做直接反应广告。报纸也是一种重要的直复营销媒介。在新媒体（例如电视）没有出现以前，报纸是占主导地位的大众媒介。随着各种人类沟通新技术的出现，报纸面临越来越激烈的竞争，尤其是近年来网络和有线电视的发展导致报纸正在逐渐失去其主导传媒的地位。而且，报纸出版商本身也在寻求新的传播渠道，纷纷将报纸搬上互联网，发行报纸的电子版。此外，在印刷媒介大类内部，杂志变得越来越具有精确的目标读者指向性和专业性，对报纸也构成了严峻的挑战。

特制印刷媒介广告是印刷媒介营销的另一种形式。这类印刷广告是预先制作好的，通常以报纸或杂志为传递载体，形式主要有内插活页、装订式明信片、插入式明信片等。内插活页一般由四色油光纸制作，直复营销者运用内插活页来获取消费者的留意，邀请对方进一步问询、电话订购或者兑现购物券。装订式明信片和插入式明信片则通常采取回应明信片的形式，这在一些发达国家的杂志中可经常见到。这类明信片一般是作为同期杂志中该公司广告的支持性工具，卡片中邀请读者将其寄回企业以索取更多信息、订购商品或者进行电话订购。有时，这种卡片也作为订阅杂志的广告独立运用。

5. 广播营销

广播既可以作为直接反应的主导媒介，也可以作为其他媒介的配合。在这一点上，它与电视相似。广播与电视的不同之处在于，广播可以在人们做其他事情时（例如开车、工作和行走等）收听，而且广播广告信息的制作和发布非常快速，这是电视所不具备的特点。

随着广播行业的发展，广播电台的数量越来越多，专业性也越来越强。有些电台甚至只针对某个特别的或高度细分的小群体，这就为直复营销者寻求精确的目标指向提供了机会。在美国，通过广播直接反应渠道销售的产品种类很多，例如床垫、鲜花、无线寻呼、移动电话等产品，都成功地实现了通过直接反应广播广告进行销售。

三、直复营销决策的内容

在准备采取直复营销策略时，直复营销人员必须确定他们的目标、目标客户、产品策略、各种测试要素以及如何进行效果衡量。

1. 确定直复营销目标

直复营销的主要目标在于刺激潜在消费者立即采取购买行动。它的成功与否可以客户的反应率来衡量。通常，如果有 2%的反应率，就可认为直复营销的销售活动获得了成功。当然，这并不是说其余 98%的努力都已浪费，因为直复营销对产品知名度和日后的购买意图会产生影响。而且，并非所有的直复营销人员都要求客户产生立即购买的反应，因为直复营销的主要作用之一是为企业的销售队伍提供寻找潜在客户的线索。

2. 瞄准目标客户

直复营销人员必须了解现实客户和潜在客户的特征。通常，最好的目标客户是那些近来曾大量购买产品、购买频率高且支出额大的消费者。直复营销人员在选择潜在客户时，可使用各种细分标准。他们可根据年龄、性别、收入、受教育程度等标准，或根据消费者生活方式和新婚夫妇购房等特别事件对消费者进行细分。

目标市场一旦确定，直复营销人员就需要获得目标市场上的潜在客户名单。通常，最佳名单是那些过去购买过企业产品的客户记录。直复营销人员还可从名单经纪人手中购买名单。一般认为较好的名单应包含客户心理特征、个人资料信息以及简要的地址。

3. 制定产品策略

直复营销人员必须寻求一套有效的产品策略，以迎合目标市场的需要。一般而言，产品策略应包括五个要素：产品、报价、媒体、营销渠道和创新策略。这些要素都是可测试的，因此，产品策略是否可行应通过测试来验证。

4. 测试直复营销的诸要素

直复营销的重要优势之一是可以在真实的市场条件下测试各个要素的效果。尽管直复营销的反应率通常很低，但对各要素都加以测试，往往可以大大提高总反应率和获利能力。值得注意的是，仅仅依据直复营销活动的反应率常常会使决策者低估该活动的长期效果，因为无法统计通过该活动了解产品的潜在消费者人数。因此，现在有一些企业开始以认知率的高低来衡量直复营销活动的效果，而不是仅仅依靠反应率。

5. 衡量活动绩效

若直复营销活动费用已经事先确定，那么直复营销人员可根据估计的总成本事先计算出达到保本所需要的反应率。这个反应率必须扣除退货和呆账损失因素。退货将使原先的直复营销活动前功尽弃，因此，直复营销人员必须认真分析退货的原因，及时改进不足之处。

另外，客户终生价值的概念也可用来衡量直复营销活动的绩效。客户终生价值的概念是从企业的角度提出的，一个客户购买某企业的产品越多，购买的金额越大，则对这个企业而言其终生价值也就越大。因此，客户终生价值并不在于一次购买产品的数额，而是一生中购买该产品的总额，然后再从这个数额中扣除企业为争取和维持与该客户的关系所支出的成本。在估算出客户终生价值后，企业就可将其营销努力集中到更富吸引力的消费者身上，与他们建立良好的关系，以更好地达到企业的目标。

◎基本概念

促销	销售促进	直复营销	推式策略
拉式策略	公共宣传		

◎思考题

1. 促销沟通决策包括哪些内容？
2. 促销沟通的基本方式有哪些？
3. 简述销售促进的特征及主要方式。
4. 公共宣传具有哪些特点？其决策包括哪些内容？企业有哪些公关活动可选择？
5. 直复营销有什么特点？主要方式有哪些？

◎案　例

微信上的促销策略

根据微信发布的《2016微信数据报告》，截至2016年底，微信的月活跃用户数已超过8亿，有一半的用户每天使用微信的时间超过90分钟，典型用户每人每天平均发送74条信息，这些数据表明微信已成为国人日常生活中重要的信息来源与社交活动平台。作为具有代表性的新媒体，微信自然也成为各大企业在考虑促销组合时的兵家必争之地。

销售促进——1号店

1号店曾经在微信平台上发起“我画你猜”的活动。当用户关注1号店官方微信后，活动期间即会接收到1号店每天一幅描述商品的画作，用户猜出答案后发送给1号店。前几名回复猜中者即可获得该商品。此项活动将用户熟悉的小游戏与赠奖相结合，成功吸引粉丝关注并回复问答，通过互动提高微信粉丝的活跃度，提升公众号的粉丝质量。此类活动执行成本低，若粉丝基数够大则效果相当显著。

公共宣传——招商银行

漂流瓶是微信移植自QQ邮箱的一款应用，由于原始、简单、易上手的特性，有越来越多的商家利用这个功能与用户展开互动。招商银行曾推出爱心漂流瓶活动，活动期间，微信用户在使用漂流瓶功能时若捡到招商银行的漂流瓶，回复之后招商银行便会通过“小积分，微慈善”平台为自闭症儿童提供帮助。微信用户和招商银行进行简单的互动即可献上自己的一份爱心，这种简单却又可以做善事的活动颇为吸引人。

直复营销——杜蕾斯

在玛雅人预言的世界末日（2012年12月21日）来临前10天，杜蕾斯在微信上推送了一则消息：“杜杜已经在后台随机抽中了十位幸运儿，每人将获得新上市的魔法装一份。今晚十点之前，还会送出十份魔法装！如果你是杜杜的老朋友，请回复‘我要福利’，杜杜将会继续选出十位幸运儿，敬请期待明天的中奖名单！悄悄告诉你一声，假如世界末日没有到来，在临近圣诞和新年的时候，还会有更多的礼物等你来拿哦。”消息一经推送，受到网友们的热烈关注，在短短两个小时内，杜蕾斯公众号就收到几万条“我要福利”的回复。十盒赠品换来几万粉丝，微信营销的强力效果可见一斑。

人员互动——小米

作为著名的国产手机品牌，小米在其微信公众号上的粉丝数目在2014年便已经突破500万，是微信最大的公众号之一。他们如何应付如此庞大的“米粉群”？为了提高每天上万条用户留言的回复效率，小米采用了“自动＋手工”的模式。小米微信运营团队自行开发了一套后台系统，比微信官方提供的更清晰、容易管理，可以设置人工回复关键字、回复范本、加强用户管理等。例如留言中出现“订单”“刷机”“快递”等字眼时，这些用户会被系统自动分配给人工客服，一对一地对该用户进行回复。这种做法有别于机器冰冷的制式反馈信息，大大提升了“米粉们”的品牌忠诚度。而借由微信公众号平台，小米的营销策略方案与客户关系管理成本也得以大幅降低。

广告——纪梵希

2017年2月3日上午10点，纪梵希与时尚博主包先生在各自的微信公众号上同步预售纪梵希情人节特别款包包，限量80只。包先生是有名的时尚博主，时常在网上撰写关于皮具手袋的图文，微博粉丝数目将近280万，微信阅读量每篇都是10万以上。纪梵希此举有几个重要原因。其一，与动辄数百万元的朋友圈广告费用相比，与时尚博主的合作费用在几万元到几十万元之间，对于纪梵希这个LVMH集团旗下规模不算大的品牌来说还是很划算的。其二，时尚博主定位精准，包先生数百万的粉丝都是包包爱好者，同时对包先生的推荐接受度非常高，而时尚杂志发行量虽大，然而引起的关注与流量或许连前者的零头都不到。其三，限量80只，不是为了饥饿营销，更重要的目的是提醒大家关注自己的明星产品，与目标市场进行有效沟通。

资料来源：中国电子商务研究中心．盘点：你不可不看的九大微信成功营销案例．（2017－02－28）．http：//www.100ec.cn/detail-6386494.html．王传仁．微信年度生活报告．（2016－12－28）．http：//daxue.qq.com/content/special/id/57．纪梵希联手微信公众号卖包包了，天猫怎想？．（2017－02－04）．http：//www.100ec.cn/detail-6383100.html．

【案例思考】

1．微信营销在企业网络营销中的重要性如何？

2．影响企业微信营销成功的因素有哪些？

第 13 章

促销组合决策Ⅱ：广告与人员销售

本章要点

- 了解广告促销决策的内容
- 掌握确定广告预算的方法
- 熟悉广告定位策略
- 掌握广告时间决策
- 了解人员销售决策的内容
- 掌握销售人员的组织结构
- 熟悉销售人员管理的内容

广告与人员销售是企业用以对目标顾客与公众进行说服性沟通的主要手段与方式。本章进一步对广告与人员销售两种促销沟通方式进行较为具体的分析与研究。

第 1 节 广告促销决策

广告促销决策包括一系列的决策过程，它涉及广告目标、广告预算、广告媒体、广告定位、广告主题、广告表达、广告制作、广告时间、广告效果测定等方面的内容。

一、明确广告目标

毫无疑问，广告的最终目标是：通过宣传，在消费者中提高广告商品的知名度，促使消费者在购买同类商品时，能提名购买，从而提高市场占有率，使企业获得更多利润。

广告的最终目标虽然相同，但不同企业在不同时期，广告目标各不相同。通常，企业广告目标可以归纳为如下三种类型。

（1）创牌广告目标。此类广告的目的在于介绍新产品和开拓新市场。它通过对产品的性能、特点和用途的宣传介绍，提高消费者对产品的认识程度，其中着重要求提高消费者对新产品的知名度、理解度和厂牌商标的记忆度。

（2）保牌广告目标。此类广告的目的在于巩固已有市场阵地，并在此基础上深入开发潜在市场和刺激购买需求。它主要通过连续广告的形式，加深对已有商品的认识，使现有消费者养成消费习惯，潜在消费者产生兴趣和购买欲望。广告诉求的重点是保持消费者对广告产品的好感、偏好和信心。

（3）竞争广告目标。此类广告的目的在于加强产品的宣传，增强市场竞争能力。广告诉求的重点是宣传本产品较其他同类产品的优异之处，使消费者认知本产品能给他们带来什么好处，以增强偏好度并指名选购。

企业在制定广告目标时，应尽可能具体。

二、确定广告预算

确定广告预算的方法主要有量力而行法、百分率法、竞争对抗法、目标达成法及投资利润率法等。

1. 量力而行法

尽管量力而行法在市场营销学上没有正式定义，但不少企业确实一直在采用，即企业确定广告预算的依据是它们所能拿出的资金数额。也就是说，在其他市场营销活动都优先分配到经费之后，尚有剩余再供广告之用。企业根据其财力情况来决定广告开支多少并没有错，但应看到，广告是企业的一种重要促销手段，企业做广告的根本目的在于促进销售。因此，企业做广告预算时要考虑需要花多少广告费才能完成销售指标。所以，严格说来，量力而行法在某种程度上存在片面性。

2. 百分率法

百分率法是以一定时期的销售额或利润额的一定比率来确定广告费用数额的方法。它又有销售额百分率法和利润额百分率法之分。

销售额百分率法即企业按照销售额（上年度销售实绩或次年度预计销售额）的一定百分比来决定广告开支。利润额百分率法即企业按照利润额（上年度利润额实绩或次年度预计利润额）的一定百分比来决定广告开支。采用利润额来计算较销售额更为恰当，因为利润是企业经营成果的最终表现。但是，当企业没有利润，出现亏损时，此法就失去了可操作性。

3. 竞争对抗法

竞争对抗法是指企业比照竞争者的广告开支决定本企业广告预算为多少，以保持竞争上的优势。即整个行业的广告费数额越大，本企业的广告费也越大；反之，则越少。这种方法把广告作为商业竞争的武器实行针锋相对的宣传策略。采取这种方法的一般都是实力雄厚的大企业。

4. 目标达成法

目标达成法是根据企业的总目标和销售目标，具体确定广告目标，再根据广告目标的要求制定广告预算。这是一种比较科学的方法，能够适应企业经营变化而灵活地制定广告预算。

5. 投资利润率法

投资利润率法将广告支出视为一种投资，因而是长期广告战略所采用的预算方法。利用投资利润率法确定广告预算，先要确定因广告促销而预计带来的利润增长额，再从以往的资料中推算出广告的投资利润率，然后计算出广告预算。

三、选择广告媒体

广告媒体种类繁多，包括报纸、杂志等印刷媒体，电视、广播等视听媒体，户外广告、橱窗广告等其他广告媒体，它们各自的性能、传播信息的效果千差万别。企业在这众多的媒体中做出选择，以相对经济的广告支出实现最佳的广告传播效果。影响广告媒体选择的主要因素有：

1. 产品特性

不同的产品特性对媒体有不同的要求。技术性能高的，可采用报纸、杂志作详细的文字说明，也可以用电视短片作详细介绍。对于特别需要表现外观和质感的商品，如服装、化妆品，需要借助能表达强烈色彩的宣传媒介，那么广播、报纸等媒介就不宜采用，而电视、杂志则能更好地表现其视觉效果。

2. 沟通对象的媒体习惯

有针对性地选择为广告沟通对象所易于接受并随手可得、到处可见的媒体，是增强广告促销效果的有效措施。例如，生产玩具的企业若将学龄前儿童作为目标沟通对象，最好是在电视上做广告。

3. 信息类型

比如，宣布明日的销售活动，必须在电视、报纸等时效性强的媒体上做广告。若信息的传播对象局限于某一地区，则在地方性媒体上做广告即可，不需动用全国性媒体。以文字为主的信息，选择报纸、杂志等印刷媒体较适宜；而以画面及动作为主的信息，选择电视广告较适宜。

4. 媒体成本

不同媒体所需成本不同。电视广告是最昂贵的媒体，报纸则较便宜。不过，最重要的不是绝对的成本数字的差异，而是目标对象的人数与成本之间的相对关系。如果用每千人成本来计算，可能会出现电视广告比报纸广告更便宜的情形。

5. 竞争态势

广告商品竞争对手的有无及其选择媒体的情况和所花费的广告支出的多少，对企业的媒体选择有着显著的影响。如果企业尚无竞争对手，那么它就可以从容地选择自己的媒体并安排广告费用；如果企业竞争对手尚少，还不足以对它产生重大影响，只需在交叉的广告媒体的选择上予以重视；如果竞争对手多而且强大，在企业财力雄厚的情况下，就可以进行正面交锋，以更大的广告开支在竞争媒体以及非竞争媒体上压倒对方；在企业财力有限，无法支付庞大持久的广告开支的情况下，可以采取迂回战术，或采用其他媒体，或在同样的媒体上避免正面交锋而将刊播的日期提前或推后。

四、进行广告定位

广告定位策略主要有抢先定位、强化定位、比附定位、逆向定位、补隙定位等。

1. 抢先定位

抢先定位是指企业在进行广告定位时，力争使自己的产品品牌第一个进入消费者的心目中，抢占市场第一的位置。

经验证明，最先进入人们心目中的品牌，平均比第二位的品牌在长期市场占有率方面要高较多，而且此种关系是不易改变的。

现代企业营销已进入一个以定位策略为主的时代。在这个时代，只发明或发现了不起的事物并不够，有时甚至还不一定需要，但企业一定要把占据潜在客户心目中第一的位置作为首要之图。如皮尔·卡丹在法国名牌服装中只能排在中间的位置，但是它在中国被认为是法国最有名的服装品牌之一，拥有广泛的品牌忠诚者，因为它是改革开放后第一个进入中国的法国服装品牌。

2. 强化定位

强化定位是指企业一旦成为市场领导者后，还应不断加强产品在消费者心目中的形象，以确保第一的地位。

实行强化定位应做到如下两点：

（1）不断加强消费者最初形成的观念。如可口可乐公司所用的强化广告词是“只有可口可乐，才是真正的可乐”。这种策略适用于任何企业。仿佛可口可乐是衡量其他一切可乐的标准，相比之下，其他任何一种可乐类饮料都是模仿“真正的可乐”。

（2）决不给竞争者以可乘之机。企业不能盲目自大，自以为地位稳固，沉浸在自满之中，孤芳自赏，忘记周围竞争的存在。而应密切关注竞争者的动向，时刻处于竞争优势。

3. 比附定位

比附定位是指企业在广告定位中，不但要明确自己现有的位置，而且要明确竞争者的位置，竞争者的位置与自己的位置一样重要，甚至更加重要。然后用比较的方法设法建立或找到自己的品牌与竞争者的品牌、自己想要占据的位置与竞争者已占据的位置之间的关系，使自己的品牌进入消费者的心目之中，或用比较的方法在消费者心目中开拓出能容纳自己品牌的位置。

我国企业中也有运用比附定位较为成功的。如宁城老窖在广告中宣称自己是“塞外茅台”，因而在我国北方拥有较好的声誉。

4. 逆向定位

逆向定位是指企业在进行广告定位时，面对强大的竞争对手，寻求远离竞争者的“非同类”的构想，使自己的品牌以一种独特的形象进入消费者心目中。

七喜是逆向定位的典范。当年在充分了解到可口可乐和百事可乐在人们心目中已占有重要位置，并敏锐地洞察到消费者心中对可乐中含有咖啡因而萌发的微小不安后，七喜公司激发出辉煌的定位构思——七喜是非可乐，因为不含咖啡因。把“七喜”与“可乐”进行反衬，树立自身的大反差位置，使七喜成为可乐类饮料以外的另一种选择，从而确定了七喜在饮料市场上的地位，销量逐渐上升为处于可口可乐和百事之后的第三位，抢占了一部分饮料市场。当年“农夫山泉”定位于天然矿泉水，以区别于纯净水，运用的也是逆向定位策略。

5. 补隙定位

补隙定位是指企业在进行广告设计时，根据自己产品的特点，寻找消费者心目中的空隙，力求在产品的大小、价位和功能等方面独树一帜。只要悉心研究，在广告定位时就能找到你所需要的空隙。如洗发水市场有“去头屑”“注重营养”“柔顺”“首乌黑头发”等定位，企业还能找到“防脱发”的定位。

五、确定广告主题

一则广告必须鲜明地、突出地表现广告主题，使人们在接触广告之后，很容易理解广告告诉他们些什么，要求他们做些什么。

一般来说，广告主题形式有三类：理性主题、情感主题、道德主题。在确定广告主题时，一定要符合广告接收者的心理需要，如果不能满足客户的心理需求，这个主题就不是好的主题。

六、广告表达决策

广告主题寓于一定的表达形式之中。如何将既定的广告主题用感情化、性格化、合乎逻辑的表达方式表现出来，是一门不易掌握、高度灵活的艺术。广告表达涉及表达结构、表达格式与广告发送者。

广告的表达结构包括结论、论证方式及表达次序三个方面。

有说服力的广告要求为广告信息设计具有吸引力的表达格式，即选择最有效的信息符号来表达信息内容和信息结构。广告的表达格式通常受到媒体的制约。

广告的说服力还受广告发送者的影响，广告发送者的可信度越高，信息就越有说服力。广告发送者可以利用良好的公众形象来影响或改变人们对商品的态度。

◆ 延伸阅读

线上广告更加吸引人的几个思路

1. 直击的文案

独特而有个性的标题效果明显，它可以成就你的产品和用户之间的关系。优秀的标题文案简短、直观，能够直接引导用户执行某些操作。作为一家生产洗发水的公司，潘婷所用的文案却是“不要洗头发”，这种让人迷惑的文案吸引用户继续看下去。直击的文案一开始就非常抓人眼球。

文案的标题和排版设计、视觉设计都应该相互匹配，保持一致。这种匹配应该是气质和精神内核的一致，它可以是强势、柔和也可以是真诚，或者发人深省。但是不论如何，它应该是令人难忘的，能够让你的产品或者品牌同用户建立起联系。

2. 沉浸式体验

感官刺激始终是体验的重点。将强烈的视觉、声效、动作、图片融合在一起，可以在短时间内形成新的情感纽带。你可以看看如今的社交媒体，参与度最高的方式并不是回复和转发，而是点赞。这是最容易参与也是最具有参与感的一种交互，它从众，成本低，触手可及，能表达情感，也非常有效。你要让用户参与进来，让他们有事可做。同时，你还要让他们知道很多人也在做这个事情，让他们明白他们也可以是其中一员。

3. 出人意料

最好的广告总会出人意料。它会让人觉得有趣，感到惊讶，这通常都是通过视觉、文字的搭配组合来呈现。你可以使用一些小技巧来打破常规，然后引导用户按照你的预期执行某些操作，无论是查看视频还是点击链接。你的产品、服务和品牌有没有什么独树一帜的地方？或者你能不能以一种独特的方式来呈现你的品牌和产品？找到解决方案最佳的方法始终是头脑风暴，没有限制的天马行空的头脑风暴能帮你找到一条不太一样的路，也许剑走偏锋，也许鞭辟入里。

资料来源：线上广告更加吸引人的 5 个思路．(2017－03－30). http：//www.woshipm.com/ucd/622597.html.

七、广告制作管理

1. 广告作品的构成

广告作品由视觉形象要素和听觉形象要素构成。视觉形象要素又可分为文字形象要素和图画形象要素两大类。

（1）文字形象要素。广告文字是基于推销原理，直接或间接引起读者购买行动的文字。它要求简洁凝练、用词准确、通俗易懂、主旨突出。

在整个广告中，广告标题、广告正文及广告口号等的创作要求是不一样的。广告标题是表现广告主题的短句子，是一则广告的“眼睛”，位于广告文案的醒目位置。它既要吸引人们的注意力，又要将主要的广告信息传递出来，还要诱导消费者继续阅读广告正文。广告正文是广告说明和介绍产品、服务等内容的主体部分，是广告文字的主要构成部分。广告正文的形式有报道式、证明式、叙述式、对话式、提问式、提示式等。广告口号又叫广告标语，被称为“文字的商标”。为了增强消费者对产品或服务的印象，广告中会反复出现一种简短的语言标志。它可以使消费者对该产品、服务产生固定的最佳印象，使人一看到广告口号就联想起广告内容。

（2）图画形象要素。图画是对文字的一种必不可少的补充。从创作内容来看，它可以分为几种形式：

1）直接或局部地展示商品本身。

2）以背景烘托为主。即整个图画不以表现商品本身为主，而是以背景环境为主体。

3）以表现商品使用前后的效果为主体。

4）以使用过程中动态的商品为表现主体，它可以通过使用者的感情与动作，生动地表现出各种心理状态。

（3）听觉形象要素。听觉形象要素一般在广播、电视、录像等广告中使用，包括广告语、音乐、音响三部分。

1）广告语与报纸、杂志所刊载的广告文稿是有区别的，因为它属于听觉形象要素，是通过声音来传递信息的，所以一定要保持语言的口语化，少用修饰语，简明易懂，突出重点。它是一种语言艺术，要通过优秀的传达技巧来塑造商品形象。对广告语的要求应该比广告文字更严格，因为它是转瞬即逝的，稍有失误就会影响整个传播效果。

2）广告音乐包括广告歌曲、广告器乐曲以及声乐、器乐相结合的各种形式。它具有营造气氛、突出情调的作用，能够引起听众的兴致，使广告生机盎然。另外，有些无法用语言表现的细腻情感，可以用音乐恰到好处地展示出来。音乐选择得当，还能起到突出广告主题的作用。

3）广告音响包括环境音响、产品音响、人物音响等。它可通过人们的听觉联想产生比画面更丰富、更生动的形象。广告使用的音响一定要清晰悦耳，不能出现任何嘈杂、影响广告语的声音。

2. 广告的制作过程

企业应该根据各种广告媒体的不同特点和商品本身的特性、功能等，来选择合适的传播媒介。在制作过程中，要尽可能将某种广告媒介的优势发挥出来，取得理想的宣传效果。

（1）报纸广告的制作。报纸广告的制作过程如下：先根据前期的构思，画出广告草图，并制作标题，然后确定标题和广告正文分别采用什么字号、字体。将草图送至广告客户处征询意见并作修改，制成终稿草图。将终稿草图进一步修改，制成广告画稿，送去制版印刷。

在报纸广告的制作中，要注意版面选择、广告位置和广告表现形式的变化。

（2）杂志广告的制作。杂志广告大多采用彩色广告形式，尤其是摄影广告，所占篇幅最大。在广告的布局上，往往以图片为主，文字短小精悍。杂志每页的内容都纯而不杂，对广告的影响较小。杂志广告的设计制作方法也灵活多样，有全页广告、折页广告、跨页广告、多页广告等多种版面形式，还可采用更易引起读者注意的立体广告、香味广告等形式。

（3）广播广告的制作。广播广告是一种诉诸听觉的广告艺术，它靠声音来传播，而声音又是转瞬即逝的，所以，充分把握这种有声无形的特性，是制作好广播广告的关键。

广播广告的广告词必须是精练的口语用词，而且要重点突出，不拖泥带水。某些关键句子可以采用播音员重复朗读的形式，加深听众的印象。广播广告一般在写出广告剧本以后就进入制作阶段。先选择扮演不同角色的演员，再确定音乐。在演播室里，经过对台词，排练，然后正式录音，进入后期编辑。

（4）电视广告的制作。在电视广告的制作中，要重视蒙太奇语言的运用。电视广告拍摄镜头的选取和组合十分重要，不同的镜头衔接会给人带来不同的感受。对于不同的拍摄对象，电视广告可以采用不同的手法。如对于商品实物、商场实景、厂房车间、生产流程等可采用写实手法，还可用夸张的动画形象来增强某些广告的生动性、趣味性，或者以图片的形式让画面固定，给观众以深刻印象。

电视广告制作的过程可分为准备阶段、拍摄阶段、编辑阶段。准备阶段主要包括完成广告分镜头脚本、确定导演和摄影师等。拍摄阶段主要是各种器材、设备、现场具体拍摄工作的准备。编辑阶段包括后期的编辑、配音、配乐、合成等。

八、广告时间决策

广告时间决策是指对广告发布的具体时间和频率作合理安排。它要视广告产品的生命周期阶段、广告的竞争状况、企业的营销策略、市场供求变化等多种因素的变化而灵活运用。广告时间决策的运用是否得当，对广告效果的影响很大。

1. 广告时限策略

广告时限策略，主要有集中时间策略、均衡时间策略、季节时间策略和节假日时间策略。

（1）集中时间策略。主要是集中力量，在短时期内对目标市场展开突击性的广告攻势。其目的在于集中优势，在短时间内迅速造成广告声势，扩大广告的影响，迅速地提高商品或企业的声誉。这种策略主要运用于新产品投入市场前后、新企业开张前后、流行商品上市前后、广告竞争激烈，以及商品销量急剧下滑时。运用这种策略时，一般采取媒体组合方式掀起广告高潮。

（2）均衡时间策略。这是一种有计划地、反复地对目标市场发布广告的策略，目的是持续加深消费者对商品或企业的印象，保持其在消费者头脑中的记忆度，挖掘潜在市场，提升商品知名度。运用该策略应注意广告表现要有变化，要不断给人以新鲜感，广告的频率也要有适当的变化，不要长期重复同一广告内容。

（3）季节时间策略。主要用于季节性很强的商品广告，一般在销售季节到来之前就要开展广告活动，为销售旺季的到来做好信息准备和心理准备。销售旺季时，广告活动达到高峰；旺季过后，广告要收缩；销售季节快结束时，广告便可以停止。运用这类广告策略，要掌握好季节性商品的变化规律，过早地开展广告活动，会增加广告费用；过迟则会延误时机，直接影响商品销售。

（4）节假日时间策略。这是零售企业和服务行业常用的广告时间策略，在节假日之前便开展广告活动。这类广告策略要求有特色，把品种、价格、服务时间以及特殊之处等信息，突出地、快捷地告知消费者。

2. 广告频率策略

广告频率是指一定广告周期内广告发布的次数。根据需要，企业可以运用固定频率策略或变化频率策略。

（1）固定频率策略是均衡广告策略常用的频率，以求有计划地、持续地取得广告效果。固定频率策略有以下两种序列类型。

1）均匀序列型。广告的频率按时限平均运用，如每旬10次，每天1次；或每旬10次，每隔一天2次。

2）延长序列型。广告的频率固定，但时间间隔越来越长。比如，广告频率仍然每天2次，但广告发布时间延长到20天，时间间隔越来越长。这是为了节约广告费，按照人的遗忘规律来设计的，其规律是播放次数由密到疏。

（2）变化频率策略是指广告周期内用每特定时段广告次数不等的办法来发布广告。变化频率使广告声势能适应销售情况的变化，它常用于集中时间策略、季节时间策略与节假日时间策略，以借助广告次数的增加推动销售高潮的到来。变化频率策略有以下三种序列类型。

1）波浪序列型。这是广告频率从递增到递减的变化过程，这一过程使广告周期一周内的频率由低到高，又由高到低起伏变化。波浪序列型策略适用于季节性、流行性强的商品。

2）递升序列型。这是广告频率由低到高，至高峰时戛然而止的变化。节日性广告常用此法。

3）递降序列型。它与递升序列型的变化相反，广告频率由高到低，由广告高峰跌到低处，在最低潮时便停止。如文娱广告或者企业新开张、大酬宾广告等，均可采用此法。

上述各种广告时间决策可视需要组合运用，如集中时间策略与均衡时间策略交替运用，固定频率策略与变化频率策略组合运用。

九、广告效果测定

企业在实施广告促销决策之后，会产生一定的广告效果。一个完整的广告投放阶段过后应对效果进行基本评价。广告效果主要表现在三个方面：一是广告的销售效果；二是广告的认知效果；三是广告的综合效果。

1. 广告销售效果的测定

（1）销售量衡量法。这种方法就是实际调查广告活动前后的销售情况，以事前与事后的销售量之差作为衡量广告效果的指数。

● 销售量增加比率（R）。

$$R=\frac{S_2-S_1}{P}\times 100\%$$

式中，R 为销售量增加比率；S_2 为本期广告实施后的平均销量；S_1 为本期广告实施前的平均销量；P 为广告费。R 越大，广告效果越好；R 越小，广告效果越差。

这种方法简单易行，但是如何除去广告效果以外的其他因素致使销售量增加的部分却是个难题。为了弥补此法的缺陷，在实际销售效果测定中往往参照广告费比率和广告效果比率进行综合测定。

● 广告费比率（AC）。

$$AC=\frac{P}{S}\times 100\%$$

式中，AC 为广告费比率；P 为广告费；S 为销售量。AC 越小，广告效果越好；AC 越大，广告效果越差。

● 广告效果比率（AE）。

$$AE=\frac{\Delta S}{\Delta P}\times 100\%$$

式中，AE 为广告效果比率；ΔS 为广告产品销售量增加量；ΔP 为广告费用增加量。AE 越大，广告效果越好；AE 越小，广告效果越差。

（2）小组比较法。小组比较法是将同性质的被检测者分为三组，其中两组各看两种不同的广告，一组未看广告，然后比较看过广告的两组效果之差，并与未看过广告的一组加以比较。通常将检测的数字结果用频数分配技术来计算广告效果指数。

2. 广告认知效果的测定

广告认知效果测定的目的在于分析广告活动是否达到预期的信息沟通效果。测定广告认知效果主要有如下指标：

● 接触率。即在广告媒体的受众之中，有多大比例的人接触到该广告。

● 注目率。即在看过该广告的人之中，有多大比例的人能够辨认出先前看过这一广告。

● 阅读率。即在充分看过广告的人之中，有多大比例的人不仅知道该商品和该企业，而且能够借由广告中企业的名称或商标而认得该广告的标题或插图。

● 好感率。即在看过广告的人之中，有多大比例的人对企业及其商品产生了好感。

● 知名率。即在看过广告的人之中，有多大比例的人了解企业及其产品。知名率的考察往往是通过做广告前后的对比来进行的。若做广告后企业的知名率大为提高，说明企业的广告效果十分理想。

● 综合评分。即由目标消费者的一组固定样本或广告专家来评价广告，并填写评分卷。评分卷中依广告的注意强度、阅毕强度、认知强度、情绪强度等内容分别给出一定分数，所有分数汇总得到综合评分。通常综合评分以百分制计，分数越高，则表明广告的诉求认知效果越好。

3. 广告综合效果的测定

（1）广告的综合经济效益。影响广告的因素有很多，单纯考虑一两个基本因素，只能近似描述分析广告的效益，所以还应对广告进行综合经济分析。主要是根据同类广告的大致情况，用百分比法，确定影响广告各个因素的满意度值，然后给广告打分，最后进行加权平均而获得。

（2）广告的社会效果。广告的社会效果主要通过对广告活动所引起的对社会文化、教育等多方面的作用进行综合测定而得。

营销实践

搜索广告与社交媒体广告，到底投哪个较好？

说起投广告，尤其是数字广告，大部分营销人员的脑海里可能都会想起“流量”“关键字”“意见领袖”“公众号”等关键词。现在，不仅仅是消费者的选择越来越多，就连做营销的人也经常因选择过多而感到混乱与困惑。这么多投放渠道，究竟该怎么选？

不同的渠道对用户来说意味着不同的心理和生理环境，而不同的环境会对用户的行为产生影响。为了简化信息，我们暂且将网络上的投放渠道分为两种。

（1）搜索型：用户主动来找你，比如百度和淘宝等。

（2）社交媒体型：你去主动找用户，比如公众号和微博等。

概括来说，有两类产品需要侧重社交渠道。

一是缺乏关注的新产品。什么是缺乏关注的新产品？比如活性炭雕花。顾名思义，就是将活性炭作为装饰品，放在家里既美观又能吸甲醛。但是，这家生产商只是把它默默地挂在淘宝上，几乎没有在任何渠道推广。而淘宝属于搜索型平台，是用户主动来找你，但如果用户根本不知道有这种东西，那他该找什么？所以，对于这种缺乏关注的新产品，更好的选择是投社交型广告，比如与家居、健康有关的公众号。

二是高频次购买的产品。所谓的社会化营销，无外乎三个字——套近乎，其实很好理解，人们天生会对熟悉的事物产生感情。对于高频次购买的产品，用户往往习惯于重复购买同一款产品，比如饮料，大部分人都长期购买固定的品牌。所以，如果你的用户正长期购买别人的产品，一般情况下，他很少主动去搜索第二套购买方案，这时候更需要你主动出击去影响他们。

资料来源：搜索广告与社交媒体广告，到底投哪个较好？.（2017-04-01）. http://www.woshipm.com/operate/625107.html.

第2节　人员销售决策

人员销售是最传统的，也是最不可缺少的促销方式。企业进行人员销售决策时，要制定销售队伍的组织结构、人员规模和职责等。另外，销售人员也是企业的资源和财富，如果企业花费很多时间和金钱培养起来的优秀销售人员因故离开，将会给企业造成巨大的损失。所以，企业还必须加强对销售人员的管理，如招聘、培训、激励和考评等。

一、人员销售决策的含义与内容

所谓人员销售决策，是指企业根据外部环境变化和内部资源条件设计和管理销售队伍的一系列活动。具体包括：(1) 确定销售目标。确立人员销售在企业营销组合中的地位，为销售人员制定出适当的销售活动组合。(2) 确定销售规模。根据企业资源条件和销售预算等确定销售队伍的规模。(3) 分配销售任务。根据顾客、产品、销售区域或其组合分配资源和时间。(4) 组织和控制销售活动。

人员销售决策的内容尽管很多，但大体上可分为两类，即战略决策和管理决策。战略决策主要包括销售组织的设计、销售队伍的确定、销售区域的选择和销售政策的制定等；管理决策主要包括对销售人员的招聘、甄选、培训、激励、考评和控制等。

二、销售人员的组织结构

采取何种组织结构，以使人员销售产生最高的工作效率，是一个重要问题。在实践中，销售人员的组织结构可依企业的销售区域、产品、顾客类型以及这三个因素的结合来设置。

1. 区域式组织结构

区域式组织结构是指企业将目标市场划分为若干个销售区域，每个销售人员负责一个区域的全部销售业务。这是一种最简单的组织结构形式。实行区域式组织结构，需要确定销售区域的大小和形状。

2. 产品式组织结构

产品式组织结构是指企业将产品分成若干类，每一个销售人员或每几个销售人员为一组，负责销售其中的一种或几种产品的销售组织结构形式。这种组织形式适合于产品类型较多，且技术性较强、产品间无关联的情况下的产品销售。

3. 顾客式组织结构

顾客式组织结构是指企业将目标市场按顾客的属性进行分类，不同的销售人员负责向不同类型的顾客开展销售活动的组织结构形式。顾客的分类可依产业类别、顾客规模、分销途径等来进行。很多国外企业都按用户类型或用户规模来安排销售组织结构，使用不同的销售人员。这种形式的好处是销售人员易于深入了解所接触顾客的需求状况及所需解决的问题，以利于在销售活动中有的放矢，提高成功率。顾客式组织结构通常用于同类顾客比较集中时的产品销售。

4. 复合式组织结构

复合式组织结构是指当企业的产品类别多、顾客的类别多而且分散时，综合考虑区域、产品和顾客因素，按区域—产品、区域—顾客、产品—顾客或者区域—产品—顾客来分派销售人员的形式。在这种情况下，一个销售人员可能要同时对数个产品经理或几个部门负责。

三、销售人员的规模

销售人员的规模是否适当，直接影响着企业的经济效益。销售人员过少，不利于企业开拓市场和争取最大销售额；反之，销售人员过多，又会增加销售成本。所以，合理确定销售人员的规模是企业人员销售决策中重要的一环。确定销售人员规模的方法主要有三种：销售百分比法、销售能力法和工作量法。

1. 销售百分比法

销售百分比法是指企业根据历史资料计算出销售队伍的各种耗费占销售额的百分比以及销售人员的平均成本，然后对未来销售额进行预测，从而确定销售人员规模的方法。

2. 销售能力法

销售能力法是指企业通过测量每个销售人员在范围大小不同、销售潜力不同的区域内的销售能力，计算在各种可能的销售人员规模下公司的销售额和投资报酬率，以确定销售人员规模的方法。

3. 工作量法

工作量法是指企业根据不同顾客的需要，确定总的工作量，从而确定销售人员规模的方法。

四、销售人员的职责

虽然由于销售对象存在差别，对销售工作和销售人员的要求不同，销售人员的具体活动也不尽一致，但一些基本的销售工作是绝大多数销售人员都应该完成的，属于销售人员的职责。具体有以下几项：

1. 收集信息

销售人员在实际销售前必须收集有关的信息，包括有关本企业产品销售、竞争对手和市场现状及发展趋势等，并及时提供信息反馈。

2. 制定销售计划

销售人员掌握了必需的信息资料之后，就应着手做销售前的准备工作，在销售经理和公司计划的指导下，制定好自己的销售计划。

3. 进行实际销售

在实际销售过程中，销售人员要争取引起顾客的注意和兴趣，促进顾客的购买欲望；利用提供产品鉴定证明、示范使用产品、请顾客亲自试用产品等方法，取得顾客信任；善于正确处理反对意见；运用策略和技巧达成交易。

4. 做好售后服务

在产品销售出去以后，销售人员还必须与顾客保持经常的联系并继续为其服务。定期了解顾客对产品的意见和建议，并采取改进措施，充分履行安装、维修、退货等服务方面的保证。

五、销售人员的素质要求

销售人员是企业开拓市场的先锋，是企业形象的重要代表，必须具备一定的基本条件。现代企业十分重视销售人员的素质，一个理想的销售人员应具备以下素质。

（一）销售人员的外在特征要求

一般来说，销售人员应具有以下外在特征。

1. 端庄整洁的仪表

销售人员只有给客户留下良好的第一印象，才有利于销售工作的进一步展开。第一印象多来自销售人员良好的外部形象和得体的行为举止，因此，销售人员必须衣着整洁，举止大方得体，表现出奋发向上的精神风貌。

2. 谈吐清晰，有良好的语言表达能力

语言是销售人员说服客户的主要手段。在任何一次销售过程中，销售人员在介绍产品、解答疑问等各个环节都要运用语言技巧，没有良好的语言表达能力，很难说服客户购买。销售人员应能熟练地运用各种销售技巧，成功地说服客户。要熟知销售工作的一般程序，了解客户的购买动机和购买行为，善于展示和介绍自己的产品，善于接近客户，善于排除客户的异议，直至达成交易。要做到这一切，首先必须相信自己，相信自己的产品，相信自己所代表的企业。只有这样，才能产生积极性和动力，继而获得成功。

3. 善于察言观色，有敏锐的观察能力

市场和客户的情况是很复杂的，不仅差别很大，而且受许多因素的制约。一个有敏锐观察能力的销售人员，能眼观六路，耳听八方，及时发现和抓住市场机会，揣摩客户的购买意图和购买心理，提高销售的成功率。

4. 待人接物真诚、热情，有良好的服务态度

销售人员在向客户销售产品时要热情周到，使客户感到销售人员确实在设身处地为自己的利益着想，也感受到销售人员的诚意。销售人员不仅是企业的代表，而且是消费者的顾问。应真正树立“用户第一”“客户是上帝”的思想，想客户之所想，急客户之所急，积极为客户服务。只有这样，才能赢得客户的信任。

5. 不急不躁，处变不惊

在销售过程中，可能发生各种情况，客户也会提出各种异议来考验销售人员，这就要求销售人员处事稳重，不急不躁，妥善处理销售过程中的种种变故。

6. 有广泛的兴趣和爱好

销售人员会接触到各种各样的客户，而共同的兴趣和爱好是拉近人与人之间距离的有效手段，可收到事半功倍的效果。因此，销售人员应注意培养多方面的爱好和兴趣，以有效地与各种各样的客户打交道。知识面宽广与否一定程度上决定了销售人员的销售能力。所以，销售人员应有旺盛的求知欲，善于学习并掌握多方面的知识，这样运用起来才会游刃有余。

7. 有健康的体魄、充沛的精力

销售活动是对销售人员的体力和精力要求很高的一项工作。销售人员在销售中要时刻保持头脑清醒、思维敏捷。没有健康的身体，销售人员很难胜任工作。

8. 保持开朗乐观的心态

销售工作是很艰难的，往往在遭遇多次挫折后才能迎来一次成功。因此，销售人员只有保持乐观的心态，才能在一次次的打击下不丧失信心，不断地尝试和努力。

（二）销售人员的内在特质要求

销售人员除具备上述外在特征，还必须有以下几种内在特质。

1. 高度自信

销售人员有自信心，客户才会对销售人员有信心。销售人员最不需要畏惧和懦弱，否则必然与成功无缘。因此，销售人员只有具备高度的自信，才能时刻掌握销售的主动权，并给客户以信心。但自信绝不意味着傲慢无礼，而是要保持礼貌，耐心地听取购买者的意见，然后自信地、有说服力地劝说对方。

2. 不断进取

在销售过程中，成功毕竟不常有。因此，销售人员只有坚持不懈地努力，有毅力、有恒心，才能取得更大的成功。销售人员应不断加强学习，丰富自己各方面的知识，提高自己的素质，不断充实自己。销售工作是一项很辛苦的工作，有许多困难和挫折需要克服，有许多棘手的问题需要面对，这就要求销售人员必须具有强烈的事业心和高度的责任感，把自己看成是“贩卖幸福”的人，有一股勇于进取、积极向上的劲头，发扬过千山万水、进千家万户、尝千辛万苦、说千言万语、想千方百计的精神，以达到开拓市场的目的。

3. 全力以赴

销售人员在工作中应不遗余力，全力以赴。向客户销售产品时要如此，向客户提供信息服务时更要如此。只有这样，才能拉近与客户的距离，赢得客户的信任，提高客户的重复购买率，并为企业树立良好的形象。

4. 有感召力

成功的销售人员往往极富感召力，能充分唤起客户的兴趣和购买欲望，使客户主动并乐于购买产品。这样的销售人员往往很自然地就会令客户感到信任，从而听从他的建议。

六、销售人员的招聘

要组建一支高效率的销售队伍，关键在于选择有能力的、优秀的销售代表。一般的销售代表与优秀的销售代表的业务水平有很大差异。在美国，一项对500多家公司的调查结果表明，27%的销售人员创造了52%的销售额。

甄选销售人员的程序因企业而异。最复杂的甄选程序一般包括以下步骤：网上申请；测验；面谈；调查；人事部门初步决定；高层主管最后决定；体格检查；正式录用。每个步骤合格后才能进入下一步骤，以确保选出优秀的销售人才，把好第一道关。

七、销售人员的培训

有远见的企业在招聘之后，都要进行几周乃至数月的专业销售培训。国外企业的平均培训时间，产业用品公司为28周，服务公司为12周，消费品公司为4周。培训时间随销售工作的复杂程度与所招入销售机构的人员类型而有所不同。如IBM的新销售代表头两年是不能独立工作的，公司希望其销售代表每年用15%的时间参加额外的培训。

1. 培训工作程序

培训工作程序一般包括：（1）明确企业经营方针与目标；（2）明确营销人员现状及有待解决的问题；（3）问题分析；（4）关键要素分类；（5）制定培训方案；（6）分出人员层次；（7）课程设计；（8）确定培训方式；（9）按计划实施培训；（10）评估培训效果（培训成效、遗留问题）。

2. 培训计划的制定

培训计划需要明确以下问题：培训目标、培训时间、培训地点、培训方式、培训师资、培训内容等。培训计划的设计应考虑到新人培训、继续培训、主管人员培训等不同类型培训的差异。

3. 培训方法

常用的培训方法主要有课堂培训法、会议培训法、模拟培训法和实地培训法。

（1）课堂培训法。这是一种正规的课堂教学培训方法。一般由销售专家或有丰富销售经验的销售人员采取讲授的形式将知识传授给受训人员。这是应用最广泛的培训方法。

（2）会议培训法。这种方法一般是组织销售人员就某一专题进行讨论，会议由主讲老师或销售专家组织。此法为双向沟通，受训人有表示意见及交换思想、学识、经验的机会。

（3）模拟培训法。这是一种由受训人员亲身参与并具有一定实战感的培训方法，为越来越多的企业所采用。其具体做法又可分为实例研究法、角色扮演法、业务模拟法等。

（4）实地培训法。这是一种在工作岗位上练兵的培训方法。新来的销售人员接受一定的课堂培训后即可安排在工作岗位上，由有经验的销售人员带几周。然后逐渐放手，使其独立工作。这种方法有利于受训者较快地熟悉业务，效果很好。

八、销售人员的激励

激励在管理学中被解释为一种精神力量或状态，具有加强、激发和推动作用，并指导和引导行为指向目标。一般来说，组织中的任何成员都需要激励，销售人员更是如此。企业可以通过环境激励、目标激励、物质激励和精神激励等方式来提高销售人员的工作积极性。

1. 环境激励

环境激励是指企业创造一种良好的工作氛围，使销售人员能心情愉快地开展工作。

2. 目标激励

目标激励是指为销售代表确定一些拟达到的目标，以目标来激励销售人员努力工作。企业应建立的主要目标有销售定额、毛利额、访问户数、新客户数、访问费用和货款回收等。其中，制定销售定额是企业的普遍做法。

3. 物质激励

物质激励是指对做出优异成绩的销售人员给予晋级、奖金、奖品和额外报酬等实际利益，以此来调动销售人员的积极性。物质激励往往与目标激励结合使用。

4. 精神激励

精神激励是指对做出优异成绩的销售人员给予表扬；颁发奖状、奖旗；授予荣誉称号等，以此来激励销售人员上进。

九、销售人员的考核

销售人员的考核过程主要包括收集考核资料、建立绩效标准、选择绩效考核方法、制定薪酬制度等方面。

1. 收集考核资料

通常，资料的主要来源有：企业销售记录；销售人员销售报告；顾客意见；企业内部其他人员意见。

2. 建立绩效标准

建立绩效标准的方法有两种：一是为每种工作因素制定特别的标准，例如访问的次数；二是将每位销售人员的绩效与销售人员的平均绩效相互比较。常用的销售人员绩效指标主要有：销售量；毛利；访问率；平均订单数目；销售费用；销售费用率；新客户数目等。

为了实现最佳考评效果，企业在判定考评标准时应注意以下问题：（1）销售区域的潜量以及区域形状的差异、地理分布状况、交通条件等对销售效果的影响；（2）一些非量化的标准很难求得平均值，如合作性、工作热情、责任感、判断力度。

3. 选择绩效考核方法

较具代表性的方法有：

（1）尺度考核法。即将考核的各个项目都配予考核尺度，制作出一份考核比例表加以考核，是目前企业最常用的绩效考核方法之一。

（2）横向比较法。即把各位销售人员的销售业绩进行比较和排队。

（3）纵向分析法。即将同一销售人员现在和过去的工作实绩进行比较，包括对销售额、毛利、销售费用、新增客户数、失去客户数、每个客户平均销售额、每个客户平均毛利等数量指标进行分析。

4. 制定薪酬制度

薪酬制度主要有以下几种：（1）纯薪金制度；（2）纯佣金制度；（3）薪金加佣金制

度；（4）薪金加奖金制度；（5）薪金加奖励制度。

延伸阅读

六步打造卓越销售团队

第一，策略。打造卓越销售团队的第一要义是明确销售策略，明确销售对象、销售的产品或服务、销售流程。如果公司没有明确规定的销售策略和流程，好的销售人员将会发展他们各自的销售策略来明确顾客群体和产品或服务以及销售流程。但由于不是从一个更广阔的视角出发，这些独立发展的个人销售策略和流程难以互相合作。

第二，组织。打造卓越销售团队的第二要义是提供高效的组织结构，并详细说明其中的角色和责任。没有这样的说明，面对不同的顾客或销售活动，很难知道该使用哪种渠道或销售角色最适合。销售人员可能不知道该联系公司的哪个部门才能解答客户的疑问。

第三，人才。打造卓越销售团队的第三要义是关注天才——制定明确的招聘方法来获得人才（如完善招聘资料、建立目标候选人才库、评估流程和吸引一流人才的项目），培养销售队伍的能力（如培训和指导针对市场、产品、客户和销售流程的项目）。在每一个职业阶段，留住优秀的销售人员和经理。

第四，执行。最好的策略、架构和人才都可能输在执行上。为了让执行有效，卓越的销售团队会采取措施确保销售工作质量，而且分配正确的产品、市场和销售任务。这需要一定的方法，如销售报酬、识别程序和目标设定来激励销售人员执行正确的销售活动。这也需要对销售人员加以指导及管理，让他们使用正确的衡量标准、执行节奏和绩效管理流程。

第五，支持。为了持续的成功，卓越的销售团队要拥有强大的业务运作能力和由内外资源所结合的支持网络，涵盖例如销售计划、预测、薪酬管理和区域设计等。目前已有的各种流程可支持业务，也有正确的数据和技术来推动流程，以提高团队绩效。

第六，改进和适应。在所有这些领域中创造卓越并非易事。想要打造优秀的业务团队系统，需要使很多动态的元素相互配合，这看似很难做到。最好的销售团队会这样打造：制定系统流程，列出需要升级的优先领域，再持续改进，并在必要时转型，以配合新的策略和新的市场变化。

资料来源：Andris A. Zoltners，P. K. Sinha. 六步打造卓越销售团队．（2016－07－22）. http：//www. hbrchina. org/2016-07-22/4347. html.

◎ 基本概念

广告	比附定位	逆向定位	人员销售决策
区域式组织结构	产品式组织结构	顾客式组织结构	复合式组织结构

◎ 思考题

1. 试述广告促销决策包括的内容。
2. 广告预算的方法有哪些？
3. 影响广告媒体选择的因素有哪些？
4. 广告定位的策略有哪些？
5. 简述广告效果的测定方法。
6. 销售人员的组织结构有哪几种？
7. 销售人员的素质要求有哪些？
8. 销售人员管理主要包括哪些方面的内容？

◎ 案　例

OPPO 手机的品牌推广

据 IDC 发布的数据显示，2016 年第三季度，OPPO 和 vivo 在中国市场的出货量分别达到了 2 010 万部和 1 920 万部，分别首度成为中国市场的冠亚军。具体到厂商，OPPO 和 vivo 成为第三季度的冠亚军，华为、小米、苹果分列三到五位，其中 OPPO 的出货量是小米的两倍。

让人惊叹的是，难道传统营销重新焕发出生机了吗？一个传统又现代的企业如何在互联网时代做到如此成功呢？

OPPO 是一个既传统又现代的品牌：传统在于其传播媒介与销售渠道，OPPO 通过电视广告、节目赞助、门店招牌等传统媒介打造了强势品牌影响力，通过线下约 20 万家门店销售 90%的产品；现代在于其国际范儿，经过多年精心经营，OPPO 成功塑造了国际、时尚、潮流的品牌形象，并在一次又一次的蜕变与飞速发展中壮大，逐步成长为一家国际企业。

传统：坚持优势并强化优势

在媒体多元化、时间碎片化时代，在网络广告投放、精准投放（富媒体广告）上升，移动互联网、微信朋友圈、自媒体兴起的年代，企业的首席品牌官真是遭遇了巨大挑战。2014 年海尔宣布放弃传统硬广（指杂志类）投放，引发广告圈热议。

OPPO 的媒体组合则很传统：以湖南卫视、CCTV－1、CCT－5 为中心，赞助了不少热门栏目——《奔跑吧兄弟》《偶像来了》《挑战者联盟》《中国达人秀》《女神的新衣》《超级女声》《快乐大本营》等，可谓综艺节目的大金主。

OPPO 的品牌推广还包括线下活动及公关、报纸杂志户外相配合、网络广告等，前两者依然是传统手法。比如赞助 2014 年南美超级德比杯顶级球赛，携手《瑞丽时尚先锋》推出米兰之旅，成为 NBA 官方市场合作伙伴等。在报纸杂志户外这块，福建区域 OPPO 在动车站、万达广场 LED 等投放了大量的广告。网络广告方面包括开设官方网站、新浪微博、官方博客等，与腾讯、优酷、校内网、天涯等合作。

还有一块传统媒介以门店为载体，

OPPO也运用得十分充分——店招、代言人肖像展示、门型展架、拱门、门头横幅、门口地贴、室内灯箱等丰富的展示手法把门店载体的广告作用发挥得淋漓尽致。

通过门店这种传统渠道销售产品，本质是OPPO认清了自身的优势并进一步强化它。市场上有一种说法，OPPO、vivo属于步步高系，这种说法有几分依据，因为它们与中国商界传奇人物段永平及目前依然存在的小霸王渊源深厚。段永平把广东一家亏损小厂做到10亿元产值（小霸王），其后出走创立步步高电子。段永平把小霸王的成功模式复制到步步高，取得更大成功，之后分拆，黄一禾、陈明永（OPPO）、沈炜（vivo）各执掌一块事业。仔细来看，从OPPO、vivo、步步高身上，均可以隐约看到之前小霸王运营手法的影子。步步高电子拥有及赋予OPPO的优势在于——在中国广阔的三到五线市场有着丰富的渠道与经验积累。

2014年，小米在中国市场出货量超越苹果、三星，成为当时销量最大的智能手机；2015年，通过电商渠道销售的智能手机上升到22%。当本土智能手机巨头把精力集中到拓展线上与一二线市场的抢夺时，OPPO的选择是坚持优势市场并做大这一市场，十年的积淀与磨炼让它扎实地掌握了三到五线市场。

现代：时尚与国际并存

现代具体表现为成功塑造“高大上”的品牌形象和“把手机卖向全球”晋级国际企业。

财经记者谢丽容在《智能手机隐形战争》一文中提到OPPO，“瞄准三线城市以下最庞大的年轻用户……并成功树立了‘低端市场上的高端手机’的市场形象”。黎万强（小米联合创始人）在《参与感》一书中记录OPPO，“找巨星不找偶像，比如莱昂纳多的代言就非常成功；品牌包装很取巧，很多人以为是韩国品牌、法国品牌，从品牌的名字到品牌的设计都偏韩范儿、国际范儿”。

韩国女星鞠知延、金敏智，奥斯卡最佳男主角莱昂纳多，中国时尚明星陈坤、江一燕、鹿晗、李易峰、杨幂等先后代言OPPO，再加上多个热门综艺节目里一众明星使用OPPO手机，使得OPPO的品牌形象足够高端大气上档次。

OPPO除了时尚高端的品牌形象外还有一句火爆的流行广告语，“充电5分钟，通话2小时”。它为什么能赢得用户的心？不拼情怀、不拼文采，略带朴实的诉求传递出OPPO充电速度快的功能。

另一个国际范儿表现为OPPO逐步成长为国际企业的征战与拼搏。低调、强调本分文化并且野心勃勃的OPPO并不会止步于中国市场。摘录2015年1月发布的《数读OPPO 2014：国产手机创新力量的崛起》中的一小段：“2014年，OPPO加快了国际化的步伐。OPPO的发布会在新加坡、北京同步召开，在印度尼西亚的工厂已经开工，在泰国、印度尼西亚、越南等国已经成为销售额排名前五的品牌，手机产品已进入东南亚、南亚、中东、非洲、拉丁美洲和大洋洲等地区。”据外媒数据，2016年上半年OPPO在印度出货量230万部，名列印度市场中国品牌第二名。

资料来源：OPPO品牌营销案例分析．(2016-11-07). http://mt.sohu.com/20161107/n472512881.shtml.

【案例思考】

1. 结合本章所学和案例内容，分析OPPO手机广告促销的策略。

2. 结合本章所学和案例内容，分析OPPO手机销量增长的原因。

第 14 章

客户关系管理

本章要点

- 了解客户关系管理系统的概念、架构及功能
- 掌握对待不同客户关系类型的方法与技巧
- 了解如何挖掘不同层次的客户价值
- 掌握如何进行客户满意度的评估
- 熟悉如何衡量并提高客户忠诚度

客户是企业最重要的资源之一，谁拥有客户谁就拥有市场。企业销售管理人员应注重建立客户关系，挖掘客户价值，管理客户忠诚，从而维系客户关系。

第 1 节　建立客户关系

通过建立客户关系管理系统，对客户数据进行整理，企业可以了解客户整体的销售状况及其发展动态，以对市场需求状况做出正确的判断，并采取相应的对策，真正实现以客户为中心的经营理念，提高企业销售业绩。

一、设计客户关系管理系统

客户关系管理（customer relationship management，CRM），是指通过培养企业的最终客户、分销商和合作伙伴对本企业及产品更积极的偏爱或偏好，留住他们并以此提升企业业绩的一种营销策略。其操作过程是：借助先进的数据库和其他信息技术来获取客户数据，分析客户行为和偏好特性，积累和共享客户知识，有针对性地为客户提供产品或服务，发展和管理客户关系，培养客户长期的忠诚度，以实现客户价值最大化和企业收益最大化之间的平衡。

CRM 的营销目的已经从以一定的成本取得新客户转向想方设法地留住现有客户，从取得市场份额转向取得客户份额，从发展一种短期的交易转向开发客户的终身价值。总之，CRM 的目的是从客户利益和企业利润两方面实现客户关系的价值最大化。

CRM 首先是一种管理概念，其核心思想是将企业的客户（包括最终客户、分销商和合作伙伴）作为最重要的企业资源，通过完善的客户服务和深入的客户分析来满足客户的需要，保证实现客户的终身价值。

CRM 也是一种旨在改善企业与客户之间关系的新型管理机制，在企业的市场营销、

销售、服务与技术支持等与客户相关的领域实施。通过向企业的销售、市场和客户服务专业人员提供全面、个性化的客户资料，并强化其跟踪服务、信息服务能力，使他们能够在企业与客户之间协同建立和维护一系列卓有成效的一对一关系，使企业得以提供更快捷和周到的优质服务，提高客户的满意度，吸引和保持更多的客户，从而增加营业额，同时，通过信息共享和优化商业流程来有效地降低企业经营成本。CRM 的实施要求以客户为中心来架构企业，完善对客户需求的快速反应的组织形式，规范以客户为核心的工作流程，建立客户驱动的产品和服务设计机制，进而培养客户的品牌忠诚度，增加盈利。

CRM 又是一种管理软件和技术，它将最佳的商业实践与数据挖掘、数据仓库、一对一营销、销售自动化以及其他信息技术紧密结合在一起，为企业的销售、客户服务和决策支持等领域提供一个业务自动化的解决方案，使企业具有一个基于电子商务的面对客户的系统，从而顺利实现从传统企业模式到以电子商务为基础的现代企业模式的转变。

CRM 系统最基本的功能，主要是满足市场、销售和服务部门的需求。对应于这三个部门，CRM 有相应的系统，这些系统有相应的功能。

1. 客户市场管理子系统

该子系统能够提供完整的客户活动、事件、潜在客户和数据库管理，从而使寻找潜在客户工作效率更高、更加合理化。可以从任何一个地点快速获取所有关于市场营销活动、事件和潜在客户的信息。通过高度专门化的数据市场选择，潜在客户可以被细分，特定的用户组也可基于数量、位置、购买倾向或其他标准配给某些活动或事件。

该子系统负责收集客户的一般资料，跟踪现有客户资料变更，挖掘潜在客户；使市场营销部门有能力执行和管理通过多种渠道进行的多个市场营销活动，同时还能对活动的有效性进行实时跟踪，帮助市场营销机构管理其市场营销材料库中库存的宣传品；记录多种渠道获得的市场信息，收集竞争对手资料，如调研报告、经济分析报告、产品情报等，为各部门提供参考；通过统计分析进行诸如市场划分、市场定位等市场状况研究，为决策者提供决策所需的市场依据。

它有以下三个方面的功能：

（1）电话营销和电话销售。其主要功能包括：电话本；生成电话列表，并把它们与客户、联系人和业务建立关联；把电话号码分配到销售员；记录电话细节，并安排回电；电话营销内容草稿；电话录音，同时给出书写器，用户可作记录；电话统计和报告；自动拨号。

（2）营销管理。其主要功能包括：产品和价格配置器；在进行营销活动（如广告、邮件、研讨会、网站、展览会等）时，能获得预先定制的信息支持；把营销活动与业务、客户、联系人建立关联；显示任务完成进度；提供类似公告板的功能，可张贴、查找、更新营销资料，从而实现营销文件、分析报告等的共享；跟踪特定事件；安排新事件，如研讨会、会议等，并加入合同、客户和销售代表等信息；信函书写、批量邮件，并与合同、客户、联系人、业务等建立关联；邮件合并；生成标签和信封。

（3）潜在客户管理。其主要功能包括：业务线索的记录、升级和分配；销售机会的升级和分配；潜在客户的跟踪。

2. 客户销售管理子系统

该子系统可以快速获取和管理日常销售信息，能够为提高销售人员工作效率提供流畅、直观的工作流功能，同时也保证了每个客户和每个销售机会的销售小组成员之间能进行充分的沟通。另外，销售经理也能有效地协调和监督整个销售过程，包括机会、预测和渠道等，从而保证销售取得最大的成功。

客户销售管理子系统负责收集客户销售相关资料，帮助用户准确把握客户情况，提高销售效率与质量；可处理客户订单，执行报价、订单创建、联系与账户管理等业务，并提供对订单的全方位查询；通过在各业务部门间按照业务规则传递相关数据和信息，帮助用户管理其销售运作，保证整个销售订单的顺利完成；通过对销售数据的多方面统计、查询，获得用户所需的信息，为决策者或用户提供决策上的帮助；进行动态库存调配管理、分销商信息管理等，能为用户提供各种功能，给用户销售活动提供帮助与支持。

它有以下三个方面的功能：

（1）客户管理。其主要功能包括：客户基本信息；与此客户相关的基本活动和活动历史；联系人的选择；订单的输入和跟踪；建议书和销售合同的生成。

（2）联系人管理。其主要功能包括：联系人概况的记录、存储和检索；跟踪同客户的联系，如时间、类型和简单的描述、任务等，并可以把相关的文件作为附件；客户的内部机构的设置概况。

（3）销售管理。其主要功能包括：组织和浏览销售信息，如客户、业务描述、联系人、时间、销售阶段、业务额、可能结束时间等；产生各销售业务的阶段报告，并给出业务所处阶段、所需的时间、成功的可能性、历史销售状况评价等信息；对销售业务给出战术、策略上的支持；对地域（省市、邮编、地区、行业、相关客户、联系人等）进行维护；把销售员归入某一地域并授权；地域的重新设置；根据利润、领域、优先级、时间、状态等标准，用户可定制关于将要进行的活动、业务、客户、联系人、约会等方面的报告；提供类似 BBS 的功能，用户可把销售秘诀贴在系统上，还可以进行某一方面销售技能的查询；销售费用管理；销售佣金管理。

3. 客户支持与服务管理子系统

该子系统能够将客户支持人员与现场销售和市场紧密地集成在一起，可以为用户提供定制的“桌面”，可以综合所有关键客户信息，并管理日常的客户服务活动和任务，在解决客户问题时，可以快速、高效地存取关键的客户管理信息。客户支持与服务管理子系统一般包含客户服务信息管理、服务合同管理、服务档案管理、服务统计分析与决策支持等功能模块。

（1）客户服务信息管理。其主要功能包括：收集与客户服务相关的资料、现场服务派遣、客户数据管理、客户产品生命周期管理、支持人员档案和地域管理等。此外，通过与 ERP（企业资源计划）系统的集成可为物流、部件管理、采购、质量管理、成本跟踪、发票和会计管理等提供必需的数据。

（2）服务合同管理。其主要功能包括：通过帮助用户创建和管理客户服务合同，确保客户能获得与他的花费相当的服务水平和质量；跟踪保修单和合同的续订日期，通过事件功能表（即根据合同制定的定期客户拜访、产品维护日程表）安排预防性的维护行动。

（3）服务档案管理。其主要功能包括：使用户能够对客户的问题及解决方案进行日志式的记录，包括联系人管理、动态客户档案、任务管理以及基于规则解决关键问题的方案，从而使客户在检索问题答案或解决方案方面提高服务的响应速度和质量。

（4）服务统计分析与决策支持。其主要功能包括：对客户服务资料进行分析和处理，使企业既能根据客户的特点提供服务，又能对客户的盈利性进行评估，从而使客户的满意度和企业盈利都能得到提高。

另外，客户支持与服务管理子系统还可与 CTI（计算机电话集成）软件相结合，为客户提供更快速、便捷的支持与服务。通过将其业务扩展到 Web 上，企业还可以充分地利用电子商务带来的便利，并提供电子市场营销、电子销售和电子服务功能。

市场、销售和服务是三个独立的部门，对 CRM 有着不同的需求，但有一点是共同的，就是以客户为中心的运作机制，需要将市场、销售和服务三个部门紧密地结合在一起，从而使 CRM 为企业发挥更大的作用。

二、选择客户关系类型

建立客户关系，需要选择客户关系类型，即企业应该选择与客户之间建立什么样的客户关系。企业建立什么样的客户关系类型，取决于企业的产品和对客户的定位。菲利普·科特勒区分了企业与客户之间的五种不同的关系水平（见表 14－1）。但这五种客户关系类型并不是一个简单的从优到劣的顺序。

表 14－1　企业客户关系的类型

类型	特征描述
基本型	销售人员把产品销售出去就不再与客户接触。
被动型	销售人员把产品销售出去并鼓励客户在遇到问题或有意见的时候与公司联系。
负责型	销售人员在产品售出以后联系客户，询问产品是否符合客户的要求，有何改进建议，以及任何特殊的缺陷和不足，以帮助企业不断地改进产品，使之更加符合客户需求。
能动型	销售人员不断联系客户，提供有关改进产品用途的建议以及新产品信息。
伙伴型	企业不断地和客户共同努力，帮助客户解决问题，支持客户的成功，实现共同发展。

企业应选择合适自己的客户关系类型。菲利普·科特勒根据企业的客户数量以及企业产品的边际利润水平制作了由客户数量与边际利润水平决定客户关系类型的关系图（见图 14－1）。

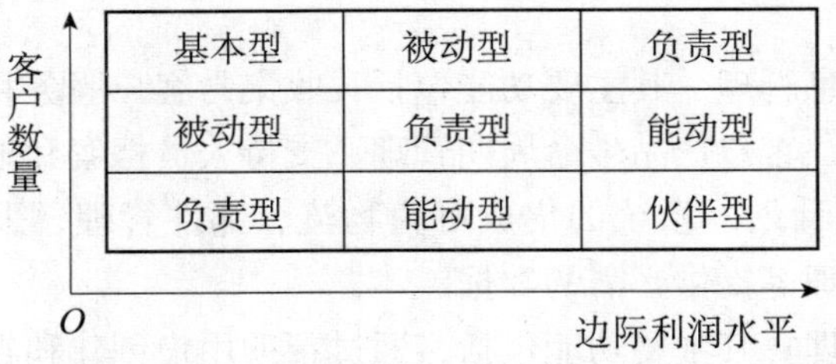

图 14－1　企业依客户数量与边际利润水平确定的客户关系类型图

企业的客户关系类型并不是一成不变的，如果企业在面对少量客户时，提供的产品或服务边际利润水平相当高，那么，它应当采用伙伴型的客户关系，力争实现客户成功的同时，自己也获得丰厚的回报；但如果产品或服务的边际利润水平很低，客户数量极其庞大，那么企业会倾向于采用基本型的客户关系，否则它可能因为售后服务的较高成本而出现亏损；其余的类型则可由企业自行选择或组合。

一般说来，企业对客户关系进行管理或改进的趋势，应当是朝着为每个客户提供满意服务并提高产品的边际利润水平的方向转变。企业对自己的全部客户按照一定的标准来进行区别，从而根据具体的情况建立不同类型的客户关系。对于确立了客户导向的企业，这个区别和选择的标准应当围绕着如何帮助企业建立高质量的客户关系来最终确定。

三、建立客户数据库

大数据时代如果没有客户数据库，营销工作很难开展。客户数据库的建立分为前期准备和数据库开发设计两个阶段。

1. 前期准备

前期准备工作包括成立项目小组、配备相关人员与设备、贯彻数据库营销理念三部分。

（1）成立项目小组。项目管理思想是现代企业的重要管理理念之一，建立客户数据库也是如此。成立项目小组可以从组织上保证数据库开发与管理的顺利进行。通过授权，项目小组的主要任务是全面规划、组织、领导和管理数据库开发与管理工作。项目小组还可以根据工作量以及职能范围的需要设置若干职能小组。

（2）配置相关人员与设备。这里的配置相关人员主要指项目小组的人员配置。一般来说，所要配置的人员主要包括两类：一类是营销专业人员，他们主要在实际工作需要的层面参与数据库的开发工作；另一类是专业的数据库开发管理技术人员，主要是企业管理信息系统（MIS）的专业人员，他们主要负责数据库开发的操作，以及把营销人员的需求转化为现实的数据库系统资料。

此外，还要为项目小组配备相应的设备，如电脑、服务器等，这也是工作正常进行的保障。

（3）贯彻数据库营销理念。主要是让企业的所有工作人员明确数据库开发的目标与相关理念。数据库开发目标规定了本企业营销数据库的功能、任务和使用范围，为数据库的开发与设计提供了方向。数据库营销理念是指公司员工对数据库的态度和认识。对于营销人员，企业应当让他们树立对数据库的正确观念：营销数据库是企业一切活动的支柱；它是一个有着严格纪律和规则的系统；营销数据库应该全面、准确、详尽，并具有较高的质量；营销数据库是获得客户情况的唯一途径。

2. 数据库开发设计

数据库开发设计的步骤包括数据库结构创建和数据库特性设计两部分。

（1）数据库结构创建。在设计数据库结构时，选取恰当的字段变量是关键环节。根据客户类型的不同，所选取的字段也应不同。针对个人客户的字段一般有以下内容：基本数据，如姓名、性别、年龄、婚姻状况、职业、受教育程度、地址、电话、传真、电子邮箱等；行为特征数据，如收入、家庭结构、生活方式、生活态度、特殊兴趣、历史购买记录、平均购买情况、购买频率等；互动性行为特征，如投诉、支付方式、送货方式等。

针对单位客户的字段一般有以下内容：基本数据，即人员统计及单位基本信息，如联系人姓名、职务、单位名称、地址、电话、传真、网址、公司规模、员工数量、主营业务等；行为与交易特征，如信用等级、生产情况、预算情况、企业规划、最近一次交易的时间、以往的购买经历、企业的产品年销售量、销售代表、历史销售情况、企业的经营目标、客户企业的市场地位、该企业的线索来源、联系频率、最近一次的邮件联系情况、最近一次的销售访问情况等；互动性行为特征，如客户投诉、客户推荐、送货方式要求、以往服务的历史、以往支付的历史、信用历史、对产品的特殊要求等。

（2）数据库特性设计。数据库特性设计是数据库系统开发与设计的另一个重要方面。这些特性包括数据处理能力、数据安全性、故障应付能力、适当的软硬件配置等多个方面。在数据处理能力方面，一般要求能够快速分类、筛选数据，可随需增加新字段和新表格，出具新格式的汇总报告等。在数据安全性方面，主要是数据要做到定时备份，并防止数据被竞争对手得到。为保证数据安全，可以采取技术性手段，通过设置一些安全防范措施来保证数据的安全。

四、整理客户数据

企业最初收集的客户原始资料是一批问卷、回函卡或工作人员自己填写的记录表。互联网背景下，用户的每一次行为都将被记录成为数据库中的一个来源。这些原始资料的格式不统一，所包含的信息也不相同，因此在将它们输入数据库系统前，先要对它们进行初步的分类与整理。

1. 依据细分市场的原则对客户资料进行分类

首先将客户的各类数据资料统一成大致相同的格式，并且根据不同的标准进行区分。各企业所使用的方法各不相同，但一般而言，依性别、年龄、职业、收入情况、所在地区分类是最常用的方法。对于大多数企业的产品而言，依照以上几个条件所进行的分类，一般可以基本满足区分特定的消费群体的要求。市场细分是营销活动中最重要的策略，而在数据库中以市场细分原则将数据进行分类是进行市场细分的必要途径。只有进行了有效的细分，才能根据不同客户各自的消费特性、购买习惯和方式，与他们进行适宜的交流与沟通。

2. 对新采集的数据进行整理

通过各种渠道新采集的数据不一定是新的，老客户有可能在企业的各类信息收集活动中提供了他们的资料。因此，必须将这类客户的资料整理出来，并与原来数据库中的资料进行对比，对发生变更的内容进行修改。尤其是对电话、地址的变动，企业一定要及时进行更新，否则，一个忠诚的客户很可能就因为一个小小的失误永远地远离企业。

数据库价值的大小取决于数据库的内容。与客户有关的背景资料、性格特征、消费性态、消费习惯等相关的资料越多，数据库所能提供的价值也就越大，所以企业最好能够了解客户的所有情况。他们是什么样的人，他们的年龄、性别、职业、婚姻状况、子女状况、受教育程度、居住地点以周边环境，等等。此外，企业还要根据所要向客户推销的产品的特性向客户收集一些相关信息，例如，客户对本品牌的忠诚度，对其他品牌产品的看法等。

延伸阅读

全程式顾客服务模式

以某生产技术类企业为例，打造有竞争力的产品特色服务品牌，实现以顾客为中心的关怀服务，以顾客需求为重点，需要重点建设全程式深度服务的市场营销管理新模式，具体如下：

一、设置专业化顾客服务组织机构

(1) 实行区域长效贴近式技术服务。

(2) 实现从顾客服务到生产的一贯制管理。

(3) 建立产品应用技术研究中心。

二、强化售前、拓展售后，实现全程顾客关怀服务

售前：为了实现产品的有效推介，将顾客进行分类管理。对已经具有相似产品使用经验的顾客，着重针对顾客在过去的产品使用过程中存在的问题进行宣解，介绍新产品的优势；对全新的顾客则从产品的质量特征、使用特征等方面对推介产品实行全方位介绍。

售中：质量管理部门根据顾客用材档案，根据顾客的使用工艺技术特点准确进行产品质量判断，提高顾客对产品的满意度。

售后：充分发挥驻外区域服务中心的优势，细化工作程序，拓展工作内容，树立良好的市场形象，不断提高顾客满意度。

三、构建有效的顾客信息反馈网络，形成准确、科学的产品质量市场评价体系

建立顾客质量信息员管理制度，充分获取顾客在产品使用过程中的真实质量感受。定期召开顾客质量信息员交流会，为同行顾客搭建交流平台，促进使用技术趋优趋同；加强顾客信息的收集、传递、处理和反馈的动态跟踪，针对用户反馈的信息，服务中心及时组织相关单位召开服务工作协调会，动态跟踪落实顾客反馈信息的改进进度；全面开展产品质量市场评价工作，准确掌握公司产品质量状况及与其他同类产品对比状况，科学地为产品改进和升级提供翔实依据；围绕新试产品、改进产品有针对性开展产品跟踪工作，及时、准确、全面反馈产品使用效果；积极推进生产过程并对顾客反馈的问题专门加以改进。

四、开展顾客个性化服务工作，逐步建立个性化用料标准

开展针对部分战略性顾客的顾客调查工作，完善战略性和重点顾客的顾客需求及选材档案，积累用材信息。

五、建立顾客服务管理信息系统，实现服务工作流程全电子化

(1) 实现远程信息交流，对整个顾客服务工作进程进行全程跟踪，详细记录过程情况。

（2）实现顾客异议的自动分析统计。

（3）实现顾客信息资源共享，顾客信息的快速反馈和处置。

资料来源：晏威．全程式顾客服务模式．企业管理，2016（9）：84－85.

第2节 挖掘客户价值

客户可以源源不断地为企业带来各方面的价值，但是对不同层次的客户管理要求是不一样的。根据客户的现有价值和战略价值的不同可以把客户划归不同的层次，应该采取不同的方法挖掘不同层次的客户价值。

一、基于价值的客户分类

根据客户战略价值、实际价值以及服务成本的大小可以把客户划分为不同的类别。具体如图14－2所示。

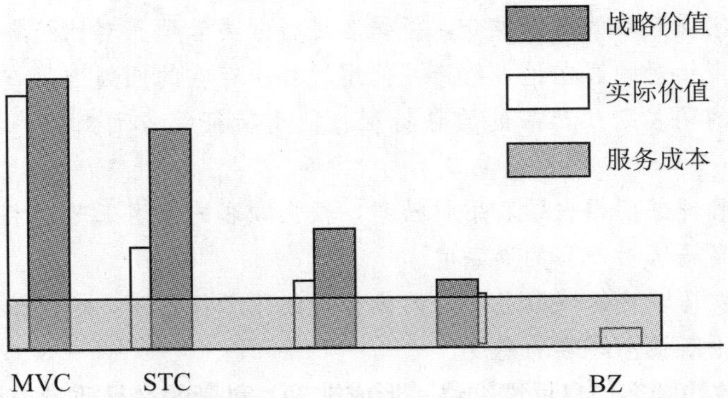

图14－2 基于价值的客户分类法

图14－2中有三类有代表性的客户，对于这三类客户企业的政策是不同的，这些客户类型代表了应适用不同目标和战略的客户。

（1）最有价值客户（most valuable customer，MVC）。这类客户主要是指那些实际价值比较高的客户，在企业客户中排名前5%，他们为企业所提供的收入会占到企业总营业收入的40%。该类客户是企业利润的主要创造者。对于这类客户，企业的主要策略是保持，营销的努力应该集中在怎样留住他们。针对这类客户所实施的交叉销售会给企业带来小量的价值增量，与整个实际价值相比意义并不是很大。

（2）二级客户（second-tier customer，STC）。这类客户是指那些具有很高战略价值，而实际价值还不是很高的客户。该类客户具有很多未实现的潜在价值，具有很大的发展空间。对于这类客户企业应实施的主要策略是获取增长，营销的努力应该集中在价值的发掘上。在这类客户身上实施交叉销售会给企业带来较大的价值增量，大幅提高该类客户的实际价值。

（3）负值客户（below-zero，BZ）。这类客户是指那些可能根本无法为企业业务带来足以弥补相关服务费用的利润的客户。每个企业都会有这样的客户，对这类客户所采取的主要策略就是放弃。例如，第一芝加哥银行所采取的措施主要是针对自己的负值客户，其目的就是把自己的不盈利客户变成另一家银行的不盈利客户。正如它的一个高级官员所认为的那样："在这场战斗中，忠诚的客户赢了，投机取巧者转向了愿意用盈利客户来贴补他们的机构。"

客户是不平等的，而且正好符合著名的 80/20 法则，公司顶部的 20%客户创造了公司 80%的利润。该法则又称帕雷托法则，是由意大利著名经济学家帕雷托提出的，之后广泛应用于许多领域。威廉·谢登把它修改为 80/20/30 法则，其含义是"在顶部的 20%客户创造了公司 80%的利润，但其中的一半被在底部的 30%不盈利客户损失掉了"。也就是说一个公司应该剔除其最差客户以改进利润收入结构。

在实践中，并不是每一个客户都必然会被划分到这些客户类型之中。对于那些能够识别的，并且的确可以被划分的客户，企业可以有针对性地确定目标和战略。这个过程可能听上去很复杂，但实际上有许多公司都在区分自己的客户，把它们划归为不同的客户类型，并为其设定不同的目标。

上面三类有代表性的客户要求中小企业分别实施不同的客户管理战略。企业在确认自己的客户并评价客户价值的基础上，为不同类型的客户制定不同的发展战略。

二、稳定最有价值客户

名列前 15%的客户通常给企业带来 30%～100%的利润。如果失去这些客户，将对利润底线产生毁灭性影响，当企业失去一名最有价值客户时，它往往必须发展至少 4 位二级客户才能弥补由此带来的损失，但新客户不可能都是二级客户。通常，新客户最有可能成为发展型客户，其产生的预期客户盈利性可能介于二级客户和排名后 15%的客户之间。因此企业应在 10 名新客户中找到弥补一位最有价值客户损失的机会。掌握最有价值客户相对于新客户的价值后，企业就能在寻找机会前锁定已得到的利润。

无论是通过客户研究、一线部门反馈的信息还是定期的客户评估，企业都必须不断改进对最有价值客户的理解。稳定最有价值客户的方法主要有：

1. 积极倾听客户的意见

当销售人员确实等待发起一次销售行动时，他们常常假装倾听客户的意见。服务部门会用事先印制好的满意度调查表对客户狂轰滥炸，品牌经理人对客户刨根问底却没有涉及实质性问题。所有一线职员应通力合作，确认对最有价值客户最重要的因素，了解企业在竞争中的情况如何。

2. 为满意客户提供关怀

对客户满意度的简单评估是不够的，理想的调查是询问客户未来的购买意图。因为虽然供应商可以把工作做好，但竞争者会做得更好。

3. 从一线部门获取信息

一线部门应成为企业的"眼睛"和"耳朵"，但许多职员却是"既看不到又听不到"。企业必须保证一线职员对客户评估很敏感，与核心部门建立有效的沟通渠道。例如，某公司曾鼓励其每一位职员倾听客户对公司事务、计划和机会的评价，然后职员将写着评价的黄色便条交给公司首席执行官。在这一过程中，公司职员相信公司管理层已看过便条，了解了一线员工所掌握的客户信息。

4. 提供直接有效的客户服务行动

满意度调查、调研等被证明是无价的。但是，一些商业机构开始对突击调查客户而不考虑如何把信息变成积极的行动感到困惑。许多餐饮连锁店进行了标准的客户满意度调查，但仍然提供低劣的服务。在直接有效的客户服务行动中，对客户投诉的处理至关重要。如果核心客户创造的利润占公司总利润的 50%，忽视他们的需求是很危险的。更糟的是，管理层的迟缓反应会导致一线职员和客户“短路”，不及时反馈信息给管理层。因为“如果没有什么事情要解决，就不用做任何事”。这种态度导致供应商提供更恶劣的服务，直至客户最终消失。

5. 改变最有价值客户的衰退趋势

核心客户是企业利润的主要来源，如果他们开始衰退，将对企业利润底线产生重要影响。恢复一位衰退的客户往往比恢复已经终止交易的客户更容易。要了解一位客户是否处于衰退期，企业应预测客户可能产生的销售额和利润。这说明了充分了解客户、客户预期盈利能力和准确的有关核心客户的计划的重要性，低于销售计划 20%的客户应列为目标客户。衰退的核心客户往往只需要一次礼貌的提醒或一个小小的鼓励就能恢复其对企业的需求。送报上门曾长期衰退，部分原因归结于不可控因素（如读者不想再订报、搬家、零售商停止送报服务），但主要原因是送报不及时或者没有提醒读者续订。

6. 制定客户忠诚计划

当前，客户忠诚计划被认为能够带来很多附加利润，被证实是应对竞争者的有效保护机制以及无价的竞争情报资源。一个成功的客户忠诚度计划需具备下列条件：低成本高预知价值，适用，可选性，便利，预先声明，责任，信息。虽然有许多成功的忠诚度方案，企业在开始给核心利润客户提供奖励时必须慎重。忠诚度方案可能非常出名，将提高客户忠诚度，但也可能使利润底线遭受损失。失去控制的忠诚度体系不仅会威胁到底线，而且如果草率终止会影响最有价值客户，这些潜在的影响迫使企业在开展忠诚度计划时要慎重考虑。

三、放弃负值客户

对于负值客户企业应该进行战略性的放弃，之所以是战略性放弃，是因为对负值客户不能简单地放弃，要有区分地放弃。企业首先要分析客户成为负值客户的原因，找到造成客户缺少利润的根源。对于那些有前途的负值客户，企业应该努力使客户转变；否则，企业应通过友好的第三方服务于客户；如果这些途径都不行，企业就应放弃客户。

四、增加二级客户收入

从客户身上获取更多收入的途径很多。成千上万的 CEO、市场营销人员、广告代理商以及咨询者在实践中不断发现新的、具有创造性的能增加客户收入的方法。随着时间的推移以及现代科学技术的发达，交叉销售逐渐成为这一领域中最为耀眼的明星。一般来说，企业从现有客户身上获取更多收入的着眼点主要有两个：增加客户的购买量，从而扩大企业对客户份额的占有；提高单次购买的利润率，在一次购买中提高客户份额。在这两个着眼点中，交叉销售成为一种比较有效的方法。交叉销售是增加客户份额的有效工具，而提高单次购买的利润率是一个管理效率的问题，在交叉销售的思想下，企业可以通过控制价格和沟通渠道来获取。

具体来说，增加二级客户收入的途径主要有：让现有客户购买更多的现有产品；让现有客户购买新的产品；制定组合价格；净化沟通过程（见图 14－3）。

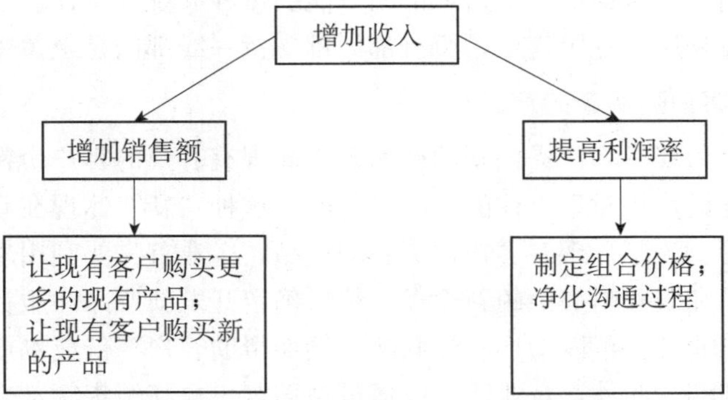

图 14－3　增加二级客户收入的途径

（一）让现有客户购买更多的现有产品

为了能够让现有客户购买更多的现有产品，企业要从挖掘客户份额入手，提高客户份额才是交叉销售的根本目的。只有通过挖掘客户份额，企业才能找到实现交叉销售的方式，才能让现有客户购买更多的现有产品，从而从二级客户身上获取更多的利润，提高二级客户的盈利性。为了提高客户份额，企业应该提高客户购买频率或消费额，从而实现让现有客户购买更多现有产品的目的。具体的有效方法是：

1. 保持联系

一封感谢信、定期邮件和客户见面能刺激额外购买，例如邮购目录的经营方式。给最近订购过商品的客户邮寄一封热情洋溢的信，给予他们特别优惠以鼓励其再次订购商品。

2. 把握决策者

为完成销售额，企业掌握所有决策者是至关重要的。在把握客户决策者和理解客户需求方面，公司通常需要派几名商务代表去拜访客户，而不是一支销售小组。商务代表包括研发部门、生产部门和财务部门的核心员工，他们会充分了解所有的客户需求。此外，因为商务代表能在一线发现问题，他们往往能在与客户达成协议之前提出问题。

3. 鼓励再购买

邮购产品供应商公司的客户每年都会收到很多份目录，特别是促销目录和新品推介手册。这些目录有不同的订购优惠，这种激励和创新方法使交易频率增加。

4. 向客户推荐价格高的商品

比如，客户可能计划花费 150 元买一台播放器，但结果是被告知有一款价值 200 元的更好的产品。

5. 加快进入市场的速度

以微软公司为例，微软已建立一个进入市场的新的世界标准。为使全球宣传最大化，同时最小化灰色市场的风险，微软采用“大爆炸”方式发布 Windows 新款。

6. 政策支持到位

在已经制定销售目标、明确障碍、掌握决策者的情况下，销售仍有可能失败。一些企业不得不放弃交易，因为它们没有成功地支持一线部门。研发部门对产品重新设计进度缓慢，服务部门不能保证安装，财务部门可能缓慢开展统计工作。零售店没有适当的库存或者商品大量积压。在销售中，所有部门都支持一线部门是至关重要的。

（二）让现有客户购买新的产品

企业可以通过为现有客户提供新的产品来提高现有客户的客户份额。新的产品并不是指新产品，而是说，相对于以往的产品是新的。这种“新”体现在新的消费途径、现有服务的附加值等。为了让现有客户购买新的产品，企业首先要利用现有客户关系来发现、增加现有产品和服务附加值的新途径，然后确定开发新产品和服务的范围。如果企业已深入了解客户业务，可以增加实际利润，例如帮助客户降低成本或者购买风险，使客户获得更多的利润。此外，企业还可以通过帮助客户提高销售额，来增加客户对本企业产品的采购。最后，企业还可以通过新产品或服务的引入来吸引客户购买。

1. 降低客户成本或风险

企业有许多方法帮助客户在不降低价格的情况下节约成本，即可以降低客户获得产品、拥有产品或使用产品的费用。这些方法有助于增加客户关系的真正价值，因而也能保证企业的利润。具体方法是：延长产品生命周期；节约客户购买时间；节省客户财务成本。这是因为客户在获取最大让渡价值过程中需要付出的成本包括：采购成本、时间成本、精力成本以及体力成本。

2. 帮助客户增加销售额

企业应帮助客户建立销售渠道或提高服务水平。

3. 提供新产品或新服务

企业可通过销售新产品或新服务从客户那里获取更多的利润。

（三）制定组合价格

对所提供产品的价格进行组合，可以在不影响客户价值的前提下增加企业的盈利性，因为不同的价格组合让一次购买过程所提供的利润率发生了变化。特别是在当代客户拥有比较多的选择权的情况下，价格对客户期望价值的评价起到至关重要的作用。现在，消费者很容易在全球范围内比较价格信息。聪明的购买者会计算供应商的生产成本，能从一个企业转向另一个企业。在信息化时代，客户更加强大，企业利润不断被侵蚀。尽管存在诸多问题，却仍有很多机会重新制定利润管理规范，以增加或维持利润。

（四）简化沟通过程

通过简化与客户的沟通过程，企业也可以达到提高客户收入的目的，因为简化沟通过程可以提高一次购买过程中从客户身上获取的利润率。沟通过程的简化主要体现在企业销售人员的使用以及其他沟通策略的运用上。

从以上的分析中可以看出，企业对待二级客户的主要策略就是增加其收入，让二级客户稳健地升为最有价值客户。

五、用 RFM 分析法挖掘客户价值

营销实践　六个核桃："围点打圆"逼入客户价值链

RFM 分析法（recency，frequency，and monetary analysis）是指销售人员运用最近的购买情况、购买频率和消费金额分析来预测客户行为的方法，它是由美国数据库营销研究所的亚瑟·休斯（Arthur Hughes）教授提出的。RFM 分析法对于数据库营销人员来说是现有的功能最强大的方法之一。它是任何客户行为模式的基础，但又与传统建模方式有所区别。RFM 分析法不需要添加任何数据，如果企业有了客户数据库，记录了他们的购买历史，就可以使用 RFM 分析法。企业不需要花费任何额外的代价，也不需要聘请统计人员。

企业将最好的客户定义为那些最有可能购买的客户，一般是那些最近购买过、购买频繁且消费达到一定金额的客户。当企业需要为某项营销活动寻找目标受众时，可以先运用 RFM 分析法对数据库内有记录的客户进行排序，以此来识别该项活动的目标客户或准目标客户。具体的操作方法是：首先，统计客户数据库中客户的这三方面记录；其次，按照该分值进行排序。这些分类法为实现利润最大化提供了基础，企业可以运用数据库产生的这些信息遴选出那些最有可能带来最大收入的客户。

虽然 RFM 分析法是一种使用方便且颇具实际指导意义的分析工具，但这并不意味着任何时候都可以使用这种分析方法。企业应该制定一项客户联系策略。每年一次或两次向那些响应率较低的客户寄送一些小礼品，比如生日贺卡或者节日卡片，但是不要向那些不可能有任何响应的客户不断地寄送礼品。

数据库营销是一种对买卖双方都有利的方式。RFM 分析法是用来为企业节省资金，为客户节省时间，同时建立企业与客户间的良好关系的。如果客户没有响应，说明企业向客户传递的信息是他们所不需要的，你浪费了他们的时间。此时，企业的声誉与客户之间的关系变得没有价值。

在了解 RFM 分析法的一些知识后，我们已经知道通过这种方法可以为企业带来可观的收益。当企业管理层找到某个营销人员，要求他向客户介绍一种新产品时，这位营销人员通过对数据库中的客户进行 RFM 分析，就可以很快提供最有可能对该产品做出响应的客户名单。

在制定企业的营销预算时，RFM 分析法也可以发挥重要的作用。每年数据库营销人员都会向上级主管提交来年的合理的市场营销计划。最好的方法就是用客户终身价值法进行分析。另外一种有效的方法则是通过 RFM 分析法计算向响应率高的客户群进行深层营销所需的营销成本，这样也可以得出相对准确的预算范围。

RFM 分析法除了可以更准确地评估出具有价值的客户为企业创造的价值外，还可能在其他方面为企业创造利润。通过 RFM 分析，我们可以分辨出那些对企业来说几乎没有价值的客户，这样企业就不必再给这些客户发邮件或打电话了，从而为企业节省人力等资源成本。

但RFM分析法不是万能的，它也有自身的缺点。RFM分析法是建立在对客户数据进行分析的基础上的，所以这一分析方法对现有的客户数据库的依赖性较强，RFM分析法的成功直接取决于客户数据库中资料的真实有效性。同时，RFM分析法只能对以往的客户进行分析与统计，而无法对潜在客户进行分析。

营销实践　今日头条的数据挖掘

第3节　管理客户忠诚

维系客户关系的最终目标是企业通过客户关怀，为客户提供令其满意的产品和服务，满足客户的个性化需求，在与客户的良好互动关系中培养客户忠诚度。

一、客户满意是客户忠诚的前提

客户满意是客户对企业和员工提供的产品和服务的直接性综合评价，是客户对客户关怀的认可，不断强化的客户满意是客户信任的基础。

在卖方市场条件下，企业只要生产出产品就能卖出去，企业管理的目标是如何以低成本生产出产品。后来，市场上出现了竞争，企业生产出的产品如果卖不出去，就无法实现资本循环。为了实现从商品向货币的转换，以销售额为中心逐步成为企业管理的重心。随着市场竞争日益激烈，企业发现虽然销售额提高了，但由于生产成本和销售费用越来越高，利润反而有所下降。因此，企业转而追求利润的绝对值，通过在生产和营销部门的各个环节最大限度地削减生产成本和压缩销售费用来实现利润最大化。但成本是由各种资源构成的，相对而言它是一个常量，不可能无限降低。当企业对利润的渴求无法或很难从削减成本中满足时，它们自然就将目光转向了客户，并企图通过满足客户需求来增加利润。为此，企业开始从内部挖潜转向争取客户，进入了以客户为中心的阶段。由于需求构成了市场，也构成了企业的获利潜力，而在市场上需求运动的最佳状态是满意，因此客户满意就是企业效益的源泉，客户满意度成为客户服务的中心和基本观念。

从企业的角度来说，客户服务的目标并不仅仅是使客户满意，使客户感到满意只是营销管理的第一步。

对于企业来说，如果客户对企业的产品和服务感到满意，往往会重复其购买行为，从而增加企业的盈利，同时他们也会将自己的消费感受通过口碑传播给其他客户，提高产品的知名度，提升企业的形象。客户满意只是客户忠诚的前提，客户忠诚才是结果；客户满意是对某种产品、某项服务的肯定评价，即使客户对某企业满意也只是基于他们所接受的产品和服务令他们满意。如果一次的产品和服务不完善，他们对该企业也就不满意了，也就是说，它是一个感性评价指标。客户忠诚是客户对该品牌产品以及拥有该品牌企业的忠诚度，他们可以理性地面对品牌企业的成功与不利。

同时，根据研究报告，满意本身也有不同的层次。

（1）满足：产品和服务可以接受或容忍。

（2）愉快：产品和服务可以给客户带来积极的体验。

（3）解脱：产品和服务能为客户解决麻烦。

（4）新奇：产品和服务能给客户带来新鲜、兴奋的感觉。

（5）惊喜：产品和服务超出了期望。

因此，针对不同的客户采取不同的方式来服务，效果是完全不同的。

二、客户满意度的评估

企业可以借助调查问卷每半年或每年进行一次客户满意度调查。根据企业的规模确定问卷发放量，以重要性为权重计算出满意度综合得分。为使调查更有效，问卷设计应做到：使被调查者容易得出答案；容易回答；便于统计处理；问卷不宜太长；问题不应重复。

顾客对企业服务质量的满意度是一种非财务的评估方法，它是企业绩效非财务衡量的一个重要内容。研究人员发现，下列因素在衡量企业服务质量方面起着主要作用。

1. 信任感

信任感是指固定的行为准则和令人信任的感觉。它表明企业第一次就能很好地提供服务，也指企业兑现自己的承诺，包括：（1）开发票时的高度准确性；（2）正确地做记录；（3）按指定时间提供服务。

2. 责任感

责任感包括雇员乐于向顾客提供服务的意愿。包括：（1）与顾客接触的职员的知识和技能；（2）公司经营人员所具备的知识和技能；（3）机构的研究水平，如证券交易所的研究水平。

3. 可接近性

可接近性是指便捷利用服务的程度。包括：（1）顾客通过打电话就可方便地获得服务（比如，电话不占线和电话接通后不让顾客等候太长时间）；（2）为了接受服务而等候的时间不会太长（比如在银行）；（3）合适的、方便的经营时间的安排；（4）服务设施所处地点的适当安排。

4. 礼节

礼节是指与顾客接触的雇员有礼貌，尊重别人及对顾客的友善态度。包括：（1）考虑到保护顾客的财产（比如，在顾客家中，不能因雇员穿的鞋弄脏顾客的地毯）；（2）与顾客接触的公关人员的仪表的整洁。

5. 交流

交流是指用顾客能够听懂的语言向顾客传达信息，也指公司要对不同的顾客使用不同的语言表达方式，让各种层次的顾客都满意——提高与受过高等教育的顾客交流时的措辞及谈话水平；同时这类雇员讲话要清晰、简洁。具体包括：（1）讲解公司的服务；（2）顾客为得到服务而急需支付的费用；（3）说明服务与费用之间的交易细节；（4）向顾客说明公司能解决合作中出现的问题。

6. 信赖感

信赖感指公司值得信赖的程度，令人感受到公司是否诚实。它能使消费者在心目中对该公司极感兴趣。有助于消费者信赖公司的因素有：（1）公司名称；（2）公司信誉；（3）与顾客接触的雇员的自身特点；（4）公司与顾客交往过程中的销售努力程度。

7. 保障

保障是指使顾客免遭危险、风险及不使顾客有任何疑惑。包括：（1）人身安全（如我会被欺骗吗?）；（2）金融证券（如公司关注我的股权证明在哪儿吗?）；（3）保密度（如我与公司的交易作为我个人的私事，应当保密）。

8. 理解、了解顾客

努力了解顾客的需要包括：（1）了解顾客的特殊要求；（2）表示对每个顾客的关注；（3）熟悉经常光临的顾客。

9. 有形资产

有形资产包括有形服务，主要涉及：（1）有形设施、装备；（2）工作人员；（3）提供服务的工具设备；（4）享用服务设施的其他顾客。

10. 感情

让顾客感受到公司给予他们的照顾和关注。

此外，员工满意度与客户满意度有很大的关系。研究结果表明，员工满意度提高5个百分点，会连带使客户满意度提升1.3个百分点，同时也使企业业绩提高0.5%，也就是说，重视提高员工满意度，最终可以给企业带来收益。内部员工满意度反映了企业的士气、向心力和团队精神，是外部客户满意的动力。根据马斯洛的需要层次理论，企业可以建立内部员工满意度指标体系，内容包括：（1）生理，如薪资待遇、医疗保健、工作时间、福利保障、工作环境；（2）安全，如就业保障、退休养老保障、健康保障、意外保险、劳动防护；（3）社交，如上下级间沟通、团体活动、娱乐、教育训练、同事关系；（4）尊重，如薪酬等级、晋升机会、奖励、参与、企业形象认同感与骄傲感、自豪感；（5）自我实现，如参与决策、工作挑战性、发挥个人特长等。员工满意度也可利用问卷进行调查，在选择问卷涵盖的议题前，应确定调查的目的，并与员工沟通，深入了解他们所关心的话题，然后有针对性地设计问卷。员工满意度调查至少应每年进行一次，定期做调查可以对比出改进效果，从而提高工作业绩。

三、客户忠诚度的衡量

如果说客户满意是一种价值判断，客户忠诚就是客户满意的行为化。客户忠诚是指客户对某一企业、某一品牌的产品或服务的认同和信赖，它是客户满意不断强化的结果。与客户满意倾向于感性感觉不同，客户忠诚是客户在理性分析基础上的肯定、认同和信赖。

1. 客户忠诚的层次

一般来说，客户忠诚可以分为三个层次：（1）认知忠诚。它直接基于产品和服务而形成，因为这种产品和服务正好满足了客户的个性化需求，这种信任居于基础层面，它可能会因为志趣、环境等的变化而转移。（2）情感忠诚。它是在客户使用产品和服务之后获得的持久满意，它可能形成对产品和服务的偏好。（3）行为忠诚。只有在企业提供的产品和服务成为客户不可或缺的需要和享受时，行为信任才会形成，其表现是长期关系的维持和重复购买，以及对企业和产品的重点关注，并且在这种关注中寻找巩固信任的信息或者求证不信任的信息以防受骗。

老客户是对企业、产品、服务有信任感而多次重复购买产品或接受服务的群体。企业为了提高市场占有率和实现销售额的不断增长，都或多或少地把寻找新客户作为营销管理的重点，而忽视了老客户的作用。事实上，这是一个误区。丹尼尔·查米奇（Daniel Charmich）教授曾经用漏桶来形象地比喻企业的这种行为。他在教授市场营销学时，在黑板上画了一只桶，然后在桶的底部画了许多洞，并给这些洞标上名字：粗鲁、劣质服务、未经过训练的员工、质量低劣、选择性差等。他把桶中流出的水比作客户，并指出，企业为了保住原有的营业额，必须从桶的顶部不断注入新客户来补充流失的客户，这是一个代价高昂且没有尽头的过程。现在，越来越多的企业开始通过提高服务质量来维系老客户，因为堵住漏桶带来的远不是客户数量，而是客户质量的提高。

2. 客户忠诚度的衡量标准

由于企业的具体经营情况有很大的不同，因此，不同企业在设计客户忠诚度的量化考核标准时，可以从自身各个方面加以考虑，根据实际情况选择合适的因素，并赋予不同的权值来得出一个综合评价得分。客户忠诚度的衡量标准主要有：

（1）客户重复购买率。考核期内，客户对一种产品重复购买的次数越多，表明其对这一产品的忠诚度越高；反之，则越低。对于经营多种产品的企业来讲，重复购买本企业品牌的不同产品，也是一种对企业的高忠诚度的表现。

（2）客户对本企业产品品牌的关注程度。一般来讲，对企业的商品和品牌予以关注的次数越多，表明忠诚度越高。关注程度和购买次数并不完全相同，比如某品牌的专卖店，客户经常光顾，但不一定每次都购买。

（3）客户需求满足率。指一定时间内客户购买某商品的数量占其对该类产品或服务全部需求的比例，这个比例越高，表明客户的忠诚度越高。

（4）客户对产品价格的敏感程度。敏感程度越低，表明忠诚度越高。客户对产品价格的敏感程度可以从侧面来了解，比如在企业调整价格以后，客户购买量的变化、其他的反常情况等。需要注意的是，忠诚客户对商品价格的不敏感，并不意味着企业可以利用单独的调价行为来谋取额外利益，企业要结合产品的供求关系以及需求的迫切程度等综合考察。

（5）客户对竞争产品的态度。人们对某一品牌的态度的变化，大多是通过与竞争产品的比较而产生的，客户对竞争产品表现出的偏好越来越多，表明其忠诚度下降。

（6）客户对商品的认同度。如果客户经常向身边的人推荐产品，或者在间接的评价中表示认同，则表明忠诚度较高。

（7）客户购买时的挑选时间。客户挑选产品的时间越短，表明其忠诚度越高。

（8）客户对产品质量事故的承受力。客户对出现的质量事故越宽容，表明忠诚度越高。

企业设计适合自身情况的指标体系，采用相应的客户忠诚度解决方案，可以提高客户回头率，增加单位客户销售额，同时降低客户流失率。

营销实践

海底捞客户关系管理的创新之处

拥有极高用户口碑和较低员工离职率的知名火锅连锁品牌海底捞，通过制定计划，建立高效的组织机构，运用现代客户关系管理系统，优化服务业务流程，从而发现更多的潜在顾客，吸引顾客，维系与顾客的关系进而提升顾客的价值。

海底捞具有清晰的顾客群体认知与顾客关系维系思维，回头客居多。以北京海底捞火锅城为例，它的客户关系管理的创新之处表现在：

（1）基于服务的客户关系管理：海底捞实行会员制，在识别会员身份之后根据记录向顾客提供极致的个性化服务。

（2）基于客户关系管理的内部激励机制：通过对内部员工的人性化关怀，使员工对工资水平和福利水平真正满意，进而付出全部热情服务于顾客；由内部服务质量的提高到达外部服务价值的实现，从而使内部员工的激励机制与客户关系管理形成必要联系。

（3）基于互联网的产品营销：最早海底捞是通过利用微博吸引顾客，在很长的一段时间内海底捞被传为神话，通过这种网络营销手段吸引了大量的顾客，还开拓微信公众号等线上传播手段。

未来海底捞应加强以战略为导向的客户关系管理体系和对员工的人文关怀。海底捞虽然有客户关系管理系统，但外在表现更多的是极致的服务，若从深层次挖掘，大部分员工并没有领会这些服务流程与客户关系管理的内在联系，即没有从战略的高度去把控，没有将客户关系管理真正嵌入组织的发展架构中。此外，员工是联结企业和顾客的纽带，计件工资制下，员工竞争加剧，压力增大，可能很多时候无暇顾及顾客的特殊需求，无法将信息反馈到系统，而顾客大多是被动服务，缺乏提出意见的动机。所以客户关系管理，要从公司战略层面、员工层面、顾客层面三管齐下。

资料来源：任琪龙，曲耀稼．客户关系管理分析与研究——北京海底捞火锅城为例．山西青年，2016（1）：234，236.

四、客户忠诚度解决方案

企业应想方设法提高客户忠诚度。

首先，完整地认识整个客户生命周期。在技术上提供与客户沟通的统一平台，提高员工与客户接触的效率和客户反馈率，建立多样化的沟通渠道和灵活高效的激励机制，形成一个完整的反馈流，从而既能为消费者提供完全一致的高品质服务，使消费者在意想不到的时刻感受来自企业的点到点、面对面的关怀，同时还可以实时掌握市场动态，迅速开发出新的市场。

其次，提供个性化的产品和服务。企业只有以客户为中心，为客户提供最合适的服务，或根据客户的不同需求提供不同内容的产品，客户再次光顾的可能性才会大大增加。除了在产品方面付出努力，还可以采用卓有成效的消费累积奖励方案，让消费者在选择购买产品之后免费成为注册用户，以便在以后每次购买商品时实时获得累积奖励，用长期奖励为消费者带来较大的节省，从而留住高价值客户并吸引新客户。有针对性的服务对维持客户的忠诚度很有帮助。许多企业开始实施客户忠诚度计划，个性化措施会提高客户的满意度，使每个客户的潜在购买需求得到发掘，提高客户忠诚度和购买率。

五、提高大客户忠诚度的策略

大客户往往关系着大生意，因而对企业非常重要。企业必须密切关注大客户的动态，调动大客户的积极性。可从以下十个方面着手，做好大客户的工作。

1. 优先向大客户供货

大客户对产品的需要量非常大，企业要优先满足大客户对产品的数量及系列化的要求，优先向大客户供货。特别是对于在销售上有淡旺季的产品，企业要随时了解大客户的销售和存货情况，及时与大客户共同商讨，预测市场的发展趋势，确定合理的库存量及客户在销售旺季的需求量等，以便在销售旺季到来之前，与生产运输等部门做好协调工作，保证大客户货源充足，避免因缺货而引起大客户的不满。

2. 向大客户开展关系营销

企业营销人员应充分调动大客户中一切与销售相关的因素，包括最基层的营业人员和推销人员。许多营销人员往往错误地认为只要处理好与客户的中上层主管的关系就可以了，而忽视了基层的营业人员和推销人员的工作。殊不知，虽然中上层的主管人员掌握着产品进货、货款支付等大权，处理好与他们的关系十分重要，但产品销售到客户的手中，要经过客户的基层工作人员，如仓库保管员、营业员、销售人员等多个环节，因此与客户的基层工作人员也密切相关。企业应及时组织对客户的基层工作人员进行相关的培训，或督促管理人员做好这方面的工作。

3. 及时向大客户供应新产品

企业应及时向大客户供应企业研制并生产的新产品。特别是新产品的试销应首先在大客户那里进行。这是因为若能在向大客户销售新产品的过程中获得良好的销售业绩，就能提前确定大客户在自己的市场内对该产品销售的影响力。而且，对于企业来说，从大客户对新产品的销售反馈中收集到的客户意见和建议，一般具有良好的代表性和很强的时效性，便于生产企业作出决策。在新产品试销或正式上市之前，企业应提前做好与大客户的前期协调和准备工作，以确保新产品的试销和上市能够顺利进行。

4. 关注大客户的动态

大客户是生产企业市场营销的重要一环，企业必须密切关注大客户的一切公关及促销活动、商业动态，并及时给予支持和协助，利用一切机会加强与客户之间的感情交流。

5. 安排企业领导访问大客户

企业有关部门应为企业的领导（如营销部门的主管）提供准确的信息，协助安排合理的日程，以使其有目的、有计划地访问大客户，联络与大客户的感情，并显示出对大客户的尊重和重视。

6. 与大客户联合设计促销方案

每个大客户都有不同的情况，如区域不同、经营策略不同、销售的专业化程度不同，等等。为使每一个大客户的销售业绩都能够得到稳步的提高，企业有关部门应该协调营销人员、市场营销策划部门根据大客户的不同情况与大客户共同设计促销方案，使大客户感受到高度重视，通过这种方式，也可达到实现更大的销售量的目的。

7. 经常征求大客户的意见

企业应经常征求大客户的意见，特别是对市场营销人员的意见，及时调整市场营销人员。市场营销人员是企业的代表，其工作的好坏是决定企业与大客户关系的一个至关重要的因素。因此，企业对负责处理与大客户之间业务的市场营销人员的工作不但要有效地协助，而且要进行监督和考核，并依据大客户的意见，及时调整并安排适当的人选。

8. 及时准确地与大客户相互传递信息

大客户对市场具有强大的影响力乃至控制力，其销售状况是市场状况的“晴雨表”。因此，企业要对大客户的有关销售信息进行及时准确的收集、汇总、整理、分析，并及时通报给生产、研发、运输、市场营销策划等部门，以便针对市场变化及时调整。此外，企业应及时向大客户通报自己所掌握的行业信息和市场信息等，帮助大客户改进工作。

9. 为大客户制定特别的奖励政策

企业应针对大客户的特点，采取特别的奖励政策，如各种折扣、合作促销计划、销售竞赛、返利等，以有效地调动客户的销售积极性和主动性。

10. 组织大客户与企业之间的业务洽谈会

每隔一段时间组织一次高层主管与大客户之间的业务洽谈会，听取客户对企业产品、服务、营销、产品开发等方面的意见和建议，客户对未来市场发展趋势的看法，并对企业以后的发展计划进行研讨。这种业务洽谈会对企业做出明智的决策非常有用，也是联络与大客户之间的感情的良好时机。

大客户管理工作涉及生产企业的许多部门，要求各部门之间协调配合，开展非常细致的工作。大客户管理工作对企业的销售业绩具有举足轻重的影响。因此，企业必须充分调动一切积极因素，深入地做好各项工作，更好地为大客户服务。只有牢牢抓住大客户，才能增强企业对竞争对手的防御能力，从而在激烈的竞争中立于不败之地。

◎ 基本概念

客户关系管理　　客户数据库　　伙伴型客户关系　　二级客户
负值客户　　RFM分析法

◎ 思考题

1. 如何理解客户关系管理的内涵？
2. 简述客户关系管理系统的构成及其功能。
3. 企业应该如何选择客户关系类型？

4. 阐述基于价值的客户分类，以及企业不同的应对策略。

5. 如何稳定最有价值的客户？

6. 在企业的所有客户中必然存在部分负值客户，在管理这些负值客户时企业应该采取什么策略？如何增加二级客户收入？

7. 客户数据库的建立有哪两个阶段？

8. 如何利用 RFM 分析法挖掘客户价值？

9. 在评估顾客满意度时哪些因素起关键作用？

10. 客户忠诚的层次是怎样划分的？

11. 客户忠诚度的衡量标准有哪些？

12. 提高大客户忠诚度的策略有哪些？

◎案　例

网易云音乐戳心“乐评专列”的创意

网易云音乐成为一只新的独角兽，也是网易旗下第一个单独融资的项目。

2017 年 4 月 11 日，网易云音乐宣布用户数突破 3 亿，同时获得 7.5 亿元融资，融资由中国传媒界人脉最广的黎瑞刚领衔的 SMG 战略领投，芒果文创（上海）股权投资基金（简称“芒果文创”）、中金佳泰基金参投，总估值 80 亿元。

在网易云音乐获得了融资后，其前段时间引发微信转发评论热潮的“地铁乐评”事件也再次为人们所关注。

2017 年 3 月 20 日，网易云音乐与杭港地铁合作打造了一个“乐评专列”，把精选出来的用户乐评贴满了杭州地铁 1 号线以及江陵路站，这次“乐评专列”的营销主题是“看见音乐的力量”，网易云音乐从平台 4 亿多条评论中先筛出点赞数最高的 5 000 多条，最终挑出最容易引起地铁受众情感共鸣的 85 条乐评文案。

网易云音乐红的车厢、布满乐评的内景很快吸引了过往乘客、行人驻足围观，而戳心的乐评更打动了每一位地铁乘客，很快就在线上引起了一阵“红色”刷屏潮。

经过此次地铁营销，该活动获得了 2 000 个微信公众号的报道，总阅读量 1 000 万人次，百度指数增长 80%，微信指数翻 216 倍，达到 1 300 万的峰值。反映在下载量上的一个数据是，在活动期间，在音乐系列排行榜里面，从第三名飙升到第一名，免费排行榜从 35 位左右飙升至第 16 位。

在 4 月 14 日虎嗅举办的新媒体营销深度分享会上，网易云音乐副总裁李茵讲述了这次典型营销案例的始末。

首先是创意。李茵认为，乐评一直是网易云音乐的核心功能，除却平日里自己领导团队经常看乐评并进行交流外，李茵也主导了站内用户调研，收回了 7 000 份问卷，其中每一条用户反馈她都看了，有超过一半的用户觉得能从评论里面找到慰藉和共鸣。故而她突发奇想能不能把这些乐评分享出来，引起更多人的共鸣。

其次是洞察。李茵认为，这些营销成功的点首先在于切中了“人生而孤独”的痛点，如何引起客户共鸣是营销过程中非常重要的能力。不管是乐评、精准的个性化推荐还是朋友动态功能，我们都是在寻找一个“适度缓解孤独感又保持个人独立性”的方式来打造。作为城市化的产物，地铁往往是一个城市人流量最大的地方，能满足传播需要的爆炸力。此外，地铁也是一个相对封闭的空间，在这种环境下，人的注意力容易集中，情绪传染也会加速。

最后是执行。此次营销活动投入并不大，2个月的准备时间，2周的执行时间，换来了此次营销事件的轰动。这次成功的营销事件，不仅提高了原有客户的忠诚度，也把网易云音乐推向了更多人，了解用户，思考用户最痛的点，把好的方案放到用户的面前，不只是产品和运营的考虑，也是营销团队每时每刻需要关注的点。

资料来源：独家｜复盘网易云音乐戳心“乐评专列”创意全过程．（2017－03－24）．http：//mp. weixin. qq. com/s/WsrNUP48OZnS5jOdcs7z4w；网易云音乐在虎嗅WOW大会上走心分享它是如何引爆地铁营销的．（2017－04－15）．http：//mp. weixin. qq. com/s/qItv8SgDwisgqRKUkeOqWQ.

【案例思考】

1. 通过案例，在客户关系管理方面你有什么收获？

2. 通过案例，你对提高客户忠诚度有什么新的认知？

M

第Ⅳ篇

市场营销计划、组织与控制

第 15 章

市场营销计划、组织与控制

本章要点

- 了解市场营销计划的内容
- 理解市场营销部门的组织模式
- 了解营销控制的基本程序
- 掌握营销控制的主要方法

本章从管理营销活动的角度，讨论对市场营销活动的计划、组织、实施与控制。前述营销整体战略规划规定了企业的任务、目标、增长战略，但每个部门还必须制定其各项职能计划，包括市场营销计划。无论是计划的制定还是实施，都离不开有效的市场营销组织。在一个小企业里，所有者个人可能独揽全部营销工作，但在现代成熟的大中型企业里，没有完善、有效的组织，要顺利完成实现战略目标的一系列实际活动，是难以想象的。本章将讨论如何制定营销计划、组织的若干基本要素、组织方式及如何有效地实施和控制营销计划。

第 1 节　市场营销计划

不同企业的市场营销计划详略程度不同，特别是产品线计划和品牌计划。不过，多数市场营销计划应包含以下八方面的内容，如图 15－1 所示。

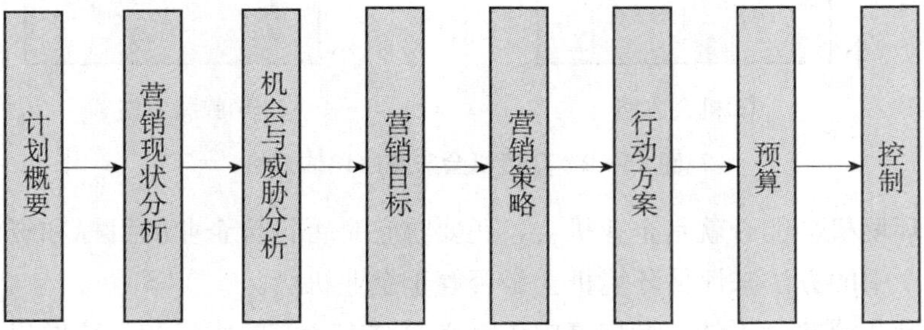

图 15－1　营销计划内容

1. 计划概要

营销计划要形成正式的文字。在计划书的开头要对本计划的主要营销目标和措施作一简要的概括。如某企业年度营销计划的概要可能是这样表述的：本年度要使某产品系列的销售额和利润额比上年有较大幅度的增长，前者要达到8 000万元，增幅20%；后者要达到700万元，增幅15%。这个增幅可通过增加广告预算20%，开发新的地区市场投入50万元达到……计划概要的目的是让高层主管很快掌握计划的核心内容，类似内容提要。

2. 营销现状分析

这部分提供与市场、竞争、产品、分销和宏观环境因素有关的背景材料。如市场情况，应说明市场的规模，过去几年的增长情况，顾客需求和购买行为方面的趋势；产品情况，应说明近年来各主要产品品种的销量、价格、获利水平等；竞争形势，应说明谁是主要的竞争对手，每个竞争对手在产品品质、特色、定价、促销、分销等方面都采取了哪些策略，它们各自的市场占有率及变化趋势；分销情况，应说明各主要经销商近年在销售额、经营能力和地位方面的变化。

3. 机会与威胁分析

机会指营销环境中对企业有利的因素。威胁指营销环境中对企业不利的因素。应找出这些因素，并分出轻重缓急，以使其中较重要的因素能受到特别的关注。

评估环境机会可从两方面进行：一看其吸引力，即潜在的获利能力；二看成功的可能性。图15-2（a）给出了一个评价环境机会的简单工具。对环境威胁也可以从两方面进行评估：一是可能带来损失的大小；二是发生的概率。具体做法如图15-2（b）所示。显然，图15-2（a）中机会①的位置最好；图15-2（b）中，威胁②和③各有千秋，一个损失小，但发生的概率高；另一个损失大，但发生的概率低。

图15-2 环境机会与威胁评估方格

然而，环境机会能否就是企业机会，还要看它是否符合企业的目标和资源，我们可运用图15-3中的方法来评估环境机会是否等于企业机会。

除了机会和威胁分析外，计划书中还有必要对本企业的优势和劣势做出分析。与环境机会和威胁相反，优势和劣势是内在因素，反映企业在竞争中与对手相比较的长处和短处。优势指企业可以利用的要素，如高质量的产品；劣势指企业应加以改进的部分，如公关宣传不得力。

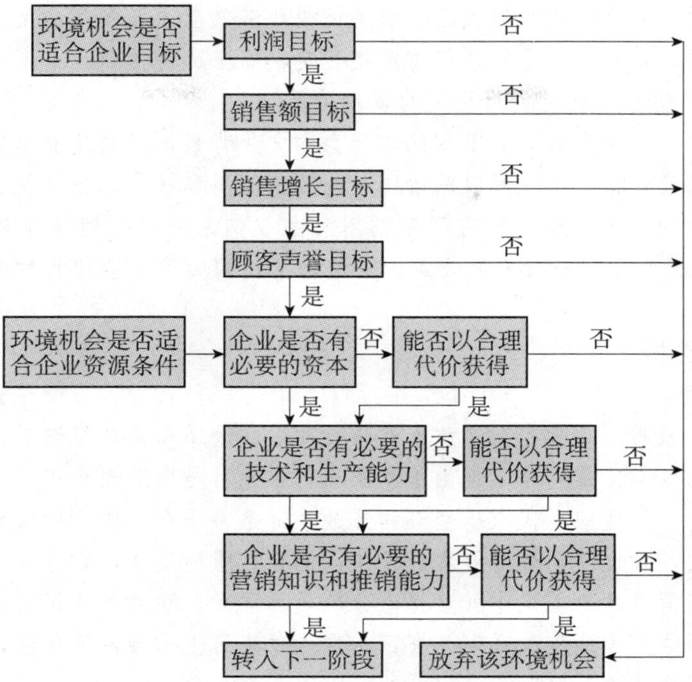

图 15－3　环境机会评价

延伸阅读

我国商业银行市场营销现状分析

在全球经济一体化背景下，我国商业银行进入一个新的发展时期。金融危机在全球肆虐的时期正是中国城市商业银行高速发展、剧烈分化的时期，区域性银行、社区银行均已出现并走向成熟，多元化的银行体系必将逐渐成形。金融垄断随着市场化改革的深入被打破，顺应市场形势的金融格局已诞生。在这个机会与威胁并存的时代背景下，我国商业银行必须直接面对竞争日益加剧的市场环境，各商业银行纷纷注意到了市场营销在其业务拓展中的重要意义并且进行了初步实践，但与世界上较为先进、发展较早的外资银行相比，营销机制并不成熟。鉴于对我国商业银行自身和对我国宏观和微观银行营销环境的分析，通过与部分先进的外资银行比较，我们可以借助 SWOT 分析法，了解我国商业银行在内外营销环境中所形成的机会、威胁、优势和劣势。

（一）优势分析

与外资银行相比，中国商业银行在国内市场有诸多优势，主要有营业网点优势、资本规模优势、稳定的客户关系优势等。

1. 营业网点数量多。

中国商业银行实行总分行制，即总行、分行、支行、营业网点的四级管理体制。许多银行还拥有遍布各地的代理行以及网上银行、电话银行和自助银行等分销渠道。

2. 资本规模大，实力雄厚。

我国经济体制决定了我国商业银行的实力较强，尤其是四大国有商业银行，均具有较大的资产规模，只有规模足够大，银行的规模经济效应才能发挥作用，抵抗风险的能力也会相对较强，虽然未必最优，但肯定更稳定、安全、可信赖。

3. 国家信用优势，拥有较为稳定的客户关系。

我国商业银行与国内客户有着相同的社会和文化背景，容易建立起较稳定的客户关系。此外，中国商业银行不仅可以获取国家的政策倾斜和扶持，分享税收、产业政策以及各项改革政策的优惠，而且还有国家信用和主权信用支持，增强了银行经营的稳定性。同时，随着近年来银行股份制改革，更增加了我国大型商业银行的知名度及品牌号召力。

（二）劣势分析

1. 高级专业人才稀缺。

从金融人才来看，尽管我国实施专业银行商业化改革以来已经培养出了一大批符合商业银行需求的各类优秀人才，但由于我国银行业尤其是商业银行市场营销还处于起步发展时期，从业人员适应现代市场经济和开放经济条件下商业银行的经营与管理新形势还需要一段时间，加之我国金融业发展较快，网点扩张速度快，熟悉商业银行业务且符合国际国内市场需求的专业人才就显得十分缺乏。同时，随着外资银行的不断涌入，中国商业银行还面临人才的流失。而外资银行在人才资源上有独到的优势，有大量的金融精英，这是中国商业银行暂时无法比拟的。

2. 金融创新能力不足。

近年来，我国商业银行加快了业务结构调整，在资产业务、负债业务、中间业务等方面进行了创新。但仍然存在资产业务单一、资金成本高、中间业务相对落后等问题。开办的新业务品种少、规模小、收益低，在整个银行资产负债业务中的占比不大，难以达到满足日新月异的市场需求、提高整体经营效益的初衷。我国银行从业人员大多缺乏现代商业银行业务知识，不适应业务创新的要求；国内现有的政策和制度安排不合理，有碍业务创新；社会公众的金融意识不强，等等，都成为阻碍创新的内在因素。随着我国银行业向外资和民营机构的开放程度不断加深，创新能力的缺乏将会失去竞争优势。

（三）机会分析

1. 新兴产业和优势产业市场快速发展。

随着加快经济结构调整和加大政策扶持力度，促进了新兴产业和优势产业的快速发展。这些行业的信贷需求正在增加，银行同业市场、基金市场、保险市场、期货市场、黄金市场等已进入快速发展时期，银行与相关市场主体合作空间扩大。为我国商业银行的市场营销提供了一个广阔、潜力巨大的市场。

2. 居民消费市场潜力巨大。

今年以来，我国经济持续下行的趋势已得到遏制，正处在企稳回升的基本状态和关键时期，宏观经济逐步走出衰退的阴影，宏观调控的政策效应已初步显现。虽然我国目前个人消费市场还比较低迷，但随着政策倾斜和居民消费观的变化，个人消费市场的市场营销潜力将十分巨大，是我国商业银行今后营销的一个主攻方向。

3. 国际市场业务进一步拓宽。

受国际金融危机的影响，国际银行业格局面临洗牌，我国大型商业银行加快海外发展布局。金融危机对全球金融体系产生了巨大冲击，欧美银行业受到重创。同时，欧美银行业在此次金融危机中陷入流动性困境，在一定程度上阻碍了其迈向新兴市场的步伐。我国银行业应充分把握这一机遇，顺应经济全球化的趋势，从金融危机中吸取教训，学习国际大银行的营销思想与战略，夯实国内市场并稳步推进国际战略，力争在未来的国际银行市场中占据一定地位。

（四）威胁分析

1. 国内外宏观经济形势仍存在诸多不确定性。

金融危机的风险还在蔓延，全球经济复苏的内生动力仍然不足。国内经济虽然正在复苏，但存在下行风险。如全球贸易不景气导致出口环境不理想，原材料价格和劳动力成本上升也将削弱我国产品的国际竞争力；一些地方新上的投资项目仍在快速增长，部分产业产能过剩现象突出，如风力发电产业，经济发展方式转变、经济结构调整和节能减排任务艰巨；通胀压力依然存在，政府采取的货币政策和财政政策存在很大的不可预见性。因此，我国商业银行的未来充满诸多不确定因素，机遇与风险并存。

2. 地方政府代偿性风险仍较为突出。

金融危机期间，为了维护经济运行，我国商业银行向地方政府平台公司发放了大量贷款，很多贷款项目的贷款主体合规性、地方政府担保合法性、贷款项目的现金流和担保方式都存在一些问题。长期来看，会导致地方政府财政风险向银行体系转移，我国地方政府举债模式和基础设施建设投融资模式仍需完善，潜在金融风险较大。

3. 房地产价格大幅波动和产业结构调整带来贷款政策紧缩。

国务院陆续出台了多项房地产市场调控政策，银监会也相继出台“二套房”政策、督促银行实行房地产授信名单式管理等。此外，国务院连续出台了多项产业结构调整政策，严控高耗能、高排放产业的发展，淘汰落后产能，防止产能过剩。在这个过程中，银行业既要防范信贷风险，也要运用信贷资源大力支持新兴产业和产业升级。这些都需要我国商业银行及时调整结构，担负起时代责任。

资料来源：宋雪．我国商业银行市场营销现状分析及对策．时代金融，2011（8）：78－80.

4. 营销目标

营销目标是营销计划的核心部分，它们将指导随后的策略和行动方案的拟定。计划目标分为两类：财务目标和市场营销目标。财务目标主要由即期利润指标和长期投资收益率目标组成。财务目标必须转换成营销目标，如销售额、市场占有率、分销网覆盖面、单价水平等。所有目标都应以定量的形式表达，并具有可行性和一致性。

5. 营销策略

每一目标都可通过多种途径去实现，营销管理者必须从各种可供选择的策略中作出选择，并在计划书中加以陈述，包括目标市场、产品定位、市场营销组合策略及新产品开发和营销调查方面的计划。

6. 行动方案

有了营销策略，还要有具体的行动方案，例如：如何具体着手做？何时开始，何时完成？由谁做？预算多少？这些都要按时间顺序形成一个详细且可供实施的行动方案。

7. 预算

根据行动方案编制预算方案，收入方列出预计销售量及单价，支出方列出生产、实体分销及市场营销费用，收支差即为预计的利润。上级主管部门负责该预算的审查、批准或修改。一旦获得批准，该预算即成为购买原料、安排生产、支出营销费用的依据。

8. 控制

规定如何对计划实施过程进行控制。基本做法是将计划规定的目标和预算按季度、月份或更小的时间单位进行分解，以便于主管部门能对计划执行情况随时监督检查。有些计划的控制部分还包括发生意外时的应急计划。

第 2 节　市场营销组织

营销计划要靠组织去实施，没有一个有效且符合市场导向观念要求的组织，再好的计划也只能是纸上谈兵。

一、有效市场营销组织的特征

有效的营销组织应具有灵活性、适应性和系统性，即企业组织能够根据营销环境和营销目标、策略的变化，适应需要，迅速调整自己。因此，一个具有灵活性的组织应按图 15－4 所示的程序建立自己的组织制度，而不是反过来由组织结构、管理体制决定企业的目标和战略，甚至如图 15－5 所示，以 2011 年的企业组织和管理体制来应对 2016 年的市场机会。其结果必然是受落后的组织结构和管理体制束缚，无法有效地调整企业目标和战略，以致坐失良机。

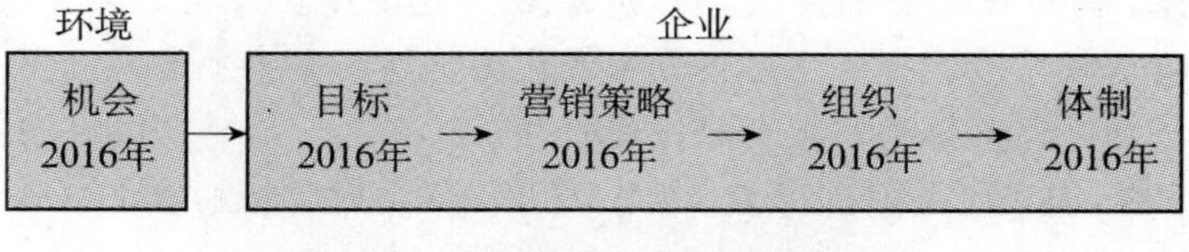

图 15－4　建立有效营销组织的程序

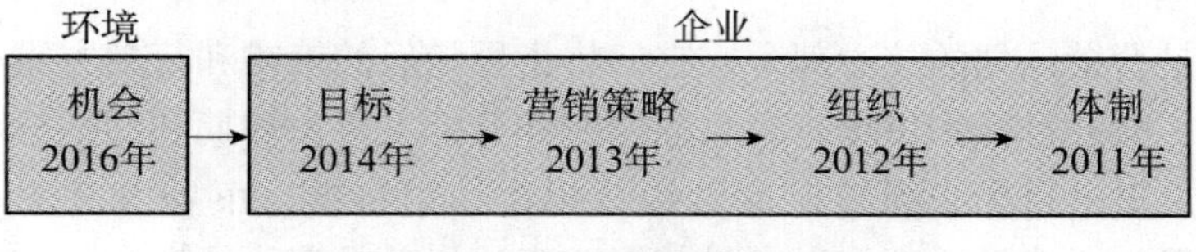

图 15－5　缺乏适应性的组织

一般来说，越是成熟的组织，由于经验和惯性的作用，越容易丧失组织的灵活性和适应性，为此，管理学家们设计了种种模式，试图使营销组织成为具有适应调节功能的系统。

营销组织具有系统性，即企业的各个部门——市场营销、研发、生产、财务、人事，及市场营销所属各部门，如市场调研、广告宣传、人员推销、实体分销等都能相互配合，具有整体协调性，为一个共同的满足顾客需要的目标协同工作，获得整体大于部分之和的效果。

二、市场营销组织的演化

现代理想的市场营销组织是长期演化而来的产物。从 20 世纪 30 年代开始，销售部门在西方企业中从处于无足轻重的地位发展到今天这样具有复杂的功能，并成为企业组织中的核心部门，其间可划分为五个阶段，我们简要介绍一下每个阶段的组织形态。

1. 简单的销售部门

一般来说，企业建立之初都是从财务、生产、销售、人事、会计五个基本职能部门开始发展的。在这个阶段，企业通常以生产作为经营管理的重点。生产什么、生产多少及产品价格主要由生产和财务部门制定。销售部门通常只有一位销售主管率领几位销售人员，销售经理的主要职责是管理推销员，促使他们卖出更多的产品。这一阶段企业营销组织结构通常如图 15－6（a）所示。

2. 销售部门兼营其他营销职能

随着公司规模扩大，需要经常进行市场调查、广告宣传及顾客服务等方面的工作，此时，销售经理可聘用一位市场主管，指挥、控制那些非推销职能，如图 15－6（b）所示。

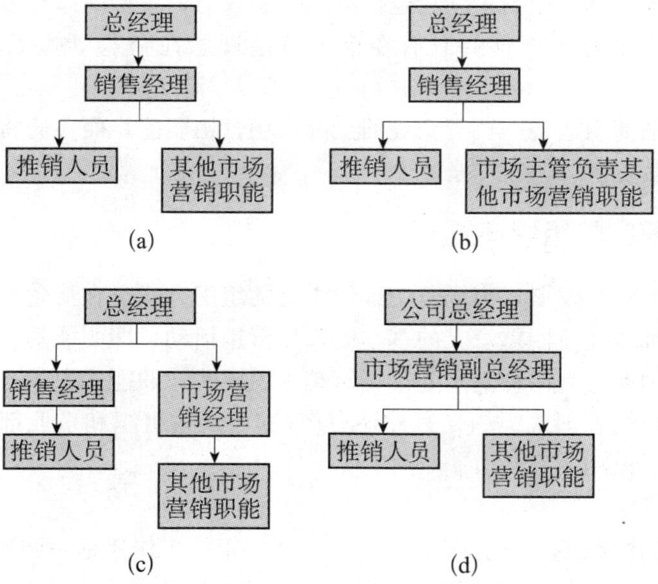

图 15－6　营销部门组织的发展

3. 独立的市场营销部门

公司继续扩大，其他市场营销功能相对于推销工作来说就更为重要。最终，公司总经理看到了建立一个独立于销售部门的市场营销部门的必要，如图 15－6（c）所示。在这个阶段，市场营销和销售在公司中是两个独立和平行的部门。

4. 现代市场营销部门

虽然销售和市场营销部门的工作应是目标一致的，但平行和独立又常使它们的关系充满竞争和矛盾。如销售经理注重短期目标和眼前销售额，而市场营销经理注重长期目标和开发满足消费者长远需要的产品。由于二者之间冲突太多，最终导致公司总经理将它们合并为一个部门，如图 15-6（d）所示。

5. 现代市场营销公司

一家企业即使设置了现代市场营销部门，也并不意味着它就是以市场营销原理指导运行的公司。如果公司成员仍将市场营销等同于销售，那么，它就还不是一家现代市场营销公司。只有公司成员认识到了企业所有部门的任务都是"为消费者服务"，"市场营销"不只是公司内某个部门的名称，而且是公司的经营理念时，这家公司才能成为真正的现代市场营销公司。

为保证市场营销理念在公司内得以贯彻，企业组织结构上应有如下安排。

（1）设置独立的市场营销调研部门，以确定消费者的需求及企业应提供什么样的产品或服务来满足这些需求。

（2）营销部门应参与新产品的开发。在企业内，市场营销部门对消费者的需求了解最多，而在现代市场上，新产品商业性开发涉及的最重要因素，在很多情况下不在技术先进程度，而在是否符合消费者需要。因此，市场营销部门在决定开发产品的种类、功能结构、款式、规格、花色等方面均负有指导性甚至决定性的责任。

（3）应给营销主管以相当于副总经理的地位和权力，直接向总经理报告工作，参与决定企业的经营总战略。而这些只有在市场营销理念在企业里扎了根的情况下才能做到。

（4）市场营销部门应统一负责企业的全部市场营销职能，而不应将其中一部分职能分散到其他部门负责。

三、市场营销部门的组织模式

随着情况的变化与发展，市场营销部门本身的组织方式也在演化。概括而言，所有的市场营销组织都须适应四重意义的基本的市场营销活动，即职能的、地理区域的、产品的和市场的。因此，有四种基本的市场营销组织模式：职能式组织、地区式组织、产品管理式组织和市场管理式组织，另外还有产品/市场式组织和事业部组织，为从事多元化经营的企业所采用。

1. 职能式组织

这是最常见的组织模式（见图 15-7）。营销主管的工作就是协调各专业职能部门的活动。职能部门的数量可以根据需要增减。职能式组织的最大优点是简便易行。不过，随着公司产品种类增多，市场扩大，这种组织方式可能损失效率。因为没有一个职能部门对某一具体的产品或市场负责，每个职能部门都在为获得更多的预算和更有利的地位而竞争，致使营销经理经常陷于难以调解的纠纷之中。

2. 地区式组织

在全国范围或跨国销售产品的企业通常按地理区域组织其销售力量，如图 15-8 所示。地区经理掌握一切关于该地区市场环境的情报，为在该地区打开公司产品销路制定长短期计划，并负责计划的贯彻实施。

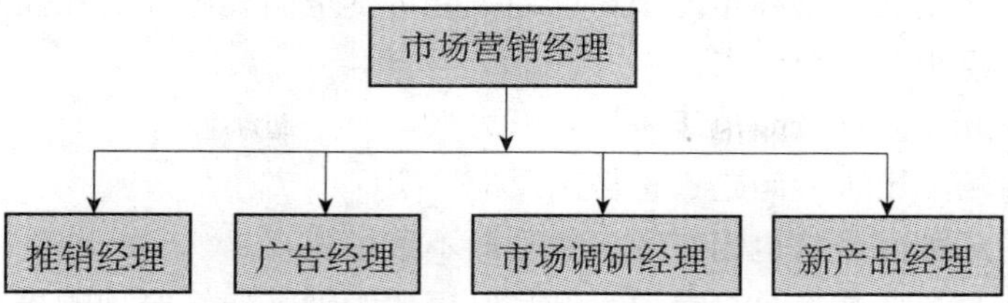

图 15-7 职能式组织

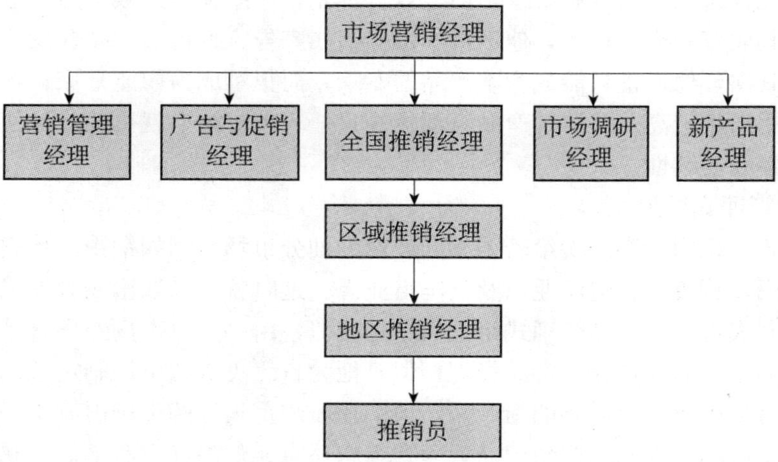

图 15-8 地区式组织

3. 产品管理式组织

如果一个企业生产多品种或多品牌的产品，并且各种产品之间的差别很大，则适于按产品系列或品牌设置营销组织（见图15-9)。采用多品种、多品牌生产的宝洁和通用食品等公司都是采用此种组织结构。

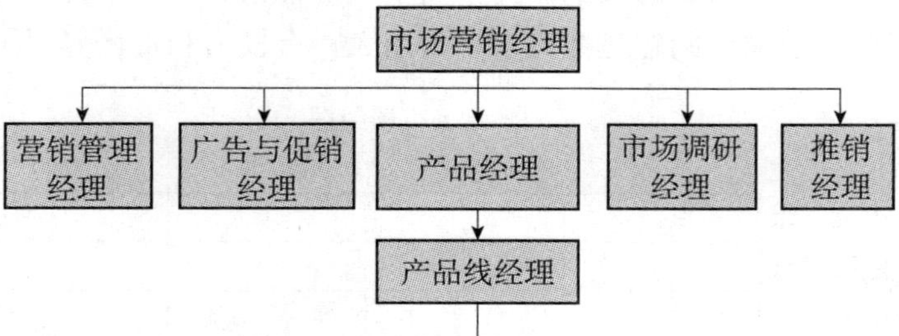

图 15-9 产品管理式组织

其实，最早的产品管理式组织是1927年由宝洁公司创立的。该公司当时开发了一种新肥皂，但不成功。年轻的经理尼尔·麦克尔罗伊被派去统筹开发和推销这种新产品，他成功了，于是公司很快增设了其他产品经理。从那时起，许多公司，特别是生产食品、肥皂、化妆品和化工产品的公司，都建立了产品管理式组织。产品经理的任务就是制定产品的长期发展战略和年度销售计划，并负责全面实施计划和控制执行结果。

产品管理式组织有几个优点：

（1）能够为开发某种产品市场协调各方力量。

（2）能对市场上出现的问题迅速做出反应。

（3）较小的品种或品牌也因有专人负责而不致被忽视。

（4）由于必须与各方人员打交道，产品经理成为锻炼年轻经理的极好位置。如宝洁公司的那位年轻的产品经理后来就成为该公司的董事长。

不过，此种组织模式也有一些不便之处。首先，产品经理虽被称为“最小的总裁”，但并无履行其职责的充分权力，他不得不依赖诸如广告、推销、产品开发等其他职能部门的配合；其次，他通常只能成为本产品的专家，而很难成为职能专家；再次，这种管理系统的费用通常较高；最后，产品经理往往只任职较短时期就被调走，使市场营销计划缺乏长期性和连续性。

4. 市场管理式组织

一些大企业将同类产品卖给若干不同产业的细分市场。例如钢铁厂将它的钢材分别卖给铁路部门、建筑业、造船业以及汽车行业等。这时就可采取市场管理式组织。

市场管理式组织与产品管理式组织的结构相似，由一个总市场经理管辖若干细分市场经理。市场经理的职责亦与产品经理相似，他为自己负责的市场制定长期的和年度的计划，分析市场趋势及所需要的新产品，他们比较注重长远的市场占有率，而不是眼前的获利能力。市场管理式组织与产品管理式组织还有相似的优点和不足，它的最大优点是各种市场营销活动通过市场经理被组织起来满足不同顾客群的需要，而不是着眼于职能、地区或产品。有专家认为，市场管理式组织最符合现代市场营销观念的要求。

5. 产品/市场式组织

这是一种矩阵式组织，是将产品式与市场式结合起来的组织形式（见图15-10）。产品经理负责产品的销售利润和计划，为产品寻找更广泛的用途；市场经理则负责开发现有和潜在的市场，着眼市场的长期需要，而不只是推销眼前的某种产品。这种组织形式适于多元化经营的公司，问题是冲突多、费用大，有权力和责任界限不清的麻烦。

产品经理 \ 市场经理	男装	女装	家庭用布	工业用户
人造纤维				
醋酸纤维				
尼龙				
涤纶				

图15-10 产品/市场式组织

6. 事业部组织

从事多元化经营的大公司随着规模的进一步扩大，常为不同的产品类别分设事业部。这些事业部各自独立，组织上也自成体系，设有自己的职能部门，由此产生了营销职能如何在公司总部与事业部之间划分的问题。一般有以下几种选择。

（1）公司总部不再设营销部门，营销职能完全由各事业部自己负责。

（2）公司总部设一规模很小的营销部门，只承担很有限的营销职能。如为最高主管对市场机会或威胁做出评估，督促公司其他部门接受现代营销观念的指导等。

（3）适当规模的总公司级营销部门，通常要为各事业部提供多种营销服务，如广告、公关促销、营销调研、人员培训等。

（4）总公司级设置庞大的营销部门，直接参与各事业部的营销规划工作，并对计划实施过程加以控制。

四、营销组织结构的新变化

伴随着经济社会的转型，当前整体企业的营销生态环境出现了根本性的转变。网络媒体、电子商务的高速发展，带动以移动数字技术为基础的其他形态新兴媒体快速发展。企业生态环境的新变化必然要求营销组织的结构、职能和风格与之匹配。

1. 营销组织结构的信息化、网络化

信息技术的飞速发展，使得信息的传递不必再遵循自上而下或自下而上的等级阶层，就可实现部门与部门、人与人之间直接的信息交流。营销组织结构网络化主要表现为企业内部结构网络化和企业间结构网络化。企业内部结构网络化是指在企业内部打破部门界限，各部门及成员以网络形式相互连接，使信息和知识在企业内快速传播，实现最大限度的资源共享；企业间结构网络化包括纵向网络和横向网络，纵向网络即由行业中处于价值链不同环节的企业共同组成的网络型组织，例如供应商、生产商、经销商等上下游企业之间组成的网络，这种网络关系打破了传统企业间明确的组织界限，大大提高了资源的利用效率及对市场的响应速度，而横向网络指由处于不同行业的企业所组成的网络。这些企业之间会发生业务往来，在一定程度上相互依存。营销组织的网络化、信息化使传统的层次性组织和灵活机动的计划小组并存，使各种资源的流向更趋合理，通过信息网络凝缩时间和空间，加速企业全方位运转，提高企业组织的效率和绩效。

2. 营销组织结构的扁平化、柔性化

营销组织结构的扁平化，就是通过减少管理层次、裁减冗余人员来建立一种紧凑的扁平组织结构，使组织灵活、敏捷，提高组织效率和效能。这样的结构模式既可以提高信息流通效率，降低沟通成本，减少信息传递失真，从而缩短决策周期，还可以加强上下级的直接联系，提升员工士气，有助于增强组织的反应能力和协调能力，减少决策与行动之间的时滞，从而使营销组织能力变得更灵敏。而营销组织结构的柔性化是指企业的营销组织结构应该根据环境的变化，适时调整其模式，建立临时的以任务为导向的团队式营销组织。其本质在于保持变化与稳定之间的平衡，它需要营销管理者具有很强的管理控制力。柔性化营销组织最显著的优点是灵活便捷，富有弹性，能够有效增强企业对市场变化与竞争的反应能力，有利于管理者较好地实现集权与分权、稳定性与变革性的统一。此外，柔性化的组织结构强化了部门间的交流合作，让不同方面的知识共享后形成合力，有利于知识技术的创新。

3. 营销组织结构的虚拟化、无边界化

虚拟化的营销组织是通过网络技术把实现企业营销目标所需要的知识、信息、人才等要素联系在一起，组成一个动态的资源利用综合体，同步共享和交流信息与知识；将企业内外的各类相关资源有效整合在一起，形成跨越时空的虚拟合作联盟，从而实现企业既定的目标。而无边界化是指企业各部门间的界限模糊，目的在于使各种边界更易于渗透，打破部门之间的沟通障碍，有利于信息的传递。由此可见，无边界思想是一种非常具有新意的组织结构创新思想，它完全是超国界、超制度、超阶层的。虚拟化、无边界化的营销组织模式超越了传统意义上营销组织结构的内涵，这种模式更强调系统全面地调配各类可能的资源，以开放合作的心态构建企业的动态竞争能力，是一种以群体和协作优势追求多赢的营销组织新形式。

五、影响营销组织决策的因素

营销组织模式及组织基本要素的决策都不是任意决定的，其间需考虑各种影响因素。决定企业市场营销组织决策的因素，大致有以下几方面。

1. 企业规模

企业规模越大，市场营销组织越复杂。大公司需要较多的各类市场营销专职人员、专职部门以及较多的管理层次，而若企业规模较小，其市场营销组织也就相对简单，甚至没有进一步的分工。

2. 市场

市场的地理位置是决定营销人员分工和负责区域的依据。如果市场由几个较大的细分市场组成，企业需要为每个细分市场任命一位市场经理；如果市场地理位置分散，需按地区设置营销组织；市场规模大，范围广，就需要庞大的营销组织以及众多的专职人员和部门；市场范围窄、销量有限，营销组织自然也规模有限。

3. 经营的产品

产品类型的多寡也关系到营销组织的形式。如面对产业市场的企业，它们的产品更多地通过推销人员直接销售，较少依赖广告，故推销部门庞大，而广告部门却较小。产品类型多的企业，相应地就需要设置产品经理。面对消费者市场的企业，则往往有较庞大的广告部门，而推销部门较简单。

4. 企业类型

从事不同行业的企业，其市场营销组织的构成也有不同。如服务行业、银行、商业等，它们的营销重点之一是顾客调查；而原材料行业，如木材和农产品初级加工企业，它们的营销重点之一则在产品的储存和运输。

六、处理好营销部门与企业内其他部门的关系

从理论上讲，企业的各个职能部门应密切配合以达到企业的整体目标，但实际上，企业内各部门之间几乎总是存在矛盾和争论。冲突大多来自对一些问题的不同观点，如企业的最大利益在哪里之类的问题，也有部门与部门之间对企业有限资源如人力和财力的争夺而引起的争论。看问题的角度不同，每个部门都倾向于更强调自身的重要性及自身的利益。

在很多企业里，对市场营销的重要性是有疑问的。它们认为，企业的所有职能都均

衡地影响着企业战略的成功和顾客的满意程度，没有哪一种职能处于领先位置，如图 15－11（a）所示。当企业销售情况不景气、销量下降时，市场营销部门的重要性会略微上升，如图 15－11（b）所示。但营销人员认为市场营销才是企业的中心职能，规定着企业的任务、产品和其他部门的职能，如图 15－11（c）所示。明智的营销人员应把顾客放在企业各项职能环绕的中心，见图 15－11（d），即企业的全部职能都应围绕着使顾客满意这个宗旨。最后，还有一些营销人员认为，市场营销仍应在企业诸项职能中占据中心地位，如图 15－11（e）所示，因为要靠营销部门将顾客的需求传递到企业，并控制、协调其他部门，向顾客提供有效的服务。我们认为，一个企业只有真正呈现图 15－11（e）的情况，而不是只在销售发生困难时才想到市场营销和顾客导向，解决企业内各部门之间的冲突才有一个正确的基础。

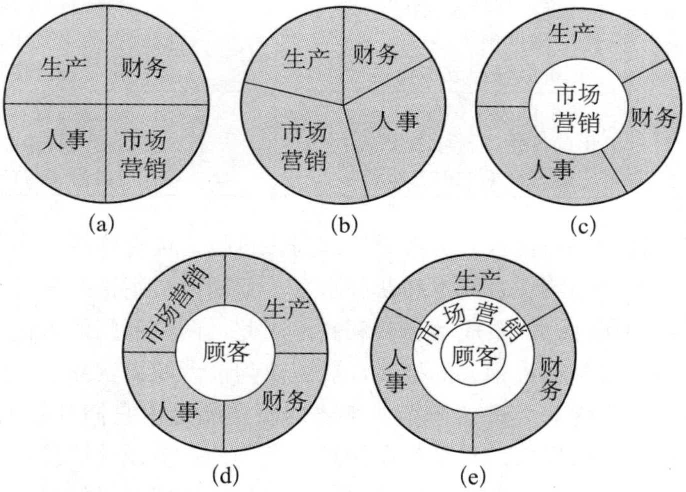

图 15－11　企业各职能部门的地位与作用

与营销部门强调消费者观点一样，其他部门也会强调它们工作的重要性，并力图按它们的观点规定公司目标。结果冲突不可避免。表 15－1 列举了营销部门与其他部门之间主要的不同点，显然，营销部门与其他各个部门关心的重点是有差异的。由于企业内每个部门都通过它的决策和经营活动影响着顾客的满意程度，因此，营销主管的任务除了管理好整个公司的营销活动，还要处理好营销与财务、制造、研发等部门的关系。

表 15－1　市场营销部门与其他部门的认识差异

部门	强调重点	市场营销部门的强调重点
研究与开发	基础研究 产品内在品质 产品功能特点	应用研究 产品外观品质 产品销售形象
工程	注重长期设计 较少规格品种 标准化结构	注重短期设计 较多规格品种 根据客户要求

续前表

部门	强调重点	市场营销部门的强调重点
采购	较窄的产品系列 标准化零配件 材料价格 经济采购批量 较长间隔采购	广泛的产品系列 非标准化零配件 材料质地 大批采购避免库存不足 根据客户需要随时采购
制造	长期生产单一品种 不改变产品式样 标准订货量 产品结构简单 一般的质量控制	短期内生产许多品种 经常改变产品式样 由顾客决定订货量 符合审美观的产品造型 严格的质量控制
财务	按标准严格控制支出 刚性预算 定价能补偿成本	根据判断讨论决定支出 适应顾客需求变化的灵活预算 定价要促进市场开发
信贷	很低的投资风险 严格的借贷条款和手续 对客户进行全面的财务审查	中等的投资风险 灵活的借贷条款和手续 对客户进行中等的信用审查

如研发部门是科学家与技术人员密集的部门。科技人员喜欢新技术的挑战，总是强调产品的技术先进性，却不关心成本和获利水平。营销人员则正好相反，感兴趣的是产品能满足顾客需求的属性，注重成本和获利性。因此，两个部门的人往往都带着偏见去看对方，前者认为后者是在搞骗人的把戏，后者认为前者脱离实际，不懂市场需求。偏重研发的公司重视技术优势，虽然市场上主要的新产品是由它们开发的，但成功率低；偏重市场营销的公司，研发部门只是奉命为具体市场的需要设计产品，大多数开发是对现有技术的改进或新的应用，新产品成功率高，但生命周期相对较短。二者比较均衡发展的公司，每项新开发都由这两个部门协商合作，沟通信息与观点，甚至有意互换人员。当有冲突发生时，要由高一级主管人员根据明确的程序处理解决。

工程部门的任务是设计产品与工艺流程，它们感兴趣的是提高产品质量，简化制造工艺，产品标准化和成本效益高。而市场营销人员希望产品的品种多样化，功能、结构适合不同消费者需求，而技术水平不一定多么先进。因此，两个部门常发生矛盾。如果营销主管有工程技术背景，能有效地影响工程技术人员，这类矛盾往往不太明显。

制造部门最希望的是均衡、标准化（标准时间、标准成本、标准质量、标准产品）的生产。营销人员则抱怨生产部门为顾客考虑少，产品质量控制不严。他们一方面希望生产部门根据顾客需求，经常变换产品的品种与规格；另一方面，对生产部门为满足顾客要求而增加的成本却未能表现出足够的关心。这里的问题已不仅是协调不够，而是利益冲突了。

采购部门的任务是购进适当数量和质量的原材料，并尽可能地压低采购成本。他们喜欢少品种、大批量地进货，最讨厌对市场需求预测不准，导致订单作废，价格不利或储存过量。财务部门认为自己最懂得怎样估算各项业务活动支出的获利能力，而营销经理经常要求为广告、推销等活动提供预算，却又难以说明它们具体能带来多少销售额的增长。因此，他们总认为财务部门将钱袋控制得太紧，过于保守，不敢冒险，因拒绝向长期市场开发投资，失去了许多机会。解决这类问题的办法也只有使财务人员更多地理解市场营销活动，同时，让营销人员接受更多的财务训练。

如何减少企业内部门间的矛盾，又不会导致错误的妥协呢？关键在强调市场营销导向的组织原则。从长远来说，应建立一种有持久生命力的市场营销文化。为此，有以下一些做法可供选择。

（1）企业最高主管是关键。负责营销的经理不可能直接要求其他部门共同将为顾客提供服务作为工作中心，只有企业最高主管视市场营销为公司成长、繁荣的关键，并给市场营销部门以发言和决策的有利地位，市场营销的基本原则才可能逐渐深入渗透到企业各部门。

（2）明确从企业最高主管到各部门高级主管均对企业市场营销负有责任，他们都应了解市场需要，参与制定企业市场营销目标，检查执行情况。

（3）招聘市场营销方面的能人，提拔树立了市场营销导向观念的管理人员，寻求外部营销咨询人员的帮助。

（4）建立现代市场营销计划制度，这种制度或系统要求经理们首先和经常想到市场环境、机会、竞争趋势及其他市场营销问题，然后，在这个基础上制定一整套市场营销战略计划，并按一定程序实行。

（5）在企业内强调完成战略总目标，而不是强调完成各部门的目标；经常将各部门在完成企业总目标中所做的贡献通报全体，并要求每个部门均应了解其他部门的工作及困难，提倡部门间尽可能多地相互接触了解。

（6）经常举办各部门经理至一般工作人员参加的市场营销研讨班，在全体人员中加强市场营销观念，逐渐改进企业各部门的行为方式。

总之，建立一个市场营销导向的组织是一场没有尽头的战斗。目的不在解决工作中出现的每个具体问题，而在于使企业的顾客得到满意的服务。

第 3 节　营销控制的基本程序

控制是管理的重要职能之一。如果把市场营销管理看做计划、实施、控制这样一个周而复始的过程，那么，控制既是前一次循环的结束，又是新循环的开始。

在管理过程中，控制的目的在于确保企业经营按照计划规定的预期目标运行。市场营销控制是营销管理用于跟踪企业营销活动过程的每一环节，以确保其按计划目标运行而实施的一套工作程序或工作制度，包括为使营销实绩与预期目标一致采取的措施。

实行营销控制的最根本原因在于，计划通常是建立在事先对众多不确定因素的某种假定基础上的，而在计划实施过程中遇到的现实并不总与事先的假定相一致，即难免会遇到各种意料之外的事，这时就需要通过营销控制，及早发现问题，并对计划或计划的实施方式做出必要的调整。

控制有助于企业及早发现问题，防患于未然。例如，控制产品或地区市场的获利性，可使企业保持较高的获利水平；严格筛选新产品，可避免新产品开发失误招致巨额损失；实行质量控制，可确保产品质量可靠，使用安全，避免顾客购买后产生不满情绪；运用80/20法则，可以发现是哪80%的推销人员只完成了销售额的20%，进而寻找改进推销人员绩效的途径。

控制还对营销人员起着监督和激励的作用。如果营销人员发现他们的主管非常关心每种产品、每个地区市场的盈利情况，而且他们的报酬及前途也取决于此，那么，他们肯定将工作得更为努力，并更加认真地按计划要求的去做。

不过，尽管建立一套有效的营销控制制度十分必要，但调查表明，即便在发达国家，不少企业也还没有采取适当的控制措施。一些企业很少有明确的市场营销目标，当然也就谈不上对营销活动进行控制；另一些企业对其经营的每种产品的获利情况不了解，不能对广告的效益进行评价，也不能评价其推销人员的工作；还有些企业不能分析自己的库存成本、分销成本，不能分析商品被退回的原因，等等。

有效的营销控制讲究科学、严格的工作程序或步骤，见图15-12。

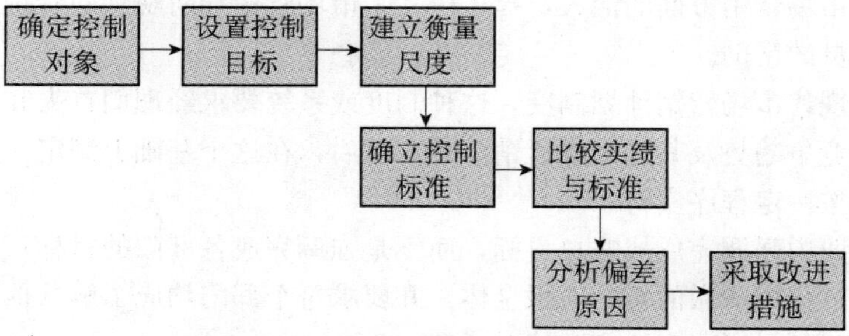

图15-12　营销控制步骤

第一步，确定应对哪些市场营销活动进行控制。

控制的内容多、范围广固然可获得较多信息，但任何控制活动本身都会引起费用支出，因此，在确定控制内容、范围、额度时，管理者应当注意使控制成本低于控制内容所能带来的效益或可避免的损失。最常见的控制内容是销售收入、销售成本和销售利润，但对市场调查、推销人员工作、消费者服务、新产品开发、广告等营销活动，也应通过控制加以评价。

第二步，设置控制目标。

这是将控制与计划联结起来的主要环节。如果在计划中已经认真地设立了目标，那么，这里只要借用过来就可以了。

第三步，建立一套能测定营销结果的衡量尺度。

在很多情况下，企业的营销目标就决定了它的控制衡量尺度，如目标销售收入、利润率、市场占有率、销售增长率等。但还有一些问题比较复杂，如销售人员的工作效率可用一年内新增加的客户数目、平均访问频率以及销售增长额度等来衡量，广告效果可以用知晓人群数量、口碑传播及评估指数等来衡量。由于大多数企业都有若干管理目标，因此，在大多数情况下，营销控制的衡量尺度也有多种。

第四步，确立控制标准。

控制标准是指以某种衡量尺度来表示控制对象的预期活动范围或可接受的活动范

围，即对衡量尺度加以量化。例如，规定每个推销人员全年应开发 30 个新客户；某项新产品在投放市场 6 个月之后应使市场占有率达到 30%；市场调查访问每个用户的费用每次不得超过 100 元，等等。控制标准一般应允许有一个浮动范围，如上述新产品市场占有率为 28%也是可以接受的，访问费用标准是 100 元，最高不得超过 120 元。

确立标准可参考其他企业的标准，并尽可能吸收企业内多方面管理人员参与，以使其更切合实际，受到各方面承认。为使标准具有激励作用，可采用两种标准：一种是按现在可接受的水平设立，另一种用来激励营销人员的工作达到更高水平。

确立标准还须考虑产品、地区、竞争情况不同造成的差别，使标准也有所不同。如考察推销员工作效率时需考虑以下因素的影响：(1) 所辖区内的市场潜力。(2) 所辖区内产品的竞争力。(3) 所推销产品的具体情况。(4) 广告强度。因此，不可能要求每人都创造同样的销售额或利润额。

第五步，比较实绩与标准。

在将控制标准与实际执行结果进行比较时，需要决定比较的频率，即多长时间进行一次比较，这取决于控制对象是否经常变动。

如果比较的结果是实绩与控制标准一致，则控制过程到此结束；如果不一致，则需进行下一步骤。

第六步，分析偏差原因。

产生偏差可能有两种情况：一是实施过程中的问题，这种偏差比较容易分析；二是计划本身的问题，确认这种偏差比较困难。况且两种情况往往交织在一起，使分析偏差的工作成为控制过程中的一大难点。特别要避免因缺乏对背景情况的了解，或未加适当分析，而犯“把孩子连同洗澡水一起倒掉”的错误。如某部门的业绩不佳，可能只是因一种产品的亏损影响了整个部门的盈利水平；某推销人员完不成访问次数的标准，可能是由于在旅途中花费时间过多，需要改进访问路线，但也可能是由于定额过高，这时则应降低定额以保证每次访问的质量。

第七步，采取改进措施。

如果在制定计划时，同时也制定了应急计划，改进就能更快。例如，计划中规定有“某部门一季度的利润如果降低 5%，就要削减该部门预算费用的 5%”的条款，届时就可自动启用。不过，在多数情况下并没有这类预定措施，这时就必须根据实际情况迅速制定补救措施，或适当调整某些营销计划目标。

第 4 节　营销控制的主要方法

营销控制可分为三种主要类型，即年度计划控制、获利性控制和战略控制（也称“市场营销审计”）。

一、年度计划控制

年度计划控制的目的是确保企业达到年度计划规定的销售额、利润指标及其他指标，是一种短期的即时控制，中心是目标管理。控制步骤如图 15 - 13 所示。首先，管理者必须将年度计划分解为每月或每季的目标；其次，管理者需随时跟踪掌握计划实施情况；再次，当营销实绩与计划发生偏差时，找出产生偏差的原因；最后，采取措施，弥补目标与实际执行结果之间的差额，这个措施可能是改进实施方式，也可能是修正目标自身。由此可见，年度计划控制的实质就是按照一定的频率检查年度计划执行情况。

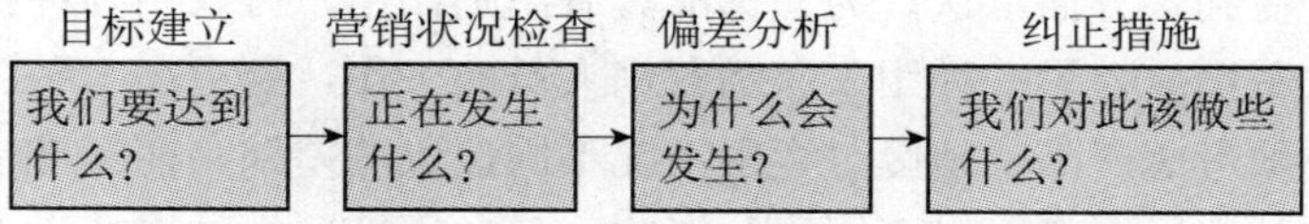

图 15－13　年度计划控制过程

这一控制模式适用于企业内各层次，区别仅在于最高主管控制的是整个企业年度计划的执行结果，而各部门或地区经理只控制各个局部的计划执行结果。

检查年度营销计划执行情况的工具主要有以下几种。

1. 销售额分析

销售额分析由统计分析与年度销售目标有关的销售额组成，具体有两种。

（1）总量差额分析。

例 15－1

假定年度计划要求第一季度按每件 10 元的价格销售某种商品 4 000 件，目标销售额为 40 000 元；但到季度末仅按每件 8 元的价格出售 3 000 件，总销售额 24 000 元，比目标销售额减少了 16 000 元，那么，这 16 000 元的减少额有多少是由于销量下降造成的？有多少是由于价格降低造成的？分析计算方法如下：

由于降价造成的影响＝(10－8)×3 000＝6 000(元)

(占 16 000 元的 37.5％)

由于销量下降造成的影响＝10×(4 000－3 000)＝10 000(元)

(占 16 000 元的 62.5％)

结论是，销售额下降的 2/3 是由于销量未达目标而致，故该企业应密切注意未达预期销量目标的原因。

（2）个别销售分析。着眼于个别产品或地区销售额未能达到预期份额的分析。

例 15－2

假定某企业分别在三个地区出售某种产品，期望的销售目标分别是 1 000 单位、1 500 单位和 2 000 单位，实际销量分别为 1 200 单位、1 450 单位和 1 500 单位。地区一较期望销量高出 20％，地区二较期望销量低 3.3％，地区三则低了 25％，显然，地区三是造成销量下降的主要原因。营销经理应重点检查该地区情况，找出原因。是推销人员玩忽职守，有强大的竞争对手打入了这个市场，抑或原来的预期目标就定得不合适？

2. 市场占有率分析

销售额的绝对值并不能说明企业与竞争对手相比的市场地位状况。例如，有时一家企业销售额上升并不说明它的经营就成功，因为这有可能是一个正在迅速成长的市场，该企业的销售额虽然上升，其市场占有份额却很可能在绝对地下降。只有当企业的市场占有率上升时，才说明它的竞争地位在上升。市场占有率分析有三种指标。

（1）总体市场占有率。用本企业销售额在全行业销售额中所占比重表示。利用这一指标有两方面的决策：一是使用实物量还是价值量，前者反映的问题较简单，后者则除了数量，还受价格变化的影响；二是限定行业的范围，如一家生产高档机械手表的企业将生产各种手表的企业都包括在本行业内，其市场占有率自然很低。

（2）有限地区市场占有率。指企业在某一有限区域内的销售额占全行业在该地区市场销售额的比重。这一指标对大多数仅在局部地区市场上从事经营活动的企业十分有用，也是衡量企业进入某一新的地区市场是否获得成功的重要尺度。毕竟，多数企业总是首先努力取得局部市场上的最大占有率，再进入新的地区市场。一家在总体市场上占有率很低的企业，仍可能在某一局部地区市场上占有绝对优势的份额。

（3）相对市场占有率。即将本企业的市场占有率与行业内领先的竞争对手的市场占有率进行比较，比值大于 1，表示本公司为行业的领先者；比值等于 1，表示本公司与最大竞争对手平分秋色；比值小于 1，表示本公司在行业内不占领先地位，但若相对市场占有率不断上升，表示本公司正不断接近领先的竞争对手。

3. 费用/销售额比率分析

年度计划控制要确保企业不会为达到其销售额指标支付过多的费用，关键就是要对市场营销费用/销售额的比率进行分析。

假定某家公司的费用/销售额的比率为 30%，即每销售 100 元货物，支出营销费用 30 元；费用由五部分构成，推销员费用 12 元，广告费用 8 元，其他促销费用 6 元，市场调查费用 1 元，营销管理费用 3 元，它们与销售额的比率分别为 12%，8%，6%，1%，3%。

这些目标比率因各种随机因素影响，经常会有可以忽略的小波动，通常允许存在一个正常的偏差值。但当波动超过正常的范围时，就应引起关注。用于跟踪波动情况的控制图如图 15－14 所示。图中显示的广告费用/销售额比率的正常波动范围在 8%～12% 之间。图中数据有两点应引起重视：（1）从第 9 期起，比率呈持续上升状态。在独立事件影响下，遇到六次连续上升的概率只有 $(1/2)^6=1/64$，故这种不寻常的情况应引起注意。（2）连续上升最终在第 15 期导致波动值超出允许范围，须立即进行解释，并采取措施。

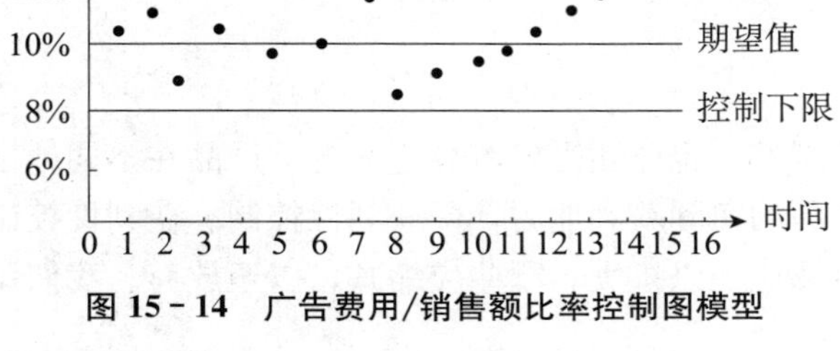

图 15－14　广告费用/销售额比率控制图模型

还有一种费用/销售额偏差图可用来评价不同地区或不同产品达到的销售额目标与

费用目标的比较，如图15-15所示。横坐标是销售额目标实现情况（百分比）；纵坐标是费用目标实施情况（百分比），图中斜线是一等比例线。按图中所示：地区D达到的销售额目标与费用目标几乎等比；地区B超额完成了销售指标，费用水平也以同等比例增加；最糟的是J地区，销售额目标只完成80%，而费用却不成比例地达到定额的120%。

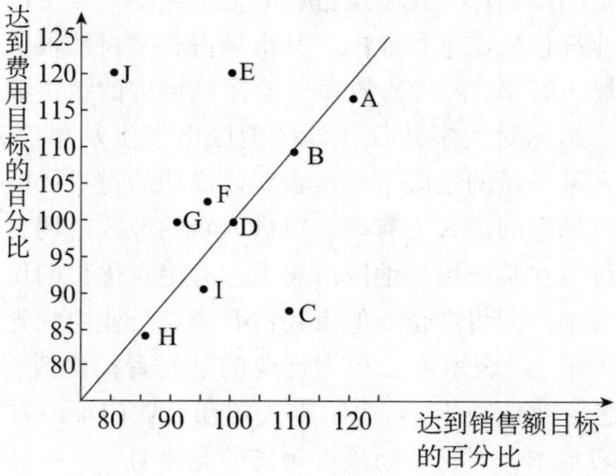

图15-15 费用/销售额偏差图

下一步，是为每个偏差较大的地区或产品准备一张表，调查造成偏差的原因。

4. 顾客态度跟踪

前面的方法主要以财务和量化分析为特征，它们十分重要，但还不够。为了尽早察觉市场销售可能发生的变化，具有远见和高度警惕性的公司还建立了跟踪顾客、中间商及与市场营销有关人员态度的系统。这个系统包括：

（1）顾客投诉和建议制度。企业通过设置意见簿、建议卡等，记录、分析和答复来自客户的信函和口头抱怨。零售商、旅馆、餐馆这些通过服务直接与广大消费者打交道的企业都可通过各种增加顾客反馈意见的途径，鼓励顾客提意见，使企业对自己的产品、服务在客户心目中的地位有更全面的了解。

（2）典型户调查。由那些同意定期通过电话或信函向企业反映他们的意见和建议的顾客组成典型户小组，这类小组反映的意见比前述投诉系统更完整、全面。

（3）定期的用户随机调查。这是一种通过随机抽样了解顾客对公司服务质量满意程度的调查，以评价公司工作人员的服务态度、质量等。有关部门及主管可将顾客目前的评分与上期相比，与其他企业的得分相比。

二、获利性控制

除了年度计划控制外，企业还需要测算它的各类产品在不同地区、不同市场、通过不同分销渠道出售产品的实际获利能力，即获利性控制。获利性控制能帮助主管人员决策哪些产品或哪些市场应予以扩大，哪些应缩减，以至放弃。我们用下面的例子介绍获利性分析的方法。

例15-3

假定某一电视机企业的营销经理要测算一下在不同地区销售其电视机的获利性，该企业电视机主要销售地区为东北、西北和华北。其总销售收入、成本、净利润如表15-2所示。

表15-2　**获利性分析（1）**　单位：万元

	销售收入	销售成本	毛利	费用	工资	杂项	净利润
总额	6 000	4 000	2 000	1 500	800	700	500

第一步，将费用开支分摊到各项职能上，假定费用主要发生在人员推销、广告和包装运输活动中，将工资费用和杂项开支分配在三项营销活动中，得出如表15-3所示的结果。

表15-3　**获利性分析（2）**　单位：万元

科目	总额	推销	广告	包装运输
工资	800	500	100	200
杂项	700	400	100	200
合计	1 500	900	200	400

第二步，将各职能性费用按不同地区的费用支出进行分配，如表15-4所示。

表15-4　**获利性分析（3）**　单位：万元

地区	总额	推销	广告	包装运输
东北	480	200	80	200
华北	480	300	80	100
西北	540	400	40	100
合计	1 500	900	200	400

第三步，根据各地区销售额和费用支付额，编制各地区销售/支出利润表，如表15-5所示。

表15-5　**获利性分析（4）**　单位：万元

科目	东北地区	华北地区	西北地区
销售额	4 000	1 500	500
销售成本	2 667	1 000	333
销售毛利	1 333	500	167
费用	480	480	540
推销费	200	300	400
广告费	80	80	40
包装运输费	200	100	100
净利润（或净损失）	853	20	−373

直观地看统计结果，似应放弃西北地区，甚至还有华北地区，而集中全力于东北地区的市场营销。但这个结论也可能下得过于匆忙草率，例如我们可以提出这样一些问题：

（1）上述三个地区的市场潜力怎样？本企业的市场占有率及竞争对手情况怎样？

（2）三个地区在全国电视机市场中的占有率如何？

（3）企业对上述三个地区的市场营销策略是否适宜？

根据对上述问题的回答，企业可在下列对策中作选择。

（1）对华北、西北地区减少人员推销次数，相对增加广告投入，并假定这不会对该地区销售有太大影响。

（2）减少对华北、西北地区客户访问的数量，首先有选择地向人口集中的城市和订货批量较大的百货、批发商店推销，以提高推销的成功率，降低推销费用。

（3）鼓励较大额度的订单，尤其对西北、华北地区，可给予优惠的数量折扣。

（4）按兵不动，此对策假定当前的市场营销策略十分适宜，西北、华北地区市场的销售额正逐渐上升，预期前景良好，而东北市场纯利虽高，但本企业产品市场占有率已很高，发展潜力不大，因此企业进一步发展的关键在新地区市场的开发。

（5）不放弃任何一个地区，但减少各地区中效益差的局部地域的投入。

（6）暂时放弃或缩减在西北地区的营销努力，集中力量在华北地区取得大进展。

由上例可见，市场营销获利性分析能提供企业在不同产品、地区、分销渠道、客户群获利能力方面的资料；但它并不能说明最好的办法就是放弃那些不赚钱的产品、地区或分销渠道，也不能证明放弃它们，企业利润就能有改善。

延伸阅读

营销计划执行过程的评估

1. 目标评估：对营销计划执行过程的综合目标、硬性目标和软性目标的完成程度进行评估，随时掌握营销计划的实施进度。

2. 过程评估：对营销人员的工作方式和效率进行评估，了解营销工作中存在的问题，为营销人员提供销售指导。

3. 投入产出评估：对营销计划执行的效率进行评估，同时衡量营销计划给企业带来的效益，并且对这种效益所体现的价值程度进行判断。

4. 推广效果评估：对实际执行过程中营销人员在营销战术的创造性方面进行评估，衡量现行推广方式对营销计划所起的作用，评估推广方式的价值，有无可能在更大范围内推广。

5. 执行政策评估：对营销人员执行营销计划的到位程度进行评估，一方面是了解营销人员对营销计划的认同程度，另一方面则是了解营销人员对营销计划的重点有无把握，同时也评估政策是否有助于营销业务活动的开展。

6. 竞争对比评估：对竞争对手的营销工作进行评估，重点是树立标杆，对营销计划的各个环节与竞争对手进行对比，找到真正的差异或差距，进一步提高营销计划的针对性。

资料来源：http：//hi.baidu.com/zxhmgem/blog/item/d18581283d5c55f698250a29.html.

三、市场营销审计

市场营销是一个目标、政策、战略和计划经常变化的领域，企业必须时时注意对整个营销活动进行全面的审查、评价，我们称之为“市场营销审计”，也即战略控制。

市场营销审计的目的是确保企业战略、目标、政策和策略与市场营销环境和企业内部资源的变化相一致。现代企业面对的营销环境变化极为频繁，因此，每个企业都有必要建立这样一种营销审计制度，定期对企业有关方向性、战略性、全局性问题做出全面评价，及时发现问题，也及时发现机会，以供企业最高主管部门作决策参考。

市场营销审计是定期对企业营销环境、目标、战略、组织和计划实施情况进行全面、系统、独立的审查评价的过程，是最高等级的控制。通过营销审计，企业可发现市场营销中存在的问题和机会，并提出改进企业营销活动的对策。

市场营销审计具有以下四方面的特性。

（1）全面性。市场营销审计涉及企业市场营销的各主要方面，而不仅是少数发生问题的部分。后者称为职能性审计。职能性审计也很有用，但有时可能导致片面的推断。如某产品销售额急剧下降，可能并不是因为推销员推销不力，而是广告宣传不力。综合性的市场营销审计通常能更有效地确定市场营销过程中的问题所在。

（2）系统性。市场营销审计包括一套完整有序的诊断步骤，涉及企业的营销环境、内部市场营销系统和具体的营销活动，并要分别提出短期和长期的改进措施，以提高企业的整体营销效益。

（3）独立性。市场营销审计要请企业之外富有经验的咨询部门和专家顾问参加，或主要由他们进行。这不仅有利于借助他们对大量同类型企业咨询指导的经验，而且能够保证市场营销审计的客观性和独立性。

（4）定期进行。早期的市场营销审计，只是在企业遇到困难或危机时才进行，目的仅限于解决一些临时性问题，但往往为时已晚。因此，无论企业是处在顺境还是逆境，定期进行市场营销审计都是十分必要的。

市场营销审计的基本步骤如图 15－16 所示。

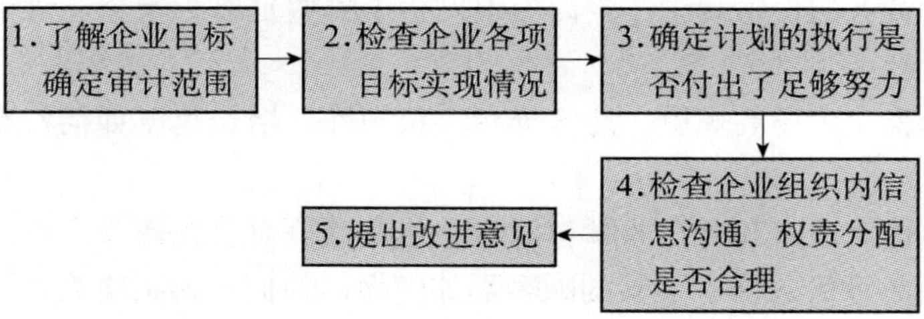

图 15－16　市场营销审计程序图

市场营销审计通常由公司人员和审计人员会面，从拟定一项关于审计目标、范围、资料来源、报告形成及所需时间的协议开始。

第二、三、四步实际都是收集资料、评价比较的过程。这里需要慎重地拟定一个包括调查访问的问题、评价标准、审查方法等内容的详细计划。访问对象不能仅限于企业内部人员，顾客、经销商和其他有关的外部团体都应造访，因为许多企业并不真正了解顾客和经销商怎样看待它们，也不完全了解顾客需要什么。最后，最高主管应参与审计工作的全过程，并听取汇报。整个审计计划还要考虑如何使所耗时间、费用最少。

市场营销审计内容由检查评价企业营销工作的六个主要方面组成。

（1）营销环境审计。主要是分析宏观环境中影响公司目标的关键因素，如顾客、竞争对手、经销商等。

（2）营销战略计划审计。主要考察企业营销目标、战略与当前及预期的营销环境相适应的程度。

（3）营销组织审计。审查营销组织在预期环境中实施公司战略的能力。

（4）营销系统审计。涉及对企业的分析、计划、控制系统的审查。

（5）营销效率审计。检查各营销单位的获利能力和各项营销活动的成本效率。

（6）营销职能审计。对市场营销组合因素进行评价，如产品、价格、渠道、促销等策略的检查评价。

具体可提的问题举例如下（当然，这些问题不一定全部涉及）。

第Ⅰ部分：环境审计。

1）宏观环境。

● 人口统计。在人口统计方面有哪些对本企业构成机会或威胁的发展倾向？本企业已采取了哪些措施来应对这些倾向？

● 经济。收入、价格、储蓄等方面有哪些主要变化将对企业造成影响？本企业采取了什么措施？

● 自然。企业所需自然资源和能源在成本和可获性方面前景怎样？企业在环境污染和环境保护中扮演什么角色？准备采取什么措施？

● 技术。在产品技术和工艺过程方面发生了哪些重要改变？本企业在其中处于什么地位？目前产品有哪些换代或替代可能？

● 政治。有哪些刚出台的法律法规可能影响到企业的营销战略和技术？如反污染法、就业政策、食品卫生法、广告法、价格控制等。

● 文化。消费者的价值观念、生活习惯发生了哪些足以影响企业营销策略的变化？

2）微观环境。

● 市场。本企业市场的规模、地区分布、获利性、增长速度如何？有哪些主要的细分市场？

● 顾客。本企业现有和潜在的顾客对本企业及竞争对手在商誉、产品质量、提供服务、定价等方面的评价怎样？不同的顾客群如何做出他们的购买决策？

● 竞争。谁是主要的竞争对手？它们的目标、战略是什么？它们有何长处、短处？它们的规模及市场占有率怎样？存在哪些影响未来竞争及产品替代的趋向？

● 经销商。企业依靠哪些分销渠道将产品送达顾客？不同分销渠道的效益和增长潜力怎样？

● 供应商。生产所需关键原材料来自哪些供应商？供应商的销售方式可能发生什么变化？

● 储运机构。运送服务的费用及可获性怎样？仓储服务的费用及可获性怎样？

● 公众舆论。哪些公众具体为企业带来了什么机会或威胁？

企业在有效地处理与各类舆论工具的关系方面将采取哪些措施？

第Ⅱ部分：营销战略审计。

1）任务。企业营销任务是否得到明确阐述并切实可行？

2）目标。公司目标是否通过指标形式得到明确表达，并切实指导营销计划及对工作绩效的衡量？营销目标是否与本企业的竞争地位、资源和机会相称？

3）战略。达到目标的战略的核心是什么？是否有足够的资源保证？资源是否以最佳的组合分配到各产品、地区和细分市场？在主要的营销组合因素——产品、服务、推销、广告和分销渠道上，资源是否得到了最优分配？

第Ⅲ部分：营销组织审计。

1）组织结构。市场营销部门对企业影响消费者满意程度的各项活动有充分的责任和权威吗？按照职能、产品、最终用户和地区的结构组织市场营销是最好的选择吗？

2）职能部门效率及部门间关系。市场营销与销售部门之间有良好的信息沟通和工作关系吗？产品管理系统工作是否有效？产品经理仅负责销售量，还是也规划利润水平？市场营销与生产、研发、财务等部门之间有什么需引起注意的问题？

第Ⅳ部分：营销系统审计。

1）信息系统。市场情报系统能否准确、及时、有效地提供与顾客、分销商、竞争对手及各类大众传播媒介有关的信息？企业决策者是否充分利用了市场调查？

2）计划系统。计划系统是否有效？市场预测的结论是否得到了充分利用？销售定额是否适当？

3）新产品开发系统。企业能很好地鼓励、采纳和评价有关新产品开发的设想吗？企业在决定向某种新设计投资之前，是否做了充分的调查和商业分析？企业在推广某种新产品之前是否做了充分的产品测试或试销？

4）控制系统。控制程序能否确保年度计划目标实现？是否定期分析了各产品、市场、地区和分销渠道的获利性？是否定期审查了市场营销成本？

第Ⅴ部分：营销效率审计。

1）获利性分析。企业在不同产品、市场、地区和渠道中的获利性怎样？企业应进入、扩展、收缩或撤离哪些细分市场？这将对短期或长期利润有何影响？

2）成本效益分析。哪些营销活动的成本过高？可采取什么降低成本的措施？

第Ⅵ部分：营销职能审计。

1）产品。现有产品线是否适合顾客需要？现有产品组合是否需做调整，应增加、扩大或淘汰哪些品种？现有产品的质量、款式、品牌等是否需做调整？

2）定价。定价目标、政策、策略和程序是什么？应在怎样的程度上根据成本、需求或竞争状态定价？顾客认为公司定价与其产品提供的利益是否相符？定价组合与经销商的要求和政府的要求是否相符？

3）分销渠道。分销的目标和策略是什么？是否有充分的市场覆盖率和足够的服务？现有分销渠道的工作是否有成效？需要改变吗？

4）促销。企业的广告目标是什么？预算怎样做？实际支出是否适当？广告制作效果怎样？顾客和公众的看法如何？广告媒体是否经过认真选择？广告人员是否足够？其他促销方式是否已得到充分有效的利用？

5）人员推销。推销部门的规模、组织方式是否胜任或适于公司销售任务？推销人员的能力、素质、努力程度是否足够？推销人员的工作是否得到了足够的报偿和激励？本企业推销力量与竞争对手相比怎样？

◎ 基本概念

市场管理式组织　　产品管理式组织　　产品/市场式组织　　市场营销审计
年度计划控制　　获利性控制

◎ 思考题

1. 市场营销组织是如何演化的？
2. 市场营销计划包含哪些内容？
3. 营销部门在整个企业中居于什么样的地位？
4. 营销控制有哪些主要方法？
5. 分别描述三种基本的营销控制方法，并说明它们各自的适用范围。
6. 营销控制的基本程序包括哪些步骤？

◎ 案　例

可口可乐撤销首席营销官背后：营销摆脱成本中心枷锆

2017年3月底，可口可乐在官方网站宣布了将不再设立“CMO”（首席营销官）职位，取而代之的是新设立的“CGO”（首席增长官）一职。按照新的安排，CGO的汇报对象是CEO（首席执行官）。

可口可乐放弃了在全行业通行数十年、已成为企业最高管理层的重要组成部分的CMO制意欲何为？

对CMO这一职位，可口可乐是这样描述的，“可口可乐把全球市场营销、客户及商务领导、战略整合成一个职能，由新创立的职位首席增长官领导”。全球市场营销毫无疑问就是曾经CMO的职责，而客户及商务领导、战略，更像是一项前瞻性的任务。而可口可乐之所以快速调整组织架构，一方面是为了业务增长，另一方面是为了更快响应消费者、客户以及其他系统方面的需求。

2010年，美国人西恩·埃利斯（Sean Ellis）在一篇博文中第一次正式提出：增长黑客需要具备两种能力：一是“创造力”，即如何提供连接产品与目标用户的方案；二是“执行效率”，即员工必须在快速试错中得出适应自身的正确方法。增长黑客理论的核心就是通过对用户行为数据的精细挖掘，有针对性地对产品进行快速迭代，从而实现用户数量爆炸性增长，如“被黑客操纵”一般神奇。与过去的粗放式营销不同，现在的营销方式正从流量聚合型朝精细化运营转化。如何用数据来扩大销售、提高研发效率、做好风险控制是现在营销管理的关键。

对可口可乐而言，在连接消费者层面，营销部门创造出许多经典的广告文案、海报与影片，为提升可口可乐的知名度与公众形象，促进销量做出了巨大的贡献；但随着互联网、移动互联网的日益普及，新媒体的快速变化，可口可乐也需要在营销上有所变化，以适应当下消费者的行为习惯。

Facebook 和 LinkedIn 是最先设立增长团队的两家企业，增长团队由各自的 VP（副总裁）负责。Facebook 拥有一支配备工程、产品、市场、营销专家的独立型增长团队，其负责人直接汇报给扎克伯格。

在互联网公司内部，产品研发与市场营销部门需要进行积极而频繁的联动，一款互联网产品需要随时根据用户的反馈做出改变。咨询公司 Russell Reynolds Associates 最近出具的 CGO 研究报告显示，CGO 不仅仅是增强版 CMO，他们是以增长为中心的品牌建设者，是值得信赖的 CEO 顾问，以及能够协调相互矛盾的内部连接者。除了促进公司层面增长之外，CGO 还能在组织提高效率、增加透明度、降低官僚作风等方面发挥作用。据 LinkedIn 的最新数据显示，已经有超过 2 000 人拥有 CGO 职位。

不过，对 CGO 而言，即便将营销、客户及商务领导、战略整合成一个职能，不同的部门设置仍然有必要。那么问题又回到了从前，如何协调部门间的关系？如何制定目标，让各自有自己的一套人员、结构和文化的每一个部门，能够进行有针对性的整合，以确保资源和能力的使用，而且与公司的战略保持一致？

到目前为止，传统营销观念备受互联网冲击：传统的媒体广告效果不再，原有的促销活动也出现了促而不销的现象。

请把营销作为一种增长战略！科特勒曾明确指出：“营销战略是一套完整的客户价值创造体系，引领公司获取独特的竞争地位，它的核心是保持企业持续增长，它的本质是市场驱动型战略！”因此，在新的互联网背景之下，聚焦用户，构建以用户为中心的企业社群战略已然成为各个企业的当务之急。

现在连 CMO 都要失业了，我们该怎么办呢？

资料来源：王旭川．CMO 将不再存在，那么代之而来的是什么？．（2017－04－06）．https：//mp. weixin. qq. com/s/XfBdjn59IX7GiybqlE4_eQ##.

【案例思考】

1. 你如何评价可口可乐撤销 CMO 这一职位的做法？

2. 你认为 CGO 的设立给营销工作带来了哪些影响和新的转变？

图书在版编目（CIP）数据

市场营销学教程/纪宝成主编．吕一林，李东贤副主编．—6 版．—北京：中国人民大学出版社，2017.9

21 世纪市场营销系列教材

ISBN 978-7-300-24989-6

Ⅰ.①市… Ⅱ.①纪…②吕…③李… Ⅲ.①市场营销学-高等学校-教材 Ⅳ.①F713.50

中国版本图书馆 CIP 数据核字（2017）第 227308 号

高等教育国家级教学成果一等奖
“十二五”普通高等教育本科国家级规划教材
面向 21 世纪课程教材
北京市高等教育精品教材立项项目
21 世纪市场营销系列教材

市场营销学教程（第 6 版）

主　编　纪宝成
副主编　吕一林　李东贤
Shichang Yingxiaoxue Jiaocheng

出版发行	中国人民大学出版社		
社　　址	北京中关村大街 31 号	**邮政编码**	100080
电　　话	010－62511242（总编室）		010－62511770（质管部）
	010－82501766（邮购部）		010－62514148（门市部）
	010－62515195（发行公司）		010－62515275（盗版举报）
网　　址	http://www.crup.com.cn		
	http://www.ttrnet.com（人大教研网）		
经　　销	新华书店		
印　　刷	北京宏伟双华印刷有限公司	**版　　次**	1989 年 10 月第 1 版
规　　格	185 mm×260 mm　16 开本		2017 年 9 月第 6 版
印　　张	22.25 插页 1	**印　　次**	2021 年 4 月第 8 次印刷
字　　数	500 000	**定　　价**	42.00 元

教师教学服务说明

中国人民大学出版社工商管理分社以出版经典、高品质的工商管理、财务会计、统计、市场营销、人力资源管理、运营管理、物流管理、旅游管理等领域的各层次教材为宗旨。

为了更好地为一线教师服务，近年来工商管理分社着力建设了一批数字化、立体化的网络教学资源。教师可以通过以下方式获得免费下载教学资源的权限：

在“人大经管图书在线”（www. rdjg. com. cn）注册，下载“教师服务登记表”，或直接填写下面的“教师服务登记表”，加盖院系公章，然后邮寄或传真给我们。我们收到表格后将在一个工作日内为您开通相关资源的下载权限。

如您需要帮助，请随时与我们联络：

中国人民大学出版社工商管理分社

联系电话：010-62515735，62515987，62515782，82501048

传真：010-62515732，62514775　　　　电子邮箱：rdcbsjg@crup. com. cn

通讯地址：北京市海淀区中关村大街甲 59 号文化大厦 1501 室（100872）

教师服务登记表

<table>
<tr><td>姓 名</td><td></td><td>□先生　□女士</td><td>职　　称</td><td colspan="2"></td></tr>
<tr><td>座机/手机</td><td colspan="2"></td><td>电子邮箱</td><td colspan="2"></td></tr>
<tr><td>通讯地址</td><td colspan="2"></td><td>邮　　编</td><td colspan="2"></td></tr>
<tr><td>任教学校</td><td colspan="2"></td><td>所在院系</td><td colspan="2"></td></tr>
<tr><td rowspan="3">所授课程</td><td>课程名称</td><td>现用教材名称</td><td>出版社</td><td>对象（本科生/研究生/MBA/其他）</td><td>学生人数</td></tr>
<tr><td></td><td></td><td></td><td></td><td></td></tr>
<tr><td></td><td></td><td></td><td></td><td></td></tr>
<tr><td colspan="2">需要哪本教材的配套资源</td><td colspan="4"></td></tr>
<tr><td colspan="2">人大经管图书在线用户名</td><td colspan="4"></td></tr>
<tr><td colspan="6">院/系领导（签字）：
院/系办公室盖章</td></tr>
</table>